日中映画交流史

劉 文兵［著］
Liu Wenbing

東京大学出版会

A History of the Interrelations
between Japanese and Chinese Films
Liu Wenbing
University of Tokyo Press, 2016
ISBN 978-4-13-083069-0

目次

はじめに

李香蘭（山口淑子）と日中映画交流史

二〇一四年九月七日、李香蘭《リー・シャンラン》（り・こうらん）こと、山口淑子はこの世を去った。

周知のように、彼女は日中戦争のさなかに、日本人であることを伏せて中国人の映画スター・歌手として活躍し、中国、日本はもとよりアジア諸国でも抜群の知名度を獲得したのである。

一九三八年に〝満州国〟でスクリーンデビューを果たした李香蘭は、たちまちトップスターとなり、日本でも長谷川一夫と共演した「大陸三部作」[1]のヒットに続いて、一九四一年に「日劇」（東京有楽町）でリサイタルをおこなった際に、大群衆が殺到し、劇場を取り囲んだ「七周り半事件」が起きたほど一世を風靡した。

李香蘭の人気を中国内陸へまで広げた決定的な作品は、アヘン戦争を舞台とした上海映画『万世流芳』（卜万蒼《プー・ワンツァン》、朱石麟《ジュ・シーリン》、馬徐維邦《マーシュイ・ウェイバン》、楊小仲《ヤン・シャオチュン》監督、一九四三年）だ。彼女が歌った同映画の挿入歌「売糖歌（飴売りの歌）」は、「百代（パテー）」レーベルによってレコード化され、日本軍占領地域のラジオや百貨店の蓄音機をつうじて広く流れ、大ヒットした。そのなかで、マダム・ポドレソフや三浦環のもとで研鑽を積んでいた彼女の歌唱力が大いに買われた。というのも、同時代の中国人の歌手の多くはきちんと声楽を学ぶ環境になく、上海で李香蘭と人気を二分していた歌手の周璇《チョウ・シュアン》も発声がほぼ地声のままだったからである[2]。

シャーリー・テンプル似の美顔に小柄でいささかぽっちゃりとした体型の李香蘭に対して、複数の上海メディアは「満州では彼女が大輪のユリに例えられているようだが、目の前に現れた彼女は小輪のライラックだった」[3]、「必ずしも美人とはいえないが、チャーミングだ」[4]と評していた。

李香蘭の人気は、美貌よりも、おおらかな性格によるものだったかもしれない。日本の軍事的占領下に置かれ、保身のために慎重な態度を取っていた中国人女優とは対照的で、日本人である李香蘭は、天真爛漫に振る舞えた。たとえば、日本滞在中に観た歌舞伎『勧進帳』の表現のおかしさに思わず吹きだした等のネタを上海のメディアに面白がって話すのも、おそらく彼女にしかできないことだった。[5]そのため、李香蘭は上海のマスメディアの寵児となり、終戦間際まで映画雑誌の表紙を飾ったりした（『上海影壇』一九四五年七月号の表紙）。

とはいえ、日本人であるというアイデンティティを隠しながら中国人として振る舞う彼女には、矛盾と曖昧さが垣間見える。『上海影壇』（一九四四年一〇月号）のインタヴューのなかで「中国人に申し訳ないので、二度と『大陸映画』に出演しない」と謝った彼女は、「今まで一番気に入った映画出演作は？」と聞かれると、「大陸映画」の代表格たる『支那の夜』（伏水修監督、一九四一年）を真っ先に挙げた。[6]同映画のなかで長谷川一夫に平手打ちをされた李香蘭（中国人の役）が、逆に彼に惚れ込むシーンは、当時の中国人の反感を買ったのである。

そもそも李香蘭の国籍をめぐっても、当時は諸説まちまちで、一九四二年頃には「奉天（瀋陽）出身で、北平（北京）育ち」の中国人であると上海のマスコミに一般に報じられていたが、北京の映画雑誌『華北電影』（一九四四年七月号）では、「李香蘭の本名は山口淑子、年は二五歳、満州生まれの日本人である。満州の日本人学校で小学校卒業後、華北の女子中学校に学んだのち、満映に入社し、女優歴は六年で、デビュー作は『蜜月快車』である」と明記されている。

戦後、日本に帰国し、山口淑子として再出発するようになった彼女も、日中戦争とそれにかかわった自身への複雑な思いを引きずっていた。たとえば、中国に対して繰り返し謝罪をおこない、日本の政治的指導者による靖国神社参拝に断固として反対する一方で、かつて親交のあった吉岡安直、甘粕正彦、川島芳子など日本の軍国主義政策に加担した人物に対しては、温情主義的にとらえ、愛惜の念を示す場合もあった。彼女のそうした二面性が、中国の歴史研究家によってたびたび指摘されてきた。また「李香蘭はあくまで日本軍国主義者に利用された将棋の駒に過ぎなかったが、その盤上の振る舞いは多くの中国人を欺くのに十分なものであり、イデオロギーの押し付けから得られない、絶大なプロパガンダ効果を発揮した」(7)というのが、定評であるようだ。

しかし、彼女に対する中国側の評価は時代とともに変化している。たとえば、文化大革命中の一九七〇年代初頭に佐藤栄作政権の右傾化を批判するキャンペーンのなかで、李香蘭が矢面に立たされた。

米日反動派は日本軍国主義復活のために手段を選ばず、狂気じみた行動を取っている。かつて日本の中国侵略に厚顔無恥に協力した旧歌妓（著者註：原文のまま）・李香蘭（山口淑子）は、再び日本のテレビやステージに登場し、往年のファシズムの歌を披露している。(8)

一九六九年当時、山口淑子がフジテレビのワイドショー「3時のあなた」の司会を務めることをもって、一一年ぶりに芸能界に復帰したことは、軍国主義復活の前兆と中国側に見なされたようだ。

しかし、緊迫した両国の関係は、佐藤栄作政権の終焉とともに急転回し、一九七二年九月の田中角栄首相の訪中によって、ついに日中国交正常化が実現した。そして、一九七四年に山口淑子は、田中首相の要請で自民党参議院議員通常選挙に立候補し、初当選。政界進出を果たした彼女は、一九七八年に環境政務次官として中国を訪問し、その後、日中友好に尽力しつづけていた。

一九八九年にフジテレビ製作のテレビドラマ『さよなら 李香蘭』（藤田明二監督、沢口靖子主演）の中国ロケに、中国側は撮影協力を惜しまなかった。さらに一九九二年四月に劇団四季の浅利慶太が演出を手掛けた『ミュージカル李香蘭』が大連で日中国交正常化二〇周年の記念イヴェントとして上演された。いずれの作品においても、彼女が時代に翻弄されたイノセントな人物として描かれている。

図１　『支那の夜』．奥の窓際に立つ李香蘭

図２　『上海の女』（稲垣浩監督，1952年）．三國連太郎と共演する山口淑子．写真提供：稲垣澄男

中国文化部長（日本の文化庁長官にあたる）を務めていた、作家の王蒙《ワン・モン》は『ミュージカル 李香蘭』を観劇した後、「人・歴史・李香蘭」というエッセイを執筆している。

一九九四年四月、私は劇団四季の『ミュージカル 李香蘭』の招待券を何枚かもらったので、劇場「天地大廈」へ足を運んだ。そもそも李香蘭は私にとって馴染みのある名だ。少年時代に彼女が主演した『万世流芳』を観て同映画の挿入歌「売糖歌」をまねて歌っていた。（中略）ミュージカルの導入部に流れる「夜来香《イェライシャン》」のメロディーを聞いて、私は思わず嘆声をもらすほど驚いた。「夜来香」は彼女の持ち歌だったことを初めて知ったからだ。メロディーは大変美しく、私はいつも口ずさんでいたが、それまでにこの歌は公式の場で歌われることのないタブーだった。その歌詞は政治的、または退廃的なニュアンスもなかったにもかかわらず、なぜ駄目だったのか。李香蘭がそれを歌ったからではないだろうか。(9)

中国で半ばタブーとなっているのは「夜来香」だけではなかった。彼女が歌った「蘇州夜曲」は幾世代の日本人の郷愁を誘い、昨今のＮＨＫ連続テレビ小説『ごちそうさん』（二〇一四年二月一八日放送）にも引用された。すなわち、登場人物の希子は、兄の悠太郎の満州行きを知り、別れを惜しんで「君がみ胸に　抱かれて聞くは　夢の船唄　鳥の唄……」と歌いだす。しかし、「蘇州夜曲」は、侵略戦争を正当化した作品と中国側が見なす『支那の夜』の挿入歌であるため、現在の中国ではまったく知られていない。

図3　1988年,『さよなら　李香蘭』の撮影中に脚本家・安倍徹郎とのツーショット. 手にしているのは, 歴史学者・鄧雲郷が書き記した平和を願う言葉. 写真提供：安倍徹郎

王蒙をして言わしめたとおり、「〝山口淑子〟は無罪判決で釈放され、〝大鷹淑子〟（著者註：一九五八年、山口は外交官大鷹弘と結婚）は国賓として歓待されたが、〝李香蘭〟だけは葬られなければならなかった」。(10)

しかし、中国人にとっても、李香蘭が日中のあいだに横たわる歴史問題の複雑さを物語るシンボリックな人物であり、また日中文化交流の歴史を語る際に抜きにできない存在であることは確かであろう。というのは、戦中に彼女が上海や満州に残した足跡が、日本による侵略戦争と植民地支配と並行して始まった日中映画交流の軌跡とほぼ一致しており、そして、戦後になって、贖罪の意識を原点とした彼女の中国とのかかわり方が、戦後の日中映画交流の特徴を示す好例であるからだ。

本書の課題と概要

本書は戦前に始まり、戦中、戦後を経て、現在に至るまでつづいている日中映画交流の歴史を複眼的かつ体系的に扱う通史である。とりわけ、日中戦争（一九三七～四五年）や、文化大革命（一九六六～七六年）といった大きな歴史的出来事が文化交流に与えた影響に注目し、戦前・戦中（一九一〇～四〇年代）、文革前（一九五四～六六年）、文革中（一九六六～七六年）、文革後（一九七八～八九年）、高度経済成長期（一九九〇年代以降）というように時代を区切って、日中映画交流の移り変わりや、中国における日本映画の受容を考察していきたい。

以上の通史としての課題を具体化すべく、本書は方法として以下の三点を特殊な課題としてみずからに課すことになるだろう。すなわち第一に日中映画交流史を再構成することによって、従来の研究に欠落していた統合的な視座をもたらすこと。次に、日中の映画交流が相手国のイメージの構築にまで深くかかわってきた映画史的事実の検証をつうじて、文化交流の可能性を裏付けること。そして最後に、現在の中国における日本文化の受容にも注目し、新たな異文化受容の可能性を探ること、以上の三点に焦点を合わせることで、本書は具体的な歴史記述を試みる。

戦前・戦中の日中映画交流に深くかかわっていた両国の映画人たち、たとえば辻久一、清水晶、筈見恒夫、川喜多長政、黄天始《ホアン・ティエンシー》、童月娟《トン・ユイジュアン》、顧也魯《グー・イエルー》、劉瓊《リュウ・チョン》、呂玉堃《リュ・ユイクェン》、薛伯清《シュア・ボーチン》（以上は主に上海関係者）、坪井興、内田吐夢、山口淑子、岸富美子、李奕《リー・イー》、浦克《ポー・カー》、王啓民《ワン・チーミン》、馬尋《マー・シュン》ら（以上は主に満州関係者）当事者たちは、それぞれ貴重な映画史的証言を残してきた。

これらの回想録や証言を土台に、映画史研究も徐々に進んできており、上海「中華電影」にかんしては、程季華《チェン・ジーホワ》主編『中国電影発展史』（中国電影出版社、一九六三年）、佐藤忠男著『キネマと砲声 日中映画前史』（リブロポート、一九八五年）を始め、李道新《リー・ダオシン》著『中国電影史研究専題』（北京大学出版社、二〇〇六年）、邱淑婷『香港・日本映画交流史――アジア映画ネットワークのルーツを探る』（東京大学出版会、二〇〇七年）、晏妮《イェン・ニー》著『戦時日中映画交渉史』（岩波書店、二〇一〇年）、鐘瑾《チュン・ジン》著『民国電影検査研究』（中国電影出版社、二〇一二年）、拙著『日本映画在中国』（中国電影出版社、二〇一五年）などの研究書が、日中両国で刊行された。近年では欧米でも盛んに論じられており、Poshek Fu, *Between Shanghai and Hong Kong: The Politics of Chinese Cinemas* (Stanford University Press, 2003) が出版されている。

満州映画研究にかんしては胡昶《フー・チャン》、古泉《クー・チュアン》著『満映 国策電影面面観』（中華書局、一九九〇年）が、のちに『満映 国策映画の諸相』（横地剛、間ふさ子訳、パンドラ、一九九九年）として日本でも翻訳・刊行され、『幻のキネマ満映――甘粕正彦と活動屋群像』（平凡社、一九九六年）に代表される山口猛氏の一連の著書とともに、満州映画研究の「古典」と位置付けられてきた。そして、近年、王艶華《ワン・イェンホワ》著『満映与東北時期的日本植民化電影研究――以導演和作品為中心』（吉林大学出版社、二〇一〇年）、池川玲子著『「帝国」の映画監督 坂根田鶴子――『開拓の花嫁』・一九四三年・満映』（吉川弘文館、二〇一一年）、拙著『日本映画在中国』など、新しい研究が続々と刊行されつつある。

しかしながら他方で、上海「中華電影」や満州映画と日本とのかかわりをめぐって、両国の歴史研究者や映画史研究者のあいだには大きな隔たりが存するように思われる。日本においては、関係者の回想録など貴重な歴史的証言が残されているとはいえ、同問題がいわば内向きのセンチメンタリズムや懐古趣味にくるまれたかたちで語られていることが多く、「外部」の視点を取り入れた批判的な眼差しが欠けている。それに対して、中国ではこの時代の文化的事象を「軍事的占領と植民地支配の一環」として片付け、映画史の細部を検証しないまま、過去の記憶を封印しようという傾向が目につく。

ここでは、歴史が二重の意味において単純化（＝物語化）されているように思われる。まず中国側の問題として言えるのは、映画史に対する政治主義的な解釈であろう。戦中の日中コラボレーションによる映画製作は「日常的」なかたちでおこなわれていた以上、狭義の非政治的な側面をもっていることは言うまでもない。しかし、日中合作によって築き上げられた映画テクニックや人的ネットワークが、当時、またその後の中国映画においてどのように機能したかという問題を無視し、映画史の細部をすべて「文化的侵略」という政治的な対立関係に還元するのは、中国側の悪しき意味での「政治主義」的な歴史把握であるように思われる。

それに対して、みずからの戦争責任はもとより、日中合作に含まれたあからさまな権力関係や日本側の政治的な思惑を無視し、すべてを人間同士（日中の映画人）の絆、あるいは個人の思い出のかたちで処理しようとしているのは、日本側による別の物語化、一見非政治的な政治的一面化にほかならない。そのため、当時の日本映画受容をめぐる、日中の諸説を見通し良く整理し、客観的に検証・分析する作業は未だ端緒についたばかりであるように思われる。

さらに戦後の日中映画交流についての研究も、断片的で概説的な記述にとどまるものが多く、立ち遅れているのが現状である。日本では、中国共産党政府の対日政策や、日中友好という「陳腐な」スローガンの故に、公的に企画された政治的な文化交流として片付けられてきた。その結果、真摯で批判的な研究対象からはずされるか、ステレオタイプ的なアプローチにとどまる場合が多かった。対して中国では、現在と地続きで近すぎる故に、歴史的対象として客観的な距離を保って語りにくくなってしまっているものと推測される。研究状況が日中両国において貧弱である所以である。

近年、拙著『中国10億人の日本映画熱愛史――高倉健、山口百恵からキムタク、アニメまで』（集英社新書、二〇〇六年）、四方田犬彦・晏妮編『ポスト満州 映画論――日中映画往還』（人文書院、二〇一〇年）、拙著『証言 日中映画人交流』（集英社新書、二〇一一年）など、戦後の日中映画交流は研究対象として徐々に認知されてきた。とはいえ、まだ断片的で概説的な記述にとどまっているのが現状である。とりわけ、冷戦時代の一九五〇～六〇年代や、文革中の日中映画交流にまつわる多くの映画史的事実はいまだヴェールに包まれている。そのため、日中映画交流の歴史を、体系的かつ重層的に検証することは急務である。

本書は先行研究を踏まえ、日中の一次的な文字資料や映像資料、さらに関係者の証言にもとづきつつ、中国での日本映画の受容、日本人イメージの構築の過程、日中合作映画の製作過程における日中の人的交流とその実態等を、日本にいる中国人研究者という立場から客観的にとらえ、同時に主体的にみずからの視点を打ちだすことを試みる。

そのために本書は、戦前、戦中の日中映画交流に対して、方法論として、実証的な研究と映像に即した表象の歴史分析という二つのアプローチをもちいる。そこから明らかとなるのは、日中のコラボレーションに見られる両国映画人の関係性が、「加害者と被害者」「抑圧者と被抑圧者」の固定的な二項対立の図式にのみ収まりきらない、相互に依存し規定しあう「弁証法的」なものであった事実である。本書はかかる経緯を一次資料や証言をつうじて明らかにする。同時に他方で、日本側主導の合作映画に描かれた「中国人と日本人の共存・共栄」というユートピア的な表象から排除された歴史的・社会的・政治的な位相、すなわち、侵略戦争と植民地支配の過酷さや、政治的支配の徴候としてのコミュニケーションの不在を、映像分析をつうじていわばミクロレヴェルで復元・召還することも試みられる。

続いて、一九五〇～六〇年代、そして文化大革命中の中国における日本映画の上映に焦点を合わせる。この研究分野は先行研究が乏しく、ほとんど未開拓と言って良い状態である。当時、戦後に培われた民主的で左翼的な思想と、かつての軍国主義政策に加担した贖罪意識が相まって下地となり、多くの日本映画人が日中文化交流に積極的に携わるに至った。その過程において、一見、戦争中は敵だった両国の映画人は和解し、仲間意識まで生まれてきたが、双方が抱いた「過去に対する思い」を敢えて曖昧にしたままやり過ごしたこともまた否定できない事実であろう。そのため、双方の歴史認識の乖離は、文革終結後の日中合作映画の製作過程においてコミュニケーションの齟齬というかたちで現れてきたのではないかと推測される。本書はその時代の映画交流を取り巻く日中関係や、両国国内の政治的・社会的状況を丹念に跡づけるべく、木下惠介と中国とのかかわり方を事例にとり、冷戦時代の日中文化交流の実態を浮き彫りにする。

中国における日本映画・テレビドラマのブームは、一九七〇年代末から八〇年代後半にかけて頂点に達した。本書はその時代のさまざまな流行現象を社会学・映像学の両面から包括的に分析することをつうじて、日本映画・ドラマのブームの歴史的・社会的背景を明らかにするとともに、他方で日中文化交流史において映像メディアが果たした役割について考察したい。

改革開放後の一九八〇年代の日本文化のブームをつうじて、「経済発展の目標たる先進国」というポジティヴな日本のイメージは、かつての残虐な侵略者という歴史の記憶と拮抗しながら、中国社会に定着した。かかる憧れと憎しみを併せ持つ心的な二重構造が、現在の中国における日本文化の受容において延々と再生産されつづけている。本書は、中国における日本のアニメとトレンディドラマの受容を考察することによって、現代中国人が抱くアンビヴァレントな対日本（人）イメージのメカニズムを解明する。

その意味で本書は、言葉の本来の意味での歴史研究たることを目指すものである。なぜなら歴史がある一定の領域の出来事の総体をそれとして分析・記述する試みである以上、この総体の過程の分析は過去の出来事の必然的な経過のみならず、その未来の姿をも開示するものだからである。

まず、第一章と第二章では、上海と満州における日中映画前史の展開を振り返ってみる。

日本映画と上海の関連性については、膨大な言説が存在しているが、本書は今までの先行研究において明らかにされなかった、日本映画の上映形態や、日本映画・ハリウッド映画・中国映画のパワーバランスの変化などの盲点を一次資料にもとづいて検証するとともに、日本映画の受容をめぐる両国の諸説を明瞭に整理・分析していく。とりわけ、日中のあいだの証言・資料の非対称性という点に着目し、「歴史の物語化」という傾向への問題提起を試みる。

第一章　日中映画前史——上海編

東洋一の国際都市・上海は、日本映画と深いかかわりをもっていた。それについて言及する前に、ひとまず上海の歴史的変遷を簡単に振り返ってみよう。

上海の歴史を大きく変えたのは、イギリスと清朝のあいだで起きたアヘン戦争（一八四〇〜四二年）であった。その結果として結ばれた「南京条約」により、通商港として諸外国に開放され、外国人の居留地である租界が点在するようになった上海は、中国人自身の手を離れ、「祖国のなかの異国」になってゆく。しかしそれと同時に、上海がより急速に発展し、アジアで最も繁栄した貿易・商業都市となったのもまた事実である。いっぽう、中国の文化的中枢としての上海には多くの知識人が集まるとともに、上海という都市の国際的で開放的な性格のために、さまざまな文化が交流・融合し、上海の独自のモダニズム文化が創造された。その代表格となったのが映画であった。

第一節　戦前の日本映画の片鱗

東洋のハリウッド

二〇世紀前半の中国におけるハリウッド映画の最大市場は上海であった。諸外国の租界が占拠していた上海では、多くの外国人が居住しており、また外国との接触が多いなかで教育レヴェルが高く、西洋の文化や言語を理解する中国人も次第に上海に集まってきた。両者は合わせてハリウッド映画の主な観客層となった(1)。中国におけるハリウッド映画の興行収入の半分以上が上海によって生みだされていたのである(2)。

一八九七年に上海で初めて上映されたアメリカ映画は、その後、徐々に影響力を増した。一九二〇年代半ばになると、次第にフランスなどのヨーロッパ映画を中国市場から駆逐していき、特権的な地位を獲得した。

ユニバーサル、二〇世紀フォックス、ワーナー・ブラザーズ、コロムビア、パラマウント、MGM、ユナイテッド・アーティスツ、RKOの八社は、一九二五年まで相次いで出張所や事務所を設置し、自社の作品を中国の映画館へ直接配給することが可能となった。上映館側と売り上げを分配するために、作品ごとに契約するケースが存したが、複数の作品を抱き合わせて、同じ分配比率で上映館と契約を交わすことが圧倒的に多かった。むろん、人気作品とそれほどでもない作品を抱き合わせる商法は、配給側にとって好都合であったことは言をまたない。

映画館の立地や設備の充実度、快適さ、とりわけ一番館・二番館・三番館というような上映順位の違いによって、米国資本の側と上映館の収入の分配比率が大きく違ってくる。米国資本はフィルムのコピーの数を制限したうえ、上映する映画館の順番を決めていくことによって、数多くの中国の映画館をみずからのコントロール下に置いた。

一九二〇~三〇年代の中国の映画館では、一番館にかかるのはハリウッド映画であり、中国映画は新作であっても、よくて二番館にしかかからなかったほどであった。一九二〇年代から四〇年代末にかけての二十数年間、少なくとも四〇〇〇本以上のハリウッド映画が上映され、それに対して、誕生してから一九四〇年代末にかけての四五年間に作られた中国映画は一六〇〇本にすぎなかったという(3)。このようにハリウッド映画は中国の映画市場を独占したのである。

いっぽう、中国初の短編劇映画『難夫難妻』(張石川《チャン・シーチュアン》、鄭正秋《チョン・チョンチュウ》監督、一九一三年)や長編劇映画『閻瑞生』(任彭年《レン・ポンニアン》監督、一九二一年)も上海で製作された。中国では一九二〇年代後半から映画製作が本格化していくが、二〇〇社にのぼる製作会社の大半が上海に集中していた。

上海は中国映画の製作拠点のみならず、東南アジアにおける映画文化の発信地でもあった。おのずと現実政治における権力関係とはまったく無縁な娯楽映画が一九二〇年代後半の上海で幅を利かせただけでなく、東南アジアでも絶大な人気を誇るに至った。とりわけ、中国における民間伝承の怪談やおとぎ話をベースに、アクション映画の要素を加味した怪奇映画やカンフー映画は、その馴染みやすいストーリー展開が祖国から遠く離れた華僑の郷愁を誘うとともに、当時はまだ珍しかった特撮の技法も東南アジアの人々を大いに魅了したのである。ある意味で当時の中国映画は、東南アジア市場で得られた興行収入のおかげで産業として確立していたともいえる。

一九三〇年代に入ると、上海映画は新たな局面を迎えた。一九三一年二月に中国初の「映画検閲法」が国民党政府によって制定された。同法の適用対象は主にカンフー映画や怪奇映画であり、それらのジャンルの作品の製作・上映は禁止となった。非科学的な迷信を広める恐れがあるということがその主な理由であった。

さらに一九三一年九月一八日に満州事変が勃発したことをうけて、中国国内でナショナリズムの風潮が一気に高揚した。そうしたなかで、マルクス・レーニン主義思想やソヴィエトのモンタージュ理論から影響を受けた左翼映画と、ハリウッドの技法に学んだニューウェーヴの文芸映画がほぼ同時に上海映画に出現し、思想的なラディカリズムと技法的なモダニズムが並存して展開された。

そして、一九二〇年代半ばから三〇年代初頭にかけて、日本での中国映画の上映、あるいは上海での日中合作映画製作の試みがなされていたのである。

幻の日中合作映画――『雨過天青』

中国映画が初めて日本で一般公開されたのは一九二六年だった。儒教的価値観を称揚するホームドラマ『紅情怨』（原題『忠孝節義』、邵 醉 翁《シャオ・ツイウオン》監督、一九二六年）、モダンガールの不幸を描くメロドラマ『人面桃花』（陳 寿 蔭《チェン・ショウイン》監督、一九二五年）はそれにあたる。一九二六年九月一一日付「朝日新聞」の「新映画評」欄に掲載された『人面桃花』評では「（同映画が）去る五月公開された『紅情怨』に次いで二度目にもたらされた支那映画である」と記している。

それに続いて、翌年にアレクサンドル・デュマ・フィスの原作を翻案した『椿姫』（原題『新茶花』邵醉翁監督、一九二七年）も輸入された。一九二七年一〇月一二日付「読売新聞」朝刊の「試写室」欄では「支那の映画は既に度々輸入上映されてゐるが、何れも餘り評判にはならなかったようだ。今度神戸に設立された七星影片洋行提供の『椿姫』はそれ等から見ると俄然一頭地を抜いた感がある。（中略）主演椿姫に扮する胡蝶《フー・ディエ》嬢は性的魅力はないが先づ綺麗」と評している。

いっぽう、日中合作による中国初の本格的なトーキー映画『雨過天青』（夏赤鳳《シャ・チーフォン》監督、一九三一年）も、一九三一年五月に日本で、そして六月に上海でそれぞれ公開された(4)。『雨過天青』は中国側の企画で、監督をはじめ、メインスタッフや俳優も中国人であるが、ヘンリー小谷がキャメラを手掛け、録音において日本側の技術的バックアップを受け、さらに日本での撮影を敢行した異色作だった。

双方のあいだでコーディネーターを務めた川谷庄平（中国名は谷庄平《グー・チュアンピン》）は日活出身のキャメラマンで、一九二四年に中国へ渡り、それまでに六〇本以上の中国の無声映画を撮影したばかりでなく、上海でみずから映画会社を立ち上げ、中国映画『断腸花』（本山祐児監督、一九二六年）をも製作し、さらに『波荒き日』（若山治監督、一九二五年）、『もの云はぬ花』（蔦見丈夫監督、一九三二年）などの日本映画の上海ロケに協力した(5)。ちなみに、同じ頃、日本人キャメラマンの東喜代治、小西康雄も上海のスタジオで活躍していた(6)。

いっぽう、この日中合作の『雨過天青』について、主演女優黄耐霜《ホアン・ナイシュワン》は貴重な証言を残したため、引用しておこう。

一九三一年、十八歳の私が、北京語を話せるということで、大中国影片公司と暨南《ジーナン》公司が製作する中国初のフィルム発声式トーキー映画『雨過天青』に出演することになった。（中略）この映画で私が演じる高級娼婦は、陳秋風《チェン・チュウフォン》が演じる妻子ある男を誘惑し、堕落させるが、結局、男は妻のもとへ戻る。ラストシーンでは、高級娼婦がキャメラに背を向けて画面の奥に遠ざかり、消えてしまう。（中略）それまでに時代劇のカンフー映画に悪女役でしばしば出演してきた私にとって、『雨過天青』は初めての現代劇で、そのうえ、初のトーキー映画でもあるから、多くの困難に直面した。そのため、高級娼婦が登場する外国のトーキー映画を何本か観て参考にした。また、セリフの語り方は、全国の観客に分かるように、なるべく北京の方言を取り除き、標準語に近づけて丁寧に発音するように心がけた。さらに、京劇の女形のように口を大きく開けて発音するのも、反対に口の動きを小さくすることも、どちらも映像として見栄えはよくないため、私は鏡を見て練習し、一番美しい表情をつくった。（中略）『雨過天青』が公開されるやいなや、賛否両論が沸き起こった。日本製品不買運動が高まるなかで、評価する評論もあったものの、多くは日本絡みの作品ということで批判された。私も「商女不知亡国恨（商女は知らず亡国の恨み）」（著者註：唐時代の杜牧《トウ・ムウ》の詩の一節）とののしられた。(7)

黄耐霜の証言からは、満州事変（一九三一年九月）直前の上海で、ナショナリズムの機運がすでに高まっていた状況が伝わってくる。その後、「第一次上海事変」（一九三二年）、「第二次上海事変」（一九三七年）において、日本軍は中国国民党軍と交戦し、戦火が上海に蔓延し、映画産業にも大きな打撃を与えたのである。

上海の「活動弁士」

戦前の満州や、上海、天津、青島《チンタオ》といった日本人が多く住む地域において、数多くの日本映画が、日本人を対象とする日本映画専門館において上映されていた。『日本映画事業総覧』（昭和五年〔一九三〇〕版）によると、一九三〇年の時点で満州に一五館、上海に二館（東和館、上海キネマ）、青島、天津に一館ずつの日本映画専門館があり、虹口《ホンコウ》を中心に約三万人の日本人が暮らしていた上海は、満州とともに中国における日本映画の最大のシェアを占めていたのである。(8)

図 4 『椿姫』の主演女優・胡蝶

図 5 『雨過天青』の主演女優・黄耐霜

一九一〇年代に上海初の日本映画専門館として開業した東和活動写真館は、一九二八年にさらに観客収容数一〇〇〇人以上の新館を開設し、時代劇と現代劇の二本立てで、平日は夜に一回の上映を、そして土日は昼夜二回の上映をおこなっていた[9]。その後、上海劇場（歌舞伎座）、昭南劇場（威利大戯院）、上海国際劇場（融光大戯院）、銀映座、虹口シネマといった日本映画専門館が次々と現れ、一九四〇年代初頭の時点で、日本本土で上映された日本映画は、三ヵ月ほどのタイムラグがあったとはいえ、ほとんど上海で観ることができたという[10]。

だが、「日本人街を一歩出外れて、ガーデン・ブリッヂ（著者註：蘇州河にかかり、虹口と黄浦《ホアンプー》を結ぶ橋）を渡れば、もうそこでは一本の日本映画、一本の満州映画さへも上映されたことがなかった」[11]という有り様で、「日本映画上映館に、中国人の観客がどのくらい来るかというと、絶無だと言いきって差し支えない」[12]のが実情だった。ハリウッド映画に独占されていた中国映画市場に、日本映画が参入する余地はまったくと言っていいほどなかった。

いっぽう、一九三五年に訪中した映画評論家の岩崎昶によると、一部の上海の映画人は、しばしば虹口の日本映画専門館に通っていたという[13]。つまり日本映画マニアが、少数ながらいたようだ。というのも、戦前の日本に留学した経験をもつ中国の映画人が少なくなかったからである。そうしたマニアの一人に、一九三〇年代前半の上海で抗日映画の製作を指導していた中国映画の重鎮、脚本家の夏衍《シャ・イエン》がいた。彼は大の日本映画通で、約半世紀後の一九八二年に訪中した脚本家の八住利雄に、栗島すみ子や水谷八重子といった往年のスターの近況を尋ねたほどだった[14]。

周知のように、サイレント（無声）時代の日本映画界では、人形浄瑠璃や歌舞伎によって形成されたナレーション文化から生みだされた「活動弁士」が活躍していた。すなわち、邦画、または洋画の上映中に、弁士はステージに登場し、スクリーンを見ながら、登場人物のセリフや、ストーリー展開を観客に語りかけるというスタイルである[15]。サイレント時代の中国映画では、それらが映像と映像のあいだに挿入される字幕ショットによって解説されるのが一般的であった。そして、欧米映画の上映においては、中国語字幕も弁士も付かない、外国語オリジナル・ヴァージョンの上映が主流であった[16]。「上海で映画でも見ようといふ支那人の七、八割までは、英語の会話が巧みなものである」[17]と当時、上海在住の加藤四朗が証言したように、欧米の文化や言語に通ずる中国人が上海に集まっていたからだ。

だが、例外もあったようだ。一九一二年生まれの映画監督王為一《ワン・ウェイイー》は、一九二〇年代に上海虹口にある中国人向けの映画館で、無声映画を鑑賞した際の状況について貴重な証言を残している。

> 上海虹口の映画館で弁士付きの欧米のアクションものを観たこともあった。スクリーンの両サイドの高い台の上に、二人の弁士が座っていてそれぞれ蘇州語と広東語をもちいて、交互に映画の内容を面白く語り、館内を沸かせた[18]。

上海の映画雑誌『新銀星』（一九二八年九月号）にも「伝訳洋片的解画員（洋画を同時通訳する解説係）」についての記載が見うけられる[19]。これは日本における「活動弁士」ときわめて類似している。日本の活動弁士が一八九六年に誕生し、日本国内で最盛期には数千人の弁士が活躍していたという時代状況から、日本映画の弁士付の上映形態が、上海や満州にある日本映画専門館を介して中国の映画上映スタイルにも一定の影響を与えたのではないかと推察される[20]。

とはいえ、上海の外国租界や中国人が住む地域では、日本映画の上映がおこなわれていなかったため、一般の中国民衆への日本映画の影響力は皆無であったといえる。

過小評価された戦前の日本映画

戦前の上海の映画雑誌には、日本映画への言及が散見される。たとえば映画評論家の王《ワン・シャオティエン》暁天は『聯華画報』（一九三三年一二月号）において、次のように評している。

日本映画は天皇制という政治的システムの下に置かれているがゆえに、独特のイデオロギー性を帯びている。それが妨げとなって、日本映画は未だ世界映画市場で羽ばたくことができない（中略）。いっぽう、日本映画の製作は国のバックアップのもとで潤沢な予算で賄われており、国内映画市場はしっかり確立されている。やりくりしながら営んでいるわが国の民営映画会社は、国や国民から支えられている日本映画ほど恵まれていない。(21)

映画評論家許《シュイ・ユイウェン》鈺文は、『電影画報』（一九三七年二月号）において、日本映画の問題点として「チャンバラ映画の横行」と「現代劇の不況」を挙げたうえ、「一九三七年現在の日本映画は、一九二〇年代後半の中国映画のレヴェルに相当し、たいへん遅れている。（中略）たとえ技術的進歩が見られるとしても、その軽薄でくだらない内容に足を引っ張られるため、日本映画はとうてい芸術の域に到達することはできないだろう(22)」と指摘している。

また一九三七年三月に、日本滞在中の映画評論家吉《ジー・ユン》雲は時代劇『お江戸紳士録』（小林正監督、一九三四年）とメロドラマの現代劇『白衣の佳人』（阿部豊監督、一九三五年）を例に挙げ、「こんなひどい代物でもヒットすることで、日本映画全体のレヴェルの低さを知ることができるだろう(23)」と評している。

さらに、『電声』（一九三七年七月二三日号）にも、日本映画を紹介する記事が掲載されている。東京滞在中の評論家の封禾子《フォン・ホウツィ》は、国際映画協会主事の近藤春雄の招待をうけ、高杉早苗主演の松竹映画『荒城の月』（佐々木啓祐監督、一九三七年）を観たあと、松竹大船撮影所を見学した。(24) それについて、彼は次のように語っている。

大船撮影所には大きなスタジオ一つと、中ぐらいのサイズのスタジオ三つがあり、その中型のスタジオの大きさでも、わが国最大の映画会社「明星」社のスタジオの二倍ほどもある。（中略）日本映画はその技法と内容のどちらが進んでいるかという私の質問に対して、松竹の営業部部長は「内容は国策に沿ったものばかりで、映画人たちは技法の面で突破口を見つけようとしているが、きわめて困難である。なぜならば、日本映画の技術的条件は欧米諸国にはるかに及ばないからだ。幸いなことに、日本の俳優はたいへん優秀である。また日本の観客は大した審美眼をもっておらず、そもそも高いレヴェルの映画を望んでいない」と語った。私は全くそのとおりだと考えた。（中略）『荒城の月』は筆者が初めて観た日本映画である。日本映画を代表する作品であると聞いていたが、もしそれが本当なら、日本映画についてこれ以上語る必要がないだろう。つまり、シナリオ、演出、撮影、その他、中国の映画ファンに紹介すべきものは一つもない。(25)

図6　『荒城の月』．高杉早苗（左），高峰三枝子

なぜ当時の日本映画は、日本の言語も文化も必ずしも理解しているとは思えないこれらの評論家らによって、そこまで酷評されたのだろうか。考えうる理由の一つは、これらの評価がわずかな日本映画の鑑賞から得られた、予めバイアスの加わった偏った見方だった、という可能性である。しかしさらに、満州事変（一九三一年）以降の中国における抗日の機運の高まりという社会状況を鑑みれば、中国の映

画評論家たちは、日本に対するナショナリズムに起因するルサンチマンを日本映画に投影した可能性も考えられる。いわば日本映画は愛国主義により槍玉に挙げられたわけである。

だが、日中全面戦争が勃発すると、上海での日本映画の上映は一気に拡大した。それにともなって、中国の映画産業も大きく変貌したのである。

第二節　戦中の日本映画の上海進出

一九三七年七月に盧溝橋事件が起き、日中全面戦争が始まった。同年八月一三日に日本軍が上海に上陸し、三ヵ月後に上海は陥落した。国際社会との関係への考慮から外国租界の占領は見送られ、周囲を包囲し、租界だけが日本の占領地のなかに残された「孤島」の時代を迎える。

いっぽう、日中戦争の勃発をうけて、日本の対中文化政策は大きく転換した。一九三八年一二月一六日に、対中外交政策を一元的に掌握する「興亜院」が内閣のもとに設置され、それまでに外務省が担ってきた外交機能の大部が、実質的に陸軍が牛耳る同院へ移管された。「占領地行政を日本の内政と同位相に位置付けるべきで、対中外交はもはや必要がない」という陸軍の対中姿勢は次第に影響力をもつようになった[26]。

「興亜院」上海オフィスの指示により、一九三九年六月に日本側の映画検閲機構「上海電影検査処」がフランス租界の海格路（Avenue Haig, 現華山路）に設立され、上海で公開される中国映画や外国映画は、日本軍報道部、憲兵隊、領事館警察の三者による検閲を通過しなくてはならなくなったのである[27]。

さらに日本側（陸軍）は映画配給をも統括すべく、その任を川喜多長政（東和商事社長）に委託し、一九三九年六月に日本側、「満州映画協会」、そして梁鴻志《リャン・ホンチー》が率いる日本の傀儡政権である中華民国維新政府（南京）の共同出資により「中華電影股份有限公司」（以下は「中華電影公司」と称する）を上海で立ち上げ、検閲を受けた中国映画や諸外国映画を、占領地域へ配給するという仕組みが出来上がった[28]。

だが、同年一二月に「満州映画協会」が日本側、そして王克敏《ワン・クーミン》を首班とする、日本の傀儡政権である中華民国臨時政府（北京）とともに出資し、北京で「華北電影股份有限公司」（以下は「華北電影公司」と称する）を設立し、徐州《シュイチョウ》以北の日本軍占領地域での映画配給をおこなうようになったことをうけて、「中華電影公司」は蚌埠《ブンブウ》以南の地域を勢力範囲とし、天下を二分する結果となった[29]。これで、「中華電影公司」が「満州映画協会」、「華北電影公司」とともに中国本土で日本映画を配給していく「三足鼎立」の局面を呈することとなった。

しかし、満映の強い影響下に置かれていた「華北電影公司」は「満映の亜流でしかなかった。（その設立は）満映にとって〝失地〟ではない。いわば弟の分家独立である」[30]。北京、天津をはじめ、華北（北支）の各地において、中国人を対象とした日本映画の上映がおこなわれるようになったが、作品のラインナップからプロモーションに至るまで「映画工作」というイデオロギー先行の傾向があまりに露骨なため、上映本数、及び中国人社会に与えたインパクトの点において、上海でのそれに遥かに及ばなかったように思われる（巻末「日中映画上映作品総覧（一九二六―二〇一六年）」を参照されたい）。また、満映の弟分だった「華北電影公司」は京劇映画、文化映画なども製作していたとはいえ、全体的な製作本数では満映の足元にも及ばなかったのである[31]。

それに続いて、一九四〇年三月に発足した、日本の傀儡政権である汪兆銘南京国民政府は、同年一二月に「電影検察法（映画検閲法）」を制定し、日本占領地域での映画検閲が各地の傀儡政権の警察当局によっておこなわれるようになった[32]。

その流れのなかで、日本映画の上映用フィルム（プリント）が日本国内からまず満州へ、そして満州を経由して上海及び華北へ配給されていくという流通ルートは確立した。しかし、上映時間のタイムラグやフィルムの劣化といった問題があったため、一九四〇年一月から「中華電影公司」は「満映のお古」に頼るのではなく日本から直接上海に輸入する方法へ転換したのである[33]。

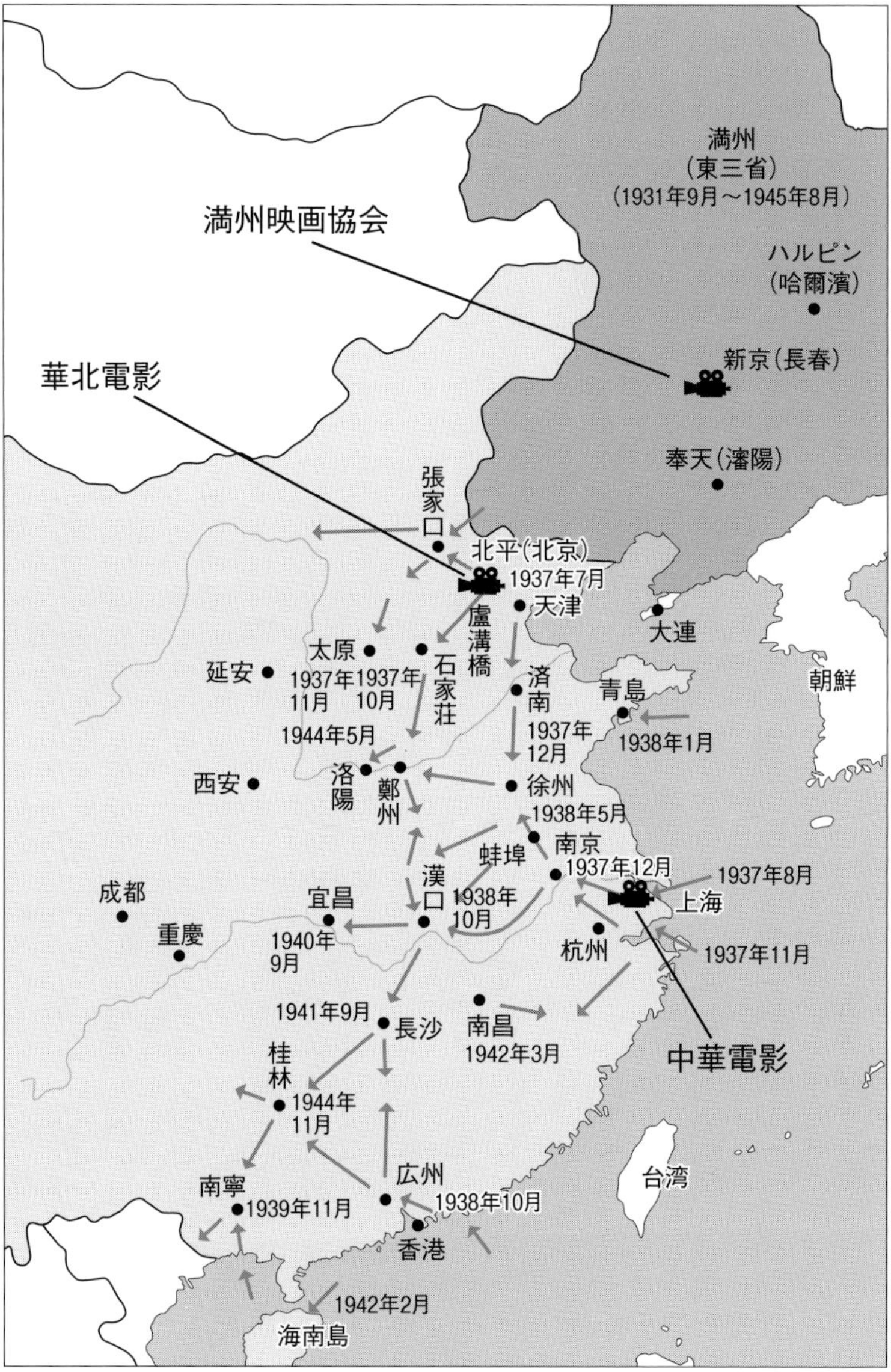

図7　日中戦争における3つの映画製作機構（矢印は日本軍の展開を表す）

一九四一年一二月八日、太平洋戦争の勃発とともに、日本軍の上海特別陸戦隊は上海の外国租界に進駐した。そのわずか二日後の一二月一〇日に、租界内の全映画館において『日軍租界進駐ニュース』が一斉に上映されることとなった。当時、これは「従来英米勢力によって排除されてゐた日本映画待望の租界進出」[34]の端緒と見なされた。だが、『日軍租界進駐ニュース』は「中華電影」が製作したもので、日本映画とはいえなかった。

日本映画が上海租界で初めて一般公開されたのはその半年後だった。すなわち、一九四二年六月二七日と二八日に「大光明大戲院」（GRAND THEATRE）で開催された「米英撃滅映画大会」において、長編記録映画『帝国海軍勝利の記録』は、『日本ニュース』と短編記録映画『水鳥の生活』とともに、計六回上映された。入場料は、当時の封切映画として最も安い入場料の三分の一に相当する一元だった[35]。

『帝国海軍勝利の記録』（日本映画社製作、大本営海軍報道部監修、一九四二年）は、一九四一年一二月から翌年五月までの帝国海軍の総合戦果を知らしめるために製作されたもので、真珠湾攻撃や、上海租界接収、香港攻略、大スンダ列島・ティモール島・ビスマルク諸島・アンダマン諸島への奇襲・占領を記録している。

それまでに主に欧米映画を上映してきた「大光明大戲院」では、中国語解説用のイヤホン設備がいちおう整っていたが、「それだけでは映画の趣旨が伝わらないだろう」と判断した主催者は、映画の見どころになると、映画の音声を完全に消し、中国語による解説を、映画館のスピーカーを通して大音量で流した[36]。

当時の日本側の記述によると、各回とも満員の盛況であり、また「中国人の、それも、インテリとおぼしき者の目白押しは、彼等自身の苦難な思想方向に改めて今こそ有力な一つの示唆を与へるものとして渇望された結果である」[37]と見なされていたが、多くの中国の観客にとっては、日本の記録映画はみずからが置かれている現実の戦況をヴィジュアルで、かつリアルタイムに観ることのできる、ほとんど唯一のルートだったからではないだろうか。しかし、『帝国海軍勝利の記録』のなかで、上海租界への入城パレードを傍若無人におこなう日本兵や、戦火に燃える香港の街並みが映しだされた際に、それを観た中国の人々はどのような心情を抱いていたのだろうか。

外国映画の上映スタイルにおける日中の違い

ところで映画の上映方法に視点を戻そう。すでにトーキーの時代を迎えた一九四〇年代初頭の上海において、ハリウッド映画の主な上映スタイルは、オリジナルの英語版と、中国語同時解説イヤホンガイド付きの二通りであった。どの上映館でも、作品を紹介する中国語パンフレット（有料と無料の二種類）が必ず配布されていたが、イヤホン解説は、一流の映画館でしか用意できなかったという。

時にはスライド方式の字幕も用いられていた。すなわち、スクリーンの上下か、横に字幕用スクリーンを設置し、予め細長いガラスに文字を墨で書き、画面に従って次々とガラスを押して操作し、字幕を映しだしていくという仕組みだった。しかし、手間がかかるため、広く普及するには至らなかったという。(38)

さらに、ハリウッドの大手映画製作会社は、自社の作品を中国へ輸出する前に、中国語スーパーインポーズ（フィルムに焼き付けた字幕）をみずから作成するケースもあった。(39) しかし、年間数百本のハリウッド映画を上映するには間に合わず、まれにしかおこなわれなかったようだ。映画監督厳寄洲《イェン・ジーチョウ》、脚本家徐世華《シュイ・シーホワ》が、それぞれの回想録で一九三〇〜四〇年代の上海におけるハリウッド映画の上映を振り返る際に、スライド方式の字幕とスーパーインポーズについてまったく言及していなかったのは、そのためではないだろうか。(40)

いっぽう、日本では、一九三一年に初の日本語スーパーインポーズの外国映画として、マレーネ・ディートリッヒ主演のパラマウント映画『モロッコ』（ジョセフ・フォン・スタンバーグ監督、一九三〇年）が一般公開されたが、その字幕をつくったのがアメリカ側であった。日本ではスーパーインポーズ用のタイトルを撮影する準備がまだ出来上がっていなかったからである。(41)

一九三三年に極東フィルム研究所（東洋現像所の前身）による日本語スーパーインポーズの第一号である、パラマウント映画『ビール万歳（The Song of Eagle）』（ラルフ・マーフィー監督、一九三三年）が一般公開され、好評を得た。その後、同研究所はアメリカの各映画会社から日本語字幕作成を受注するようになった[42]。

トーキー移行期において、スーパーインポーズのほかに、多様な上映スタイルが共存していた。サイレント時代のように映像と映像のあいだに挿入された日本語字幕ショット、ナレーション付きの「解説日本語版」、日本語吹き替え版などがそれにあたる。一九三〇年代後半に至ると、外国映画の上映にあたって、日本語スーパーインポーズの形式が一般化してきた[43]。

日本映画が上海租界へ進出した際に、従来の外国映画の解説方法に「革新性」が加えられたことは注目すべきである。たとえば、『ハワイ・マレー沖海戦』（山本嘉次郎監督、一九四二年）、『新雪』（五所平之助監督、一九四二年）、『南海の花束』（阿部豊監督、一九四二年）は中国語スーパーが入れられ、記録映画『空の神兵』（一九四二年）、『マレー戦記』（一九四二年）は中国語吹き替え版で上映された[44]。しかし、いずれも経済的、あるいは時間的な理由で広く普及することは難しく、従来のイヤホン解説、スライド式の字幕、中国語の配布資料が、これらの作品における試験的な試みの後も相変わらず主流であった[45]。

見せられない水戸光子の寝間着姿――『暖流』の受容

劇映画として上海租界で初めて一般公開されたのは『暖流』（吉村公三郎監督、一九三九年）だった。既存の海外輸出用の英語字幕版に中国語のイヤホン解説を加えたもので、一九四二年八月一四日から四日間、上海「南京大戲院」（NANKING THEATRE）で上映された。その後、「大華大戲院」（ROXY THEATRE）など、ほかの映画館でも繰り返し再上映された[46]。

『暖流』は岸田國士の長編小説を原作とし、新人監督の吉村公三郎が東宝に移籍した師匠の島津保次郎監督の代わりに演出を手掛けた松竹映画である。大病院院長の令嬢（高峰三枝子）、次代の院長候補（佐分利信）、医者（徳大寺伸）、看護婦（水戸光子）のあいだで繰り広げられた恋の駆け引きを描いたこのメロドラマは、国が映画への統制を強めた「映画法」が実施された一九三九年に、映画検閲を通ったものの、明らかに戦時体制とは相容れない内容だった。だが、なぜ中国で初公開する日本の劇映画として『暖流』が選ばれたのか。その背景には、日本側の深慮遠謀があったように思われる。

一九三七年六月九日、原節子主演の日独合作映画『新しき土』（中国語題『新土』、アーノルド・ファンク、伊丹万作共同監督、一九三七年）が上海虹口にある東和劇場で上映されるやいなや、日本の満州支配を正当化する作品と見なされ、中国人による抗議活動を引き起こし、上映を打ち切らざるを得なくなった事件があった。当初、同映画は上海租界側の映画検閲機関「上海租界工部局電影戯劇検査処」による検閲を受けた際に、「〝満州国〟という字幕」「満州国の地図」「万里の長城への爆撃」「歩哨に立つ日本兵」という四箇所のシーンが問題視され、カットを命じられたにもかかわらず、日本側はそれを無視して公開に踏み切ったからである。(47)

『新しき土』のような失敗を戒めるべく、戦争という過酷な現実とはまったく無縁で、上海の映画観客に馴染みのある、ハリウッドの巨匠エルンスト・ルビッチ監督が手掛けたシチュエーション・コメディーを思い起こさせる『暖流』がラインアップされたのではないかと推測される。

いっぽう、上海の人々はダンスホールで踊り、自動車で移動し、デパートで買い物をする西洋的な生活に慣れ親しんでおり、ハリウッド映画を浴びるほど観ていた。彼らはそうした感性で日本映画に接してくるはずだ。上海でどんな日本映画を見せれば良いか。日本映画の上映は、たんなる商売としての意味のみならず、占領地域での住民の宣撫工作の側面をもあわせもつ故に、緊張感と不安が、映画の選定にあたった筈見恒夫、小出孝、青山唯一、佐々木千策ら関係者のあいだで広まった。彼らは「中国の若い人たちは畳と障子と着物の日本の生活様式をいかに見るだろうか。ましてや時代劇やエノケン・ロッパ映画などをそのまま不用意に見せる勇気はなかった」(48)と頭を悩ませたという。

そこで、物語の主な舞台が大病院や、上流階級の立派な応接室、おしゃれな喫茶店、整然とした公園となっており、貧しい下町の光景はもちろん、病院にいるはずの各階層の患者さえもほとんど映しだされていない『暖流』こそ、上海で上映する作品として打ってつけであるとの判断が下されたのではないだろうか。

その裏付けとなるのは、支那方面艦隊報道部の塩田孝道の発言である。

指導性のあるものを見せていくのが理想だが、上海人はまだ日本に全面的に協力していない。今あまり焦ってもいけないと思う。とにかく良いもの、悪いもの、どしどし日本映画を見せることだ。そして、知らず知らずのうちに日本への理解を進めるというやり方だな。ただ、下層社会を扱った映画はなるべく持ってこぬのがいい。上層階級を扱ったもの、豪奢な建物、美しい風景、完備した工場、国民学校、病院、そういったものを背景にした映画を持ってきてもらうと結構だ。中国人たちはわが日本の軍事力はもちろん、国民学校、工場、病院の完備に目を見張る。下層社会の生活が出ると、何か日本の生活程度が低いように感じ、英米崇拝の念を起こさせやすい。日本精神を彼らに押し付けようというのは早急には無理で、徐々に東方精神を植え付け、指導していくのが良い。(49)

にもかかわらず、『暖流』が実際に上海で公開された際に、水戸光子が演じる看護婦の寝室のシーンがカットされた。それは、佐分利信に片思いをしている水戸光子が彼の信頼を得たと喜び、寄宿舎に戻り、窓から夜空を眺めるという美しい名場面である。カットされた理由は「日本の娘の質素な寝間着姿を見せるべきではない」(50)からである。ここにも上海の人々の前で面子をつぶさない、という意気込みが窺える。

しかし、この場面を映像で観てみると、水戸光子の寝間着姿はさほど気にならず、それよりも彼女が数名の同僚の看護婦と狭い一室で雑魚寝しているというシチュエーションは「日本人が貧しい生活をしている」という印象を上海の人々に与えかねないものだったのではないかとも推察される。

吉村公三郎監督は『暖流』において松竹調メロドラマの繊細な演出を遺憾なく発揮している。チェーホフの『桜の園』の書籍をさりげなく高峰三枝子の脇に置くことで、令嬢の教養と育ちの良さを表現したり、高峰三枝子と水戸光

図8 『暖流』のラスト．写真提供：吉村秀實

図9 『暖流』．水戸光子，佐分利信．写真提供：吉村秀實

子が喫茶店で話し合いをするシーンにおいて、テーブルに置かれた表面が白と黒に塗り分けられた二つのカップをつうじて、女の「対立」（カップの色のコントラスト）と「和解」（カップの色の一致）を表現したりするなどの小道具の使い方や、あるいは会話の場面で登場人物がそれぞれ短い言葉を互いにぶつけ合い、それに合わせて細かいカット割りで話し手の表情を交互にとらえるカットバックなどは、それにあたるだろう。とりわけ、鎌倉の海岸で佐分利信から水戸光子との結婚を報告された高峰三枝子が、涙を隠すために、海水をすくい上げてそれで顔を濡らすというラストシーンの演出が、当時の中国人観客から好評を得たという。(51)だが、その場面に対して、「ラストの場面はバックの貧弱さで失敗であり、寧ろ蛇足の憾みであった」(52)という当時の日本国内の映画評論による酷評もあったことを付言しておく。

しかしそれ以上に、軍国主義一色の国だと思われていた日本でこのようなブルジョア社会を舞台にした抒情豊かな作品がまだつくられていることは、おそらく『暖流』を観た中国人にとって最大の驚きであり、それもまた『暖流』が生みだした最大の「慰撫」効果だったのではないだろうか。佐藤忠男をして言わしめたように、「（『暖流』は）戦前から徐々に発達してきていた西洋的、近代的な恋愛映画のひとつのピークをなす作品であり、同時にそういう流れが戦争で途絶えさせられる最後の作品だったわけである。青年たちは、ぎんや啓子のまぼろしを抱いて戦場にいったわけである」(53)。終戦を知らずに、戦場だったフィリピンの原始林のなかで三〇年近く潜伏していた旧日本軍の小野田寛郎少尉はその一人だった。彼は帰国後にインタヴューのなかで、好きなタイプの女性として水戸光子を挙げた(54)。

『暖流』に続いて上海租界で公開されたのは、『南海の花束』(阿部豊監督、一九四二年)や『マレー戦記』といった国策映画だった(55)。とはいえ、中国戦線を舞台とする『五人の斥候兵』(田坂具隆監督、一九三八年)、『土と兵隊』(田坂具隆監督、一九三九年)、『西住戦車長伝』(吉村公三郎監督、一九四〇年)、または時代劇の『阿片戦争』(マキノ正博監督、一九四三年)などは、上海租界での一般公開は控えられた。「中支那派遣軍は、日本映画の中に中国人を侮蔑し憎悪するような描写があるなら、それは中国において観覧させるのは適当ではないと判断していた」(56)というのがその理由であったようだが、汪兆銘南京国民政府とともに推進していた「和平工作」、「和平運動」の一環であると見て間違いないだろう(57)。たとえば、一九四二年三月に汪兆銘政権の映画検閲機関は、李香蘭主演の『蘇州の夜』(野村浩将監督、一九四一年)における日本人暗殺をたくらむ中国人や、乞食、纏足した老女などを映しだした四つのシーンに対して、公共の安全を脅かす恐れがあるという理由、または「中華民族の尊厳を侵すべからず」という「映画検閲法」第二条第一項に抵触したという理由で、カット・修正するよう命じたという(58)。

日本映画はハリウッド映画に対抗し得たか

「大光明大戯院」(GRAND THEATRE)、「南京大戯院」、「国泰大戯院(CATHAY THEATRE)」、「大華大戯院」といった上海の一流の映画館は、いずれもハリウッド映画を上映するための一番館として名を馳せたが、一九四二年、四三年になると、次々とハリウッド映画の上映を打ち切り、中国映画や日本映画を上映する方針に転換した(59)。なかでも、「大華大戯院」は唯一の中国人向けの日本映画専門館だった。

図10 「大華大戯院」の外観. 1943年. 写真協力：(財) 川喜多記念映画文化財団

一九三九年一二月一二日にMGM映画の専門館として開館した「大華大戯院」は、数多くのハリウッド映画を独占的に上映していた。しかし、一九四一年の暮れに太平洋戦争の勃発によって、アメリカ映画の輸入ルートが完全に断たれた。そこで、「大華大戯院」は古いハリウッド映画のリバイバル上映にくわえ、マジックやサーカス、京劇などを上演することによって、かろうじて経営を維持していたが、やがて経営難に陥り、一九四二年八月から陳雲裳主演の『牡丹花下（牡丹の花の下）』（卜万蒼《プー・ワンツァン》監督、一九四二年）を皮切りに中国映画を上映するようになった。(60)

それでも苦境から脱することのできない「大華大戯院」は、一九四三年一月一五日に「中華電影公司」の指導のもとで、経営方針の転換に踏み切り、『香港攻略 英国崩るゝの日』を上映し、それ以降、日本映画専門館に生まれ変わった。

日本映画の上映にあたっては、中国語のイヤホン解説とスライド式字幕が相変わらず中心だったが、かつてハリウッド映画を上映する際に、スライド式字幕の翻訳が大まかな内容紹介にとどまっていたのに対して、「大華大戯院」で上映された日本映画はセリフが丁寧に逐一翻訳されていたという。

加えて、有料と無料の二種類の中国語パンフレットが用意された。すなわち、一冊五角で販売している一六頁の『日本影訊』と、無料で配布している八頁の『大華』である。

経営側の涙ぐましい努力に加え、日本映画の入場料が六〜一〇元という格安の低価格に設定されていた。にもかかわらず、最初は日本文化に特別の興味を持つマニアや、好奇心に駆られたわずかな観客を除けば、中国人の観客はほとんどいなかった。

表 「大華大戯院」における日本映画の上映日数と観客動員数の統計
1943年1月～12月(61)

作品名（上映時間順）	上映日数	観客動員数	備考
香港攻略　英国崩るゝの日	6	2,900	
暖流	3	858	4番館上映
桃太郎の海鷲，空の神兵	6	2,441	
電撃二重奏	6	2,515	
水滸伝	8	8,407	
阿波の踊り子	6	3,167	
支那の夜	13	23,151	
ハワイ・マレー沖海戦	10	9,612	
女学生記	6	3,486	
新たなる幸福	5	2,595	
支那の夜	2 （＊初公開時：13）	1,593 （＊初公開時：23,151）	再上映
新雪	7	5,109	
男の花道	6	3,030	
微笑の国	6	3,116	
荒城の月	7	4,517	
母子草	7	3,946	
間諜未だ死せず	7	5,162	
東洋の凱歌	3	1,320	
豪傑系図	5	2,617	
迎春花	7	8,361	
希望の青空	7	3,617	
翼の凱歌	6	3,163	
迎春花	3（7）	2,785（8,361）	再上映
電撃二重奏	4（6）	5,105（2,515）	再上映
逞しき愛情	7	3,760	
一乗寺決闘	7	8,600	
歌ふ狸御殿	7	8,435	
伊賀の水月	7	8,910	
兄とその妹	6	4,678	
華やかな幻想	7	6,656	
成吉思汗	10	18,189	
磯川兵助功名噺	6	5,819	

右門捕物帖／幽霊水芸師	7	8,514	
シンガポール総攻撃	5	7,708	
伊那の勘太郎	7	10,057	
富士に立つ影	7	9,858	
青空交響曲	7	10,503	
姿三四郎	7	13,940	
暢気眼鏡，中国電影史	7	13,404	
望楼の決死隊	7	17,080	
兵六夢物語	7	12,507	
愛機南へ飛ぶ	7	10,407	
二刀流開眼	7	12,118	
虚無僧系図	7	12,283	
海の豪族	6	11,105	
男	8	10,949	
決闘般若坂	7	14,466	
ハナ子さん	7	12,520	
歌行燈	6	7,002	
若き日の歓び	7	9,852	
一乗寺決闘	4（7）	5,858（8,600）	再上映
水滸伝	4（8）	7,249（8,407）	再上映
母子草	3（7）	4,772（3,946）	再上映
歌ふ狸御殿	4（7）	5,821（8,435）	再上映
結婚命令	7	8,932	
サヨンの鐘	9	20,522	
海軍	7	11,423	
計52作品 ＊網掛けをしたのは観客動員数が1万人以上の作品	計365日	計446,378人 ＊大華大戯院の観客収容数は1,074人	

図　「大華大戯院」の観客動員数の変化（1943年4月～12月）[62]

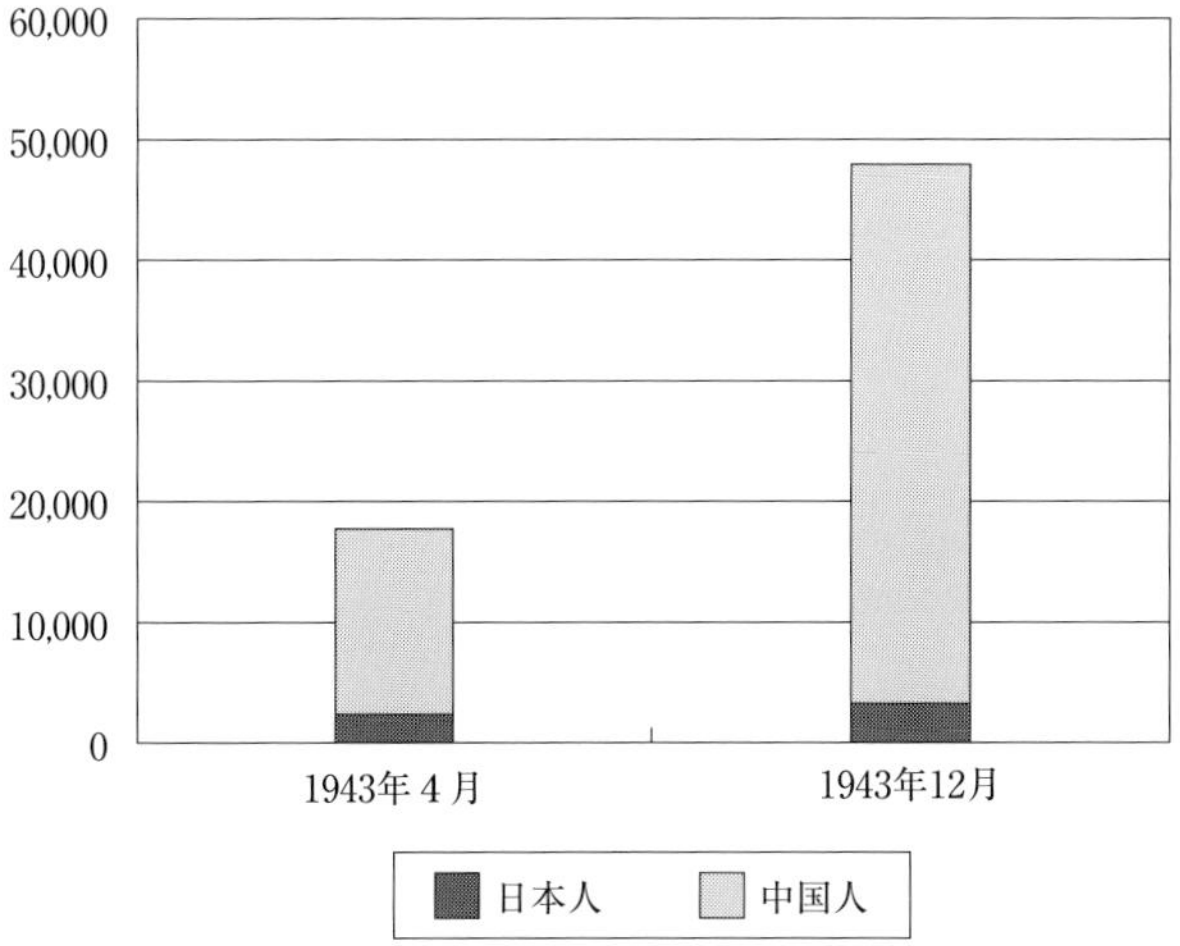

しかし、一年後の一九四四年に至ると、状況は一変した。「大華大戯院」で上映された日本映画は五〇本以上に達し、入場料も五〇～六〇元まで大幅に値上げされたが、中国の観客のニーズに合う日本映画であれば満員となり、一般の日本映画でも集客数は安定していた。しかも観客の大半は中国人であったという[63]。

中国人の観客が気に入った日本映画といえば、ミュージカルものやアクションものなど、セリフの少ない娯楽作品、あるいは『支那の夜』（伏水修監督、一九四一年）、『サヨンの鐘』（清水宏監督、一九四三年）など、スター・李香蘭の出演作であった。『暢気眼鏡』（島耕二監督、一九四〇年）のようなコメディーや、『無法松の一生』（稲垣浩監督、一九四三年）のような文芸物も一定の客層をつかんでいたという[64]。

一九四四年二月一三日より「国泰大戯院」も中国人向けの日本映画専門館になり、「大華大戯院」で上映済みの日本映画のアンコール上映をおこなうようになったが、戦況の悪化にともない、翌年三月に日本軍に徴用され、軍馬の厩舎に改造された[65]。劇映画の上映のほか、ニュース映画・文化映画専門館の「光陸大戯院（CAPITOL　THEATRE）」による日本製文化映画・ニュース映画の上映も一定の反響を得たようである[66]。さらに、映画館での上映にくわえ、一部の日本映画は巡回上映のかたちで上海や、武漢、南京などの占領地域で上映されていた。すなわち、日本兵や日本人居留民、そして中国人を相手とした巡回上映は、「中華電影」巡回映写課によって、一九三九年九月を皮切りに終戦までおこなわれた。たとえば、一九四三年一月から二月にかけて、上海周辺で中国人を対象におこなわれた巡回上映においては、「中華電影」自社製の文化映画やニュース映画に交えて、アニメ『子宝行進曲』（山本早苗監督、一九四二年）、文化映画『僕等の翼』（市川哲夫監督、一九四二年）など、四本の日本の短編映画も上映された。(67)また、「中華電影」による巡回上映は一九四二年までの三年間、二七三万二四二〇人の観客を動員したとされるが、中国人向けの上映プログラムに日本映画の占める割合や、上映作品、解説の形態、そして「啓宣」による効果には不明な点が多く残っている。(68)

変貌していく上海映画界

日本映画の上海進出は成功を収めたかのようにみえるが、その盛況の背後には、戦時下の特殊な事情があったのだ。すでに述べたように、太平洋戦争勃発後、新作のハリウッド映画は次第に上海に入らなくなり、一九四三年一月九日に汪兆銘南京国民政府が、英米に対して宣戦布告したことをうけて、旧作のハリウッド映画も敵性映画と見なされ、排除の対象となった。(69)

戦争に晒されたのは、中国の映画産業もまた同様であった。戦前、中国映画が繁栄をきわめた時期においては、映画製作会社の大半が上海に集中し、その数が一〇〇以上にのぼった。しかし、第一次上海事変、日中戦争、第二次上海事変、そして太平洋戦争の勃発という流れのなかで、多くの中国映画人は上海を去り、香港や重慶に逃れていった。上海に残った一部の映画人たちは、租界で辛うじて映画製作をつづけていた。製作会社の数も激減したのである。(70)

すでに触れたように、一九三九年六月に上海でつくられた「中華電影公司」（略称「中華」）は、日本占領地域での一元的な映画配給をおこなうようになった。

表　「中華電影」の変遷

	存続期間	役員組織	主な業務内容	備考
中華	1939.3～1943.5	董事長：褚民誼（汪兆銘南京政府外交部長） 副董事長：川喜多長政（事実上の最高責任者） 総経理：石川俊重	映画配給	上海本社のほか，南京，広州，漢口，東京に支社や出張所を設置. 日本向けの記録映画の製作. 『上海の月』（成瀬巳喜男監督，1941年）等の上海ロケへの撮影協力.
中聯	1942.4～1943.5	董事長：林博生（汪兆銘南京政府宣伝部長） 副董事長：川喜多長政（事実上の最高責任者） 総経理：張善琨	映画製作	劇映画の製作本数：47本
華影	1943.5～1945.7	董事長：林博生 副董事長：川喜多長政（事実上の最高責任者） 総経理：馮節（汪兆銘南京政府宣伝部上海事務所所長）	映画製作，配給，上映	劇映画の製作本数：66本（80本の説もある）

一九四二年四月、上海租界にあった一一の映画製作会社は、「中華聯合製片公司」（略称「中聯」）に再編された。一九四三年五月、「中華電影公司」と「中華聯合製片公司」、また興行部門の企業合同体の「上海影院公司」の三社が合併した「中華電影聯合公司」（略称「華影」）が設立された。ちなみに、日本では、「中華」、「中聯」、「華影」の三者を「中華電影」として一括りする場合が多いように思われる。

上海映画が変貌していく過程には、川喜多長政、筈見恒夫、清水晶、辻久一らが深くかかわっていた。

川喜多長政は東和商事（現東宝東和）の初代社長として長年映画輸出入業に携わり、北京留学の経験もあり、中国語が堪能である。彼は、満州を物語の重要な舞台とした日独合作映画『新しき土』（一九三七年）や、中国ロケの『東洋平和の道』（鈴木重吉監督、一九三八年）を企画・プロデュースしたのち、「中華」、「中聯」、「華影」の設立と経営に携わっていたのである。

東和商事の宣伝部長を務めていた筈見恒夫は、川喜多とともに上海に渡り、「中聯」製片部国際製片処副主任に就任した。川喜多が映画製作に重きを置いたのに対して、筈見は多くの中国映画を観、また中国映画関係者との交流を重ねることによって、数多くの映画評論を両国の各メディアに寄稿した。

清水晶は一九四二年六月に、日本映画雑誌協会から「中聯」へ派遣され、四三年一二月まで同公司の特殊宣伝課長、研究所資料部国際調査組主任を歴任していた。

辻久一は上海の軍報道部の軍人として、日本映画の巡回上映に携わったのち、「中聯」の製片部国際製片処に所属していた。両氏が著した「中華電影」をめぐる回想録は貴重な映画史的証言となった。すなわち、辻久一著『中華電影史話——一兵卒の日中映画回想記 1939～1945』(凱風社、一九八七年)、清水晶著『上海租界映画私史』(新潮社、一九九五年)である。

日本側の指導のもとで、終戦までの三年間に一二〇本あまりの劇映画が製作されていたが、そのほとんどは通俗的な時代劇や、現実逃避的なメロドラマであった。

かつての上海映画の製作は、アメリカから輸入してきた撮影機材やフィルムを用いて営んでいたが、太平洋戦争以降、完全に日本に依存するようになった。しかし、その頃の日本映画界も撮影用フィルムが著しく不足した結果、配給制へと移行しており、上海映画に十分なフィルムを供出する余裕がなかったのである。「中聯」社長の張善琨《チャン・シャンクン》は一九四三年一月の時点で次のように語っている。

現在、わが社は少なくとも月に一〇～一二本の新作映画をつくりだす生産力をもっている。しかし、フィルムが不足しているため、実際に平均月に六本の映画しか製作していない。いくら製作資金を所持していてもフィルムが入手できないと映画はつくれないのだ。(71)

一九四三年に入り、日本の敗色が濃くなるにつれて、月五～六本の製作本数が二～三本に減少した。(72)さらに雑誌

『華北映画』（一九四四年八月中旬号）によると、「上海では、もう二、三ヵ月のあいだに新作の中国映画は一本も封切られないという異常事態が起きた。その後、ようやく『銀海千秋』（張善琨監督）という上海の有名スターが総出演した作品が上映されることになるが、ふたを開けると三〇数本の旧作映画の歌と踊りのシーンをつなぎ合わせた、いわゆるオムニバス歌謡映画にすぎなかった。それでもその入場料は破格の三千元だった[73]」。

撮影用フィルムの不足にくわえ、戦火に包まれるなか、上海以外の地域へのロケ撮影はほとんど不可能となってしまった[74]。一九四三年に卜万蒼監督が演出を手掛けたメロドラマ『漁家女』は、日本軍占領地域の無錫《ウーシー》・太湖《タイフー》へロケ撮影を敢行した数少ない作品の一つである。貧しい漁師の娘（周璇《チョウ・シュアン》）と金持ちの画家の青年（顧也魯《グー・イェルー》）の悲恋をオーソドックスな手法で描いた本作品は、サイレント時代の卜監督の自作『玉潔氷清』（一九二六年）の焼き直しにすぎず、一部の映画評論家の不評を買った[75]。にもかかわらず、公開された直後に卜監督は「現実逃避する駄作と批判されても一向に構わない。どうせ当たりさわりのない代物しか撮れないから、久々に上海を出てロケ撮影をおこない、美しい詩的な映画をつくれば、それで満足だ[76]」と述懐している。

そして、なにより当時の上海映画においては、日本による侵略と植民地支配を批判するどころか、現在進行形で起きている日中戦争を描くことさえタブーであった[77]。このように、撮影用フィルムから題材に至るまで、当時の上海映画の製作には多大な制約がともなっており、けっして「自由に企画された従来のままの中国映画[78]」ではないようだ。

いっぽう、フィルム不足の事情もあって、上海映画の製作はやりくりしながらおこなうことを余儀なくされていた。それまでの上海映画の製作は、監督がすべての舵をとり、細かい企画を立てず、完成日時も決まっておらず、金銭の浪費も多かったが、「中華電影」の時代に至ると、クランクイン前に、撮影所長と監督は細かい予算を立て、製作の日程を決め、書面にして総経理の許可を取り、そして監督と俳優は必ず繰り返しリハーサルをし、NGを最小限に抑えるように努めていた。苦肉の策だったとはいえ、「健全なプロダクション・システムを打ち樹てることができた[79]」という側面も見逃してはならないだろう。

図11　『漁家女』．周璇と顧也魯

図12　中国版『結婚二重奏』の主演女優・周曼華

辻久一は一九四四年の時点で次のように語っている。

現在娯楽に飢えている中国人は、今如何なる映画でも喜んで見ている。観客を集め得たからと云って、日本映画の進出成功と思ってはいけない。(80)

辻久一の指摘は上海での日本映画受容の実状に近いだろう。つまり、ハリウッド映画が徐々に上海から締めだされ、

「中聯」と「華影」による中国映画の製作も窮地に追い込まれた。こうして日本映画を観る以外に選択肢がほとんどないなかで、一部の中国人は日本映画に接するようになったのである。(81)

上海での日本映画の上映が増えつつあるなかで、「日本色」を帯びた中国映画が出現したことを看過してはならない。たとえば、菊池寛作の小説『結婚二重奏』を原作とした、二組のブルジョア的男女の恋愛を描いた上海映画『結婚交響曲』（楊小仲《ヤン・シャオチュン》監督、一九四四年）が製作された。この映画は田坂具隆、村田實が演出した日活映画『結婚二重奏・前後編』（一九二八年）に続く、二度目の映画化に当たる。

中国版では、菊池寛原作であることをまったく隠さずに、プロットをそのまま踏襲したばかりでなく、ヒロインの上司である吉村、そして彼女に横恋慕する男・正木の氏名からそれぞれの一字を取って、登場人物を吉《ジー》と穆《ムー》（木《ムー》と同音）と名付けている。

上海でこの映画を観た筈見恒夫は、次のように述べている。

> 登場人物も原作と同じ名で登場し、中国の観客が喜んでこの映画を観ているところに、僕は理屈で言えぬ喜びを感じた。（中略）薦めもせぬのに自分で勝手に原作を探しだしてきて、楊小仲が映画化したのだから。(82)

それによると、たしかにこの映画はあくまでも「中華聯合電影公司」の中国人スタッフの独自の判断によるものだったように見える。しかし、ほぼ同じ頃に、原作者の菊池寛が社長を務める大映と「中華聯合電影公司」による合作映画『狼火は上海に揚る』（一九四四年）が上海でクランクインした。そのような事情を考えれば、中国版『結婚二重奏』の製作過程において、両者のあいだに何らかのかたちの共同作業、あるいは日本側の働きかけがあっても不思議ではないように思われる。

軍事的占領とモダニズム――『万紫千紅』

日劇ダンシングチームから脱皮した東宝舞踊隊は、一九四〇年より頻繁に日本の植民地や占領地域へ赴き、慰問活動を重ねていた。その一環として、彼女たちは一九四三年に二度にわたって、上海と南京で公演をおこなった。

その二度目の中国公演に合わせて、「中聯」は、東宝舞踊隊が特別出演したミュージカル映画『万紫千紅』（方沛霖《ファン・ペイリン》監督、一九四三年）を製作した。[83] そのストーリーは以下のとおりである。

上海で暮らす音楽好きな中国人少女（李麗華《リー・リーホワ》）は、浮浪児救済のチャリティー・ナイトショーを企画したところ、偶然、アイドルユニットの「美芸歌舞団」（東宝舞踊隊が特別出演）と出会う。その素晴らしいパフォーマンスに見とれた少女は、「ぜひとも」と出演を懇願し、結局、彼女たちが共演したナイトショーは上海で大ヒットする。

このストーリーからは「洗練された日本人女性と、彼女たちを慕う中国人女性」という構図が容易に見いだされるだろう。しかし、実際に映像を観てみると、両者の力関係はストーリー設定と裏腹で、反転しているように感じずにはいられない。たとえば、ステージで熱演する東宝舞踊隊と、彼女たちを熱い眼差しで見つめ、拍手喝采する中国人女性を交互に映しだすシーンにおいては、東宝舞踊隊の踊り子たちの容姿や、メーク、衣装、振り付けはいささかも垢抜けておらず、ぎこちなささえ見てとれる。いっぽう、観客席にいる中国人女優の李麗華、王丹鳳《ワン・ダンフォン》の洗練されたファッションや、西洋的な立ち振る舞いが板に付いており、そのモダンさが現在の私たちにも十分に感受されるのだ。

そのため『万紫千紅』のなかで、そもそも中国人女性の羨望の的であるはずの東宝舞踊隊は、ストーリーをけん引する説話的役割を果たせなかったといえる。のちに中国の映画史研究において、『万紫千紅』は日本占領下の上海映画を語る際に最も悪名高いものとして扱われてきたが、日本絡みの製作背景に加え、作品が観客に与えた居心地の悪さも過小評価につながった一因ではないかと推測される。

ここで、当時の日本と上海の生活水準には大きな落差があったことに言及する必要があるだろう。一九四二年に東京から上海へ赴任した清水晶は上海の第一印象を次のように語っている。

日本ではすでに米・味噌・醤油・塩・小麦粉・食用油、すべて配給切符制になり、衣料にも点数切符、本革製品や純綿はヤミにもぐって、代用品が奨励され、耐乏が美徳とされている。そんな日本内地から来た身には、南京路のショーウィンドーは〝見るだけで罰があたりそうな〟ものに満ち満ちていた。(84)

また一九四三年に『阿片戦争』上海ロケ中だったマキノ正博監督は、偶然、上海公演中の東宝舞踊隊のメンバーたちと会った。それについて、彼は自伝のなかで次のように証言している。

ダンサーの諸嬢にも会ったのだが、みんな街のショーウィンドーに顔をひっつけて、何か欲しそうに見ていた。(中略)諸嬢に「何がほしいんだ」と訊いたら、「ルージュ」だという。何んや、口紅か、と思って、じゃ買ってやろうと云って、皆を引き連れて店に入った。(85)

また上海租界では、日本による軍事的占領までに、欧米のダンスの公演が頻繁におこなわれていたし、一般のダンスホールのショーにも白系ロシア人のダンサーが出演することもけっして珍しくなかった。それに、黎錦暉《リー・ジンホイ》が手掛けた「明月歌舞団」など、中国人のアイドルユニットも戦前から人気を集めていた。(86)

いっぽう、日本では一九一七年に発足した宝塚歌劇団に代表される少女歌劇のジャンルはいちおう存在していたものの、日本的ローカルカラーが濃く、国際的水準に達していたとは言い難い。くわえて、太平洋戦争以降、反英反米の機運に晒されたのは、西洋的レヴューものを売りものにしていた東宝舞踊隊も例外ではなかった。たとえば、「日劇ダンシングチーム」という元のチーム名に外来語が使用されているという理由で、「東宝舞踊隊」に改名することを余儀なくされた。

図13　子供たちに囲まれる福本泰子（左），李麗華.『万紫千紅』. 写真協力：(財) 川喜多記念映画文化財団

図14　『万紫千紅』のダンスシーン. 写真協力：(財) 川喜多記念映画文化財団

たしかに東宝舞踊隊の中国公演が南京、そして上海で熱狂的に受け入れられたことが、当時の複数の中国側のメディアによって報じられていた[87]。しかし、当時の言論統制・プロパガンダの実態と、上海の植民地資本にもとづく多国籍の文化環境を鑑みれば、東宝舞踊隊のパフォーマンスが人々により心底受け入れられたのかどうか疑わしい。

そもそも「日華親善」の目的で製作された『万紫千紅』は、東宝舞踊隊の特別出演もあって、「和臭」が漂う作品が期待されていたが、一九四三年七月に、いざ封切られてみると、これは「ハリウッドのミュージカル映画『美人劇場』の焼き直しである」[88]と上海の映画評論家によって指摘された。

『万紫千紅』が模した『美人劇場（Ziegfeld Girl）』（ロバート・Z・レナード、バスビー・バークレー監督、一九四一年）は上海で『斉格飛《ジーグフェルド》女郎』というタイトルでリアルタイムに公開され、大ヒットした。たとえば、『万紫千紅』に主演した李麗華は、一九四二年の暮れに親日的な映画雑誌『新影壇』（筈見恒夫の発案により、一九四二年一一月に創刊）の取材において「好きな外国映画は？」という質問に対して、インタヴューアーの希望どおりに「友邦」日本の映画を挙げるどころか、真っ先にこの『美人劇場』を挙げた(89)。日本占領下の上海において、ハリウッド映画は映画市場から徐々に追いやられていった。しかし、ハリウッド映画の影響は中国映画に色濃く残されており、ふとした拍子に顔を出してくる。『万紫千紅』はその一例ではないだろうか。

『万紫千紅』の受容からは、日本の軍事的占領下に置かれた上海において、倫理的正当性や、文化的な優劣がつねに占領側によって決められていたことが想像し難くないだろう。そのなかで「日本文化が洗練されており、モダンである」、「日本映画は内容の面においても技術的面においても欧米映画に引けを取らない(90)」という類の神話が編みだされたのではないだろうか。

初の「日華」合作映画『狼火は上海に揚る』

筈見恒夫は、合作映画の理想的なモデルについて次のように語っている。

> 国際合作映画の礎となったのは『万世流芳』である。これは満映と中華電影の合作作品であった。それに続いて『万紫千紅』という中国のミュージカル映画に東宝舞踊隊の日本人少女たちが出演していることも、合作映画の方向性を示す有意義な試みであった。しかし、今後の合作映画を考える際に、満映女優の李香蘭を頼りに特別出演や歌や踊りの披露という単純なコラボレーションにとどまらず、様々なレヴェルで手を携えることが理想的なモデルではないかと思われる(91)。

このような理想的な合作映画のモデルを体現した、初の本格的な「日華」合作映画は、大日本映画社と中華聯合電影公司が一九四四年に製作した『狼火は上海に揚る』であった。この場合の「中国」は汪兆銘南京国民政府を意味する。

『狼火は上海に揚る』は、一九世紀後半に実際に上海に渡った高杉晋作が折しも進行中であった太平天国の乱における農民革命軍と出会い、彼の助言の下で太平天国軍がイギリスの侵略に立ち向かうという時代劇のかたちを借りて、「八紘一宇」、「大東亜共栄圏」を宣揚することを目的とした日本の国策映画である。

稲垣浩と岳楓《ユイ・フォン》、日中双方の監督のみならず、プロデューサーは張善琨と永田雅一、撮影監督は青島順一郎で、キャメラマンは黄紹芬《ホアン・シャオフェン》と高橋武則、双方が一人ずつ役割を担った。撮影と録音の機材は日本から中国に持ち込んだものを使用した。このように脚本、演出、キャメラ、俳優に至るまで各分野での日中のコラボレーションにより本作は完成した。初の本格的な日華合作作品と呼ばれるゆえんである。

合作映画とはいえ、『狼火は上海に揚る』はあくまでも日本主導の企画であった。それは筈見恒夫による一九四四年の時点での次の証言からも明らかである。「現在、本格的な日中合作映画『狼火は上海に揚る』に続いて、東宝映画の『大建設』、松竹映画の『よみがえる山河』もいよいよクランクインする運びとなっている。この三つの企画はいずれも日本側の提案によるものであったが、近い将来中国側の提案による合作映画ができることを期待している」(92)。

このように同映画の原案は一九四三年の暮れにすでに練り上げられ、監督は当初、上海で好評を得た『新雪』を手掛けた五所平之助の予定だったが、急きょ稲垣浩に決まったようだ。

一九四四年二月に稲垣浩監督、製作部長の服部静夫、脚本家の八尋不二の一行が上海へ渡り、シナリオハンティングをおこなった。彼らは日本に戻って、しばらくして台本の初稿を仕上げて中国側に送り、中国側の脚本家、演出家はみずからの意見を書き込んで、それをまた日本へ送り返した。そのやりとりを五回ほど重ね、決定稿が完成した。

中国側の監督の人選については、クランクイン直前に日中双方の話し合いで岳楓に決まった。日中の監督のコミュニケーションを図るため、日本語の堪能な胡心霊《フー・シンリン》監督が通訳兼助手を務めた。

キャスティングにかんしては、阪東妻三郎（高杉晋作役）、月形龍之介（五代才助役）ら日本人俳優にくわえ、映画のなかで高杉晋作のガイド役を務めた日本語の堪能な中国人女性と、外敵の侵入によって蹂躙される哀れな少女の二人のヒロインは、当初、それぞれ李香蘭と上海のトップスターの陳雲裳が予定されていた。二人はヒット作『万世流芳』（卜万蒼、朱石麟《ジュ・シーリン》、馬徐維邦《マーシュイ・ウェイバン》、楊小仲監督、一九四三年）での名コンビでもあった。しかし、おそらく前作との差異化を図るため、あるいは新人を育てるために、二人のヒロイン役は一ランク下の人気女優だった李麗華、王丹鳳に決まった。稲垣監督と李香蘭のコラボレーションは、戦後『上海の女』（一九五二年）という東宝映画で実現した。

『狼火は上海に揚る』の製作費用は二〇〇万円で、日本映画の平均予算が一〇万円以下で、数十万円でも大作と呼ばれる当時、破格の金額であった[93]。中国側のプロデューサーの張善琨は次のように語っている。

> 『狼火は上海に揚る』は日中映画史上最も偉大な作品であり、その意義はきわめて重大であるため、コストを惜しまず完璧な仕上がりを求めた。監督の気に入らないセットは造り直し、貴重なフィルムを使って何度も撮り直しすることも決して珍しいことではなかった。予算は次々と増やされ、結局、日本そして中国映画史上今までにない記録的な製作費になったと思う[94]。

図15　『狼火は上海に揚る』．李麗華と阪東妻三郎．写真協力：(財) 川喜多記念映画文化財団

『狼火は上海に揚る』は一九四四年四月中旬に上海でクランクインした。「中聯」第三撮影所でセット撮影がおこなわれ、迫力ある戦闘シーンなどは、大勢のエキストラを動員して、揚子江下流にある宝山《ボウシャン》、鎮江《チェンジャン》、蘇州などの日本軍占領地域においてロケ撮影したものである。

日中の監督の役割分担について、中国側の岳楓監督は次のように語っている。

もっぱら中国人俳優が登場する場面は私が手掛け、十数日で撮り終えた。残った日本人俳優が登場する場面、また双方が登場する場面は稲垣監督が演出した。たとえ自分の出番がなくとも稲垣監督の経験を学びたいと思って、いつも現場にいた。また謙虚な気持ちで稲垣監督と切磋琢磨を重ねていた。しかし、わが国の風俗について間違った描写がある場合には遠慮なく指摘した。（中略）稲垣監督は撮影に必要な機材を全て上海に持ってきた。キャメラ、録音機のほか、中国側にない明るい照明器具、移動撮影にキャメラを乗せる四輪台車も含まれていた。[95]

製作過程において、日本側は岳楓の意見を聞き入れ、「高杉が羽織を翼周にかけるところもやめたし、ラストの船上の日の丸の旗で絞るのも太平軍の進軍に変更した」[96]ようだ。

一九四四年七月下旬には中国ロケが終了し、京都撮影所で残りの一部のシーンを撮影したのち、同年一〇月にクランクアップした。[97]同映画は、一九四四年一一月から一二月にかけて上海や北京で、そして、一二月より日本でそれぞれ公開された。『狼火は上海に揚る』のフィルムは戦後の日本に残っていなかった。二〇〇一年に大映はロシアのゴスフィルモフォンド（国立映画保存所）に所蔵された同映画のフィルムを買い戻したのである。[98]

注目すべきは、戦後になって、『狼火は上海に揚る』の製作に携わった日中の映画人たちが、対照的な運命をたどったことである。一九四八年にプロデューサーの永田雅一は、軍国主義的文化政策に加担したという理由で、公職追放されたが、わずか半年後に映画界に復帰し、「永田ラッパ」（彼のあだ名）の健在ぶりを見せつけた。[99]文化大革命後の中国で空前絶後の大ヒットとなった日本映画『君よ憤怒の河を渉れ』（佐藤純彌監督、一九七六年）をプロデュースしたのも永田雅一だったことを付言しておく。

いっぽう、「華影」の中国人プロデューサー・黄天始《ホアン・ティエンシー》の証言によると、「終戦後、『狼火は上海に揚る』に参加した中国側の監督、俳優は全員『映画漢奸』と見なされたものの、格別の処罰はなく、新中国となってからは、監督の岳楓はじめ、大部分の者は香港に移った[100]。しかし、のちに述べるように、日本占領下の上海でのキャリアは、彼らのその後の人生に大きな影を落としたのである。

第三節　交錯する日中映画人の視線

中国人による日本映画評

中国での日本映画上映の拡大にともない、日本映画をめぐる中国側の言説は、上海の映画雑誌や新聞に数多く見うけられるようになった。しかし軍事占領下に置かれていた中国の評論家や映画関係者たちは、日本側から感想を求められた際に社交辞令的な賛辞を述べざるを得なかったことも想像に難くないだろう。たとえば、すでに触れたように、『荒城の月』（一九三七年）は、戦前の日本でリアルタイムに同映画を観ていた中国の映画評論家によって散々こき下ろされていたにもかかわらず、同映画が一九四二年に中国人向けの上海の映画館で一般公開されるやいなや、手のうらを返すごとく、日本映画の傑作として親日的な中国の映画評論家らによって激賞されたのである[101]。

しかし、このような偏った映画評においても、評者の「本音」と思われる記述も散見されるように思われる。そこで、そうした事例として二人の中国人の映画評論家による日本映画評を取り上げることにする。

『新映壇』（一九四四年一月号）において、鷹 賁《インフェン》は日本映画について次のように感想を述べている。

日本映画を鑑賞するに当たって、その内容を理解するのは時に困難である。それは国民性の違いによるものと思われる。日本人は「堅忍耐苦」という東洋人の特質を受け継いでいるのに対し、私たち中国人はすでにこのような特質を失っており、西洋文化の影響が圧倒的になっている。そのため、私たちはアメリカ映画の恋愛ものを何の抵抗もなく受け入れることができるが、教育的な意義のある日本映画を観て、違和感を覚えてしまう。つまり、中国人は日本映画の内容を理解できないというわけではなく、見慣れないということだ。

日本映画の根本に流れるイデオロギー性や武士道精神は、中国人にとって受け入れ難いものであった。特に時代劇は日本の風俗・習慣に予備知識のない中国の観客にとってはまさに難解であった。くわえて、観客の緊張をほぐすようなギャグやユーモラスな描写に乏しいため、どうしても無味乾燥という印象を与えてしまう。

そのなかでも、むしろ『支那の夜』や同じ李香蘭主演の『迎春花』（佐々木康監督、一九四二年）が見やすかった。李香蘭のスター性に拠るところが大きいが、分かりやすくドラマティックなストーリー展開や、日本映画にはあまり見ない快活で伸び伸びした手法が共感を得たように思われる。

（中略）総じて言えば、現代劇より時代劇はつまらなく、なかでもチャンバラ映画はもっとも耐え難い。それに対して『間諜未だ死せず』（吉村公三郎監督、一九四二年）のようなスパイ映画や、『シンガポール総攻撃』（島耕二監督、一九四三年）などのスペクタクルを強調した戦争映画は、娯楽のなかに教育性を託しており、観ていて楽しい。

真面目過ぎると単調な内容になりがちで、とりわけ武士道精神を表現するために引きつったような表情や、目を見開いた顔つきをするだけで観客の反感を買ってしまう。これが中国人である私の日本映画に対する印象である。(102)

この論評がイデオロギー的に混乱しているとはいえ、評者がほんとうに求めていたのは、堅苦しい日本の国策映画ではなく、かつて心を奪われたハリウッド映画を思わせる、エンターテインメント性に富んだ作品であることが明らかであろう。占領側による厳しい言論統制のなかで、日本映画への批判に繋がりかねない論評は、なぜ親日的な映画雑誌に掲載されることができたのだろうか。考えられる理由としては、それは、戦況の悪化と連動した当時の政治状況の変化が挙げられるだろう。すなわち太平洋戦争開戦以来、とりわけ、汪兆銘南京国民政府が英米に宣戦布告した戦争末期に、新しい「日華」協力体制が求められるようになっていた。こうした論評は「日華」両国が苦楽を共にする運命共同体であり、心置きなく意見を言い合える同志であるといった類のパートナーシップを演出するキャンペーンの一環だったのではないだろうか。

続いて、馬博良《マー・ボウリャン》による映画評を引用してみたい。彼は、日本占領下の上海で文筆家としてデビューし、文芸雑誌「文潮」主筆だった。戦後、香港に渡って文芸雑誌の編集に携わった人物である。

馬博良は上海の映画雑誌『新影壇』（一九四四年九月号）に「日本片的我観（日本映画に対する私の感想）」という評論を寄せている。その論文の抜粋は日本語に翻訳され、「日本映画偶感」というタイトルで日本の雑誌『新映画』（一九四四年八月号）に掲載された。

図16　『間諜未だ死せず』での木暮実千代，斎藤達雄，佐分利信．写真提供：吉村秀實

> 日本映画のストーリー展開は平坦なものが多く、それゆえ監督の仕事は非常に大変である。なぜなら、彼らは些細な日常的なエピソードで観客を惹きつけなければならないからである。（中略）細かい演出に長けている監督は、稲垣浩と小津安二郎以外に『母子草』の田坂具隆、『姿三四郎』の黒澤明、『華やかなる幻想』の佐伯幸三、『逞しき愛情』の沼波功雄、『暖流』の島津保次郎（著者註：正しくは吉村公三郎）が挙げられる。（中略）『熱風』を手掛けた山本薩夫は、その演出が骨太でダイナミックなストーリー展開に情愛細やかな表現が織り込まれており、ハリウッドのセシル・B・デミル監督の風格をもっている。（中略）日本の大衆レヴェルで最も人気のある映画監督であるマキノ正博は、コメディタッチの作品の演出には長けているが、テクニックや演出法には斬新さが見当たらず、彼の作品の出来は脚本の良し悪しにかかっている。最近『花咲く港』でデビューした木下恵介は、マキノ正博を追い越す勢いを見せている[103]。

日本占領下の上海の映画人や観客は、ハリウッド映画を鑑賞できる環境から遮断され、また中国の映画製作も著しく縮小した状況のなかで、日本映画に接さざるを得なかった。こうした閉塞的な状況のもとで、それまで鑑賞の対象にしていなかった日本映画と初めて向き合った。その意味で日本映画との出会いは不幸なものだった。ゆえに、たとえ技術的な良さなどの「発見」をしたにせよ、概して砂をかんだような物言いにならざるを得なくなったように思われる。

テンポの緩さという問題点

いっぽう、馬博良は日本映画が改善すべき問題点についても次のように指摘している。

多くの日本の映画監督はイデオロギーをストレートに訴えるあまり、表現のスタイルを軽視している。丸根賛太郎監督や大曾根辰夫監督の作品には、主人公が延々と演説する場面が続き、無味乾燥である。（中略）その欠点を回避した最近の映画には、吉村公三郎監督『間諜未だ死せず』と牛原虚彦監督の『成吉思汗』が挙げられる。前者はじつに面白い宣伝映画である。(104)

とりわけ、注目すべきは、テンポの緩さという彼の指摘である。馬博良は実例として小津安二郎の『父ありき』、稲垣浩の『無法松の一生』を挙げたうえ、テンポが緩い原因を「演出が細かすぎて、どうでもいいような細部にこだわり、モンタージュの技法を効果的に使っておらず、冗長な印象をもたらしてしまう」(105)としている。「テンポの緩さ」という欠点から逃れた例としては、『間諜未だ死せず』、『成吉思汗』のほか、彼はさらに『ハナ子さん』（マキノ正博監督）、『電撃二重奏』（島耕二監督）、『青空交響楽』（千葉泰樹監督）を挙げている。

いっぽう、「中国映画はテンポが遅すぎる」という点が当時の日本の映画関係者によってたびたび指摘されており、一種の通説となっていた。たとえば、稲垣浩監督は次のように述べている。

図17　上海ロケ中の稲垣浩監督（中間），青島順一郎キャメラマン（右）．写真提供：稲垣澄男

僕が見た大作三本。これは批評的でなく、『狼火は上海に揚る』の配役選定の参考に見たのですが、『博愛』と『秋海棠』と『万世流芳』を見て最も感じたことは、中国映画の長さです。一本三時間半ぐらいかかる。この長さに中国映画の特徴があるように思った。

今、日本では六千六百尺に劇映画の尺数を制限している。それと対照して、あまりにも長い。部屋の出入り、座るところ、話すところ、ロングで克明に撮っている。カメラを寄せればもっと縮まるのに、ロングで長々と撮る。この長さは中国人の性格、技術の勢いか、それとも大衆の好みによるためか。どうなんでしょう。

『無法松の一生』が当地の大華で封切られ、中国の人々にも好評であったようですが、「吉岡中尉が死ぬところを大胆に省略しているところは、やはり臨終の場が欲しかった。でないと中国の大衆には判りにくい」という批評を中国のある監督に言われた。

（中略）『万世流芳』は二種見たが、短く編集した日本版よりオリジナル版のほうが面白い。短くすると劇筋を追うだけで、中国の生活や感情、風物の描写などの部分がどうしても縮められてしまう。(106)

また筈見恒夫も「中国映画の面白さは、劇的な仕組みよりむしろ随筆的なところにある。『家』（著者註：巴金《バー・ジン》原作、卜万蒼ほか監督、一九四一年）という映画は三時間半の長尺だか、この映画なども縮めて筋だけにしたら、ちっとも良くないし面白くもないだろう(107)」と指摘している。

さらに稲垣浩監督は、テンポの緩さが俳優のセリフ回しにも起因していると指摘している。

中国人俳優は一体にセリフをゆっくりしゃべる。その理由を聞くと、田舎へ行くと映画でしゃべる北京語が分からない所があるので、それを意識してゆっくりしゃべるのだという。これも中国映画が長い原因ですね。[108]

このように相手の国の映画に対して、日中双方は「テンポが緩い」と互いに批評していたが、現時点で当時の両国の映画を比較してみた場合、おそらく中国映画が概して日本映画以上にテンポが緩い、という印象を受けることになるかもしれない。じじつ、一九四三年、卜万蒼監督は黒澤明の『姿三四郎』を観てそのテンポの良さに感心したという。[109]

要するに日本映画を基準に中国映画と比較した日本の映画人とは異なり、馬博良はあくまでもハリウッド映画を基準にして日本映画を観ていたように思われる。こうした感覚の違いについて、辻久一は「日本人の映画好きにとって、外国映画は多少の距離はあってもやはり日本映画と共に映画である。しかし、中国では、上海のような街でさえ、外国映画と中国映画は画然として分かれているようだった」[110]と指摘していたが、そのとおりであろう。上海のインテリ層の観客はほとんど中国映画に目もくれなかったようだ。[111]外国映画（ハリウッド映画）に対する日中の対照的な距離の取り方が、当時の言説に投影されていたのではないだろうか。[112]

日本映画の巨匠たちの不運

日本映画の巨匠である小津安二郎、溝口健二、成瀬巳喜男、黒澤明、清水宏、木下惠介、島津保次郎、吉村公三郎、渋谷実、中村登、田坂具隆、マキノ正博（雅弘）、稲垣浩、山本薩夫、今井正監督らの作品は、この頃に中国のスクリーンに現れた。

しかし、日本占領下という特殊な時代状況もあって、中国の映画人は、社交辞令的な賛辞を述べたとしても、それらの作品に熱狂することはなかったと言ってよい。たとえば、卜万蒼監督は、黒澤明の『姿三四郎』などの日本映画を観て、「日本の映画監督の文学的な教養は高く、そのため彼らの作品には文芸作品の雰囲気が色濃く漂っている。技術の面においても、中国映画より洗練されており、とくに撮影と録音技術のレヴェルが高い」と評価しつつも、「両国の国民性の違いによって、日本人の生活習慣、風俗に疎い私たちにとって理解できず、受け入れられない内容も多い[113]」とあくまでも距離を置いているように感じられる。

にもかかわらず、上海滞在中の筈見恒夫は、日本映画の良質の部分を少なくとも中国の映画人には理解してもらおうとする努力を捨ててはいない。彼は、最も才能を認めた中国の映画監督・馬徐維邦個人のために、溝口健二監督の『元禄忠臣蔵　後編』を特別に試写して見せた。

図18　『元禄忠臣蔵・後編』．江戸城の松の廊下

図19　中国映画『秋海棠』．李麗華，呂玉堃

ちなみに、馬徐維邦監督は中国のホラー映画の巨匠で、顔面損傷というモティーフへの執着でも知られる。とりわけ、権力者から顔に×字の傷を入れられた京劇の女形役者の悲恋と怨念を描いた『秋海棠』（一九四三年）は、筈見恒夫ら日本映画関係者から絶賛された。戦後、名匠・中村登監督は同じ物語の舞台を、民国の北京から明治時代の東京

図20　日本映画『愁海棠』．市村羽左衛門，高峰三枝子．写真提供：中村好夫

に移し、リメイク作にあたる『愁海棠』（一九四九年）をつくった。

しかし、『元禄忠臣蔵・後編』を観た馬徐維邦がもらした感想も、以下のようにあっさりしたものであった。「随分大掛かりなのに驚きました。とても上海の撮影所ではできない。技巧も目新しいものがあります。しかし、私たちには分からないところがある」[114]。これを聞いた筈見恒夫は幾分気落ちしたという[115]。

一九四一年から翌年にかけて製作された『元禄忠臣蔵　前編・後編』は、情報局によるバックアップのもとで、物語の主な舞台である江戸城の松の廊下のセットが、実際の設計図に従って原寸サイズで再現された[116]。このような誰の目にもつく、絢爛たるオープン・セットやスペクタクルを、馬徐維邦監督も指摘している。しかし、筈見恒夫が見せたかったのは、おそらく溝口映画の構図やキャメラワークの妙ではないかと思われる。

だが、馬徐維邦監督にしてみれば、「忠臣蔵」というきわめて日本的な仇討ち物語は、そもそも理解し難いものを含んでいるであろう。そして、大石内蔵助が率いる四七人の義士が吉良邸に討ち入るという見どころが画面に登場せず、その代わりに奥女中が内匠頭の正室に内蔵助からの手紙を読むシーンを通して間接的に表現されている手法、あるいはロングショットに徹する溝口の趣向に対しても、馬徐維邦監督は堅苦しく感じたのではないだろうか。それら諸々の理由から「私たちには分からないところがある」という評価につながったのではないかと思われる。

このように当時の日本の映画人は、中国映画の水準を向上させるべく、使命感に燃えて中国に入っていった。一九四四年に上海で「中華電影学校」を設立したことは、その端的な表れだった[117]。シナリオ、演出、キャメラ、俳優、録音、美術の六つの学科に分けられるこの専門学校では、多くの日本の映画人が教鞭を執った。俳優科の教師だった牛原虚彦監督は、中国人俳優のハリウッド的な演技スタイルに違和感を抱き、それを正そうとしていた。「上海の生活そのものが東洋的でないものが多いので、どうしてもああなるのでしょうが、中国の映画演技を私は根本的に変える必要があると思います[118]」と彼は述べていた。

しかし、日本映画人たちのそうした一方的な熱意は、中国の映画人の目に一体どのように映っていたのだろうか。体制側に追随しない自由のなかった時代にあって、みずから進んで加わったのではなくても、日本の映画関係者たちが「大東亜共栄圏映画の指導的立場[119]」に据えられた以上、対等な立場で中国の映画人や観客に対して接することがそもそもあり得たのだろうか。

日中映画人の温度差

敗戦直後の一九四六年に、岩崎昶は次のように戦中の日中映画交流について振り返っている。

> 戦争中、日本映画と南京政権下の支那映画とはある程度接近しつつあった。日支（南京）合作の中華電影公司の活動は明瞭な文化「工作」であり、政策的な性質のものであったにせよ、この政策を通じて互に接近し接触し共働した日支の映画人の間には、恐らく他のどの文化部面でも実現し得なかった程度の親和と友情と、そして時には心の交流が行われた、と考えるのは余りに楽観的であろうか。
>
> （中略）日本映画も上海を中心とする各地区で上映され、そのあるものは支那人間に熱心に受け容れられた。彼等は、南京で数万の無辜の民に暴行を加えた日本人を知ったが、同時に「父親」（「父ありき」）や「蓋世匹夫」（「無法松の一生」）を作った日本人の人間的な魂をも知った。日本人のチャンコロ的支那人観、支那人の東洋鬼的日本人観はともに改訂される素地が形作

られつつあった。日本の敗戦によって初めて発生したこの可能性が、却ってその敗戦の故に無に帰することは余りにも惨ましい。(120)

岩崎昶の言葉からは敗戦のトラウマと痛恨の思いがにじみ出ると同時に、上海時代に対して日本の映画人たちが抱いていた強いノスタルジアも窺える。また、のちに辻久一、清水晶が執筆した回想録や、『日本経済新聞』に連載された川喜多長政の「私の履歴書」(一九八〇年四月三日~五月二日)を読んでも、彼らがたとえ戦時中であっても、日中映画人の心の交流や、映画をつうじての相互理解が生まれたという確信をもっていたことが分かる。

他方で、日本占領下の上海にとどまった中国の映画人には、それぞれやむを得ない事情があったにせよ、その決断に大きなプレッシャーと心の葛藤がともなっていたことが見て取れる。たとえば「スクリーンの女王」と呼ばれた、中国のトップ女優胡蝶《フー・ディエ》にまつわるエピソードがその好例だろう。

太平洋戦争勃発後、一九四二年、日本占領下に陥った香港に在住していた彼女のもとに、日本側から映画出演の話が舞い込んだ。それは、彼女に案内人役をつとめさせ、東京を紹介する観光映画の企画だった。「政治とはまったく関係がないと日本側から説明をうけたけど、この時世で日本とかかわること自体が何より政治的なことだ」と判断した胡蝶は、命を懸けて香港を脱出し、蔣介石政府の所在地の重慶へ向かった。(121)ノンポリでおっとりした性格で知られる胡蝶がとった行動は、おそらく大多数の中国映画人の、日本との距離の取り方を示したものであるように思われる。

そもそも対日協力者に対する中国側の視線は厳しかった。たとえば、一九四〇年九月に文芸評論家・脚本家の劉吶鷗《リュウ・ナーオウ》が、「中華電影」の関係者と打ち合わせをした直後に、重慶国民党の工作員によって暗殺されるという事件が起きた。「中華電影」に関与したことは、漢奸《かんかん》と見なされた罪状の一つであった。(122)

戦後の日本では、国策映画の製作に携わった日本映画人のほとんどが、一時的に公職追放されたとしても、その後、何ごともなかったように映画界に返り咲いた。それに対して、「中華電影」に加わった中国の映画人の多くは、戦後になって漢奸罪を免れたとしても、世間から白い目で見られ、上海にいづらくなり、やがて香港、または台湾へ移住していった。このように長い年月にわたって彼らは、対日協力者という疾《やま》しい良心を抱きながら生きねばならなかった。

『木蘭従軍』や『万世流芳』を手掛けた卜万蒼監督は、中国のメロドラマの大家、ヒットメーカーとして一九二〇年代から一九四〇年代にかけて上海で活躍しつづけたが、戦後、香港へ渡り、晩年は台湾で余生を送った。彼は一九三〇年代初頭の左翼映画の草分けとして歴史に名を残す一方で、日本占領下の上海で映画製作をつづけ、戦後、国民党のプロパガンダ映画にも携わった。その複雑な政治的立場、とりわけ上海でのキャリアによって、公式の中国映画史の記述において過小評価されてきたように思われる。

図21　『狼火は上海に揚る』での王丹鳳（中）．写真協力：（財）川喜多記念映画文化財団

　馬徐維邦監督は、戦後の上海で『天羅地網』（一九四六年）、『美艶親王』（一九四九年）を演出したのち、香港へ渡り、『瓊楼恨』（一九四九年）、『碧血黄花』（共同監督、一九五四年）などを監督したが、『碧血黄花』などのフィルムを観る限り、製作状況や作品の完成度は、上海時代の作品に比べ、ひどく劣ることがわかる。不運続きののち、馬徐維邦は一九六一年に交通事故で六〇歳で死去。自殺説も存在する。

　『狼火は上海に揚る』、『万紫千紅』に出演した女優の王丹鳳も、戦後香港へ渡っていったが、一九五〇年代に上海に戻った。その後、文化大革命の嵐のさなかで、彼女は多くの映画人とともに、造反派によって牛小屋に入れられ、労働改造を強いられた。しかしすべての批判・虐待を従順に受け入れるばかりでなく、進んで自己批判し、毛沢東語録を手放さなかったという彼女の行動は、他の批判にさらされた人と比べると、いささか異常なものに見える。これもやはり、彼女の個人的な性格にくわえて、戦時中の「対日協力」に起因する疾しい良心の故だったからかもしれない。(123)

歴史の物語化

多くの中国の映画人にとっては、抗日運動に加わることもなく、日本占領下の上海や、満州にとどまったこと自体が恥ずべきことだった。そのため、日本占領下の経歴を語らず、他界するまでそれを心のなかにしまっておく者がほとんどであったようだ。

ただし、例外もあった。『狼火は上海に揚る』の中国側の監督を務めた岳楓は、一九八三年に香港を訪問した佐藤忠男に対して、「中聯」時代の自作『生死劫』（一九四三年）に抗日のメッセージを忍ばせていたという秘話を打ち明けた。すなわち、同映画のなかで、雨乞いする中国の農民たちが口々に叫んでいた「雨《ユウ》」という言葉の発音が、蔣介石が率いる国民党政府の当時の所在地であった重慶の略称である渝《ユウ》と同じであるため、雨乞いの場面は「重慶の中国軍よ帰ってきてくれ！」という日本占領下に置かれた中国の民衆の願いを表現したものであるという。(124)しかし、その自己弁護とも取れる発言は説得力を欠くもので、読者に一抹の憐憫の情さえ抱かせるのではないかと感じるのは、著者だけであろうか。

というのも、租界が日本軍に包囲されたのち、全域までその軍事的占領下に置かれた上海において、生々しい政治的・歴史的状況を風刺的寓話に置換するという手法、あるいは「借古諷今（過去に仮託して、現在を諷刺する）」的な製作意図をどこまで作品に忍ばせることができたのか、またどれほど中国の民衆に伝えることができたのか。これらの点については、戦中という特殊な状況もあって、今までの日中映画史研究において必ずしも実証的に裏付けられていない。それというのも、その都度の演出と俳優の演技のわずかな「差異」によって、支配的イデオロギーからの逸脱を可能とする舞台劇と異なり、そもそも映画メディアは検閲をくぐり抜けること自体がきわめて困難であり、さらに作品のコノテーションまで占領側（＝検閲側）によって規定される状況であったからだ。たとえば、年老いた父親の代わりに兵役に服し、北方の異民族の侵略と戦う中国人女性をヒロインとする上海の時代劇映画『木蘭従軍』（卜万蒼監督、一九三九年）があるが、これを明治天皇が「教育勅語」のなかで訓示する「義勇奉公」の精神を体現した作品であるとして日本に輸入したというのは有名な話である。[125]

たしかに当時の上海映画には、「反英反米」のメッセージを織り込んだ『売花女（花売り娘）』（文逸民《ウェン・イーミン》監督、一九四二年）や『万世流芳』のようなわずかな例外を除けば、日本の国策に沿った露骨なプロパガンダがほとんど見られない。[126]それは、日本側が中国の映画人にそのような映画づくりを強要すれば、彼らはそれに従わず上海から逃げだしかねないという状況があったからだ。[127]だが、それもまた必ずしも中国人としての民族意識だけによるものではなかったようだ。国民党の工作員による監視、懲罰、暗殺、あるいはいつしか「漢奸」として裁かれるといった危険を回避しようという類の密かな打算も彼らにはあったのではないだろうか。[128]彼らが「不本意ながら日本の占領下で暮らすことを余儀なくされた不幸な人たち」[129]というだけでなく、さらに占領下の映画製作にかかわったことで戦後、長年にわたって差別的な扱いを受けつづけたという意味で二重の不幸を背負った人たちであるというのは、その実像に近いのではないだろうか。

辻久一と清水晶の二人は、晩年になって遺言を残すかのように、それぞれ日本占領下の上海での映画製作について回想録を著し、「当時の中国映画は奴隷の映画ではなかった」[130]と占領下の中国映画製作の自主性を主張し、『中国電影発展史』に代表される中国の公式の映画史から排除された「中華電影」の復権を図ろうとした。

しかし、彼らの声は虚しくも中国側に届かなかった。『中国電影発展史』の著者である程季華《チェン・ジーホワ》は二〇一二年の時点で「かつて日本に操られた満映、華北、中聯、華影といった映画製作機構がつくった作品は、けっして中国映画ではない。にもかかわらず、その歴然とした事実を覆そうと挑発を仕掛けてくる人、あるいはそれに対して間違った認識をもつ人が後を絶たない」と評している。[131] じつは、一九八〇年に訪中した川喜多長政は程季華と会見し、「中華電影」の評価をめぐって意見交換をおこなう予定だったが、相いれないその場の雰囲気を察して、この問題を持ちだすことさえできなかったという。[132]

いっぽう、清水晶、辻久一が著書のなかで紹介したように、中国語と中国文化に精通する川喜多長政が、占領側（日本軍軍部）と被占領側（上海映画人）のあいだで、ある種のトランスナショナルな緩衝材の役割を果たしていたことは、たしかであろう。しかし、当時、多くの中国の文化人から見れば、川喜多長政はあくまでも占領側が被占領側の映画界に配置した代表者であり、彼の一挙手一投足が占領側の文化政策を映しだす鏡のようなものだった。たとえば、話劇（新劇）の舞台女優だった黄宗英《ホアン・ツォンイン》は二〇一二年の時点で「太平洋戦争が勃発し、日本軍が上海全域を占領したことをうけて、劇団は解散した。（中略）しばらくして黄佐臨《ホアン・ツォリン》（著者註：劇団のリーダー、演出家）は、川喜多長政の活動が映画界に限定しており、演劇界に及ばなかったという状況を鑑みて、劇団の活動再開を決めた」[133]と証言している。このように、政治的な立ち位置の違いのために、日中双方の当事者の反応にはギャップが生まれざるを得なかったように思われる。

さらに、川喜多長政に対する中国側の評価が時代とともに変化を見せている点は看過してはならない。第三章で述べることとなるが、一九五〇年代後半から八〇年代初頭にかけて、「友好人士」と中国側に見なされていた彼は、亡くなった一九八一年まで、中国映画の日本への輸入を精力的におこない、さまざまな日中文化交流の場に顔を出していた。しかし、九〇年代前半になって、中国の映画史研究において、川喜多長政がプロデュースした日独合作映画『新しき土』や中国ロケの『東洋平和の道』が、日本の文化的侵略の一環と位置付けられ、川喜多長政も「グレーゾーン的」存在と化したのである。[134] さらに、近年、大衆文化のレヴェルにおいて、彼が戯画的にとらえられるケースも見うけられる。たとえば、二〇一二年に放映された、日本占領下の上海を舞台とした長編テレビドラマ『香草美人』では、川喜多長政が実名で登場し、陰謀をめぐらす陰湿なキャラクターとして描かれている。歴史の単純化・物語化は、日中両国において対照的なかたちで進んでいるように思われる。

日本占領下の上海における日本映画の受容や、中国映画の製作を語る際には、多大な困難がともなう。三年あまりという短期間に一部の中国人を対象としておこなわれていた日本映画の上映は、日本の敗色の濃い時期と重なり、苦しい展開を強いられていた。そのため、日本映画の上海進出についての明確なヴィジョンが打ちだされていたとは言い難い。くわえて、日本軍部、満州映画協会、川喜多長政、汪兆銘南京国民政府、蔣介石重慶国民政府、上海映画人のあいだで繰り広げられた駆け引きの舞台裏を客観的に検証することも、現時点でほぼ不可能となっている。上層部の政策・方針の決定にかかわる中国側の関係者がそもそも少なく、たとえいたとしても戦後になって対日協力者として追放・処罰の対象と見なされたため、ほとんど日本側の一方的な証言しか残っていない。史実の多くがオヴラートに包まれているという曖昧さのゆえに、日本側の大陸政策における日本映画上映の位置付けを明確にすることが、いっそう困難となったのである。

いっぽう、この時代の映画史を証言する際に、日本側の饒舌さと中国側の寡黙さのコントラストが際立っている。一般的に、当事者にとって都合の悪い事実を塗り込めようとする際に、証言は過剰なかたちをとる。それにそもそも史実にまつわる証言・オーラルヒストリーにおいては、客観的・経験的な意味での真実が、当事者たちによって十全に語り尽くされる保証はない。当事者が意識的であれ無意識的であれ、事実を誇張あるいは隠蔽・抑圧することがありうるからである。オーラルヒストリーにおいて、証言の質と同時に、統計的な量が問題となるゆえんである。しかし、日本側の饒舌さの背後には、より複雑な事情が含まれていたことを看過してはならない。すなわち、戦後の公式の中国映画史の記述において完全に抹消された当時の上海映画界の状況にまつわる歴史自体は、自分たちが語らない限り、完全に失われてしまうから、歴史を残したいという類の使命感も当然あったように思われる。

とはいえ日本側関係者の証言は、やはり一面的だったと言わざるを得ない。たとえば「日本占領下の上海映画は奴隷の映画ではない」という言説等、川喜多長政の尽力により軍部の干渉から保たれていた製作体制の自主性が強調されるいっぽうで、戦前、数十社にのぼる製作会社が一社だけになってしまい、製作本数が激減し、その結果、社会批判（＝日本批判・戦争批判）的なテーマが完全にタブーと化してしまった等、中国の映画産業に対して客観的に与えた破滅的な打撃も、さらに映画人みずからが結果的に日本帝国主義の仕業に加担した責任の問題も、彼らの証言のなかから抜け落ちているように思われる。

それゆえ当時の日本側関係者の証言を歴史の事実として鵜呑みにするのではなく、それらの証言には、彼らの戦後の日本そして国際社会のなかでの立ち位置を反映したかのような《歴史》が多分に含まれていることを留意したうえで、歪んだ情報の中から経験的に検証可能で客観的な歴史を浮かび上がらせていき、歪みをも含んだ資料を批判的に解釈し修正をくわえていく作業こそ、映画史研究者の使命ではないだろうか。

他方で戦中の中国側の歴史的証言は、公式的チャンネルや回路にのせられる言説がきわめて限られており、一部の知識人、しかも体制側＝日本側に迎合していた人たちの言説しか存在しない。それらのわずかな言説が、一般民衆の声を反映していたかどうかという問題がまずあり、さらに一口に知識人といっても、保守的・体制迎合的、それと異なる批判的な観点をもつ者も一定数いたはずである。しかし、一般の民衆や批判的知識人の声はそれ自体、活字にされないまま葬られてしまうなか、歴史を再構築するうえで、一部の偏った言説しか資料として残っていないのが現状である[135]。

こうした日本と中国のあいだの証言・資料の非対称性の問題を鑑みると、中国側が抱える別の問題が浮かび上がってくるように思われる。それは証言の限界の問題である。戦後になって、特権的な証言者であるはずの中国側の当事者たちのほとんどは、新中国内での政治的な、あるいはその他の理由により、失語症のような状態に陥っていたように思われる。なぜならトラウマ的な出来事（日本軍による上海占領）は、その下で不本意ながら生活することを強いられた者にとって想起するのに苦痛がともなうものであり、その結果、無視・沈黙といった抑圧的反応も当然ありうるからである。その語らないこと自体の重みをこそ考えていかなければいけないのではないだろうか。映画にまつわる歴史を描きだす際に、このような沈黙する声をそれとしていかにして拾いだし評価するかが、研究者の大きな課題となるゆえんである。

しかしこうした課題設定においても、ある《罠》が存在するように思われる。たとえば近年の映画史研究において、当時の作品のなかに、後世のわれわれが見たい、あるいは解釈したい歴史のイメージ——たとえば間接的なかたちで作品に忍ばせた日本批判のメッセージ等——を意識的に、あるいは無自覚的に押しつけ、そのなかから「日本に対する中国人の抵抗」というモティーフを読みとろうとする試みが見うけられる。こうした読解は、現在のわれわれが信奉している価値観、あるいは耳に心地よい物語を、解釈学的な先行了解のメカニズムにしたがって作品に投影することで、作品が置かれていた当時のコンテクストを一面化・物語化してしまう危険から完全に逃れているといえるだろうか。

歴史とは、みずからの存立のための条件・前提をみずからつくりあげる、矛盾したさまざまな要素から成る全体的な構造の動的な過程そのものである。それが統体としての客観的な歴史というものである。その歴史をつくりなす要素のなかには、否定的な経験・出来事に対して沈黙や無視する等の、証言者の過去に対する抑圧的態度をさえ含んでいるものである。であれば、歴史家はすべからく、この統体としての歴史に対して、主観の恣意的な表象にもとづく物語化を排しつつ、全体的な過程としての歴史そのものに内在すべきであり、そのことなくして、歴史の真実を描きだすことはできない。その意味で、当時の中国映画人の沈黙の声に対して、われわれ後世の映画史研究者がなすべき作業とは、それらの声をいわば腹話術的に代弁することではない。それは、歴史研究の手続きをしっかり踏んだうえで映画史の細部を検証することをつうじて、証言者の沈黙を含めた歴史的対象としての上海映画そのものをみずからの記述のなかへと君臨させることではないだろうか。

第二章　満州映画の光と影

日本が一九三二年三月に打ち立てた「満州国」（以下、「　」は省略）が崩壊してからすでに七〇年以上の歳月が過ぎ去ったにもかかわらず、日本では、満州国にまつわる出版物、映画、TVドラマが数多く生みだされつづけ、「赤い夕陽の満州」といった文句に象徴される満州ノスタルジアはいまだ衰えをみせない。現代人が正視しなければならない、日本の満州国支配の実態に表れた歴史の負の側面は、こうしたセンチメンタルな懐古趣味にくるまれた形で語られることが多いように思われる。

いっぽう、中国においては、都市建設や文化建設を含め、満州国にまつわる歴史をひとまとめに「植民地支配の暴虐」に還元したうえ、過去の記憶を封印しようという傾向が目につく。このような満州国に対する日中両国の対照的な扱いは、主に日中がそれぞれ引きずっているトラウマに由来しているものと思われる。すなわち、日本側では、一定以上の年齢の世代は敗戦によって自覚を強いられたアジア諸国に対する侵略戦争責任にトラウマを抱え、また、若い世代では近年の中国のGDPの急成長と、国際政治経済的なヘゲモニーの伸張に対して畏敬と反発の混在した対抗意識が増大しつつある。これに対して、中国側は、日本帝国主義による苦痛と屈辱にくわえて、日本の傀儡政権としての満州国における中国人協力者（漢奸）の存在という忌まわしい記憶を引きずっている。

このように日中は、かたや過剰なセンチメンタリズム、かたや歴史としての黙殺という異なった方向でそれぞれトラウマの忘却を図ろうとしてきた。近年、こうした動向は大衆の素朴な情動という次元から、「正史」としての歴史像の構築という次元に拡大している。こうしたなかで、歴史の細部や複雑な位相が、両者のそれぞれの欲望によって規定され、捨象されてきた感は否めない。このような非建設的な状況を打破すべく、旧満州の歴史を新たな視点でとらえなおすことは有意義な企てであろう。そして、この企ての重要な素材となり得るのが、満州国における最大の映画製作機構である「満州映画協会」（略称満映）が製作した「啓民映画」である。

啓民映画は、劇映画と呼ぶには記録性が強く、ニュース映画と呼ぶには虚構性に彩られた、プロパガンダ的性格が露骨な文化映画の一種であり、一九三七年に発足した満州映画協会により敗戦間際まで製作されつづけた。「建国」以来の満州国の歩みを記録したもの、「満人」に「八紘一宇」の精神を植え付けるという啓蒙・教育目的のもの、そして日本人に満州への移住を呼び掛けるキャンペーン目的のもの等がその主なジャンルを形成しており、現存フィルムのなかで作品数がもっとも充実している。(1) 本章は先行研究を踏まえたうえで、啓民映画のフィルムと当時の一次資料にもとづいて、満州映画研究に新たな角度から光を当てることを試みる。

本論に入る前に、まず第一節において満州における日本映画の上映とその受容にかんする歴史を振り返ってみる。というのも、今までの先行研究においては、満州における日本映画受容の多くの部分が解明されていなかったからである。たとえば、胡昶・古泉著『満映 国策映画の諸相』（中国語版『満映 国策映画面面観』）という満映研究の古典では、満州国における日本人観客と中国人観客を一括りに扱っているため、「（一九三〇年後半の時点で日本映画が満州国の映画市場の最大のシェアを占めるに至った経緯は）満州国の国策そのものを見事に映し出している」(2) という結論を導きだしたとともに、日本映画がほとんど日本人にしか観られておらず、満州国の中国人社会にまったく浸透していなかったという事実が抜け落ちたように思われる。そのため、従来の日中映画史研究、とりわけ中国側の映画史研究では、満州における日本映画の上映が、日本の植民地政策、または文化的侵略の一環として位置付けられるとともに、そのプロパガンダ効果がいささか誇張されてきた感は否めない。そのような通説を覆す映画史的事実は、本研究によって初めて明らかにされたのである。(3)

第一節　満州における日本映画の上映と受容の実態

中国東北地方（満州）での最初の映画上映は、二〇世紀初頭にロシア人によっておこなわれた。その後、彼らの手によって、映画館が北満各地で次々と建設された。ただし、上映作品のほとんどはフランス映画で、観客はロシア人を主とするヨーロッパ人に限られていた。

だが、一九一七年のロシア「十月革命」を境に、満州におけるロシアの勢力は急激に衰退し、それまでロシア人が独占的に経営していた映画館も次第に中国人に買い取られ、その後、アメリカ映画や、フランス映画などのヨーロッパ映画、上海で製作された中国映画が進出してきて、一九二〇年代半ば頃に映画市場は繁栄をきわめた。(4)

いっぽう、日露戦争（一九〇四〜〇五年）で勝利した日本は、「南満州鉄道株式会社（略称満鉄）」を設立するなど、活発な満州進出の動きを見せ、多くの日本人が満州に住みつくようになった。その過程において、もっぱら日本人を対象に数多くの日本映画が上映されていた。一九二〇年代後半に大連《ダーリヤン》の映画検閲機関の警察局保安係を経由して大連に輸入された外国映画のうちの七割以上が日本映画であった。(5)

『日本映画事業総覧』（昭和五年（一九三〇）版）によると、一九三〇年の時点で大連に六館、撫順《フーシュン》に三館、ハルビン、長春《チャンチュン》、奉天《フォンティエン》、鞍山《アンシャン》、遼陽《リョウヤン》、安東《アントン》に一館ずつ、計一五の日本映画上映館があった。(6)これらの映画館は関東州（大連と旅順を含む日本の租借地）及び満鉄附属地に集中しており、そして、各都市の映画館の数もその地域における日本人の人口に対応していたことがわかる。たとえば、一九三一年末の時点で大連在住の日本人が一〇万二七六八人に達していたのに対して、ハルビンの場合はわずか四一五一人であった。(7)

図　満州の映画館数の推移（1937～1943年）[8]

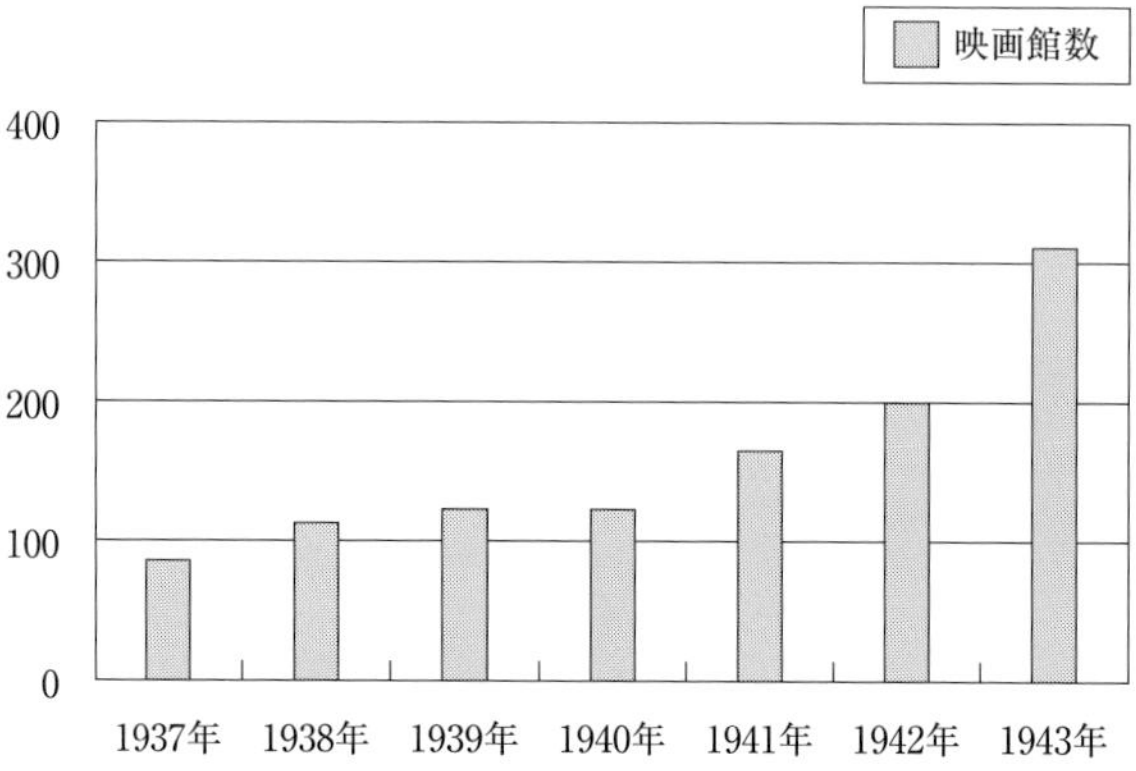

しかし、「（満州国）建国以前、日本映画の市場は満鉄附属地以外、一歩も外に出ることができなかった」[9]ようで、日本映画が日本人居留民にしか観られていないという状況は、戦前の上海での日本映画上映を彷彿とさせるものである。

一九三一年九月の「満州事変」を経て日本が満州国を「建国」した一九三二年の時点で、約三〇〇〇万の総人口があったが、そのうち日本人は約一四万人程度であった[10]。周知のように、満州国は独立国家を標榜し、日本人・漢族・朝鮮人・満州人・モンゴル人による五族協和と王道楽土を建国理念として掲げていたが、実際には日本の強い影響下に置かれていたのである。

一九三七年七月「盧溝橋事件」を契機として日中全面戦争が幕を開けた。その一ヵ月後、満州国政府ならびに満鉄による出資と、関東軍、協和会、そして日本国内の各種機関による人的支援のもとで、満州映画協会が正式に発足した。

それをうけて、満州国各地で映画館の建設が盛んにおこなわれるようになった。一九三二年の時点で満州各地に点在した映画館はわずか三〇館程度だったが、一九三七年に八六館、一九四三年になると三一二館にまで増えた[11]。

図　満州国の映画検閲をうけた日本映画の本数（1936〜1941年）

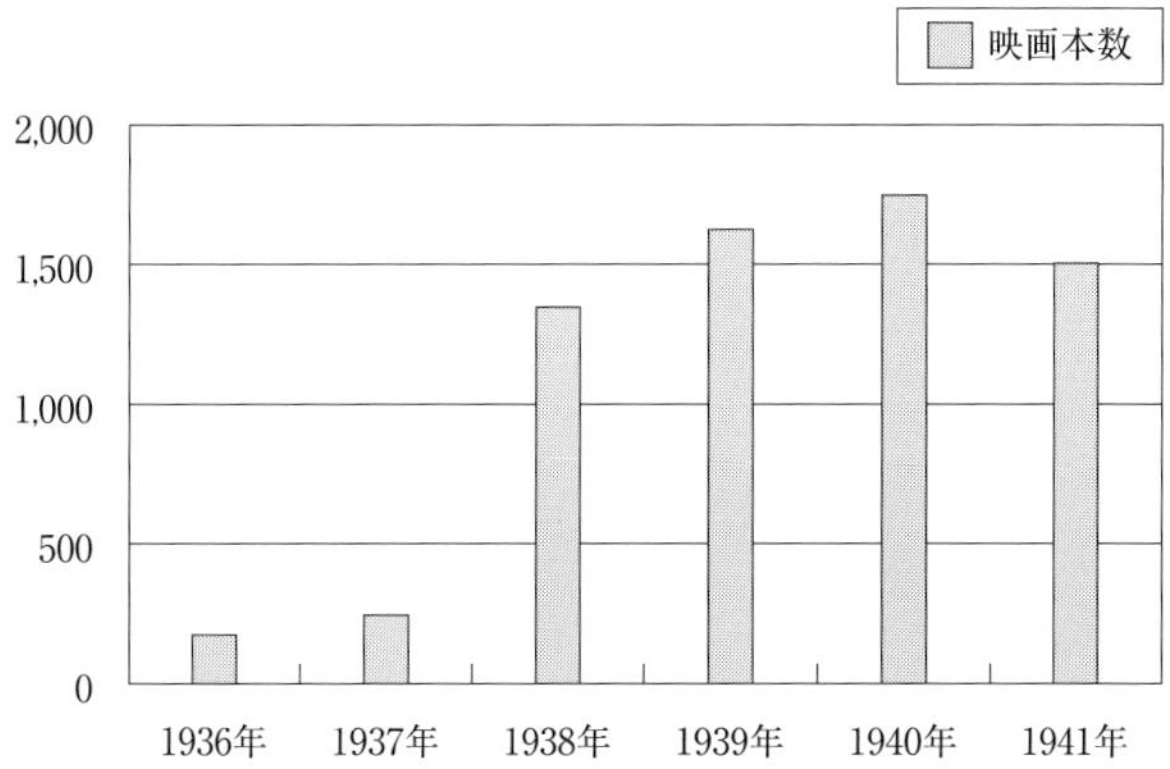

「日系館」と「満系館」

　満州国の映画館は、大まかに「日系館」と「満系館」の二通りに分けられる。前者は日本人居留民（朝鮮人も含まれた）を対象とし、主に日本映画や日本から持ち込んできた欧米映画を上映していた。それに対して、中国人が通う満系館は、主に満州映画や上海映画を上映していた。一九三七年の時点で「日系館」と「満系館」の数はそれぞれ五三館、三三館だったが、一九四三年になると「日系館」二一七館、「満系館」九五館（日満混合館を含む）となったのである[12]。満州国の総人口に占める日系人、満人の割合を鑑みれば、両者の非対称的な関係が一目瞭然であろう。『満州年鑑』（満州文化協会、満州日日新聞社、満州新聞社編）や、『映画旬報・満州映画特輯号』（一九四二年八月一日号）によると、満州国の映画検閲をうけた日本映画の本数は一九三六年に一五四本、一九三七年に二三二本、一九三八年に一三五二本、一九三九年に一六三〇本、一九四〇年に一七五〇本、一九四一年に一四八〇本となっていた。

　また『映画旬報・満州映画特輯号』に掲載されたデータによると、一九四一年に一四八〇本の日本映画が満州国の映画検閲の対象となったが、そのうち、公安、風俗、教育などの理由で上映不許可となった二一本を除くと、計一四五九本の日本映画は満州国で公開された[13]。これらのデータでは劇映画のほか、ニュース映画や記録映画も計上されているように思われる。

さらに、「昨年度（著者註：一九四一年）の日系館の総入場人員の統計は、約一千八百十万人、内朝鮮人合して五百万人内外の人口に比べると、一人が年三回半迄といふ事になります」[14]というデータも残っている。

しかし、一九四二年になると、満州国での日本映画上映は一気に縮小した。太平洋戦争の勃発を受けて、日本国内の映画製作は完全に戦時「映画新体制」に入り、製作本数が一気に減少したことで、満州国の日本映画輸入は大きな打撃をうけることとなったからである。

一九四二年五月一日から、満映配給の日本映画は「交換配給制」に移行した。これは東宝と松竹二社の作品を二つの系統に分け、毎月それぞれの新作二本と大映の一作品を満州国全国に配給するものである。東宝と松竹作品は一〇日間、大映作品は一週間の上映という制限があった。一九四三年から四四年までに満州国で上映された日本の劇映画は年間三〇本前後にとどまっており、[15]一九三九年に一ヵ月以内に同国内で封切られた日本映画の本数にも及ばなかったのである。[16]

いっぽう、満系館の経営や、観客層はどのようになっていたのだろうか。

満州国で上映された「抗日映画」

日系館と比べ、満系館の建物はみすぼらしいものであり、館内の換気が悪く、映写や音響などの設備も日系館のそれに劣っていた。当時の日本人は「日系映画館では光線と発声は非常に良い。——満系館の観衆に、いつになったらそういう幸福を享受できるのかと私はまた考えた」[17]と嘆いたほどだった。

一九三八年の統計によると、満系館の観客層は、主にサラリーマン、商人、眷属《けんぞく》（主婦などの扶養家族）、学生、労働者、浮浪者というものであった。[18]

また、映画館内の様子にかんしては、一九三九年当時の証言が残っている。

電影館に来る客は昨日も今日も別に変わってはゐない。昼時には相も変わらず妓楼の女たちが眠気覚ましにやってくるのも見受けよう。月に一遍あるかなしかの馬車夫が今日こそはと、矢鱈に瓜子児（著者註：瓜の種）をかむ音も騒がしく、スクリーンを凝視する。鍛冶屋の徒弟も、ホテルのボーイも、味気ない修行の日々から今日こそはと、やっと解放されて、あの暗い電影院の闇に吸い込まれているのだ。[19]

満系館は「罪悪の淵藪」と言われるほど、ネガティヴなイメージが付きまとっていた。たとえば「愛人と会うために、或る種の欲望を洩らすために、映画館の暗い場所を利用し、それを解決する……遊び人、遊蕩息子、不良なお妾、不良男女……思ふさまにその欲望を洩らさうとする、映画以外の気晴らしを求める」[20]というような有様だった。混沌とした快楽を提供する匿名的な空間としての満系館は、現在のインターネットやネット・ゲームの世界に相当する、非日常的な「第二の現実」だったように思われる。

注目すべきは、映画鑑賞という本来の目的で満系館に通っていた観客は、こぞって上海で製作された中国映画に熱中していたことである。『映画旬報・満州映画特輯号』（一九四二年八月一日号）に掲載された「満州の映画事業概観」は、満州国における上海映画の人気について、次のように分析している。

満系大衆の上海映画に対する憧憬は、尚大なるものがある。それは曾ての日本人がアメリカ映画に対するが如きに似て、更に甚だしきものがある。従来の上海映画は決して技術的にも芸術的にも優秀とはいへない。只それが「上海」の製作であるといふことと、それが持つスターバリューと、そして漢民族特有の感覚と観念の誇張的な表現等が漢民種たる満系大衆をひきつけるのであらう。[21]

たしかに、カンフーや、時代劇、メロドラマといったヴァリエーション豊富な上海製の娯楽映画と、それに出演する上海の映画スターたちは満州国の中国人大衆の心をつかんだようだ。

さらに見落とせないのは、上海映画の人気にあやかって、メロドラマや、青春もの、カンフーなどのジャンルものに、日本による中国侵略と植民地支配を痛烈に批判するメッセージを忍ばせた左翼映画も満州国に入り込んだことである。

そのため、『満州映画・満語版』一九三八年創刊号では、上海映画の有害性について次のように指摘されている。

建国初期に新京やハルビンで盛んに上映されていた、ファンタジックなカンフー映画では、蜂起する群衆が反体制的な共産匪を想起させる。（……中略）また『大いなる路』（著者註：原題『大路』、孫瑜《ソン・ユイ》監督、一九三四年）のなかで群衆が富豪を打ち倒すシーン、また「われらこそ道を切り開く先鋒だ」というタイトルの主題歌はいずれも共産主義の色が濃い。いったい主人公たちが作った道路はどこへ通じるのだろうか。(22)

ちなみに『大いなる路』は中国国民党軍が抗日戦線へ行くための道路を建設する青年たちの群像を明るく描いた青春ものである。

さらに、主題歌「義勇軍行進曲」が後に中華人民共和国の国歌となったことで知られる『嵐の中の若者』（原題『風雲児女』、許幸之《シュイ・シンジー》監督、一九三四年）も満州国で公開され、ロングヒットとなった。この映画は詩人の男性と二人の女性の恋愛を軸にストーリーを展開しており、ラストで頽廃的なモダンガールと別れた詩人が、貧しい歌姫とともに「義勇軍進行曲」を歌いながら抗日の前線へ赴くという筋書きである。いわばメロドラマ仕立ての抗日映画なのだ。

当時、『嵐の中の若者』が奉天で公開された際の様子を言及した次のような記事がある。

一つの上海映画が国内の都市でも再映、三映、四映、五映……される。……いつまで行ったら終わるか判からない。一カ月前、奉天で『風雲児女』を上映してゐたが、九巻のうち四巻をやっただけであった。そのやうにして次々とやってゐるのである。(23)

また、同映画がハルビンで一般公開されたことも確認されている。(24)

一九三七年一〇月より「満州国映画法」が実施され、満映による映画統制が厳しくなったとはいえ、上海映画はその規制の対象にならなかった。というのも、上海映画自体が大きく変貌したからである。一九三七年八月より、外国租界を日本軍に包囲された「孤島」時代の上海では抗日映画の製作が不可能となり、さらにその後「大東亜戦争以来、（上海映画が）中華映画の傘下に入って、中国聯合製片会社となりましたから、これまでのやうに、重慶の息もかゝらず、思想的に苦慮する事もすくなくなりませうから」(25)ということで、人畜無害の上海製中国映画は、終戦まで「満系館」のメイン上映プログラムの一つでありつづけたのである。

図22　『大いなる路』

いっぽう、上海映画に対して、満映が製作した劇映画は、満州国、あるいは日本の国策に沿った無味乾燥なプロパガンダものが多く、中国人俳優が出演しているものの、メインスタッフが日本人であるため、演出や撮影技法、セット、美術に「和臭」が漂っている。(26)これでは中国人の感性に合わず、それゆえ、満州映画は上海映画の人気にはるかに及ばなかった。

中国人にそっぽを向かれた日本映画

一九四一年、映画評論家の周国慶《チョウ・クオチン》は上海映画、満州映画、そして日本

図23　『嵐の中の若者』

映画の三者の位置付けについて次のように指摘している。

第一に、満州映画の先を行くものに、上海映画がある。言葉、動作、物語、人情等が極端に満州の観衆の嗜好と習慣とに合致してゐるために、それは大きな魅力を持って大多数の観衆層に浸透してゐる（これらの観衆は皆純粋な映画ファンである。彼等は殆どみな娯楽を求めて映画館に入っていく）。

第二に、満州映画のあとを追うものに、日本映画がある。――それは満州映画市場に於いては一つの萌芽的な幼い芽であるが、一小部分の西洋映画を極愛し、そして、それが見られぬ観衆が、疑ひもなく日本映画に惹きつけられている。(27)

しかし、当時の満州国の中国人観客は、日系館へ足を運ぶことがめったになかったようだ。

その理由として以下の点が考えられる。第一に、言語の問題である。日系館で日本映画が上映される際に、中国語の字幕やイヤホンガイドが付いていなかったようで、「満人観客には日本語の分かる者が少なくないが、完全にスクリーンの会話を理解する者は多くはない。だからセリフを聞いて分からず、興味を感じない」(28)とされていた。

第二に、料金の問題である。日系館の入場料は高い。満州国貨幣で一元という日系館の入場料は、中国人の三人家族ならば、その主食となる小麦粉の半月分を買える値段であったという。それに対して、満系館は普通二、三角という安さであり、高い時でもせいぜい五角であった（一元は一〇角に相当する）(29)。

ただし、そのような状況のなかで例外もあった。日系館で日本語字幕付きの欧米映画が上映される時だけは、一部の満人観客は駆けつけた。言語についても日本語のスーパーインポーズの漢字を見ただけで大概の意味は分かるからそれほど問題はなく、日本映画よりずっと見応えがあったようだ(30)。一九三八年、軍関係者の矢間晃が執筆した「北支の映画界を見る」というレポートには、日本側の焦燥感がはっきりと滲み出ている。

日本映画は支那大衆に食入らなければならないことになる。それには純然たる日本映画では、支那大衆に受け入れられない事は誰でも肯定出来ることである。この問題は、満州国建国第七年の春を迎えた今日までの満州国における映画界の実情が、何よりも明らかにして呉れてゐる。日本映画が満州に於いては六十余万の大和民族にしか見られてゐない事実からして、見せなければならない日本映画ではあるが、現在の日本映画の製作企画では残念ながら支那大衆には一顧だにされないと思う。支那大衆に対する新しい製作企画が必要である(31)。

そのような状況を打開するべく、満州映画協会は一九三八年三月より、満系館にも日本映画を配給することを試みた。ネックであった言語の問題については、中国語のスーパーインポーズではなく、中国語弁士付きの上映という方法で対応した。そのために弁士にあたる解説員を各満系館へ派遣した。人気を集めた日本映画は、『エノケンの青春酔虎伝』(一九三四年)、『エノケンの魔術師』(一九三四年)のようなアクションものや、コメディだったという(32)。日本の時代劇や、文化映画は中国人観客にそっぽを向かれたのである(33)。

『満州映画』(一九三九年新年号)に掲載された「満映業務概況」では、「(日本映画が)主として在満邦人に迎えられた。尚昨今、日本映画に対する満人インテリ級の興味と関心が高まりつつあるが、これは映画に拠る民族協和の表れとして喜ぶべき現象として、満映はもとより各館ともこの種ファンに対してのサーヴィスその他に遺憾なき便宜を図りつつある(34)」と記述されている。

しかし、その後、満系館への日本映画進出には著しい進展が見られなかった。『映画旬報・満州映画特輯号』(一九四二年八月一日号）に掲載された「満州の映画事業概観」は、満州国における日本映画上映の現状について、次のように指摘している。

日本映画が上映されてゐるのかといふと、今日までに、数本の劇映画が試験的に上映された外、満語版に改訂された文化映画が相当数上映されたのを除いては、一般的に見て満人には殆ど観られていない現状なのであります。結句、彼等は矢張り上海で作られるところの支那映画に関心を持ってゐるやうであります。(35)

ここで視野に入れておくべきは、映画館での上映だけでなく、「宣撫」目的の巡回上映である。早くも一九一七年頃から開始された満鉄による沿線地域の巡回上映に続いて、満映は一九三〇年代末から満州国各地で巡回上映を活発におこなうようになった。開拓民、勤労奉仕隊員、日本人学校の学生といった日本人を主な対象に、多くの日本映画が上映されていた。しかし、中国人を対象とした巡回上映においては、中国語吹き替え版の『ハワイ・マレー沖海戦』など、わずかな日本映画しか上映されていなかったようだ。

それについて、『映画旬報・満州映画特輯号』（一九四二年八月一日号）に掲載された「満州における巡回映写」は、次のように指摘している。

ここで何としても遺憾なのは、日本映画に適当なものが少ないことである。上海映画にも米国映画にも接してゐない、映画的に処女地たる地方巡映に日本映画を上映して日本映画になじませ、自然に日本精神に親しませることが痛切に要望されてゐるにも拘わらずさうなのである。大陸に輸出さるべき映画については、無気力で安易な小市民的態度や生硬な国策物は早く消化して貰ひたいものである。(36)

ただし、満州国建国以来、日本語教育や、日本による文化的同化政策が大々的に推進された結果、中国人の映画観客層に大きな変化が見られたことは否定できないだろう。

満映の製作部長を務めていたマキノ満男（光雄）は、一九四二年の時点で次のように語っている。

観客層も満州では全然変わってきて居る。此の間も「現代日本」といふ日本紹介映画をつくって、普通映画館でやると実に評判が悪かったが、満系の小学校、中学校の生徒に見せると感銘に打たれると云う良い報告を聞いた。一万フィートに産業から軍事、政治凡らゆるものを織り込んだものであるが、さう云うような映画を感銘して見る情勢まで進んでいる。すなわち、東亜共栄圏で満州の青少年が一番日本に接近していると云うことが云へるのだ。これは日本の文化指導者たちも考へてほしい。(37)

じじつ、一九四〇年代初頭に満映が、新京の満系館において小学生の団体鑑賞をつうじて日本映画を広めようとした際に、「何れも好評で、『愛の一家』（著者註：春原政久監督、一九四一年。ドイツの児童文学『ペフリング一家』を原作としたホームドラマ）などは仲々うけたそうである」という。(38)

とはいえ、日本映画が満州国の民衆に広く受け入れられたとは言い難い。文化、とりわけ言語の違いは日本映画の満州国進出を阻む主な要因であり、多民族が生活していた満州国では、そもそもすべての観客を満足させることなど無理であろう。

さらに、国際都市の上海とは異なり、満州国の多くの地域では映画文化が浸透していなかった。満州国の農村部では、映画の巡回上映によって生まれて初めて映画を観たという人が多く、彼らは上映が終わっても立ち去らずに、映画に登場した人物が実際に現れるのを待っていたという有名なエピソードが残っている。(39)

また中国人向けに、日本映画に対する宣伝が行き届いていなかったことがたびたび指摘されていた。

日本映画はこれまで満人間に何らの宣伝も行わなかった。それで満人は日本映画に対してあまり印象を持ってゐない。満人の観衆は熱烈に胡蝶、袁美雲、又李明、李香蘭、張敏の媚態に憧れ、誘惑されてゐる。日本映画の田中絹代、桑野通子等の輪郭さえ脳中にあまりハッキリしない。(40)

要するに満州国の統治者側は、日本映画を「満人」に見せなくてはならないという使命感に燃えていたとはいえ、実際には中国人向けの日本映画市場の開拓を積極的におこなっていたとは言い難い。第四節で詳しく分析することとなるが、その背後には、日本の傀儡国家である満州国に対する国際社会からの批判への配慮が働いており、「五族協和」の精神を損なわないために、日本映画を特権的に優遇することをあえて回避していたのではないかと思われる。というのも、そもそも満映を設立した目的が、満州国独自の映画製作にあったからだ。一九三七年八月に「満映」は発足したが、日本国内の各種機関による人的支援を受けており、多くの日本映画人が満映に招聘された。しかし、中国人を喜ばせる映画をつくるためには、中国人の俳優や、監督、脚本家を養成することが急務であった。ところが、当時、日本語の分かる優秀な人材のほとんどは中国内陸へ流出してしまったため、脚本家、監督、俳優を志す研修生を集めるだけでも苦労したようだ。(41)それに人材の養成も一朝一夕にできるものではなかった。亀谷利一は一九三八年の時点で「満州映画の製作態度に就て」というエッセイのなかで次のように述べている。

高度な審美眼を具有し日本内地の映画に対してさへ不満を感じて居る人々に対し、之に代るべき優秀な映画を今直ちに提供し得ないことは誠に残念であるが、ものには自ら順序があり如何に天才でも赤ん坊は赤ん坊である。如何に男の子が生まれたからとて誕生もすまないのに鉄砲かついで出征せよと云ふやうなことは、無茶である。(42)

しかし、実際に中国人の俳優や監督たちは、満映に入社してからまもなく、急場しのぎに製作現場に就き、働きながら映画づくりのノウハウを覚えていくことを余儀なくされた。満州映画製作の自主性と日満親善を演出するために、日本人の脚本家が書いた脚本に、あえて中国人と思わせるペンネームを使用したり、また日本人の監督が主体的に演出を手掛けた作品にもかかわらず、中国人監督との共同監督作品とすることがけっして珍しくなかった。ちなみに、中国人監督の多くは、現場で日本人の監督が中国人スタッフとコミュニケーションをとる際に、日本語通訳を務めていただけであり、「満人通訳監督」と揶揄されたゆえんである[43]。

一九四一年春に満映は、従来の俳優養成所（一九三七年一一月に設立）に加え、監督やキャメラマン、映写技師、録

図24　娯民映画『龍争虎闘』（水ケ江龍一監督，1941年．中央は鄭暁君）．写真協力：（財）川喜多記念映画文化財団

図25　満映時代の李香蘭のデビュー作『蜜月快車』（上野真嗣監督，1938年．李香蘭（右），杜寒星）．写真協力：（財）川喜多記念映画文化財団

音技師、現像技師を養成する「社員養成所」を設立し、所長に木村荘十二を迎え、「生徒は日、満略々半々ずつで約百六十名位で年限三ヶ年であった」(44)という。同年、王則《ワン・ツォ》（脚本家兼監督）、徐紹周《シュイ・シャオチョウ》、宋紹宗《ソン・シャオツォン》、王心斎《ワン・シンジャイ》（以上は監督）は日本へ渡り、松竹大船撮影所などで研修を受けた。たとえば、張天賜《チャン・ティエンツー》は半年間、マキノ正博に師従し、演出を学んだという(45)。このような日中（日満）の人的コラボレーションの結果、「娯民映画」や「啓民映画」は生みだされていくのである。

一九三七年八月に設立した満州映画協会は、第二次世界大戦が終結する一九四五年八月までに、計一〇〇〇本近くの作品を製作した。内訳をみると、「娯民映画」（劇映画）は二〇〇本、「啓民映画」（文化映画）は二〇六本、「時事映画」（ニュース映画）は五〇〇本という統計となる(46)。

啓民映画が、日本の植民地政策、あるいは満州国の「国策」を色濃く反映したジャンルであったのに対して、現時点で露骨なプロパガンダ作品として認定できた娯民映画は、わずか二〇本前後にとどまっている(47)。また朱文順《ジュ・ウェンシュン》、周暁波《チョウ・シャオボウ》、張天賜《チャン・ティエンツー》、劉国権《リュウ・グオチュワン》、王心斎、王啓民《ワン・チーミン》、王則など、多くの満人監督が娯民映画の演出を手掛けていたのに対して、啓民映画の場合、終始日本人スタッフ主導で製作しつづけ、演出・構成に劉芸夫《リュウ・イーフー》、潘照征《パン・チャオチョン》など、数名の満人スタッフがかかわっていたにもかかわらず、彼らが単独で手掛けた作品は皆無である(48)。これらの点が本章が啓民映画を主な分析対象とするゆえんである。なお啓民映画という概念自体は一九四〇年末から翌年にかけておこなわれた満映機構改革の流れのなかで登場したが、ここでは、便宜上、満映初期の文化映画も啓民映画と呼称することにする(49)。

つづいて第二節以下は、労働（労働者）の表象、言語の表象、身体の規律化といったモティーフに着目しつつ、啓民映画における植民地主義的な眼差しを批判的に析出することを試みる。

第二節　啓民映画にみるクーリー（苦力）のイメージ

動物から近代的主体へ

一九〇九年、満州と朝鮮を旅行した夏目漱石は、紀行文『満韓ところどころ』を書き下ろした。そのなかで彼は満州のクーリーを次のように描写している。

船は鷹揚にかの汚らしいクーリー団の前に横付になって止まった。止まるや否や、クーリー一団は怒った蜂の巣の様に急に鳴動し始めた。(50)

彼等は舌のない人間の様に黙々として、朝から晩迄、此重い豆の袋を担ぎ続けに担いで、三階へ上っては、又三階を下るのである。其沈黙と、其規則づくな運動と、其忍耐と其精力とは殆ど運命の影の如くに見える。実際立て彼らを考察してみると、しばらくするうちに妙に考へたくなる位である。(51)

ちなみに、クーリー（苦力）とは、過酷な肉体労働を強いられたアジア系労働者、とりわけ中国人労働者のことを意味し、もともとヒンディー語、あるいはウルドウー語であったこの言葉が一九世紀より、英米独・仏・露・日等、各国語へ導入されている事実は、そのイメージの根強さを物語っている。『支那における教会襲撃』（英・ハリソン社、一九〇〇年）や『上海特急』（ジョセフ・フォン・スタンバーグ監督、一九三二年）といったソヴィエトを除くヨーロッパやハリウッドの映画において、中国人の群衆がしばしば動物を彷彿とさせるような、どことなく暴力的なイメージの付きまとう「黄色い大群」として映しだされている。『満韓ところどころ』のなかで漱石に「鳴動連」と呼ばれたクーリーの集団も、とりもなおさずそれと類似している。クーリーたちを眺める漱石の視線は、数千年にわたる王朝支配のもとで、多くの人々が奴隷のような生活を強いられているという西洋的な眼差しを内面化したものであるといえるだろう。漱石の言説のなかで露わになっているクーリーへの蔑視は、明治維新以降、アジアから抜け出そうという脱亜の発想に由来した、日本人はアジア人でありながらアジア人ではないという倒錯の端的な表れではないだろうか。

しかし、日中戦争（一九三七年）に至ると、クーリーのイメージはしだいに変化していく。黄浦江両岸の地域が日本軍によりつぎつぎと「解放」されていく様を描いた、日独合作の東宝ドキュメンタリー映画『戦友の歌 黄浦江』（一九三九年）はその典型であろう。この映画の冒頭でキャメラは人力車を引く中国人クーリーを追いながら、夜の上海の繁華街に入っていく。クーリーの背後に据えられ、その背中をなめるように上海の町を眺めるキャメラは明らかに日本人の視線を代表しているであろう。このシーンが、西洋化された近代都市の華やかさと苦難に満ちた裸の背中を対照的にとらえることによって、中国人がいかに欧米列強に収奪・抑圧されているかを提示しようとしていることは明らかである。このシーンを見ていると、アジア諸国を西洋の魔手から救いだすことが、あたかも大日本帝国の責務であるかのように感じられる。ここではみずからの侵略の事実を隠蔽し、数々の搾取・抑圧・虐殺等の犯罪的な行為・政策を、すべて欧米のもたらしたものへと置き換えるイメージ操作が図られていることは明らかである。あるいはさらに穿った見方をすれば、このシーンからは、すでに脱亜を果たした日本が、さらなるヘゲモニーの確立へむけて、西洋文明そのものを止揚せんとする志向の表れ、つまり、のちほど唱えられるようになった「大東亜共栄圏」のスローガンに結びつくような眼差しを見て取ることも可能であろう。

こうした時代を背景として、満州において日本主導で製作された啓民映画は、従来のクーリーのイメージを受け継ぎながらも、新たな展開をみせている。そこで本節ではまず、一九四三年に製作された『虱はこわい』『煤坑英雄』を例にとり、クーリーのイメージの変遷を考察することから始めてみよう。

清潔さ・管理・規律性の表象

一九四二年に満州に渡り、啓民映画の製作に携わった加藤泰が演出を手掛けた『虱はこわい』（加藤泰監督、吉田貞次撮影、一九四三年）は、撫順炭砿のクーリーのあいだで蔓延していた発疹チフスを撲滅すべく、病原菌を運ぶ伝染の媒体である虱をまず退治しなければならないことを訴えた衛生映画である。

前述した漱石の言説をみれば分かるように、その中国人蔑視のかなりの部分は「中国人が不潔である」ことを根拠としている。じじつ「汚い中国人」にまつわる言説や逸話は、戦前から戦後にかけて数多く存在する。たとえば、生まれてから一度も風呂に入ったことのない満人少女が、嫌々ながら裸にされて風呂に入れられたエピソードなどが、満州体験のある俳優森繁久彌の回想録のなかにも見いだされる。(52) また、「便所をはじめとする、不潔極まりない環境のなかで生活することを余儀なくされている彼らが、たいした病気にならずに済んだことは不思議だ。日本人と違ってつねに靴を履いて、生ものをけっして口にしないというのはその秘訣であろう」(53)という一節のように、不潔さがあたかも中国文化の一側面であるかのように誇張されている。それに対して、このような「不潔な中国人」を、日本人がどのようにして改造していくのかが、映画『虱はこわい』のテーマである。

漱石の言説におけるクーリーが、日本人からみて近代化に立ち遅れる中国の縮図にすぎず、『戦友の歌 黄浦江』に出てくるクーリーが「英米による抑圧と搾取」を意味する記号にとどまっているとすれば、『虱はこわい』においては、クーリーは主題化され、主人公へと格上げされている。とりわけ、『虱はこわい』の後半に出てくるクーリーの集団は、ハリウッドの「黄色い大群」、または漱石の言う「鳴動連」とは著しい対照をなしている。すなわち、虱撲滅キャンペーンの意義を理解し、積極的にキャンペーンにかかわろうとするクーリーらが、日本人の指導のもとで、衣服を蒸し器に入れて蒸気消毒をしたり、洗濯したり、宿舎の隅々まで大掃除したりしているところを映しだしたシヨット連鎖に続いて、ラストシーンでは、近代的な労働者に生まれ変わった彼らが集結して登場してくる。クーリーの集団が線路の上を颯爽と歩くさまを、ワンカットで撮ったトラッキング・ショットでは、キャメラがその隊列の最

図26　近代的な労働者に生まれ変わったクーリーたち.『虱はこわい』のラスト

図27　虱の生態を擬人化して描く

図28　走ってくるクーリーたち（『虱はこわい』）

後尾からスピーディに引き、最後に隊列の先頭にまでくるという具合で、夥しい数のクーリーたちの全容がしだいに明らかになる。だが、まるで何か巨大な母体から生みだされるかのようにクーリーらが蝟集するこのラストシーンは、同映画で虱が産卵する瞬間をアニメで描きだすショットの連想から、一種の不気味さを否応もなく感じさせるばかりでなく、ストライキや暴動のイメージをも潜在的に喚起させるものとなっている。

しかしながら他方で、不気味さを内に孕みつつも、従来のステレオタイプ化されたクーリーの姿とこの映画のクーリーの表象は、相当異なっているようにも見える。たとえば、クーリーの集団が鉄道の軌道に沿って整然と歩みを進め、キャメラに向かって笑顔で手を振る余裕さえ見せるシーン。そこではきわめて洗練された演出をつうじて、ネガティヴなクーリーにまつわるイメージが払拭されているかのようにも見えるのだ。しかし、「登場人物はすべて素人であり、山東省の苦力の人々を使っている。実際の炭鉱では苦力の扱いはかなりひどく、人間扱いをされなかった。

着ている服もボロボロだったが、映画撮影のために、苦力も小奇麗な格好をさせられた」(54)という日本人スタッフの証言を鑑みれば、このラストシーンに出てくるクーリーたちは、現実には存在しない理想像といわざるをえない。

このように現実に濾過・美化の作用をくわえた表象は、メーキングや衣装、演出のレヴェルにとどまるものではなかった。たとえば、チフス、ペスト、炭疽といった伝染病が戦時中から終戦後にかけて中国東北地方の広範囲にわたって流行し続けた歴史的事実が、旧日本軍七三一細菌部隊（石井部隊）のかの地での活動と密接に連関している以上、クーリーたちを救済の対象に仕立てる『虱はこわい』は、衛生映画の次元を超えて、軍事的な占領と植民地経営にまつわる収奪的な政策という過酷な現実を隠蔽する機能をも担っていたともいえよう。じじつ、満映は関東軍の軍事演習や七三一部隊の実験をフィルムに収める仕事にも直接携わっていた(55)。

また同映画の監督加藤泰は、虱の生態を擬人化して描くアニメーションを交えつつ、縦の構図やダイナミックな移動撮影、さらに奇抜なキャメラアングルをもちいる等、卓越した演出をおこなっている。しかし、彼の演出が冴えたものであればあるほど、それだけいっそう満州国が抱える諸矛盾や過酷な現実を、表象の力によって飾り繕うという啓民映画のプロパガンダ的性格が浮き彫りになっているようにもみえる。

このように、クーリーに注がれる視線は、つねにある種のアンビバレンスを孕んでいる事実を看過してはならない。たとえば、ラストシーンとは対照的な、もう一箇所の群衆シーン。奥行きを強調した構図のなかで、手前に固定したキャメラに向かって、クーリーの集団は、老若を問わず満面の笑顔で飛んだり跳ねたりしながら画面の奥から走ってくる。その天真爛漫な身振りによって、クーリーに付きまとう従来の暴力的なイメージが排除されるいっぽうで、幼稚で不完全な主体であるという側面がより一層強調される結果にもなっている。

また、幼稚さの描写にくわえて、クーリーの内面描写が根本的に欠如している点も目につく。たしかに、虱を退治したあとに湯船で入浴するシーンにおいて、クーリーの歌声が挿入されている――「天上婆羅什麼人栽？　地下黄河什麼人開？　什麼人把守三關口？　什麼人他出關沒回來呀呼咿呼嗨？」――これは伝統的京劇『小放牛』の歌だ。牛飼いが意中の彼女をからかうときに歌う、いささかセクシャルな歌詞であるが、ここでは入浴しているクーリーたちの心地よさを表現するためにもちいられている（ちなみに、この『小放牛』の舞台は四一年に満映の王則によって映画化されている）。

だが、この『小放牛』の歌によって、クーリーたちの内面が表出されているわけではない。「清潔になれて良かった」という、あくまでも身体的・動物的な感覚しかもっておらず、また日本人の救済を待ち続ける以外になす術のない受動的な存在として提示されているのみである。さらに中国東北地方には、そもそも銭湯のような風呂文化が存在しなかったことを鑑みるならば、入浴中のクーリーの気持ちよささえも、あくまで日本人の感性を投影した、一種の押し付けがましい表象にすぎないともいえる。

「クーリー」の政治的な意味作用

半分人間で半分動物であるというクーリーのイメージが、より政治的な意味作用をもって機能しているのは、一九四三年に製作された炭鉱ものである『煤坑英雄』（浅野辰雄脚本・演出、草刈裕夫撮影、太田忠作曲）である。

一九四二年に芸術映画社から満映に入社した浅野辰雄監督が手がけた、満州の炭鉱を舞台とする『煤坑英雄』が、中国人を対象とした公募PR映画として製作されていることは明らかである。「豊富な食事や快適な宿舎、居心地の良い喫茶店はもちろんのこと、地下に埋まっている黄金は君たちを待っているぞ！」というきわめて高揚したナレーションや、クーリーたちの集会で、日本の節分の際におこなわれる「豆撒き」のように箱入りのたばこを撒くシーン、京劇観劇のシーン、クーリーがみずから漫才をやってみなを沸かせるシーン、広々とした湯船で大勢のクーリーが入浴するシーンは「王道楽土」の楽園を描き出している。また、「ここは居心地の良い喫茶店だ」というナレーションとともに、モダンな格好をしているホステス風の女性がクーリーたちにお茶を注いだり、歌を歌ってみなを楽しませたりするシーンが出てくるが、公娼の存在をあからさまにアピールするかのようだ。

いっぽう、当時の労働者募集について、次のような証言がある。「阜新炭鉱が満州周辺の河北省などで中国人労働者を募った際に、各村で公募のポスターを張りだしていた。そのポスターは、きまって良好な住居と働きやすい環境をアピールしている。労働者が仕事を終えて大浴場で入浴するところや、食卓に並べられたおいしそうなご飯とおかずの数々、病気になった労働者が病院で診察をうけているところが描かれている」(56)。満州の炭鉱は典型的な労働集約的な技術構成であり、ほとんど人力に頼らざるをえなかったため、労働力の確保がつねに大きな課題であった。『煤坑英雄』はまさにこうした背景にもとづいた労働者募集の表象にほかならない。

しかし、このようなユートピア的な世界の表象にはバイアスがかかっていた事実を否定することはできない。整った福祉的環境をアピールするシークエンスのなかで、清潔な身なりの既婚女性の姿や、都会風の幼い子供の姿を映しだす短いショットが挿入されているが、まるで彼らがクーリーの家族であるかのような錯覚を観る者に与える。また、一般的に炭鉱ものにおいては、事故が起きた際に、ヒーローが身の危険を顧みずに皆を救いだすというような設定がつねであるが、この作品には事故のシーンが一箇所も出てこない。炭鉱が日本人によって経営されていたためと推測される。さらに、『煤坑英雄』においては、大勢の中国人労働者が過酷な労働と搾取に晒されていたという歴史的事実が表象のなかから徹底的に排除されている。そういう意味で、旧満州を舞台とした岩波ドキュメンタリー映画『夜明けの国』（時枝俊江監督、一九六七年）のなかで映しだされた、炭鉱労働者の死体を埋めた「万人坑（夥しい死体を埋めた墓）」のシーンは、『煤坑英雄』に対する一つの応答として見なすことができるだろう。

『煤坑英雄』によって提示されたどこにもない近未来の理想郷は、映画史的に考えてもけっして特異なものではない。各国がみずからの体制にまつわるプロパガンダに専念した三〇年代から四〇年代にかけて、類似した事例は複数存在した。たとえば、インドネシアにおける捕虜虐待の問題を隠蔽するために、日本軍は『Calling Australia（豪州への呼び声）』（日夏英太郎［許泳］監督、一九四二年）をつくり、それをオーストラリア人がつくった作品として連合国軍側に提出したという(57)。またナチスドイツは、世界赤十字の視察に備えてユダヤ人強制収容所がいかに素晴らしいかをアピールするドキュメンタリー映画『Der Führer schenkt den Juden eine Stadt（総統はユダヤ人に町を贈る）』（Veit Harlan監督、一九四四年）をユダヤ人の監督に作らせた。映画のなかの収容所は、劇場や娯楽設備があって、ユダヤ人たちがトランプで遊んでいる様子を写しだしており、まさにユートピアと呼ぶべきものであったが、その後、映画に携わった関係者全員が殺害されてしまった。(58) ほぼ同時期に満州で製作された『煤坑英雄』は、植民地支配の過酷さを表象するどころか、それを偽りの表象にすり替えていく点において、それらの作品と共通のコンテクストのなかにあることは疑いがない。

いっぽう、前述した『虱はこわい』において、日本人が登場していると思われる場面がチフス患者を救出するわずかなシーンに限られているのに対して、『煤坑英雄』におけるクーリーは、日本人指導者との対比を交えつつ、きめ細かく描かれている。たとえば俳優の人物造形をみても、そのコントラストは顕著である。長身痩躯、面長で彫りの深い顔立ち、男性的で頼もしそうな振る舞いといった年長の日本人の親方に対して、中国人クーリーは利発で優しそうだが小柄で童顔、さらに髭もたくわえておらず見栄えがしない。その点で二人の人物造形は対照的である。

炭鉱にたどり着いた際に、不安そうな表情を見せていたこのクーリーは、目の前の豊富な食べ物を見てはじめて口元がほころびるというように、「食べ物を与えてくれてうれしい」というような、単純かつ受動的な客体として描かれている点は、愚かで動物並みのクーリーという従来のイメージを踏襲しているといえなくもない。しかしこの作品は、クーリーが日本人によっていかに教育され近代的な労働者になっていくか、という教養小説的な筋書きに重きを置いている。この映画の特徴はこの点に存する。たとえば、サボタージュをしているこのクーリーを見つけた親方は、責める言葉一つなく、彼のシャベルを手にとり、黙々と石炭を運んでいく。その寡黙で勇ましい姿をみて感動したクーリーは、仕事に励むようになる。やがて模範労働者にまで成長する彼は親方の姿にならって、サボっている他の労働者仲間に手本を示す。「日系の指導者が教え導き、私たちの安全や健康にかんして親身な注意を払ってくれる。その熱心さや親切さのなかに私たちは温かい光を見いだす。延びるべき広い世界を見いだす」というクーリーの気持ちを代弁したナレーションによって語られているように、両者の関係はあくまでも「師匠と弟子」、またはパターナリスティクな「親と子」のそれとなっている。その際、男性的な日本人の親方が同一化の対象となる理想的な主体であり、中国人クーリーは労働をつうじて主体化すべき幼生の主体として位置付けることができる。

この映画はクーリーを、非効率な収奪と軽蔑すべき対象としてではなく、救済・教育・改造という再生産システムをつうじて労働者として主体化させ、味方に取り込んでいかなければならない存在として表象している。そして、このようなクーリーに対する眼差しの変化を引き起こしたのは、大東亜共栄圏の建設と石炭増産目標の達成といった、政治的・軍事的・経済的な要請にほかならない。すなわち『煤坑英雄』には、前述したようなクーリーに対する妥協とも解釈できる視線の変化をふくむ一方で、「満州国と満人のためだ」という従来の温情主義的なプロパガンダよりも、大日本帝国のなりふりかまわぬ自国中心主義的な欲望が、逆説的に露骨に表出されているのだ。たとえば、日本人炭鉱経営者による以下のような台詞。「わが炭鉱が生産する石炭で銑鉄をつくり、精巧な兵器となって第一線で活躍することに思いをいたせば、我々は大東亜の勝利と建設を掘りだしていると言っても過言ではない」。太平洋戦争の開戦とともに戦線が拡大しつつあるなか、軍需資源たる石炭の供給が需要に追いつかず、ゆえに石炭増産は大日本帝国が満州国に要求した急務の課題であった。国策映画の製作機構である満映が、大東亜共栄圏の建設に邁進する中国人労働者の理想像をヴィジュアルなかたちで提示したのも、そうした政策の一環と見なされるべきであろう。

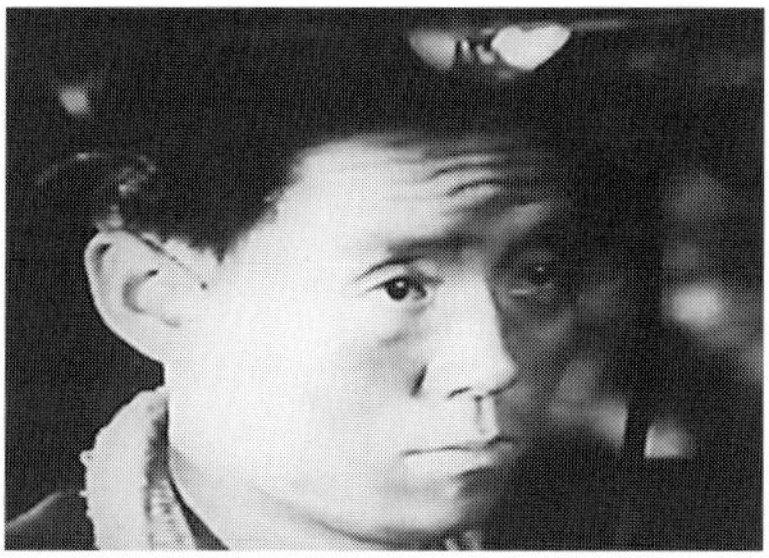
図29　『煤坑英雄』におけるクーリー

図30　『煤坑英雄』における親方

『煤坑英雄』では「私たちは毎日毎日懸命にはたらく。そしてある者は支柱夫になり、ある者は先山に昇進した。私たちは毎日希望をもって前へ進む」といったナレーションを挿入することによって、クーリーたちが労働に達成感や充足感を見いだし、前向きに仕事に取り組んでいるかのように描かれている。くわえて、トロッコの流れるリズムや、クーリーが石炭を掘り続ける動きに合わせた明快な音楽をもちいることによって、石炭採掘という重労働に従事するクーリーたちが踊っているかのように描かれている。こうした描写を通じて、危険な重労働の過程において必然的に発生する抑圧的な雰囲気が払拭される。このように、『煤坑英雄』では、『虱はこわい』に欠落していたクーリーの内面が一応描きだされているものの、それは製作＝支配側の日本人によって代替・注入された表象にすぎない。

『虱はこわい』や『煤坑英雄』では、清潔さを保ちながら、単純労働に黙々と従事する中国人労働者の理想像が、規律化された身体として一応提示されている。しかし同時に、中国人が近代的な主体として確立するには、日本人による管理・指導が不可欠であるという理屈が、映画のなかに打ちだされている。つまり「彼らをほっておくと、伝染病を蔓延させたり、仕事をさぼったりして、ろくなことをしないだろう」「管理・指導を必要とする不完全な主体が存在する以上、われわれ日本人が必要不可欠なのだ」というような「論理」のなかに、当時の日本人は満州での支配の正当化の口実を見いだそうとしていた。ただここで、この映画に刷り込まれているこのような「論理」の種差にさらに注目すべきであろう。たとえば近代的リベラリストたる漱石の言説が、『満韓ところどころ』において、近代国家の周辺に生息する従属的な存在（サバルタン）たる植民地人を「人間」から差別し排除すること、すなわち「人間の動物化」という主題を浮き彫りにしているとすれば、いかにして人間以下の動物同様の存在であるクーリーたちを手なずけて、大東亜建設の道へと導いていくかということをテーマとした『虱はこわい』や『煤坑英雄』が扱うのは、むしろ再生産機構をつうじた生の管理を目指すコントロール社会の支配機構のプロセス、すなわち「動物の人間化」のプロセスそのものなのである。その意味で、漱石のみならず福沢諭吉等をふくむ近代主義者・リベラリストのアジア人民に対する視線と、植民地支配者の利害を代理表象するイデオローグのそれとの種差に対して十分に注意をはらう必要があるだろう。

いっぽう、すでに言及したように、『煤坑英雄』におけるクーリーは、『虱はこわい』に欠落している内面描写がナレーションのかたちで付け足されているとはいえ、依然としてコミュニケーションのない存在として提示されている。というのは、日本人が発した言葉に対して言い返す程度の役割しかクーリーたちに与えられておらず、発言し指導・命令する日本人と、沈黙の聞き手＝従属するクーリーという構図がここには見て取れるからだ。さらに、日本人の親方が話す中国語は、明らかに中国人によって吹き替えられた、きわめて不自然なものである。すなわち、彼が発した言葉が、文法的にも語彙的にも正しい完璧な中国語であるにもかかわらず、日本人であることを示すために、外国人訛りのイントネーションをわざと取り入れている。一九三〇年代末の時点で日本のドキュメンタリー映画製作においては、同時録音が一部導入されたが、四三年に製作された『煤坑英雄』は、全編の音声が吹き替えられ、徹底したイメージ操作をおこなうことをつうじて、現実には成り立たないはずのコミュニケーションを提示しようとしている。

第三節　政治・言語・コミュニケーション

一九四一年、満州国国務院総務庁弘報処長をつとめていた武藤富男は満州映画の役割について次のように指摘している。

> 満州国で、満人即ち漢民族に国家概念を培養させることは、刻下の大問題である。これは政治がまだ未解決のことでもあるし、映画だけが先行して行っても周囲はついて来ない。映画だけが、徒らに「国家々々」と叫んでみたところで何もならぬ。そこで何よりも「美」を、映画で見せて、彼等を喜ばせてやることが先決問題だ。(59)

ここで武藤富男は、満人に国民意識を植え付けることが満映の急務であることを明言する一方、その教育・プロパガンダ目的を達成するにあたって、婉曲な表象手段のほうがより効果的であると主張している。おそらく彼は、初期の満映作品がもっぱら教育・プロパガンダ効果を追求したあまり、中国人観客にまったく受け入れられなかったという苦い経験から教訓を得たうえで発言しているのであろう。たとえば、一九三八年当時、次のような映画評がある。

満州のとある村を舞台に、村長が村人を率いて匪賊を撃退するというストーリーの映画では、村長が日ごろから村民に満州国建国の精神を説いている。それを熱心に聞いた一人の満人少女は、のちに間一髪のところで身を挺して国旗を守ろうとした。映画の出来栄えはなかなかのものだが、満人の生活とはかけ離れていることは否めない。というのは、満州の村長は友邦日本の村長と異なり、国旗に対して満人が抱く神聖たる気持ちも日本人のそれに遥かに及ばないからだ。(60)

これらの言説からは、独立国家としての諸制度が確立しておらず、日本人・中国人双方における「国民」意識も著しく低く、諸民族間の統合に著しい不安を抱えていた傀儡国家の現実が逆に浮かび上がってくるだろう。じじつ、満州国には国籍法が存在しなかった。これは、日本の法律で二重国籍が認められていなかった当時、満州に渡った日本人が満州国民になることで日本国籍を放棄せざるを得ない事態を避ける措置であった。(61)

国家としての実体がけっして整ったとはいえない状況のなかで、国民意識を植え付けようという行為自体にそもそも無理があったという事情にくわえて、イデオロギー先行という初期満映の製作路線は、プロパガンダ効果をいっそう損なう結果を招いたのである。それに対して、一九四〇年に製作された啓民映画『我們的全聯(われわれの全国聯合協議会)』(大谷俊夫監修、島津為一郎撮影)は、満人向けのプロパガンダでありながら、一般民衆に親しみやすいスタイルを取っている点でユニークである。(62)この年に甘粕正彦によっておこなわれた「満人が面白がって飛びつく」ような「満人のための映画製作」を目指した満映改革を視野に入れるならば、この作品はそれと何らかのかたちで連動して

いたはずである。(63)

「王道楽土」の政治表象

『我們的全聯』は「満州帝国協和会」の委託で製作された「全国聯合協議会」のPR映画である。一九三二年五月に発足した「協和会」は、政党に準ずる官民一体化を目指す政治団体であり、協和会中央本部の下に各地方に支部が置かれていた。そして、各地の協和会代表が参加する「全国聯合協議会」(略称全聯)が、国民からさまざまな意見を汲み取り、政府に伝えるいっぽうで、政府の方針を国民側に伝達するという「宣徳達情」の役割を果たすものとして位置付けられている。

『我們的全聯』は新京(現長春)を舞台とし、主人公は靴磨きの男と餃子店の店長である。仕事を終えた靴磨きは、行き付けの餃子店に入り、水餃子を注文したが、出された餃子の大きさがいつもと違って小さすぎると店長に文句を言う。店長は原料となる小麦粉の値段が高騰し、コストがあがってきたから、やむを得ないと釈明する。そこで二人の仲裁を買って出たのは、その場に居合わせた、協和会支部の班長である。彼は小麦粉の値段が高すぎるという問題を一つの提案として全国聯合協議会に提出すれば良いのではないかと言ったうえ、さらに二人に全聯の会議を傍聴するように勧める。そして、次のシーンは「康徳七年全国聯合協議会」の会場となり、靴磨きとレストラン店長が協和会の班長とともに会議の傍聴席に現れる。見学したあと、餃子店の店長と靴磨きの男は「なるほど。俺たちが抱えた問題を全国聯合協議会に持ち込めば、解決してくれるんだ」と喜び合う。

劇映画仕立てでつくられたこの短編映画は、満人の一般民衆を対象に、満州国の政治を分かりやすく紹介する作品である。すなわち、複雑な政治的機構とそこから発生する諸問題に深く踏みこむことなく、餃子や小麦粉にまつわる身近でリアルな問題を政治とリンクさせることをつうじて、満州国の政治はけっして他人事ではなく、ひとりひとりの国民と密接な関係にあることを観客に実感させようとしている。さらに内容に応じて、登場するキャラクターは全

図31　全聯の仕組みを，図表をもちいて丹念に説明．『康徳七年度全聯記録』

員中国人に設定され、浦克《プー・カー》、孟虹《モン・ホン》、周彫《チュウ・ディオ》などの満映スターが出演し、全編中国語がもちいられている。[64]

このように、「誰に見せるか」という製作意図は、使用する言語から作り方に至るまで、啓民映画の製作スタイルを決定づける要因となっている。じじつ、同じ一九四〇年に、同年度の「全国聯合協議会」を題材とした啓民映画は、『我們的全聯』のほか、『康徳七年度全聯記録』（森信構成、藤巻良二撮影）、『全国聯合協議会』（新田稔監督、玉置信行撮影）もつくられていたが、異なった観客層を想定してつくった三本の作品においては、それぞれ異なった言語コードと映画作法がもちいられている。

『康徳七年度全聯記録』は、開会式、褒章式、議事という順で会議の進行を追っていくだけではなく、全聯会議の構成と仕組みを、図表をもちいながら丹念な説明をくわえることをつうじて、「全国聯合協議会は民主主義的議会政治の轍に倣わず、専制政治の弊に陥らず、民族協和し、正しき政に反映せしむる、挙国一体の独創的協和政治の完成への実践運動であり、これら構成員は個人的・民族的利害感情を超越して、宣徳達情の徹底を期するものであります」（同映画のナレーションにより）という政治の「理想的な」あり方を提示しようとする。全編日本語のナレーションと字幕でつくられたこの作品が日本人向けの記録映画であることは明らかである。

しかし、日本人がすべてを仕切っているものの、建前では諸民族をふくむ満人の声を平等に代表・代弁するものと称する「全国聯合協議会」が、「五族協和」を上演する国家装置であった以上、傀儡国家のかかる政治システム自体も、一種の表象装置であったといえる。であれば、それをフィルムに収めた『康徳七年度全聯記録』は、さらに二重三重の表象をおのれのなかに内包している。換言すれば、そこには「表象」にまつわる三つの境位が存在していたといえる。すなわち、政治的なシステムにおけるレプレゼンテーション（＝代表）の境位、芸術の領域におけるレプレゼンテーション（＝表象）の境位、そして最後に、観者と演者（すなわち満州国の国家装置）を媒介する表象装置のオフスクリーンとして、表象メカニズムから排除された、満州国の「現実」の境位が。ただし最後のそれは、あくまで前二者を媒介する表象装置にとり、ネガティヴな残り物・残滓である。ゆえにその痕跡を追うためには、固有の読解方法が必要とされるであろう。

そのためにここで注目したいのは、言語の問題である。すなわち、会議に出席する日本人が日本語を、中国人が中国語を話していて、通訳するシーンが一度も出てこない。映画のテンポを良くするために編集された結果と考えられるが、そこには一種奇妙な、以心伝心のコミュニケーションが現出していることは否めない。以下、この問題を掘り下げてみよう。

以心伝心というコミュニケーションのユートピア

すでに言及した二本の作品とは異なり、長編映画『全国聯合協議会』は、一般農民の声を反映した提案が、村から県や省を経由して全国聯合協議会へ提出されていくという過程を追いつづけることをつうじて、下部組織も含めた協和会と全国聯合協議会の全体像を明らかにする作品である。冒頭では、ベートーヴェン作曲の「田園交響曲」をバックに、協和会の満人幹部と日本人の事務長の二人が、馬に乗って地平線の彼方から現れてくる。そして二人のあいだで次のような会話が交わされる。

満人：莊稼人這就要忙起來了。（著者訳：農民たちはいよいよ忙しくなりますね。）
日本人：われわれだって戦闘開始だ。全聯が済ませるまでは不眠不休の戦闘だよ。
満人：可不是嘛。在去年我們就連夜工作了好幾天今年更得加油了。（著者訳：そうですよ。昨年の同じ時期に私たちも連日徹夜していたんですね。今年も頑張らなくてはなりません。）

（中略）

満人：一般的農民不了解全聯宣徳達情的真意、尤其是聯合協議会在政治上的効果、真是没有辦法。（著者訳：一般の農民たちはいまだに全聯の「宣徳達情」の趣旨、とくに聯合協議会が果たす政治的役割を理解していません。仕方がありませんね。）

日本人：それを本当に理解するのはまだまだだよ。

ここでは、満人と日本人が、中国語と日本語をそれぞれもちいているにもかかわらず、なぜかコミュニケーションがうまく取れている。このようなコミュニケーションは、ほとんどファンタジーの域に達し、ひとつのユートピア世界を形成している。また、このような奇妙なコミュニケーションは冒頭シーンにとどまらず、作品の全編を貫いている。すなわち、各村や県で開催されるさまざまな会議の様子が映しだされる際に、満人の参加者たちが政策について中国語で議論しあうにもかかわらず、結局、傍聴した日本人の事務長は日本語で総括していくのである。

いっぽう、この日本人事務長が、片言の中国語で満人とコミュニケーションをおこなう場面が一応もうけられてはいるが、彼の話す中国語は、日本語の字幕を見なければ何をしゃべっているのかほとんど分からないほど滅茶苦茶だ。しかし、作品のなかで満人とコミュニケーションを取るためには、このような中国語とおぼしき言語でも十分であるかのように描かれている。

そのいっぽうで、日本語の習得に熱心な満人の姿が提示される。たとえば、満人女性たちが、日本人宅の和室に集って、夫人から日本語を教わる微笑ましい光景が、抒情的なヴァイオリンの音楽をバックに延々と映しだされた後、例の事務長は頷きながら「民族融和の実践として、全聯に出して全国に知らせれば良い」と締めくくる。以上から明らかなように、中国語とおぼしき言語を多少使うのみで、ほとんど母国語に居直る日本人に対して、日本語をみずから進んで習得しようとする満人というように、言語にまつわる権力関係が、「五族協和」のスローガンとは裏腹に、こうしたシーンにおいて浮き彫りにされている。

図32　日本人宅に集まって夫人から日本語を教わる満人女性たち.（『全国聯合協議会』）

しかし、このような言語表象からは一つの決定的な問題が排除されている。すなわちそれこそ、じっさいにコミュニケーションがスムーズに捗《はかど》らなかったという厳しい「現実」にほかならない。事実、満州国においては「協和語」と呼ばれた、中国語と日本語が混在した奇妙な言語が広く流通していた。日本語が「満語」とともに満州国の公式言語に指定され、学校教育において日本語教育が義務付けられているとはいえ、その普及は一朝一夕で実現できるわけではなかった。そこで急場しのぎの手段としてもちいられたのが、文法をまったく無視した「簡易な日本語」か、日本語で使用されている漢字をそのまま取り入れたり、中国語の単語を日本語の語順で並べたりするような「和製中国語」であった。[65]これが「協和語」である。このように文化の伝統と民族性を捨象することを辞さなかった「協和語」だが、言語を純粋なコミュニケーション・ツールに還元しようという点からは、透明なコミュニケーションへの志向性が強くうかがえる。

しかし啓民映画は、コミュニケーションの齟齬という現実を抹消しようとするいっぽうで、じっさいにこのような「現実」を想起させてしまう「協和語」を多用している。たとえば、中国語によるナレーションや、字幕、登場人物のセリフのなかには、「特典」「出荷」「方策」「点呼」といった日本語の言葉が頻繁に出てきており、また同じ漢字表記の言葉であっても、日本語と中国語においてそれぞれ異なったニュアンスをもつことが多いにもかかわらず、あえて日本語的な使い方で使用している例もしばしば見うけられる。要するに啓民映画には、「現実」を飾り繕うとしたあまり、「現実」とのギャップが逆に顕在化してくるという逆説が、否応なく露呈している。

第四節　エスニック・アイデンティティの表象と非表象

日本人、漢族、満州族、朝鮮人、モンゴル人からなる「五族」をはじめ、白系ロシア人、回教族など多様な民族が混じり合って暮らしている満州国では、建前では「五族」が満州国の「国民」を構成するものとして、「五族協和」が建国の方針として打ちだされているものの、日本による植民地支配が、軍事、政治、経済、文化の各方面に実質的に及んでいた。そして、そこには厳しい権力関係がつねに繰り広げられていた。たとえば、一九四三年に満州国興農部と公安部が頒布した「飯用米穀配給要綱」によれば、米や小麦粉は日本人にのみ配給される一方で、漢人はコウリャンやトウモロコシなどの穀物に甘んじなければならなかった。こうした不平等な食糧配給システムは、植民地支配の端的な表れであろう。本節では、このような民族間の不平等な関係が、啓民映画においてどのように表象されているかについて考察する。

曖昧な日本の表象

一九四〇年九月一九日、新京の大同広場で五万人参加の「紀元二千六百年」祝典が大々的におこなわれた。この様子をフィルムに収めた『紀元二千六百年慶祝記録』（一九四一年）は、満映スタッフの島田太一が「紀元二千六百年慶祝事務局」から提供されたフィルムを編集したものである。作品では、協和少年団、協和青年団、協和義勇奉公隊、開拓義勇隊と称される鼓笛隊が、演奏しながら大同通りを行進する姿を映し出したショットが、つぎつぎと重ねられていく。彼らが演奏しているのは日本の奉祝国民歌「紀元二千六百年」（森義八郎作曲）であり、各々のぼり旗を手に掲げつつ行進している。また彼らが着用しているのは「協和服」と呼ばれる国民服なのだが、これも日本陸軍の軍服に酷似している。このように同映画では多民族国家であるはずの満州国を想起させる視覚的なモティーフが皆無である。

満州族の民族衣装で即位式に臨む意向を元来もっていた溥儀が、関東軍の圧力に屈して日本陸軍の軍服を模した満州国軍軍服に変更したという周知のエピソードや、満映の中国人スター杜漢興《トウ・ハンシン》が、漢民族の興起という意味でも読み取れる名前を「杜寒星《トウ・ハンシン》」に変えざるをえなかったエピソード等からも、日本以外のエスニック・アイデンティティが排除され、その代わりに「日本的なもの」が満州国において支配的な位置をしめていく傾向は明瞭であろう。

しかし、注目すべきは、その際に日本の表象がきわめて曖昧なかたちにとどまっており、奇妙な「節度」が保たれていることである。たとえば、本作のクライマックスにあたる入場式の場面では、「大日本帝国青年代表団」が「友邦日本」からの「国賓」として紹介され、満州国の軍事支配の核である関東軍は最後まで登場せず、その代りに満州国軍「荒鷲編隊」による華麗なパフォーマンスがクローズアップされている。

「満州国を人体にたとえるならば、満人が筋肉であり、日本人がその骨組となる。骨が身体を支えるのにもっとも重要な役割を果たしているとはいえ、骨だからこそ、皮膚の外に突き出てはならないのだ」[66]という当時の言説があったように、このような曖昧な日本の表象の背後には、傀儡国家に対する国際社会からの批判を回避しようという配慮があったはずだ。そのため、「日本色を出さなければならない」と「日本色を出してはいけない」という相反する要請が、かくも曖昧な日本の表象へと結実したのではないだろうか。その意味において、この作品における「日本的なもの」の位置付けは、典型的な妥協の産物といえるであろう。

図33　大同通りを練り歩く鼓笛隊．『紀元二千六百年慶祝記録』

他民族の表象

啓民映画において、民族間の上下関係がどのように表象されているのかという問題について、身体の規律性を重要なモティーフとする『雪の国 北の護り 第二輯』、『協和青年』に即して考察してみよう。

北辺鎮護に臨む関東軍と満州国軍の活動を追う『雪の国 北の護り 第二輯』（高原富士郎編集、藤巻良二ほか撮影、森繁久彌ナレーター、一九四二年）では、「新京軍官学校」の場面が出てくる。「満州国内各民族から厳重な試験を経て選ばれた優秀な若者たちが満州国軍未来の将校として栄えある姿を描きつつ、日本の士官学校同様な厳重な訓練を受けています。教育はすべて日本語をもっておこなわれ、民族を異にする学徒も日本人学徒と同じく、机を並べて日本人教官の講義を聴いています」というナレーションとともに、予科一年生の化学の授業で日本人講師と満人学生とのあいだの、日本語による問答の一幕が映しだされる。そしてその直後に「どこに私たちは日本人と異なるところを見いだし得られましょう」というナレーションが付け加えられる。さらにそのナレーションを裏付けるかのように場面は変わり、本科の教室がスクリーンに映しだされるのだが、そこで日本語による戦術講義をおこなっているのは、日本の士官学校の卒業生であり、同時に満州国軍士官たる劉教官だ。ここで誇らしげに提示されているのは、みずからの母国語を捨てて日本語を共有するに至るまで完全に日本へと同一化した「プチ日本人」の姿である。すなわち満州国の暴力装置を担うべき未来のエリートを撮影したこの映画において「五族協和」とは、被支配民族言語の抑圧・消滅として表象されているのだ。

いっぽう同映画では、軍事訓練に参加するモンゴル人の少年が、訓練の合間に相撲をとる場面が登場する。たしかにこの場面において、日本以外の他民族の民族的な特徴がわずかながら顔をのぞかせているようにも見える。しかし、それはあくまでも民族融和を演出するためのモティーフにすぎず、訓練が進行するにつれ皆が日本化されていく。そして、それを観た観客も「さまざまな民族が存在するが、目指すべきは日本」という結論へと否応なしに導かれることとなるだろう。

問題なのは、このような日本化があくまでも自然発生的なものとして描かれており、その抑圧・洗脳のプロセスが抹消されている点である。たとえば、満州国建国の精神を青少年のなかに刷り込むために、一九三七年に協和会は満州各地に四八箇所の訓練所を設置し、延べ六〇〇〇名以上の青少年に対して、一般教養から軍事訓練に至るまで訓練をおこなったのだが、それをフィルムに収めたのが『協和青年』（小秋元隆邦監督、藤巻良二撮影、一九三七年）である。そのなかで少年らは食事の前に日本風に手を合わせながら「いただきます」と口にし、朝食後には天皇の住居たる皇居へ東方遥拝をおこない、さらに勤労奉仕や軍事訓練にくわわり、大活躍したりもする。そして訓練が終了したのちに合宿先に戻り、みなで入浴する。実はこのフィルムは、すでに日本文化に慣れ親しんだ少年たちをつかって訓練の様子を再現した、いわば「ヤラセ」ものにすぎなかった。日本化にともなう抑圧はもとより、少年らがここまで「成長」してきた教育＝洗脳のプロセス自体が提示されること等そもそもあり得ないのである。

当時、小学校教諭だった劉　述　先《リュウ・シュウシェン》氏の証言によると、「ある日、ほかの中国人同僚とともに日本人教頭に校庭まで呼びだされ、ふんどし姿で水浴びにいくようにと命じられた。その場でしぶしぶと服を脱いで裸同然の格好で川へ向かったが、途中で通行人の中国人にバカにされ、大変恥ずかしい思いをした」(67)とのことである。この証言が示しているように、既述したような日本化は、被植民地人の視点からみれば、当然のことながらかならずしも快いものとは限らなかった。なぜなら植民地支配とは、不可避的に軍事独裁的な権威主義体制でしかあり得ないからである。しかしまたこれも当然のことながら、このような被植民地人の心の葛藤が、植民地支配を正当化すべく製作された啓民映画において描かれることもあり得ない。たとえば、『協和青年』には、少年らが東方遥拝の際に、神妙な表情で深々と丁寧にお辞儀をする場面が出てくる。こうした表象は、本物の日本人と見間違えるばかりの、被植民地人の天皇に対する忠誠・敬意を提示しているかのように見える。

しかし現実には、こうした表象を製作する満映中国人スタッフたちのあいだでは、このような儀式は嘲りとからかいの対象だったという。ある時など、スタッフの嘲笑的態度があまりに露骨だったので、彼らの上司にあたる姜　学　潜《ジャン・シュアチェン》は、日本人に見られると困るということで「頼む。君たちは心のなかで、蔣介石に早く帰ってきて解放し

図34　満州国軍の兵士たち.『雪の国　北の護り　第二輯』

図35　食事の前に日本風に「いただきます」と手を合わせる.『協和青年』

図36　東方遥拝.『協和青年』

てくれるように、と祈ってもかまわないから、とにかく静かにしてくれないか」と懇願したという(68)。ちなみに姜学潜は中国国民党の地下工作員でもあった。こうした面従腹背と形容するほかない、東方遥拝のようなパフォーマンスをつねに披露しなければならなかった満州国の日常的な光景のなかに、傀儡国家の抱えた諸矛盾を見いだすことは容易であろう。

民族性の問題に戻ろう。啓民映画においては、白系ロシア人の生活を描いた『三河』（高原富士郎監督、島津為三郎撮影、一九三九年）や、モンゴル族の風俗を描いた『東蒙古風物篇』（古賀正二監督、成松康夫撮影、一九四一年）といった「満州風物詩」ともいえる作品群が存在し、そのなかでは他民族のエスニック・アイデンティティが前景に置かれていることはたしかである。しかし、そのほとんどの作品は、日本人向けに満州移民を呼び掛けたり、満州観光をＰＲしたりするという目的で製作されたもので、エキゾチックで物めずらしい現地人（土人）の風俗の数々が、文明人である日本人の視点から切り取られている。そこには、見る（日本）／見られる（他民族）という権力関係が現出していることがまず指摘されるべきであろう。

いっぽう、このような「五族協和」というユートピア的な世界を構築する際に、さまざまな暴力が映像から厳密に排除されていることも看過してはならない。たとえば、前述した『煤坑英雄』には、管理者の日本人が闇に包まれた炭鉱のなかを一人で安全点検をおこなうショットがつぎつぎと登場してくるが、そこでは、暴力をともなった過酷な植民地支配が招いた結果として、当時日本人に対する襲撃事件が相次いだために、炭砿内での単独行動を極力回避せざるを得なかったという現実が完全に抹消されているのである。[69]

しかも、皮肉なことに、このような暴力的な要素の排除が、暴力を介しておこなわれることもしばしばであった。たとえば、一九三七年から翌年にかけて関東軍が東辺道あたりで活躍する抗日ゲリラを掃討した直後に、『黎明の宝庫東辺道』（森信監督、藤巻良二撮影、一九三九年）が撮影されたという経緯を鑑みるならば、一見過酷な歴史とはかけ離れた観光映画であるにもかかわらず、その映像には植民地支配の暴力の記憶が重ねられている。[70]「大掛かりな関東軍の匪賊討伐の記録」[71]である『熱河粛正』（古賀正二監督、今井ひろし他撮影、一九四三年）といったわずかの例外を除けば、啓民映画において、日本化された親日的な満人か、「王道楽土」の満州で安穏に暮らす従順な満人しか登場しない。しかしその平和な光景の背後に、宗主国・侵略国側の優位性を取り繕いつつ誇示しようという意図が見え隠れするいっぽうで、それがまた被植民地人民に対する恐怖の裏返しでもあることを確認して、ひとまず本章を閉じることにしよう。

本章は満州国の啓民映画における政治的な眼差しに注目することによって、現代日本に流通するノスタルジアの対象としての「満州」の表象、あるいは中国における忘却・抑圧すべき対象としての「満州」の表象、このいずれとも異なる、新たな「満州」像を浮かび上がせることを試みた。すなわち、日本人と「満人」とのあいだに非対称的な権力関係が厳格に存在していたにもかかわらず、否それゆえにこそ、さまざまなレヴェルの「共同作業」が誤解・抑圧・抵抗を不可避的にともないつつおこなわれていた「満州国の日常」を、主題化したのが啓民映画にほかならなかった。そのために、啓民映画に出てくる肉体労働者の中国人クーリーに焦点を当てて、きわめて特殊な歴史的状況のもとでの人間と動物とを分かつボーダーラインの変動を探り、また満州国の政治システムにまつわる三本の啓民映画を取り上げ、それぞれの作品にもちいられた言語に着目することによって、「傀儡国家」としての満州国の実態の一側面を明らかにした。さらに、満州国における皇紀二千六百年慶祝行事や、満人を対象とした軍事訓練を主題とする啓民映画を取り上げ、「五族協和」という神話が構築される際に、各民族の民族性がどのように表象(＝抹消)されていくのか、その過程を考察することによって、そこに注がれたさまざまな植民地主義的な眼差しを析出することを試みたのである。

以上の考察をつうじて明らかになったのは、「現実」の矛盾を取り繕うことに専念するあまり、かえって表象と「現実」の乖離が露呈するという逆説的現象こそが、啓民映画を特徴づけるものであったことである。すでに本論で論証したように、啓民映画は、満州国の政策がたんなる宗主国側からの押し付けではなく、被植民者側の自発性にも支えられたものであったという「事実」を執拗なまでに標榜＝提示しつつ、現実には存在するはずのない異民族間のコミュニケーションをつうじて、かかる「事実」を仮構せんとしていた。そこで本章は、このような啓民映画における「自発性」の僭称や、空想的なコミュニケーションの表象を批判的に浮き彫りにすることをつうじて、満州国という傀儡国家の本質に迫るとともに、フィルムから排除された歴史の位相、すなわち、植民地支配の過酷さや、傀儡政権の実態、コミュニケーションの不在、「国民」間の格差を、映像分析をつうじて復元・召還しようとしたのである。

だが、このような傍目では看取しがたい複雑な傀儡国家の日常は、一方では引揚げ者の苦難やシベリア抑留の屈辱をセンチメンタルかつ無批判に描いた日本映画において、他方では満州を舞台としたゲリラ戦での中国人の英雄的活躍をクローズアップした中国映画においては、完全に捨象されてきた。こうした類の歴史の表象に共通する問題は、本章が提示せんとした「現実」がその表象の舞台から抜け落ち、結果として、植民地主義に対する本質的批判の可能性が予め封じこめられてしまう点にあるだろう。たとえば日本における、「俗情との結託」（大西巨人）にもとづく歴史修正主義の台頭、あるいは中国での「支配と抵抗」という二項対立への還元をつうじた、満州国における日常生活の忘却は、いずれも「現実」に対する抑圧の現象形態に他ならない。本章が対峙せんとしたのは、かかる意味で日中両国が共有してきた抑圧の現象であった。

満州国の「現実」を多層的かつ批判的にとらえる映像記録が事実上存在し得なかったため、現時点では啓民映画という「歪んだ鏡」を通してしか、われわれは満州国の日常を眺めることができない。こうした厳しい制約のなかで、本章は映像資料のもつ歪みを予め認識したうえで、その方法論として、歪みによって見えなくなった実像、そして歪みによって逆に拡大されて映しだされた倒立像に焦点を当てた。すなわち、満州国の抱えこんだ諸矛盾の一端を写しだす転倒像を、表象の残滓たる「現実」に即して再度転倒させることがねらいである。それゆえ、政治、社会、思想、文化の各次元に及んだ植民地支配の複雑な機構とその諸相を総合的に見据えることをつうじて、満州国に対する建設的な批判の視座を提供することに成功したのであれば、本章の課題は成就されたこととなろう。

第三章　冷戦時代の日中映画交流

一九四九年一〇月に中華人民共和国が成立し、中国は社会主義路線を歩むようになる。中華人民共和国の映画の原点は、一九三八年九月に誕生したあと、抗日戦争中の延安において、戦時下の厳しい物質的条件のもとで終戦まで記録映画を撮りつづけた「八路軍総政治部電影団」に遡る。(1)その後、かつての「満州映画協会」の機材と人員を接収した共産党は、それを土台に一九四五年一〇月一日に「東北電影製片廠」（東北映画撮影所）を設立した（五五年に「長春電影製片廠」に名前を変更）。国民党の敗北にともない、北京における国民党政府の映画機構を接収することによって、一九四九年四月に「北平電影製片廠」（同年一〇月に「北京電影製片廠」に名前を変更）を発足させる。

二〇世紀前半の中国映画の製作基地であり、「東洋のハリウッド」と称された上海においては、一九四九年一一月に新たに設立された国営映画会社「上海電影製片廠」にくわえて、九つの民間映画会社のすべてが一九五三年までに国営の映画会社に吸収合併され、中国映画は完全に国家産業化されることとなった。(2)

ここで、社会主義体制下の新中国映画の礎を築くために、多くの日本人スタッフが深くかかわっていたという映画史的事実は特筆すべきである。満州映画協会は発足した当初から、マキノ光雄、根岸寛一、坪井興、加藤泰、内田吐夢、八木保太郎、吉田貞次など、多くの映画人が満州へ渡っていったが、終戦後、引き揚げてきた彼らの多くは東横

図37　北京映画撮影所のマーク．小野沢亘が手掛けた農民・労働者・兵士をモティーフとした彫像

映画（東映の前身）、東映を活躍の舞台としていた。

いっぽう、中華人民共和国成立（一九四九年）以降も中国にとどまった多くの日本人スタッフがおり、東北（長春）映画撮影所を主な拠点として、中国映画の製作に携わったり、中国のスタッフたちに映画作りのノウハウや技術を伝授したりした。八木寛（脚本家）、内田吐夢、木村荘十二（以上は監督）、岸寛身、福島宏、気賀靖吾（以上はキャメラマン）、岸富美子、民野吉太郎（以上は編集）、織田謙三郎、勢満雄（以上は特撮）、村田幸吉（照明）、菊地弘義、秋山喜世志、仁保芳男（以上はフィルム・現像）、持永只仁（アニメーション。のちに上海映画撮影所へ配置）、高島小二郎、山元三弥、清島竹彦、佐々木勇吉、光本豊（以上は録音。清島竹彦、佐々木勇吉、光本豊はのちに北京映画撮影所に籍を移し、それぞれ秦彦、左山、高敏の中国名で活躍）らがそうである。[3]

新中国政府によって、映画が大衆教育の重要な手段と位置付けられ、かつてのブルジョアやモダンガールなどの有産階級に取って代わって、農民や工場労働者を映画の主人公とすることが党政府によって指導されるようになるとともに、テーマが著しく制限され、カンフー映画といった娯楽映画や、社会を諷刺するような喜劇映画の製作も困難となった。

いっぽう、外国映画の上映にも大きな変化が生じた。一九五〇年六月に朝鮮戦争が始まり、米中関係が悪化したことをうけて、中国におけるハリウッド映画の隆盛は幕を閉じた。[4] ハリウッド映画の中国市場からの撤退とともに、ソ連映画がそれに取って代わるかたちで中国映画市場において特権的な地位を獲得した。

だが、ハリウッド映画に慣れ親しんでいた観客は、ソ連映画に拒否反応を示したため、映画館の経営者たちはソ連映画の上映日数と回数を減らすよう政府に求めた。それに対して政府は「ソ連映画週間」などのキャンペーンなどをおこない、映画館での上映に加えて工場や農村、軍隊、少数民族地域での巡回上映に力を入れたのである。[5] 次第にソ連映画は中国国内で圧倒的な地位を占めるに至った。一九四九年から六六年まで、中国で一般公開された八五七本の外国映画のうち、ソ連映画は四二一本もあり、約半分の割合を占めている。[6]

また、ソ連映画の大規模な上映にともなって、上映形態にも大きな変革が起きた。すなわち、外国映画の吹き替え版を製作するための専門スタジオが上海と長春にそれぞれ設立され、中国語吹き替え版の上映が主流になってきた。字が読めなくても、外国映画の鑑賞が可能となったことで、ソ連映画の観客層がさらに拡大した。[7] そして、その後、中国のスクリーンに再び姿を現すこととなった日本映画もすべて中国語吹き替え版であった。[8]

第一節　日本の独立プロと中国（一九五四～六六年）

戦後初の日本映画上映

一九四五年に終戦を迎えると、日本映画は中国から一掃され、一九四九年に中華人民共和国が成立したあとも、しばらくはまったく上映されなかった。

しかし、一九五四年になると、『どっこい生きてる』（中国語題『不、我们要活下去』、今井正監督、一九五一年）が、戦後の中国で初公開の日本映画として封切られたのを皮切りに、『箱根風雲録』（山本薩夫監督、一九五二年）、『女ひとり大地を行く』（中国語題『一個女鉱工』、亀井文夫監督、一九五三年）、『混血児』（関川秀雄監督、一九五三年）が立て続けに中国全土で一般公開された。[9]

それに合わせて、中国最大の映画雑誌『大衆電影』は『箱根風雲録』特集を組み、文芸評論家の胡風《フー・フォン》が同映画の映画評を執筆し、『人民日報』にも映画界の重鎮である夏衍《シャ・イエン》による『どっこい生きてる』評が掲載された。

中華人民共和国の国歌「義勇軍進行曲」を作詞したことで、知られる脚本家の田漢《ティエン・ハン》は、映画『混血児』を通して水谷八重子（初代）の姿を再び目の当たりにし、懐かしさが湧きあがり、次のように述懐している。

私は、まだ一〇代頃の水谷八重子が出演した、モーリス・メーテルリンク作『青い鳥』の舞台を観たことを覚えている。彼女はミチル役を演じた。（中略）その後、谷崎潤一郎先生に案内され、日活を見学したおり、彼女が主演したイプセン作『人形の家』を観た。『青い鳥』から『混血児』までの彼女の女優としての歩みは、大きく変遷してきた日本民族の運命と重ねてみえる。(10)

ちなみに、田漢は一九一六年から二二年まで日本に留学し、谷崎潤一郎や村松梢風らと親交のある知日派である。さらに、一九五四年に中国から引き揚げてきた元満映スタッフの福島宏と勢満雄は、日本映画に対する中国側の反応について次のように語り合っている。

福島：特に東北の場合なんか日本人に教育された連中が多いし、中には日本に留学した連中もいるわけですから、日本映画をよく知っていて、自分の知っている俳優が出るとたいへんな喜び方です。そして日本映画はやはりいいという。いろいろ欠点も討論したのですが、技術的にも非常にいいというのです。

勢：技術の点もさることながら、俳優の演技が大したものだと中国の映画人たちは敬意を表していたようです。(11)

このように日本映画は中国で脚光を浴びることとなった。

注目すべきは、これらの日本映画が、反戦や、資本主義批判、階級闘争をテーマとしていること、そして、すべて左翼の映画人が個人プロダクションのもとで製作した作品であるという点である。

一九五〇年代の日本映画黄金期に小津安二郎、黒澤明、溝口健二ら撮影所の巨匠たちが活躍する一方で、独立プロも光芒を放っていたことは忘れてはならないだろう。東西冷戦が激化するなかで、朝鮮戦争の勃発をうけて、アジア全体の共産主義化を危惧したアメリカは、その極東政策の一環として、みずからの占領下に置かれている日本を経由して朝鮮戦争に武力介入した。その一方で、GHQ（アメリカ連合軍総司令部）は日本に対して再軍備化、そして共産主義者とその同調者をさまざまな職場から締めだす、いわゆるレッド・パージを要請した。

レッド・パージの嵐のなかで、東宝や松竹、大映から次々と締めだされた共産主義者や労働組合運動にかかわった映画人たちは、個人プロダクションを立ち上げ、厳しい製作状況のなかで、社会批判をテーマとする映画をつくりつづけていた(12)。スタジオも専属スタッフも上映館もなく、低予算でやりくりしながら作品を仕上げていくことを強いられているにもかかわらず、彼らは「日本映画の良心的な部分を背負っているのが自分たちだ。自分たちがいなくなると、強い社会的インパクトを持つ有意義な作品もつくれなくなる(13)」という類の使命感を抱いていた。「どっこい負けてたまるか」という独立プロの映画人たちの気概が、その時代の日本の民衆の意気込みを代弁したものだった。それゆえ、製作資金のカンパから、撮影への協力、そして巡回上映に至るまで、独立プロ作品を支援する市民運動は起きた。

やがて独立プロへの支援運動は国境を越えることとなる。日本の独立プロの活動をいち早く応援したのが中国だった。一九五三年五月頃に北京を訪れた内田吐夢監督の証言によると、中国映画界の指導部はその時にすでに日本映画の輸入を決めており、中国文化部電影事業管理局の王蘭西《ワン・ランシー》副局長は「日本映画には思想的にもわれわれを納得させるものがある。日本映画の上映はわれわれにとって大きなプラスだ」と話していた(14)。

「中国がフィルムを買ってくれて助かった」ことが、新藤兼人、山本薩夫の自伝などでも述べられている。また一部の独立プロの作品は、日本中国友好協会（一九五〇年に東京で設立）などの団体が、中国との文化交流活動のなかで、寄贈、または中国映画との交換などのかたちで提供したものだった。たとえば、『女ひとり大地を行く』のフィルムは、一九五三年二月に訪中した日中友好協会、日本赤十字社、日本和平連絡委員会からなる日本代表団が、中国の記

図38　戦後，初めて中国で一般公開された日本映画『どっこい生きてる』．写真提供：独立プロ名画保存会

図39　山田五十鈴主演の『女ひとり大地を行く』．写真提供：独立プロ名画保存会

録映画とエクスチェンジしたものである。(15)

内田吐夢監督は一九五四年の時点で中国における日本映画上映の意義について次のように語っている。

中国の場合、作品は外国のものを含めて全国を一館残さず廻るのだが、そのとき日本の進歩的作家たちの作品が、観たものにかなりの感銘を与えたことは事実で、これから先、われわれとしてはそうした国際的な感銘というものをどこに探すかということが大事な宿題だと思っている。(16)

内田吐夢が指摘したように、ソ連モデルにもとづいた中華人民共和国の映画の配給システムは一九五〇年代なかばに確立した。同配給システムによれば、各撮影所は、国から割り当てられた資金を用いて映画作品を製作し、完成品を平均コストに見合った価格で配給網のピラミッドの頂点に立つ「中国電影発行放映公司」に売り渡す。そして「中国電影発行放映公司」は自社の子会社を経由して、フィルムを全国各地方へと配給する。日本の独立プロ作品もそのルートに乗って広く流通していたのである。

一般公開された二〇本の日本映画

戦後の日中映画交流は、「日本中国友好協会」と「日本中国文化交流協会」（一九五六年に東京で設立）という二つのルートを通して進められていた。前者が主に日本国内での中国映画の上映を精力的におこなっていたのに対して、後者は中国への日本映画の輸出と映画人交流に重きを置いていたのである。

両協会による全面的協力のもとで、一九五六年六月に「日本映画週間」は「中国人民対外文化協会」と「中国電影工作者聯誼会」の主催により、中国の一〇の主要都市において同時開催された。このイヴェントをとおして、『二十

図40　『太陽のない街』．写真提供：独立プロ名画保存会

図41　『姉妹』．写真提供：独立プロ名画保存会

図42　『浮草日記』．写真提供：独立プロ名画保存会

図43　『女の一生』．上原謙，淡島千景．写真提供：中村好夫

四の瞳』（中国語題『二十四只眼睛』木下恵介監督、一九五四年）、『太陽のない街』（中国語題『没有太陽的街』、山本薩夫監督、一九五四年）、『最後の女たち』（中国語題『戦火中的婦女』、楠田清監督、一九五四年）、『愛すればこそ』（中国語題『正是為了愛』、吉村公三郎、今井正、山本薩夫共同監督、一九五五年）、『ここに泉あり』（中国語題『这里有泉水』、今井正監督、一九五五年）の五本の作品が一挙に公開された。

映画週間開催中に、木下恵介、杉村春子、乙羽信子、湊保からなる日本映画代表団は訪中した。当初、日中文化交流協会では、常任理事牛原虚彦を中心に検討した結果、乙羽信子と山本薩夫を推薦したが、山本監督は旅券が交付されずに断念し、代わりに湊保が随員として追加されたという経緯もあった[17]。

それに続いて、一九五七年八月三一日から中国で開催されるアジア映画週間に、『米』（今井正監督、一九五六年）は日中文化交流協会の推薦をうけ、出品された。代表作品の選考に当たっては、『女の一生』（松竹）、『真昼の暗黒』（現代ぷろだくしょん）、『米』（東映）、『無法一代』（日活）、『異母兄弟』（独立映画）の五本がノミネートされたが、『米』と

『真昼の暗黒』（今井正監督、一九五四年）の二本が最後まで残り、新しい作品であること、カラー映画であることから『米』を推すことが決まったという[18]。

さらに、一九五七年から五八年にかけて『縮図』（新藤兼人監督、一九五三年）、『蟹工船』（山村聡監督、一九五三年）、『狼』（新藤兼人監督、一九五五年）、『真昼の暗黒』（中国語題『暗無天日』）、『女の一生』（中国語題『女人的一生』、中村登監督、一九五五年）、『姉妹』（中国語題『姐妹』、家城巳代治監督、一九五五年）、そして一九六二年には『松川事件』（山本薩夫監督、一九六一年）と『裸の島』（中国語題『裸島』、新藤兼人監督、一九六一年）も上映されることとなった。このように中華人民共和国成立以後、文革が始まった一九六六年までのあいだに、二〇本の日本映画が一般公開されたのである[19]。

日本映画の受容のされ方

独立プロの日本映画を選んで中国に輸入したことは、当時「人類解放」や「世界革命」の理念を唱えていた中国政府が、日本のプロレタリアートや、左翼映画人たちに対して送ったエールとして理解すべきであろう。たとえば、現実に起きた刑事事件をドキュメンタリー・タッチで描いた山本薩夫監督の『松川事件』は中国できわめて大きな社会的反響を呼んだ。松川事件とは、一九四九年に福島県の日本国有鉄道（国鉄）東北本線で起きた列車往来妨害事件である。容疑者として逮捕された東芝松川工場労働組合と国鉄労働組合の構成員二一名のうち、共産党員は一六名であったが、その後の裁判で全員が無罪となった。

中国側は松川事件に多大な関心を寄せ、被告側を声援しつづけた。たとえば、一九五九年五月に被告弁護士をはじめとする事件の関係者は「中華人民救済会」の招きで訪中した[20]。そのため、映画『松川事件』が一九六一年一月に封切られた直後に、松川事件対策協議会は、中国の支援を感謝して、同映画の三五ミリフィルム一本とネガ一本を中国側に贈呈した[21]。

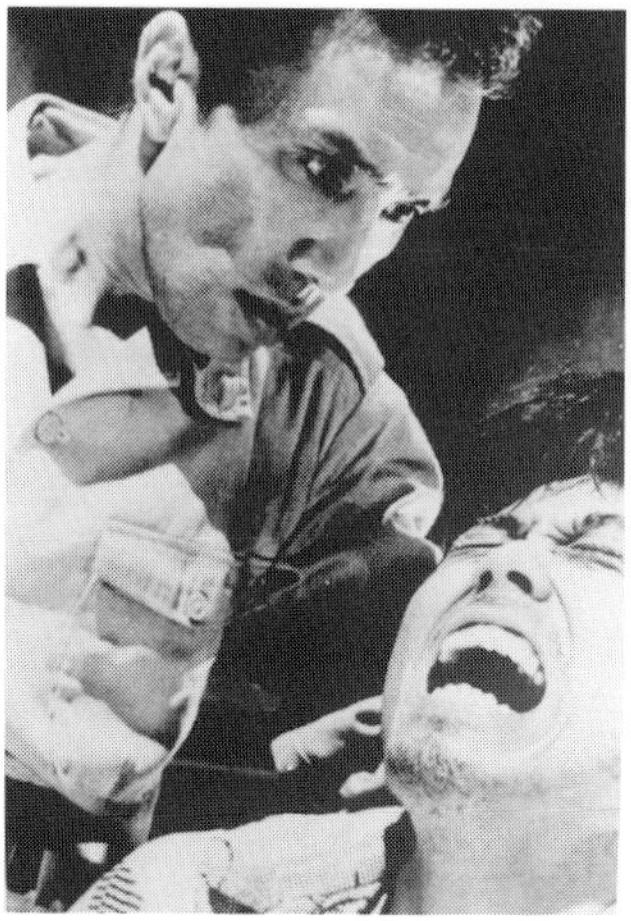

図44　『松川事件』．写真提供：独立プロ名画保存会

図45　『松川事件』．写真提供：独立プロ名画保存会

そして、同年八月八日に仙台高等裁判所での差し戻し審で被告全員に無罪判決が出たことをうけて、「松川事件容疑者全員無罪」の記念集会が北京人民大会堂で大々的に開かれ、山本薩夫監督はスペシャル・ゲストとして招待された。彼はその場ではじめて中国語吹き替え版の自作を観て「日本人が画面の中で中国語で話す映画を初めて見てちょっと驚いたが、感じは実によく出ているようだ」(22)と感心したという。その後、『松川事件』は一九六二年一月に北京での上映を皮切りに、順次全国各地で一般公開された(23)。

当時、中国の各メディアに掲載された日本映画評をみれば、評価の主眼を作品の思想的側面に置いていたことが一目瞭然である。たとえば、『米』に対する中国側の反響について、同作品の主演女優として訪中した望月優子は、次のように語っている。

> 中国の人たちとの懇談の時に、『米』の日本における反響の一つに「よね」の死が悲惨過ぎるというのがあり、この映画の結末について批判が多いということを話したところ、日本の庶民生活では生の可能性と死の可能性とどちらが多いかということが問題になり、結局「現在の日本では失業、貧困等も含めて、死の可能性のほうが多い状態だから、この結末は妥当だし、また「よね」が死んでもあとに残る子どもによって一筋の希望がつながれており、必ずしも悲惨な結末ではなく、暗い映画で

はない」という意見であった。[24]

また、高峰秀子主演の『名もなく、貧しく、美しく』（松山善三監督、一九六一年）をめぐって、日中の映画人が討論した際に、まったく同じレヴェルの議論がおこなわれた。一九六二年に中国映画代表団のメンバーとして来日した映画理論家袁文殊《ユアン・ウェンシュ》は次のように語っている。

高峰秀子、松山善三夫婦のお宅におじゃましたときは、御夫婦の作品『名もなく、貧しく、美しく』をめぐって友好的な論争がおこなわれた。はじめの計画では、この映画の女主人公は最後に街頭で自動車にひかれて死ぬことになっていたが、会社側の要求で死なないことに改めたもので、御夫婦はこれに意見をもっておられた。私たちは、もし死んだということになれば、あまりにも悲惨な印象をあたえてしまうので死ななくてもよいのではないか、という感想をのべた。[25]その晩は岩崎昶、松岡洋子、杉村春子先生などの友人も一緒だったが、みな率直に自分の意見をだしあって話し合った。

作品のみならず、木下恵介、今井正、山本薩夫、新藤兼人の演出や、乙羽信子、山田五十鈴、高峰秀子、岸旗江の演技が、一般観客のみならず、中国の映画人からもきわめて高い評価を得た。たとえば、『芙蓉鎮』（一九八六年）の謝晋《シェ・ジン》監督は、『二十四の瞳』の演出を学ぶべき手本としていた。謝晋監督の代表作に、八人の若い女性兵士を主な登場人物とした戦争映画『赤軍女性中隊』（一九六一年）がある。彼女たちはいずれも二〇歳前後で、同じおかっぱ頭で同じ軍服を身にまとっていて区別がつきにくいが、そこで謝監督は脚本の段階でそれぞれの人物に異なった個性を与えたばかりでなく、まったく顔立ちの違う女優を選んでくる。その群像劇のつくり方は『二十四の瞳』の子役の演出から学んだものであったのである。[26]

また新藤兼人監督の『裸の島』は、映像表現のレヴェルにおいて幾世代の中国の映画人にきわめて大きなインパク

図46 『裸の島』．写真提供：近代映画協会

図47 『裸の島』の撮影スナップ．乙羽信子，新藤兼人．写真提供：近代映画協会

トを与えた。一九六〇年代当時、中国映画の巨匠凌子風《リン・ツィフォン》監督は『裸の島』を模して、全編セリフを用いない実験的な作品を手掛けようとし、ロケハンまでおこなったにもかかわらず、撮影条件が整わず断念せざるをえなかったという。一九六二年四月、凌監督は「中国電影工作者訪日代表団」のメンバーとして来日した際に新藤と懇談したのち、その作品を撮ろうと思い立ったようである[27]。

そして文革後、中国ニューウェーヴ・シネマの担い手として世界的な注目を集めた陳凱歌《チェン・カイコー》、張芸謀《チャン・イーモウ》、田壮壮《ティエン・ジュワンジュワン》ら第五世代監督たちは、八〇年代初頭に北京電影学院監督科在学中に『裸の島』に出会い、セリフに頼らないその映像表現やドキュメンタリー・タッチの手法に触発された。たとえば、田壮壮監督は『裸の島』の演出を、モンゴルやチベットの過酷な大自然を舞台とした自作『猟り場の掟』（原題『猟場札撒』、一九八五年）や『盗馬賊』（一九八六年）において再現したという[28]。すなわち、第五世代監督は『黄色い大地』（陳凱歌監督、一九八四年）などの作品において、『裸の島』が含んでいたさまざまな可能性をさらに展開させることで、独自の映画表現を築き上げていったのかもしれない。

さらに新藤監督作品におけるドキュメンタリー・タッチや、あるいはその製作スタイルは、賈樟柯《ジャ・ジャンクー》や、婁燁《ロウ・イエ》、王兵《ワン・ピン》など、第五世代の後続世代である第六世代監督が手掛けたインディペンデント映画において継承され、さらに徹底化されたといえるのではないだろうか。

日本の農村風景の美しさがカラーフィルムで鮮やかに映しだされた『米』の撮影技術も、中国の映画人から高く評価された。[29] 一九五〇年代半ばにカラーフィルムへの移行を試みた中国映画界は、『米』の撮影技術を学ぶべき手本と見なし、今井正監督の訪中を強く希望していた。同じ理由で、吉村公三郎監督によるカラー映画『夜の河』（一九五七年）も中国映画界内部で特別試写されたのである。[30]

さらに付け加えて言えば、日本の独立プロ作品の輸入と並行して、イタリアのネオ・レアリズモも一九五〇年代なかばから六〇年代前半にかけて、中国で一般公開されたことも視野に入れておくべきだろう。一九五四年から五五年にかけて、ネオ・レアリズモの代表作である『無防備都市』（ロベルト・ロッセリーニ監督、一九四五年）、『自転車泥棒』（ヴィットリオ・デ・シーカ監督、一九四八年）、『ミラノの奇蹟』（ヴィットリオ・デ・シーカ監督、一九五一年）、『ローマ11時』（ジュゼッペ・デ・サンティス監督、一九五二年）などが立て続けに中国で上映され、そして一九六二年には、フェデリコ・フェリーニの『カビリアの夜』（一九五七年）も一般公開されるに至った。

日本の独立プロ作品と同様に、これらイタリア・ネオ・レアリズモ映画の同時代的な受容は、ブルジョア階級の抑圧に喘いでいるプロレタリアートの苦難を中国国民に見せるという、当局による思想教育の一環として位置付けるべきであろう。とはいえ、当時の中国の映画人にきわめて大きな影響を結果的に与えることにもなった。たとえば、『二十四の瞳』に熱中していた謝晋監督は、『ローマ11時』をも繰り返し観ていた。その際に記した大量なメモや手記が、のちに出版されたのである。[31]

このように中国において、日本の独立プロ作品もイタリア・ネオ・レアリズモ映画も、ほぼ同じ文脈のなかで受容されていた。とりわけ、描く対象に対するつくる側の同情的な姿勢や、あるいは衣装やセットといった細部のリアリスティックな描写といった点において、両者は当時の中国映画に多大な影響を与えたように思われる。

いっぽう、中国で上映された日本映画のラインナップの偏りに対して、一九六二年、岩崎昶は中国映画代表団の訪日をうけて執筆したエッセイ「日中映画交流の基礎」のなかで、次のように述べている。

私たちは代表団に日本映画のうそいつわりのない姿を見せたいと考えた。これまでは良い映画、芸術的な映画、社会的主題を強く出した日本映画を見ることに中国映画人は慣れている。そういう種類の日本映画が選ばれて中国に輸出され上映されてきたからである。一般の興行映画、くだらない映画、退廃した悪質な映画、反社会的な映画、そういうものもふくめて、現在の日本映画の雑然と混乱した状態をそのままに感じとってもらいたいと思った。教室に参観者があると優等生だけにあてて答えさせる学校の先生のような取りつくろい方や見栄は真の交流にとって有害であるから。ほんとうの日本の映画、そしてほんとうの中国の映画、それが素肌で触れあうことが大切である。[32]

しかし、当時、日中文化交流協会の事務職員を務めていた佐藤純子氏によると、「当時の日本映画界は五社協定などをつうじて組織化しつつあるなかで、文化交流という目的でも、大手映画会社のフィルムを中国へ持っていくこと自体も困難であり、独立プロ作品以外に選択肢はけっして多くはなかった」という。[33]

実際には、一九五七年に訪中した日本映画人代表団は、黒澤明の名作『七人の侍』（一九五四年）を携え、中国の映画人のために特別試写をおこなっていた。だが、中国側からフィード・バックしてきたのは「いわゆる武士道精神がよく描かれているのだろうけれども、当時の歴史的背景を知らないので理解し難い点がある」[34]という冷淡な反応だった。おそらく同作品に描かれた悪しき野武士と、正義の味方の七人の侍の戦いは、有産階級 vs プロレタリアートという階級闘争の図式に必ずしも収まっていないからであろう。かくして当時の中国では、独立プロ作品以外の日本映画を受容する土壌がほとんど存在していなかったのである。

映画人のあいだの強い絆

映画作品の輸入と並行して、映画人レヴェルでの日中間での相互交流もたびたびおこなわれていた。すなわち、一

九五五年に牛原虚彦、一九五六年に木下惠介、乙羽信子、杉村春子、湊保、一九五七年に牛原虚彦、進藤誠吾、望月優子、北川冬彦、八木保太郎、田口助太郎、佐伯啓三郎、河野義一、林弘高、伊藤雄之助、岸旗江、対島好武、今村貞雄、一九六三年に高峰秀子、松山善三、山本薩夫、武田敦、一九六四年に岡田桑三、牛原虚彦、一九六五年に岩崎昶、中村登、湊保、井手雅人、成島東一郎、大坂志郎、吉村実子、一九六六年に依田義賢、高村武次、吉原順平、時枝俊江、徳間康快、一九六七年に高村武次、時枝俊江、一九七一年に熊井啓、吉村公三郎、徳間康快、一九七二年に徳間康快、高峰三枝子、一九七四年に川喜多長政、川喜多かしこ、徳間康快、一九七七年に木下惠介、小林正樹、松山善三、熊井啓、岡崎宏三、吉永小百合、仲代達矢がそれぞれ訪中した。

帰国後に多くの映画人は中国映画印象記を執筆している。そこでは、中国映画の技術面や人物造型の問題点への言及が見うけられる。一九五七年二月に牛原虚彦を団長とする日本映画人代表団に加わった俳優の伊藤雄之助は、日中映画の技術的落差について言及している。

作品はどうもカット数が少なく、テンポが遅い感じ、そしてアップが多いです。この点、率直に批判しますと、確かにそのとおりで改善しなければならないが、ライトの数が少なくパンやクレーンが全然利かないのだということでした。なるほど、ライトはステージの中にもぽつりぽつりというありさまでした。演出やシナリオは割にきめの粗い感じですが、それに比べて俳優の演技は非常に立派なものです。中国の人たちは、日本の技術に多く学ぶものがあると強調していました。(35)

乙羽信子も日本映画界による技術的支援の必要性を強調している。

これまで中国の映画は日本映画の技術の影響を受けているので、これからは俳優だけでなく、録音、カメラ、照明、美術など技術の人に中国に行ってもらいたいと思います。中国側もそれを心から望んでいます。本格的な合作映画は将来のこととし

図48　高峰秀子（右）と女優・于藍．1963年，万里の長城で

図49　1979年に訪日した趙丹と日本映画人．左から吉永小百合，趙丹，張金玲，栗原小巻，中野良子，山本薩夫，渡辺篤史

て、差し当たっては日本からシナリオ作家が行って、中国映画のために シナリオを書いたらいいと思います。(36)

また、日本映画人代表団に対して、中国文化部電影事業管理局副局長の王蘭西も中国映画界の問題点として、製作本数の少なさ、シナリオライターの欠如、撮影機材の不足を挙げたうえ、日本の進んだ技術資料、とりわけ撮影技術にかんする資料の提供を望んでいたのである。(37)

さらに、乙羽信子、高峰秀子、中村翫右衛門、湊保が中国の映画雑誌にエッセイを寄稿することで、中国の映画人や観客との交流を積極的に図ったのである。

両国の映画人がいかに親近感を抱き、強い絆で結ばれていたことについて、高峰秀子はエッセイ集『いっぴきの虫』に記している。すなわち高峰秀子は、一九六二年に「中国映画代表団」のメンバーとして訪日した中国のトップ男優趙丹《チャオ・ダン》（一九一五～一九八〇年）に尊敬の念を抱き、「日本でいえば、尾上松緑と三船敏郎と森繁久彌を一緒にしてもまだ不足なような中国芸能界のピカ一といえる人」と絶賛した。

一九七八年に二人が一五年ぶりに北京で再会した際の様子を、高峰秀子は次のように述べている。

遠いフェンスの向こう側に、他の人より首一つ背の高いアータン（趙丹のニックネーム）が、両手をバンザイのように上げて合図をしている。私は「落ちつこう」と思った。でも足はその私の思いとは反対にどんどん歩を早め、終わりにはとうとう駆け出した。「アータン！」アータンはフェンスを突き飛ばすようにして私を腕の中へ入れると、十五年前に、国境の深圳で私を抱いたようにしっかりと包みこむように私を抱きしめた。泣いてなるものか、と思う心とは反対に、涙が、私のまぶたを押し広げるようにして溢れてきた。アータンの喉がクックッと鳴っている。(38)

幻となった一四七〇種の日本映画

日本映画界草創期に活躍していた松竹のベテラン監督の牛原虚彦は、戦後の日中映画交流における草分け的な存在だった。一九五五年一二月から翌年の正月にかけて、彼は「中国人民保衛世界和平委員会」の招きで訪中し、北京、長春、上海の映画撮影所や、北京電影学校を見学したうえ、中国の映画人との懇談会に参加したのである。(39)この訪中はその後の大がかりな日中映画交流のための布石だった。すなわち、一九五六年三月に、牛原が常任理事を務める日本中国文化交流協会が発足し、同年五月に日本映画祭が中国で開催され、一九五七年二月に日本映画代表団が訪中した。

その間、日中映画交流史、ないしは日本映画史においてきわめて重大な出来事が起きたことを特筆すべきである。すなわち、一九五六年九月にユーゴスラビアのドゥブロヴニク市で開かれた第一二回国際フィルムライブラリー協会世界大会において、中華人民共和国代表で中国のフィルムライブラリーの委員長を務めていた王輝《ワン・ホイ》代表が、牛原虚彦監督や川喜多かしこ（長政夫人）らの日本代表に対して、中国に残っている日本の劇映画計一四七〇種、約一万巻を無償で日本側に贈呈すると表明したのである。(40)

それに対して、牛原監督はその時の感動を次のように語っている。

私は驚いた。同じく日本代表として出席していた東和映画副社長の川喜多かしこ夫人も驚いた。劇映画千四百七十種、約一万巻！

が、川喜多夫人も私も次の瞬間に王輝氏のところにかけよって、その手をかたく握りしめていた。議長も副議長も、各国の代表たちもみんなとんで来て、「王輝氏よ、ありがとう！」「川喜多夫人、牛原よ、よかったなあ！」と手を握る。世界中の人々が王輝氏と私たちをとりまいて感謝と祝福の言葉。(41)

中国側は、終戦後、中国にとどまり、新中国映画の礎を築いた旧満映の日本人スタッフに感謝してフィルムの贈呈を決めたようである。(42)日本側の受け入れ態勢の整備と中国側との最終的な取り決めが、翌年に訪中する予定だった日本映画代表団とのあいだで、おこなわれることになっていた。

そして、一九五七年二月に牛原虚彦を団長とする日本映画人代表団が北京に出発した。団員は林弘高（吉本株式会社社長）、今村貞雄（生物映画研究所）、伊藤雄之助（案山子クラブ同人）、岸旗江（五五年会同人）、佐伯啓三郎（日本映画技術協会理事）、田口助太郎（読売映画社社長）、対馬好武（毎日映画社社長）、八木保太郎（シナリオ作家協会理事）となっていた。

しかし、合意していた日本映画贈呈については、代表団に対して中国側からのおおよその説明があったものの、その後、具体化するに至らなかった[43]。

日本映画界が欣喜雀躍していた朗報は、一九五七年二月に発足した岸信介政権の対中政策がもたらした日中関係の変化によって、幻となってしまったのではないかと思われる。「反共・反中国・親米・親台湾」という岸政権が掲げた外交路線は、日中貿易協定の破たん、そして各分野の日中交流の停滞をも招いた[44]。そのような状況のなかで、一四七〇種の日本映画贈呈の話も流されてしまったのではないかと推測される。それらのフィルムが長い年月、とりわけ文化大革命の嵐を経て現存しているかどうかは定かではない。

斜陽期の日本映画界と中国

悪化した日中関係の影響を受けて、中国での日本映画の上映本数は激減し、日本映画人代表団の訪中は八年間も中断した。再開したのは一九六五年であった[45]。すなわち、同年五月五日から二八日にかけて、岩崎昶、中村登、湊保、井手雅人、成島東一郎、大坂志郎、吉村実子からなる日本映画人代表団は訪中した。中国での体験について、中村登監督は詳細に述べている。

> われわれ訪中映画人代表団は、北京で北京撮影所、八一撮影所、記録映画撮影所、西安で西安撮影所、上海で海燕撮影所、美術映画撮影所、広州で珠江撮影所と、三週間に七撮影所を訪問した。各撮影所に共通していえることは、設備、機材が非常に優秀であり、各スタッフが良い作品を作ろうという意欲に燃えていることであった。(中略) セットは概して貧弱であるが、ロケーションは大規模なものが多く、いま上映されている『ネオンの下の哨兵』のロケの一部は、上海一の繁華街南京路を三日間交通遮断して行なわれたという。また、中国映画最近の傑作である『江姐』(小説「紅岩」の映画化) は、実際の撮影だけで七ヵ月を費している(著者註:同映画は『不屈の人びと』という邦題で一九六六年に日本で公開された)。製作費削減で

すべてが小規模になってゆく日本映画界からみると、何ともうらやましい話であった。(46)

そして、代表団団長の岩崎昶は、帰国した後に次のようにみずからの心情を語っている。

私たちは、中に戦前戦中の中国を知っているものも二、三いたが、解放後の中国はまったくの初対面であった。それだけに、私たちの感覚は見るもの聞くものすべてに対して大きく開かれていて、中国にいるあいだ中、私たちみんな興奮しっぱなしという状況であった。（中略）帰国して十日もたったが、私たち映画人代表団はまだ中国の思いにしっかりとつかまえられているような気がする。解団式（？）もすませ、それぞれ日本での仕事にもどっていく姿勢になったのに、団員みんな機会さえあればまた集まりたがる。集まって、中国での体験や感動を話しあい、たしかめあう。みんなが見えない糸でたがいに結ばれた同志のような気持である。中国での三週間あまりの共通の体験と思想とがそれほど鮮烈であり、深く私たちの心にしみとおったのである。(47)

一九五〇年代後半から日本映画が斜陽期に入るにつれ、日本の映画人が中国映画界を眺める眼差しにも変化が起きたように思われる。それは、一九六六年に中村登監督が中国映画代表団を歓迎するため執筆したエッセイのなかにより顕著に表れている。

日本の映画界は四年前、司徒慧敏氏を団長とした袁文殊、趙丹、秦怡氏等の映画人代表団が来られた時に比べると、大きく変わってしまった（著者註：中国映画人代表団は、一九六二年にも訪日した）。

技術的な遅れはあるにしても、今中国の映画界は大きな躍進の時を迎えている。中国の人々にとっては映画は最大の娯楽であり、映画人口に比して映画館も作品も不足しているため、中国の映画人たちは設備の拡張、技術の向上等の問題に希望を持って取り組んでいるのである。
それに比して、日本の映画界は限界に来た国内市場で無節度な過当競争のため、荒廃の一途をたどっている現状である。(48)

しかしながら、このように盛んにおこなわれていた日中の映画交流は、中国の文化大革命の勃発によってほとんど途絶えてしまった。そして、中国での日本映画受容もまた、新たな転機を迎えることとなる。

ここまで一九五〇年代から、文革が始まった一九六六年までの日中映画交流を考察してきた。注目すべきは、当時の日中映画交流の担い手となっていた多くの日本映画人が、戦時中に何らかのかたちで日本の対中文化政策にかかわっていたという事実である。その戦中の中国体験こそ、彼らが戦後の日中映画交流に積極的に携わるようになった原点であるように思われる。

図50　1965年，上海海燕映画撮影所を見学．左から中村登，秦怡（女優），吉村実子，王蓓（女優），大坂志郎．写真提供：中村好夫

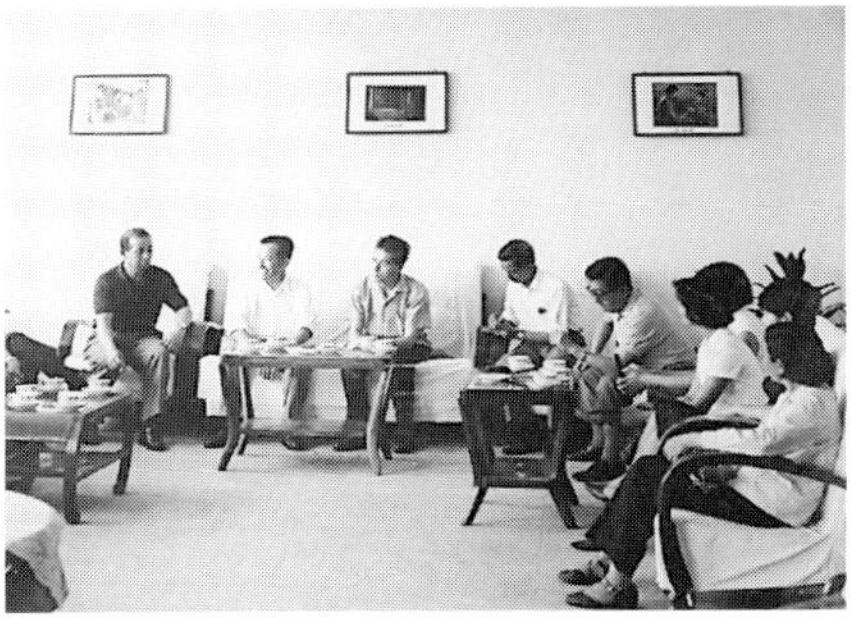

図51　1965年，広州で関係者と歓談．井手雅人（左一），岩崎昶（左三），中村登（左四）．写真提供：中村好夫

たとえば、岩崎昶は満州映画協会の活動に加わっていたし、中村登は中国ロケの『西住戦車長伝』（吉村公三郎監督、一九四〇年）の助監督として南京や、武漢へ赴いた。さらに、牛原虚彦監督も中国との接点が戦中にあった。すなわち、一九四四年三月に彼は上海へ渡り、「中華電影聯合公司」付属の研究所所長に就任するとともに、同公司付属の「中華電影学校」という

専門学校で俳優科の教師として教鞭を執っていた(49)。

また、『暖流』などに出演した高峰三枝子は一九四四年九月二八日に北京を訪れ、一〇月一日に日本軍と華北の傀儡政権が主催した「大東亜勝利の歌」というコンサートに特別出演した。ちなみに、このコンサートは河北省で大々的におこなわれていた食糧増産運動の一環だった(50)。そのことについて、一九六五年の時点で高峰三枝子は次のように振り返り、後悔の念を述べていた。

当時、私も若かったから日本大使館の方から中国語を習い、あいさつし、音楽会で歌を歌ったりしたことがありますが、考えてみればこれも間接的に日本軍国主義に加担したのでしょうね(51)。

戦後、高峰三枝子は日中文化交流協会主催のさまざまな文化交流イヴェントに積極的に参加していた。たとえば、彼女は一九七二年、七七年に二度訪中し、周恩来総理夫妻の歓待をうけた。その感動的な中国体験を、彼女はみずから司会を務めていたフジテレビのワイドショー「3時のあなた」のなかでも紹介した。また鑑真和上の渡来を題材とし、中国大陸ロケをおこなった戦後初の日本映画『天平の甍』(熊井啓監督、一九七九年)にどうしても出演したいという彼女の強い希望に応じて、熊井啓監督は彼女のイメージを想定して留学僧の母という役をもうけた(52)。

いっぽう、小津安二郎、木下惠介、山本薩夫、山中貞雄(出征中に病死)、小林正樹といった多くの日本の映画人が、戦時中に一兵卒として中国戦線へ出征した経験をもっている。その従軍体験はのちに彼らの作品、そして彼らの中国との接し方にどのような影響を及ぼしたのか、木下惠介監督を例にとり、考察してみたい。

第二節　木下恵介と中国

戦中の従軍体験

木下恵介がはじめて中国の地を踏んだのは、一九四〇年二月から四月にかけて『西住戦車長伝』の助監督として中国への長期ロケに加わった時であったが、同年一二月に彼は召集され、二等兵として再び中国戦線へ送られていたのである。

一九四〇年一二月に神戸港から出発し、上海、南京、漢口《ハンコウ》、武昌《ウーチャン》を経由して、四一年一月六日に応山《イェンシャン》に到着した木下が、ただちに現地の部隊に編入され、一週間の特訓を経て豫南作戦への参戦を命じられた。ちなみに豫南作戦とは、河南省と安徽省の境に布陣した中国国民党兵を制圧すべく、日本軍が一九四一年一月から二月にかけておこなった作戦であった。

木下恵介ら輜重兵《しちょう》が引き受けた任務は、応山から出発し、大別《ダーベエ》山脈を横断して信陽《シンヤン》の先頭部隊に物資を補給することだった。しかし、行軍中の不慮の事故により、木下恵介は目に大けがをし、さらに視力の低下が原因で繰り返し転倒して痛めた脚の自由もきかなくなった。結局、彼は一九四一年一月二七日に治療のために野戦病院への入院を余儀なくされ、さらに入院中に伝染病の「肺浸潤」を患ったことが判明したため、同年五月に内地送還されたのである。

このように木下恵介は中国に合計半年ほど滞在していたにもかかわらず、一兵卒として実際に従軍したのは二週間にも満たなかったようだ。にもかかわらず、この体験が大きなトラウマとなって彼のなかで疼きつづけたのは紛れもない事実である。たとえば、一九八七年の時点で彼は以下のように振り返っている。

私には一つの覚悟のようなものができていた。自分は一度は死にかけた人間である。あのとき死んだと思えば、これからは

図52　軍隊時代の木下惠介（前列中央）

図53　『陸軍』のラスト

いわば余分の人生である。それならば、今後は怖いものなしで、自分の生きたいように生きてやろうと(53)。

木下惠介は中国で何を見てきたのだろうか。豫南作戦の直後に木下は次のように語っていたようだ。「われわれが進攻していく先々、とっくに支那軍は退却してしまっていない。（中略）軍と共に逃げた農民たちは米、豚、鶏など何でも持って行ってしまうので、どの村にもほとんど何も残っていない。兵隊たちはこれに腹を立てて、片っぱしから家に火をつけ燃やしてしまう。つくづく今度の戦争の残酷さを見せつけられました(54)」。

さらに入院中に戦争で精神的な病を患った日本兵たちに接し、彼らをそのまま内地に帰すわけにはいかないため、注射を打って始末する、という噂を耳にした木下は「竹竿に手拭むすびゆきゆきつ　春をも知らで君は狂ひし」と歌に詠んだという(55)。また、彼が滞在していた上海、南京、漢口は、いずれもかつて激しい戦闘が繰り広げられた町であり、とりわけ一〇〇日間以上滞在していた南京において、戦争の爪痕や暴力の痕跡を目の当たりにしたに違いない。

吉村公三郎監督が著書のなかで「今日、テレビ・ドラマなどで戦争中の風俗が扱われると、決まって二人や三人の厭戦思想の持ち主が現れるが、ああいうのは全くの嘘で、あんな連中はいなかった。こんな中で、木下君の厭戦思想には確固たるものがあった(56)」と述べているように、こうした戦争体験から由来した厭戦思想は、早くも戦時中に彼が手がけた陸軍省の委託作品『陸軍』（一九四四年）のなかに現れていた。たとえば、母（田中絹代）が、出征する息子を小走りで追いかけ、涙ながらに語りかけるのを横移動撮影で延々と映しだしたラストシーン。「軍国の母」からかけ離れたこの演出により、本来の戦意高揚プロパガンダから逸脱したものと当局に見なされ、彼は海軍省委託作品『神風特攻隊』の演出から降板するように強いられる結果を招いたのである。

そして、終戦を迎えた後も、木下恵介はみずから進んで中国戦線へ赴いたのではなくても、大日本帝国の軍人として中国作戦に加わったという事実に対して、目撃者・加担者としてのトラウマを引きずっていたのではないだろうか。さらに中国の人々に対する贖罪の意識が下地となって、彼は社会主義新中国に対して親近感を抱くに至ったのではないかと推察される。そのきっかけとなったのは、一九五六年の訪中であった。

羨望の眼差し——『二十四の瞳』と木下恵介の中国観

一九五六年に『二十四の瞳』（一九五四年）を携えて「日本映画週間」に参加した木下恵介は、帰国後、報告会を開いて中国についての印象を語り、さらに『キネマ旬報』に「私の見て来た中国とソ連」と題したレポートを寄稿した。(57)そのなかで、きわめてポジティヴな中国イメージが打ちだされている。

すでに第二章で論じたように、明治維新以降から第二次世界大戦後に至るまで、中国人蔑視の風潮は日本社会に瀰漫していた。そして、その中国人蔑視のかなりの部分は「中国人が不潔である」ことを根拠としていた。このようなネガティヴなイメージを反転させようとするかのように、木下恵介は新中国の衛生状況の良さをアピールしている。

> 蠅と蚊も、全くいないというわけではない。しかし、蠅を見つけた者は必死になってそれを殺そうとする。（中略）路上で煙草を吸っても、土に穴を掘ってあったりして、必ずそこへ捨てなければ気がすまない。とにかく、一つの理想を持たせると、人間がこうもかわるものかと、改めて驚いた。(58)

また、彼は中国国民の対日感情を改善するために、中国政府がおこなった融和政策を積極的に評価している。

中国政府はここ三年程前から、今度の戦争に対する日本の一般人民は全く罪はないのだ。戦争をおこした軍閥や軍人が悪いのだから、日本と仲良くしなければならないということを、大変な努力で中国全体に行きわたらせる運動をやっているようだ。(59)

さらに、木下惠介の言説においては、国家からのバックアップのもとでの恵まれた製作環境や、一体化された配給網などが新中国映画の素晴らしさとして取り上げられており、社会主義国家としての中国に対する羨望と期待のほどが見て取れる。

中国の日本映画祭は、中国の十六都市で同時に開催された。それも一都市一館が日本映画を上映するのではなく、全部の館が一せいに日本映画週間をやるのである。(中略)中国全土の映画館が全部日本映画を上映するためには、どれほどの映画が必要かというと、二千本以上のプリントがいる。私の所属する松竹大船でも、一本の映画のプリントは六十本から百本ぐらい。(中略)中国では儲けるということがないのだから、出発からして自由なのだ。国家がいいものをつくろうと費用をかけているから、立派な作品ができる。いい場面だが、雲が悪い。しかし、無理して撮ってしまおう。ワンセットで五十フィートぐらいのシーンだから、雑に演出しよう。こういうことは全くない。すみずみまで立派にできている。この点では日本映画はまだはずかしい。ロケ好きの私はうらやましいと思った。自分が希望する雲が出るまで、何時間でもねばられるのだ。(60)

だが、じっさい、戦後復興にともなって日本人が皆映画を観るようになり、日本映画が黄金時代を謳歌しているさなかで、小津安二郎、渋谷実とともに「松竹の天皇」と呼ばれた木下惠介は、潤沢な製作資金のもとでのびのびと作品をつくっていたはずである。『二十四の瞳』の場合、小豆島でのロケーションを五ヵ月にわたっておこなっていたことや、顔の良く似ている七歳と一二歳の兄弟（姉妹）を公募して同じ役柄を演じさせたことなど、現在ではほとんど考えられないほどの贅沢な撮り方をしていたことはその証左であり、また「今日は青空に雲がないから撮らない」[61]という木下の口癖も有名であった。

社会党を中心とした親中国派が一つの勢力として存在していた当時の日本では「日本ではできないが、中国においてであればできる」という社会主義新中国を賛美するような言説のパターンが存在していた。木下は基本的にそのパターンに沿って発言しているように見える。

さらに、一九五〇～六〇年代に訪中した映画人の井手雅人、北川冬彦、岩崎昶らが帰国後にそれぞれ執筆した「中国印象記」は木下のそれときわめて類似している。[62]例外があるとすれば、木下の「中国印象記」には「中国の子供と、ソヴェトの子供と、客を歓迎する態度が全く同じなのである。（中略）外国のお客さんに対してはこういうようにしなければならない、と教えられているのではないかと考えた」と書いてあるように、子役の演技指導の名匠である木下恵介は、「演出」された中国の子供たちの不自然さに気づいたのであり、そこにのみ一種の距離の意識が垣間見られる。

このようにじっさいに中国の映画人との交流を積極的におこなったいっぽうで、木下の作品世界のなかにも「中国」が現われてきたのである。[63]すなわち、『戦場の固き約束』にほかならない。

心の故郷を探して――『戦場の固き約束』

中国戦線での従軍体験を総決算すべく、一九六三年に木下恵介は脚本『戦場の固き約束』（以下は『戦場』と略記）を完成した。それは中西二等兵と日本兵に連行される中国人昌英《チャンイン》の友情を軸に、昌英の後を追う彼の婚約者・春玲《チュンリン》、死ぬ前に一目母に会いたい中国人少年兵の陳《チェン》、中国人に対して略奪や虐殺を繰り返す野沢上等兵といった、戦時中の極限の状況に置かれたさまざまな人間模様によって織りなされる愛憎劇である。この脚本について、木下恵介は次のように語っている。

『戦場の固き約束』は一九六三年に書いたもので、中支の戦線を舞台にしているのは、私自身が召集された時の体験から発想したドラマだからである。作中人物の中西二等兵は、私の実感を込めて書いた分身である。（中略）あのとき、すでに私の中では、生涯を通じて作るべき自分の映画が決まっていたのではないかとさえ思う。シナリオ『戦場の固き約束』は、そんな私の思いをぶちこんだ作品である。[64]

木下惠介が『戦場』の映画化に向かって動きだしたのは、一九六四年頃だった。中国との国交すらなかった時代において、中国ロケが不可能なため、代わりに北海道でロケハンをおこなった。にもかかわらず、中国人が主人公として登場することや、日本兵の加害行為を正面から描くことが日本の観客の不興を買うのではないかという興行的な考慮にくわえて、とりわけ膨大な製作費用に対して松竹の上層部が難色を示したため、映画化に至らなかったという。[65]

図54　中国でロケハン中の木下惠介．河北省，1988年．写真提供：脇田茂

それから二三年後の一九八七年に、五〇本目という節目の作品をつくろうとした木下惠介は、日中合作のかたちで再び『戦場』の映画化に挑んだ。しかし、木下が合作について中国側と仮調印をしたのち、一九八八年五月に北京と長春でロケーション・ハンティングをおこなっていた最中に、中国側から脚本の書き直しを求められた。問題となったのは、中国人捕虜を庇ったために、上官によって殺害されてしまった中西二等兵の遺体を、生き残った中国人捕虜が泣きながら手厚く葬るというラストシーンであった。「中国の人民が、日本兵を手厚く葬ることはあり得なかったし、このような描写が絶対に中国の観客に受け入れられない」と中国側は強く主張していた。[66]いっぽう、木下惠介にとっては、仮調印までしたにもかかわらず、蒸し返されて脚本の書き直しを強いられることは心外で受け入れ難いこ

とであった。彼は中国側との交渉をあきらめ、急遽企画を破棄して帰国した[67]。『戦場の固き約束』に対する日中双方の思惑のずれや、製作スタイルの相違、さらに製作資金の困窮等が企画の破綻につながったものと考えられる。しかしながら、『戦場の固き約束』の挫折はこうした外的要因のほかに、作品の内在的な要素に拠るところもきわめて大きかったのではないかと思われる。

ファンタジックな「中国」

木下恵介が証言しているように、『戦場の固き約束』はあくまでもみずからの戦争体験にもとづいて書かれたシナリオである。しかし、じっさいにそのなかで描かれている中国がファンタジーの域に達したフィクションであることは否めない。たとえば、中国人女性の春玲が、少年兵陳と満月の下で一緒に水浴びをしたあと、一夜をともにするという場面に対して、中国の風習に著しく反すると、のちに中国側から異議が出た[68]。たしかに「裸の付き合い」という発想や、「水浴びしてさっぱりした」という少年兵のセリフには日本人の感性が投影されている。このように木下恵介はあえてリアリズムを無視してでも、幻想的な〈中国〉を描こうとしたのである。

そもそも『戦場の固き約束』には、物語の舞台が中国でなければならないという必然性があったのであろうか。時代劇のかたちを借りて反戦のメッセージを伝えようとした『笛吹川』（一九六〇年）、または中国人女性をレイプする日本兵が出てくる『死闘の伝説』（一九六三年）の回想シーンには、かつての戦争を見つめる木下の厳しい視線が感じられる。とはいえ、第二次世界大戦中に日本がアジア諸国に対しておこなった犯罪行為を主題化して描いたことはなかった。それに対して、中国という外部を『戦場の固き約束』に導入することによって、木下が日本側の戦争責任の問題とようやく正面から向き合おうとしたことは明らかである。

もっとも、戦争にともなう生々しい暴力的な要素が、それまでの木下作品において抑圧されていたといえる。たとえば、『二十四の瞳』において、原作では描かれていた召集された男子生徒が戦地で戦うシーンはまったく登場せず、

図55 『二十四の瞳』．木下惠介監督，1954年．
写真提供：松竹

戦争自体があくまでも自然発生的な天災であるかのようにみえる。それは、大石先生が教え子の富士子を慰める際の「あなたが苦しんでいるのはあなたのせいではないわ。お父さんやお母さんのせいでもない。世の中のいろんなことがあってそうなってしまった」というセリフにおいても現れている。つまり『二十四の瞳』は「個々人の責任ではなく、社会全体や時代が悪い」という論理をもちい、日本人の戦争加担とその責任を構造的に回避することをつうじて、「被害者としての日本人」のイメージをのみ打ちだしているといえなくもないのではないか。要するに国民のほぼ全員が映画を観るという戦後の日本映画の黄金期において、木下惠介は『二十四の瞳』という国民的映画を手掛け、日本中を泣かせることをつうじて戦争によって荒廃しきった、ばらばらだった国民の心を統合するという、人間相互の親密な結び付きの代理という役割を果たしたのである。

このように『二十四の瞳』に抜け落ちた加害者としての日本人という側面に光を当てるべく、木下は『戦場の固き約束』の物語の舞台を中国に設定することによって、加害者の日本兵と、蹂躙された被害者の中国人というコントラストを際立たせるとともに、戦争にともなう生々しい暴力を描きだすことも可能となったのではないだろうか。

さらに、『戦場の固き約束』における ユートピア的な〈中国〉と、『二十四の瞳』に描かれた戦前の日本との類似性も注目に値する。小豆島の美しい景色をバックに、大石先生と一二名の教え子の強い絆をきめ細かく描いた戦前の日本と、戦争によって破壊され、無残な姿となった戦後の日本との対比のうえに成り立つ『二十四の瞳』は、日本の美しい原光景をノスタルジックなかたちで提示することによって、戦後の日本人に一種の慰藉を与えようとしたに違いない。いっぽう、『戦場の固き約束』のなかにも、中国人の祖母と孫娘、夫と妻、母と息子の深い愛情と強い絆がきわめて美化して描かれている。それはとりもなおさず『二十四の瞳』における戦争によって破壊され、失われつつある美徳や、人間関係と通底しているようにみえる。このような〈中国〉には、日本人としての木下の感性が随所に投影されているという意味で、古き良き日本の原風景の代理表象をなしているといえるのではないだろうか。

『二十四の瞳』における戦前の日本も、『戦場』におけるユートピア的な〈中国〉も、男性（＝父）によって侵入・蹂躙される以前の、女子供を主体とする母系社会であるとすれば、〈子宮〉たる母体への回帰というような退行的な欲望は両作品の根底に流れているようにみえる。すなわち『戦場』におけるファンタジックな中国は、戦前の日本と同様に、木下にとって心の故郷なのだ。彼はそれまでに召喚しようとしていた日本の原風景を、今度は「中国」のなかに、再び探しだそうとしていたように思われる。それこそが、木下が日本人だけの世界ではなく、中国や中国人をも描こうとした所以であろう。

いっぽう、木下的なユートピア世界の舞台が日本から中国へシフトしていった背景には映画システムの問題や、政治問題も絡んでいることをも指摘しておく必要がある。木下惠介の世界は、ディレクター・システム、スター・システム、スタジオ・システムが健在していた日本映画の黄金期だからこそ成り立ったものであり、一九六〇年代以降はこれらの映画システムの崩壊によって、木下の製作体制が維持しにくくなってきた。大島渚に代表される松竹ヌーヴェル・ヴァーグの映画人たちが、映画システムにおける伝統的しきたりに対して攻撃を仕掛けるべく、痛烈な木下批判を繰り広げていたことはひとつの象徴的な出来事であろう。くわえて、現実世界における安保問題（六〇年代）といった政治問題が浮上してきたことにともなって、観客が『二十四の瞳』や『喜びも悲しみも幾歳月』（一九五七年）のような映画に素直に感情移入できる土壌も失われつつあった。このように木下的作品自体も存続の危機に晒されているなかで、彼は中国を舞台にして、そのユートピア的世界を描きつづけたかったのではないだろうか。(69)

だが、木下のファンタジックな世界は、日本を舞台としている分には心地よく描けるものの、いざ外部の要素（中国）を表象しようとしたときに、それが観る者に対して、違和感や、矛盾した思い、激しい感情を引き起こしてしまう。ある意味でこのファンタジックな〈中国〉は、木下惠介にとって表象の臨界点であり、それを表象しようとした瞬間に、つねに政治問題や、製作コスト、興行面での制約などの厳しい現実が立ち上がり、木下惠介的な表象世界を根本から揺るがしてしまったのである。

木下をはじめ、冷戦時代の日中映画交流の担い手だった日中映画人の多くは、戦争中にそれぞれ軍国主義賛美のプロパガンダ映画、中国の抗日映画の製作に携わっていた。戦後になって、かつて「敵」だった彼らは、社会主義・共産主義への共感から仲間意識を育み、やがて固い絆で結ばれるようになったが、その過程において、戦争にまつわる忌まわしい過去を敢えて検証せずに回避しつづけていたのではないかと推察される。そして、双方のあいだに存した歴史認識の乖離は、その何年後に『戦場の固き約束』の製作過程で露呈してしまったのではないだろうか。それは、文化大革命中に『戦争と人間』をめぐって山本薩夫と中国側とのあいだで繰り広げられた激しい応酬についてもいえる。

第三節　文化大革命の嵐のなかで

一九六六年に始まったプロレタリア文化大革命（以後、文革と略称）は、国家主席であった劉少奇を打倒し、毛沢東への個人崇拝により求心力を維持しつつ、共産主義の理想を一気に実現しようとする「魂に触れる革命」であった。文革期のイデオロギーとは、毛沢東思想を絶対的なものとし、経済に対して政治を最優先し、従来の中国の伝統文化や資本主義諸国の文化を、封建主義・資本主義・修正主義的というレッテルのもとに排除しようというものであった。そのため、一九七六年に文革が終結するまでの一〇年にわたって、中国は大きな混乱に包まれた。

そして、文革の混乱に晒されたのは、中国の映画産業もまた同様であった。文化大革命の一〇年間、中国国内で製作されたのはわずか七十数本のプロパガンダ映画のみであり、外国映画の上映も、北朝鮮、アルバニア、ルーマニアなどの社会主義国の映画に限られていた。

資本主義国の映画を受容できる唯一のルートは、「内部上映」と称される政府機関内の映画試写会のみとなったが、この「内部上映」においても、江青を頂点とした一部の幹部が予め「毒味」をおこなうことがしばしばであった。そのため、一〇億の中国人はいわば精神的な飢餓状態に陥っていた。

しかし、その特殊な時代状況のなか、日本の戦争映画は一九七〇年代初頭の中国で上映されていた。

日本産戦争映画の上映

一九六四年に発足した佐藤栄作政権が、アメリカに追随し、台湾との提携関係を深める一方で、中華人民共和国が国連代表権を獲得することを反対しつづけたことによって、日中関係は完全に冷え込んでいた。たとえば、台湾や韓国の安全を日本の安全保障と結び付けた佐藤・ニクソン会談（一九六九年一一月）に対して、「台湾や朝鮮に対する日本の野望」・「一つの中国という原則に対する挑発」として警戒心を強めた中国政府は、さらに一九七一年に「第四次日本防衛力整備計画」のもとで日本政府が軍事費の大幅な増強に踏み切ったことを、日本軍国主義復活の前兆と見なした。

その結果、佐藤政権に対する批判キャンペーンが中国の各メディアによって繰り広げられるなかで、『連合艦隊司令長官 山本五十六』（丸山誠治監督、一九六八年）、『あゝ海軍』（村山三男監督、一九六九年）、『日本海大海戦』（丸山誠治監督、一九六九年）、『激動の昭和史 軍閥』（堀川弘通監督、一九七〇年）の四本の戦争映画が、日本における軍国主義復活の証左として、一九七一年二月から四月にかけて全国各地で盛んに上映され、多くの中国人が鑑賞することとなった。一般観客による映画評が各メディアによって大きく取り上げられただけでなく、同年八月に『撃砕美日反動派的迷夢（日米反動派の企みを撃砕せよ）』と題する論文集まで出版された[70]。

批判キャンペーンの一環として、ほかにもさまざまな日本の戦争映画が輸入された。たとえば、『日本のいちばん長い夜』（岡本喜八監督、一九六七年）、『トラ・トラ・トラ！ Tora! Tora! Tora!』（リチャード・フライシャー、レイ・ケロッグ、舛田利雄、深作欣二共同監督、一九七〇年）、『最後の特攻隊』（佐藤純彌監督、一九七〇年）、『戦争と人間・第一部 運命の序曲』（山本薩夫監督、一九七〇年）、『戦争と人間・第二部 愛と悲しみの山河』（山本薩夫監督、一九七一年）といった作品が挙げられる。しかし、そのほとんどが限られた範囲で内部上映されただけにとどまり、一部の政府関係者しか鑑賞できなかった(71)。

これらの日本映画のフィルムはいずれも非商業的な「特別な」ルートを通して仕入れたもので、実際に中国側は上映権をもっていなかった。まして台本などの資料もなかったため、中国語吹き替え版をつくる際に、翻訳家たちはフィルムの日本語の音声を聞き取って中国語に訳すしかなかったという(72)。

これらの日本映画の中国語吹き替えを担当したのは「上海電影訳制片廠」という吹き替え専門のスタジオに所属する声優たちであった。「無産階級総司令部」から下されたこの極秘任務に、彼らは家族にも内緒で粛々と取り掛かった。最初の仕事は山本薩夫監督の大作映画『戦争と人間』（一九七〇年）だった。五味川順平の長編小説を原作とする『戦争と人間』は、一九二八年の張作霖《チャン・ツォリン》爆殺事件から一九三九年のノモンハン事件までの激動な歴史を、国籍・階級・政治的立場の異なる三組の男女の運命をつうじて活写した大作映画である。しかし、あまりの登場人物の多さに対して、声優の人数は著しく不足していた。そこで「労働改造」のために農村へ下放された多くの声優や映画俳優を、急場しのぎに再び上海へ召集しなくてはならなくなった(73)。『戦争と人間』のおかげで、多くのアーティストが自由の身となった。

注目すべきは、これらの日本映画が両国においてきわめて対照的なかたちで受容されたことである。文芸評論家の尾崎秀樹は、一九七一年六月から七月にかけて中国を訪問した際に、周恩来総理、姚文元《ヤウ・ウェンユアン》（著者註：中共中央政治局委員。のちに四人組の一人として失脚）と会見し、日本の戦争映画について意見交換した。そのときの印象を彼は次のように述べている。

「軍閥」、「山本五十六」「あゝ海軍」、「日本海海戦」（著者註：原文のまま）といった一連の戦争ものにかんしては、日本軍国主義の文化面におけるあらわれとして、これまでにも容赦のない論評が加えられている。日本では斜陽化した映画界の回生策としての軍国版「忠臣蔵」として、気楽に受けとめられた部分が、中国からみると、容易ならぬ問題としてクローズアップされる。日本と中国との政治的落差はこういう部分にもはっきりとうかがわれるのだ。(74)

また、訪中の際に尾崎秀樹は、日本で封切られたばかりの『戦争と人間　第二部』に対する中国指導部のリアクションにいち早く接したのである。

『戦争と人間』の評価を巡って

中国へ渡った数ある日本の戦争映画のなかでも、『戦争と人間　第一部』はいち早く輸入され、中国語吹き替え版までつくられ、いわば、中国語吹き替え版の第一号であった。にもかかわらず、『連合艦隊司令長官　山本五十六』、『日本海大海戦』、『軍閥』、『あゝ海軍』の四作品は「反面教師」として中国各地の映画館において大々的に上映されていたが、『戦争と人間　第一部』はごく限られた範囲でしか上映されていなかった。

また、『戦争と人間　第一部』に対する中国側の論評が出たのは遅く、批判キャンペーンがすでにピークを過ぎた頃だった。すなわち、一九七一年七月六日付「人民日報」に掲載された『戦争と人間　第一部』評である。しかし、それはあくまでも日本の新左翼系の「長周新聞」（一九七〇年九月）と「人民新聞」（一九七〇年一二月）に掲載された『戦争と人間　第一部』に対する批判文を翻訳・転載したものであり、中国側のオリジナルな論評とは言い難かった。

さらに、日本戦争映画批判キャンペーンの集大成といえる論文集『撃砕美日反動派的迷夢（日米反動派の企みを撃砕せよ）』（人民出版社、一九七一年八月）にも、『戦争と人間　第一部』評は収録されていなかった。つまり、中国側は同作品を軍国主義賛美の映画と見なしていながらも、実際に批判する際に手加減していたように見うけられる。

しかし、『戦争と人間 第二部』が封切られると、中国側は一転して多大な関心を寄せるようになったとみられる。尾崎秀樹は、一九七一年六月に周恩来、姚文元と会談した際に、「驚いたことには、私が中国へ旅立つ直前に試写を見た『戦争と人間』の第二部を、彼（著者註：姚文元）がすでに見ており、この作品に対してきびしい批判を加えていた。周総理も第一部は見た」と証言している。(75) ちなみに、『戦争と人間 第二部』の日本での封切日は、同年六月一二日となっており、またこの第二部の「西安事変」のくだりに周恩来役が登場している。

それに対して、山本薩夫は『週刊サンケイ』（一九七一年八月二日号）に「思いの通じない悲しみ」を寄稿し、次のように語っている。

姚文元氏が第二部まで見ているとは私にはどうしても信じられない気持ちである。日活本社でもプリントがそっちのほうにいっていないといっている。しかし、考えてみると中国以外の外国に売ったものが手まわしよく、回り回って中国の手にはいっているということだってあるかもしれないし、この際はそれはまあどうでもよかろう。

さらに、一九七一年一〇月、中国「国慶節（建国記念日）」の式典に招待された熊井啓監督は、帰国後、『キネマ旬報』への寄稿のなかで次のように語っている。

中国側が日本軍国主義映画として五つの作品を挙げていることは周知のことと思うが、『山本五十六』、『日本海大海戦』、『軍閥』、『あゝ海軍』と区別して特に激しく批判しているのは、この『戦争と人間』であり、その主たる理由はもっともらしく平明につくられている背後にある欺瞞性である。(76)

熊井啓が最も問題視していたのは、『戦争と人間 第二部』における旧日本軍七三一細菌部隊（石井部隊）についての描写であった。すなわち、生体実験の場面で、実験台に使った中国人全員が「死刑囚、共産匪」であったという日本軍将校の会話について、熊井啓は中国人を無差別に実験台にしていた七三一細菌部隊を弁護するものと見なし、さらに原作と照らし合わせ、製作側の歪んだ歴史観の現れであると批判した。論争の背景として、同じ左翼陣営のなかでも、中国との距離の取り方をめぐって各グループのあいだに温度差があったことも看過してはならない。当時、山本薩夫が所属する日本共産党は中国共産党と激しく対立するようになったが、熊井啓が所属する日中文化交流協会は親中的立場を保ちつづけていたのである。

図56　『戦争と人間』の撮影スナップ１．北大路欣也，山本薩夫，佐久間良子．写真提供：山本駿

図57　『戦争と人間』の撮影スナップ２．山本圭，吉永小百合，山本薩夫．写真提供：山本駿

こうした喧々愕々の論争と応酬のなかで完成した『戦争と人間 第三部 完結編』（一九七三年）において、中国の民間人への虐殺など、旧日本軍による戦争犯罪がよりストレートなかたちで描写されているのは確かである。さらに、山本薩夫監督が亡くなる（一九八三年）直前までに取り掛かっていたのは、七三一細菌部隊を正面から描いた森村誠

一の歴史小説『悪魔の飽食』の映画化であり、これも熊井啓の批判に対する一種の応答であったかもしれない。(77)

しかし、『戦争と人間』は、中国において一般公開されていないとはいえ、長年にわたり、さまざまなルートを通して流通し、多くの中国の映画人が鑑賞したのである。

第四世代監督の黄　健　中《ホアン・ジェンチュン》は、二〇一二年一月三日に著者とのインタヴューのなかで「一九七九年頃に孫文夫人の宋慶齢さんのご自宅で、『戦争と人間』のノンカット全長版を特別に映写してもらった」と証言している。当時、彼が助監督を務めた映画『戦場の花』（原題『小花』、一九七九年）に、宋慶齢の養女にあたる女優・隋永清《スイ・ヨンチン》が出演していたという関係で、招待されたのである。

第五世代監督の陳凱歌監督は、二〇一三年一〇月一九日に著者とのインタヴューのなかで、印象に残る日本映画の一つとして『戦争と人間』を取り上げ、「北京電影学院在学中（著者註：一九七八〜八二年）に大学の映写室で観た」と証言している。

さらに、一九七九年に北京で開催された第四回全国「文芸工作者代表大会」においても、『戦争と人間』は特別に上映され、会議に参加した多くのアーティストが鑑賞したのである。

アンビヴァレントな日本軍人のイメージ（一九七一年）

文革中、日本戦争映画の上映にあたってはあくまで批判の対象として鑑賞しなくてはならないという当局からの要請があり、さらに未成年者の入場や、武器を携帯した軍人の入場が禁止された。(78)武器を携帯した軍人の入場禁止にかんしては、映画鑑賞中に人民解放軍兵士が日本軍国主義者の悪行に憤慨するあまり、スクリーンに向かって射撃してしまうという異常事態が想定されたからである。

しかしながら、その一方において、長年にわたって娯楽から遠ざけられてきた多くの中国の観客たちは、日本の戦争映画のもつエンターテインメント性にも敏感に反応した。たとえば、映画研究者戴錦華《ダイ・ジンホワ》は次のように指摘している。

> これらの映画に登場する軍人たちが悲劇の英雄として描かれているために、「日本鬼子」は、初めて日本文化の魅力を感じ取ることができる人間としてスクリーンに現れたのである。アルバニア、ルーマニア、北朝鮮、ベトナムなどの社会主義国の数少ない映画以外に外国映画を観ることができなかった中国の観客にとっては、これらの日本映画は何よりも映画的な魅力と感動を意味するものであった[79]。

すなわち、三船敏郎、加山雄三、中村吉右衛門、宇津井健などが扮した日本軍人に対して、当時の中国の観客たちは、残虐な敵に対する過去の記憶が喚起される一方で、「映画的な魅力と感動」を覚えもするという、きわめてアンビヴァレントな感情を抱いたのである。皮肉なことに、林彪の長男・林立果《リン・リークオ》も、一九七〇年代初頭に父とともにクーデターを企んだとき、『連合艦隊司令長官 山本五十六』と『あゝ海軍』に大いに共鳴するあまり、みずからが率いる別働隊を「連合艦隊」と命名したばかりでなく、側近たちに「江田島精神」（江田島は『あゝ海軍』に登場する海軍兵学校の所在地である）を身につけるように呼びかけたという[80]。こうした例は、文革期の中国の文化的な閉鎖状態が生みだしたきわめて特異な現象であったとはいえ、日本の戦争映画が後の中国映画に及ぼした影響力はきわめて大きいといえる。

たとえば、一九八〇年代の中国映画に登場する日本軍人の多くは、明らかに『激動の昭和史 軍閥』、『あゝ海軍』のそれを模しており、一九八八年の時点でも、『連合艦隊司令長官 山本五十六』における三船敏郎の演技が、男らしさの典型として中国の映画評論家に取り上げられた[81]。

さらに、日中戦争時の中国北部の農村を舞台とした愛憎劇『鬼が来た！』（原題『鬼子来了』、姜文《チアン・ウェン》監督、二〇〇〇年）のなかに、日本軍を表すライトモティーフとして、海軍の行進曲「軍艦マーチ」が繰り返し用いられている。姜文監督は、中国内陸の寒村に駐屯する日本陸軍という原作の設定を変え、わざわざ日本海軍を登場させるという脚色をおこなってまで「軍艦マーチ」の使用に執着していたようだ。(82) そのエピソードも、『あゝ海軍』のインパクトがいまだに残存している証左であるかもしれない。

川喜多長政による中国映画上映

第四章で述べることになるが、文化大革命終焉後、大々的におこなわれていく日中映画交流は、実は文革後期にすでに着々と動きだしていた。

一九七四年一二月に川喜多長政・かしこ夫妻は、「中国人民対外友好協会」に招かれて訪中し、知日家のベテラン政治家であり、中日友好協会会長の廖承志《リャオ・チェンジー》と中国映画の輸入について意見交換した。

それまでに川喜多長政が社長をつとめる東和映画（東和東宝の前身）は、いち早く新中国の映画の輸入を試み、一九五七年に人形アニメ『魔法の絵筆』（原題『神筆』、靳夕《ジン・シー》監督、一九五五年）を、一九六一年に記録映画『東洋画への誘い』（原題『画家斉白石』、陳健《チェン・ジェン》監督、一九五六年）、一九七二年に北京で開催された第一回「アジア・アフリカ卓球友好招待試合」の様子を映しだした記録映画『ピンポンは国境を越えて 友情開花』（原題『友誼花開』、一九七二年）を配給した実績があった。(83)

訪中の際に、川喜多夫妻は児童映画『閃閃的紅星（きらめく赤い星）』（李俊《リー・ジュン》、李昂《リー・アン》監督、一九七四年）、農村映画『青松嶺』（劉国権《リュウ・クオチュワン》監督、一九七三年）、戦争映画『南征北戦』（成蔭《チェン・イン》、王炎《ワン・イエン》、湯暁丹《タン・シャオタン》監督、一九七四年）を鑑賞し、日本へ紹介したいと意欲を示した。

中国の映画は、技術的にもなかなかすぐれており、しっかりしていますし、カメラもきれいですしね。内容的にも、今、日本で作られているエロとかグロとはまったく違って、健全でりっぱな内容のものです。中国から映画を入れ、大ヒットさせ金もうけをしようなどという商売的な感覚ではなく、別の観点、今の新しい中国の映画を日本の人にぜひ見てもらいたい、私たちが中国映画を入れた意義を理解してもらいたい、という気持なのです。
　これまでも中国映画はいろいろな組織や団体などが公会堂などで上映していますが、それはそれで立派なお仕事であり、今後も続けていったほうがいいと思います。私たちはあくまでも商業劇場で上映できるような映画を選んでいきたい。上映する以上、大いに宣伝してたくさんの人に見てもらいたいですね。(84)

　だが、これらの中国映画の日本への輸入は実現に至らなかった。一九八〇年に東和東宝が配給した『桜　サクラ』（詹相持《ジャン・シャンチー》、韓小磊《ハン・シャオライ》監督、一九七九年）は文革終結以降、日本における初の商業ベースの中国映画上映となったのであ

図58　画家斉白石．『東洋画への誘い』．写真提供：（財）川喜多映画記念財団

図59　先頭に立つ卓球選手庄則棟（黒い服）．『ピンポンは国境を越えて　友情開花』．写真提供：（財）川喜多映画記念財団

る。

また、第四章で詳しく紹介することとなるが、廖承志は文革中に訪中した徳間康快とも会見し、日中映画交流の可能性について意見交換をおこなった。これらこそが、文革終焉後に大々的におこなわれた日中映画交流事業の原点となったのではないだろうか。

日本映画人と文化大革命

文化大革命の初期に「ソ連追随の現代修正主義的政党に成り下がった」と中国側に見なされた日本共産党は中国批判を繰り広げ、親中派の党員を除名することを辞さなかった。日中の両共産党は激しい対立を見せるようになった。それをうけて、日本の左翼陣営は四分五裂した。日中友好協会の親中派が「日共に従う勢力と決別して」、あらたに「日中友好協会(正統)」を打ち立てたという事件はそれを象徴する出来事であったといえる。ちなみに、一九五〇年代から、日中友好協会によって盛んにおこなわれてきた日本国内での中国映画上映会は、文革中においても日中友好協会(正統)によって継続していた(巻末上映作品総覧を参照されたい)。

そのなかで、親中的立場を保ちつづける日中文化交流協会は、日中映画の人的交流事業における日本側のほとんど唯一の窓口となっていた。ここで日中文化交流協会の機関誌「日中文化交流」を手掛かりに、日本の映画人と文革の関係について考察してみたい。

一九六〇年代後半のフランスでは、ゴダールをはじめとするヌーヴェル・ヴァーグの監督たちが、文化大革命のただなかにあった中国を憧憬の眼差しをもって眺め、現実から遊離したファンタジーとしての「中国」にみずからの映画製作をリンクさせようと試みた。『中国女』(一九六七年)はその代表格となる。

日本でも、文革を人類の歴史の新しい方向性を示す出来事として好意的にとらえ、それを作品に投影した映画人が存在した。大島渚はその一人であった。彼は、一九八二年の時点で、文革当時のみずからの心情を次のように振り返っている。

後に映画監督になりましてから、テレビに招かれてドキュメンタリーを撮影するようになりました。私はやはり何となく人間くさい歴史のようなものが好きで、中国にはぜひ行きたいとアプローチのようなことをしてみたこともあるのですが、文革の最中だったものですから実現しませんで、既製のフィルムを使ってテレビドキュメンタリー『毛沢東と文化大革命』、『伝記・毛沢東』の二本をつくりました。

（中略）いろんな矛盾を抱えていたと思いますが、毛主席はやはり二十世紀の最大の英雄だろうと思います。映画監督というのは人間を見るのが仕事ですが、私が生涯で一番会いたかった人と言えば、やはり毛主席だったんではないかという気もします。毛主席は非常に長期的な目で物を見ておられたという気がしますね。われわれ日本人はせせこましくて、自分自身の将来についても、あるいは民族の将来、世界・人類の将来についても、どうしてもつい今年とか来年とかということでガタガタしますけれども、一国の指導者や世界の指導者はもう少し大きい視野で物を見ないといけないと思います。(85)

毛沢東思想に魅了されたのは、大島渚ら戦後世代の映画人だけではなかった。『西住戦車長伝』（一九四〇年）の中国ロケをつうじて初めて中国に接した戦争世代の吉村公三郎は、一九六九年の時点で、毛沢東思想との出会いについて次のように振り返っている。

六年前大病に倒れて療養中、知人の武田泰淳氏らの著書「毛沢東その詩と人生」を読み始めたが、その日からすっかり毛主席の詩にとらえられてしまった。これだけりっぱな詩をつくる人だから、さぞ文章もりっぱに違いない、ぜひ読みたいと思っているとき「毛沢東論文選」が出版された。（中略）この三年間、毛主席の文章以外は新聞ぐらいしか読んでいない。それほど毛沢東思想は私をとらえて離さない。六十歳に近くなって毛沢東思想に接し、「朝に道を聞かば、夕べに死すとも可なり」といった心境である。(86)

さらに、文革終焉後の日中映画交流において中核的な役割を果たした、徳間書店社長の徳間康快も、文革中に何度も訪中している。一九七四年の時点で彼は次のように語っている。

一九六六年、日本出版代表団の一員として最初に訪問したときはプロ文革のある意味での初年度であった。続いて一九七一年に日本中国文化交流協会代表団の一員として訪問したときは、これまたある意味でのプロ文革仕上がりの年でもあった。そして今回（著者註：一九七四年五月）の批林批孔運動をつうじて見た新中国のいぶきは、重厚にして沈着、なおかつ人間のすさまじい活力ある姿を素肌に強く感じた。[87]

いっぽう、一九七三年に取材のために訪中したカメラマンの篠山紀信は、政治とかけ離れた視点から中国を見つめていた。

正直言って、僕のように中国に対して特別の負い目も特別の優越感も持ち合わせない者にとって、第一に感じたことはタイムカプセルに乗って四分の一世紀ほど戻ったんじゃないかなっていうことです。第一印象というのは当然目に触れるものでの判断が強いわけで、単色の服装や自動車の少なさや街の灯が暗いこととか、テレビなどの電気製品を家庭で見ないのは、われわれの日常生活から比べると物質面ではやはり貧しいわけです。
（中略）いくら皆同じ人民服を着ているといっても、やはり僕など商売柄「あっ、あの子はかわいい、この子はちょっと化粧すればきれいになる」などとつい思ってしまうのです。（中略）見た目より心。それはそれで大変結構なことですが、それじゃああんまり……なんて考えるところが僕の堕落しているところか、なんて傷付いてしまったのですが、ホテルで見た『中国画報』でも『人民画報』でも、どうしてどうして、選り抜かれた美男美女がポーズしているのを見てほっとしたりなんかしているわけです。[88]

図60　1940年,『西住戦車長伝』中国ロケ中の吉村公三郎（右）と上原謙．写真提供：吉村秀實

図61　女性の紅衛兵，1973年．撮影・写真提供：篠山紀信

当時、中国で現在進行形のかたちで起きている文革という大きな出来事に対して、一度も中国の土を踏んだこともなく、わずかな映像を介して中国に接した大島渚はもちろん、文革中に頻繁に訪中した吉村公三郎や徳間康快らでさえ、その著しく変貌していく複雑な全体像を的確に把握することはきわめて困難だったのではないかと推察される。

それに対して、篠山紀信の中国への接し方は、おそらく日中文化交流の性格の変化を代表しているといえるかもしれない。一九七二年の田中角栄が率いる自民党政権による中華人民共和国との国交樹立を経て、それ以前は「反体制」と「反米」の標が刻印されていた日中友好運動にピリオドが打たれた。それ以降の日中文化交流は、政治と一線を画した新たなモデルが求められるようになった。事実、その後の日中文化交流は、パンダの公開（一九七二年より）や、中国文物展の開催、中国雑技や演劇の招聘上演といったかたちが主流となり、ある意味で文化交流の原点に戻っ

図62　中国の人々，1973年．撮影・写真提供：篠山紀信

たように思われる。しかし本書があつかった時代の映画人・知識人の言説を鑑みると、事はそう単純ではないようだ。

　中国擁護が大勢を占めていた日本の左翼陣営は文革に至ると分裂した。その結果、日本共産党系の映像作家である山本薩夫が手掛けた『戦争と人間』に対して、中国側のみならず、熊井啓ら親中派の左翼映画人も容赦なく批判した。さらに『戦争と人間』をめぐる左翼内部の内輪もめともいえる論争に、「サンケイ」などの右翼系メディアが加勢した。それに対して山本薩夫は、あえて「週刊サンケイ」を選んで中国側に物申した。このように文革時代の日中映画の交わり方は、きわめて複雑で激しいものだった。

　当時の日本では、自国の歴史をどのように表象すべきか、あるいは日本文化が外国からどのように評価されているのかを自問する場合、「中国」を尺度として引き合いに出すという言説のパターンが存した。そのため、「日本の現状に対して、中国は軍国主義の復活として批判している」という情報が日本に入った際に、それを真剣に受け止める日本人は少なかった。中国側の大いなる誤解をともなった意見であったにせよ、日本の映画人たちはそれをうけて、自身のことを点検したり、反省したり、あるいは中国側に反論するなど、とにかく反応していた。それがきっかけとなって、『戦争と人間』の原作、山本薩夫監督の創作意図、さらに実際に出来上がった映画作品の三者が微妙に乖離しているという問題は、大いに議論されていた。当時の日中交流は情報の少ない閉鎖的状況であったにもかかわらず、現在の日本の現状と比べ、建設的な議論が健全なかたちでおこなわれていたように感じずにはいられない。

『永遠の０』に代表される現在の日本映画では、戦争をどういうかたちで表象すべきか、被害者の視点からかつての侵略の歴史がどのように映るか、という問題が軽視されつつあるように見える。「自分の国がかかわった戦争を表象するのに、他国の事情や視点など考慮する必要はない。なぜなら日本（人）の歴史は日本（人）のものだから」という類いの、傲慢かつナルシスティックな姿勢が顕著になってきているように思われる。「中国は日本に対して批判するばかりで、格差が大きいうえに政治的には独裁が続く、イデオロギー的にわけの分からない『未知の国』だ」というメディアによる一面的な中国報道と相まって、日本の世論のなかにも「中国が言っていることは問題外」と端から決めつけ、思考停止状態に陥り、結果、批判的な自己認識の前提としての他者の眼差しを考慮することなく、自己愛的な歴史表象をひたすら内向きに消費しつづける傾向が目に付くようだ。おそらくこうした日本の言説に対する評価は、多数の日本の読者にとり過度に厳しく響くかもしれない。しかし本書があつかった時代の映画界の思想状況を顧みると、前記の感慨を禁じ得ない。そういう意味では、一九七〇年代初頭はまだ「古き良き時代」だったといえるかもしれない。

当時、文革に対する日本側のイメージが非常に分裂しており、映画人を含めた日本の知識人のあいだにも動揺が広がっていた。『中国女』をつくっていた頃のゴダールに代表されたフランスのマオイストと同様に、一部の日本の知識人は、高度経済成長と裏腹にさまざまな矛盾をかかえた日本社会の現状に疑問と閉塞感を感じていたので、若者による直接行動をつうじて従来の古い慣習・社会制度を徹底的に否定しつくす文革に共鳴したのだった。彼らは毛沢東の平等社会の理念を手がかりとして、ユートピア的な日本社会の未来像を探しだそうとしていたのである。

現時点で振り返ると、文革時代がきわめて大きな負の遺産を残した暗黒の時代であったという認識は、日本・中国双方の社会に定着している。しかし歴史的にいかに問題含みにせよ、アンチ文革派を肯定し、文革を擁護した人々を切り捨てる態度もまた一面的であるように思われる。言い換えると、東西冷戦という情報の限られた時代状況のなか、ユートピア的な希望を、批判的な思考をつうじて見いだそうとしたその改革の試み自体は、否定すべきではないし、出来もしない。なぜならわれわれが生きる世界そのものが矛盾している以上、その解決のために、かかる試みが必然的に求められるのだから。

第四章 「改革開放」と日本映画

文革終焉後の中国では空前の日本映画ブームが起こった。一九七〇年代後半から一九八〇年代初頭にかけて、『君よ憤怒の河を渉れ』（佐藤純彌監督、一九七六年）、『サンダカン八番娼館 望郷』（熊井啓監督、一九七四年）、『愛と死』（中村登監督、一九七一年）、『人間の証明』（佐藤純彌監督、一九七七年）、『砂の器』（野村芳太郎監督、一九七四年）、『遙かなる山の呼び声』（山田洋次監督、一九八〇年）といった日本映画が続々と中国に輸入され、センセーションを巻き起こした。そして、中国における日本人スターに対する熱狂のなかで、カリスマ的存在として特権的な人気を獲得したのが、高倉健であった。二〇〇五年に高倉健主演の中国映画『単騎、千里を走る』（原題『千里走単騎』）を撮った張芸謀《チャン・イーモウ》監督は、著者とのインタヴューのなかで、かつての中国における高倉健の人気について、次のように振り返っている。

スクリーンで高倉健と最初に出会ったのは、一九七八年、つまり文化大革命の直後という歴史的にきわめて特殊な時期でした。文革期においては、国内の映画製作のみならず、外国映画の輸入もほとんどストップしてしまい、繰り返し見せられたのは、革命を題材とした限られた数のプロパガンダ映画だけでしたが、それらは非常に単調で退屈なものでした。文革が終焉を迎えると、内外の映画が徐々に解禁されるようになりました。どの映画の上映も、当時の観客にとって大きな出来事であり、どんな映画でも容易にヒットしました。テレビがまだ普及しておらず、他の娯楽の選択肢が少ない当時では、映画が中国国民にとってほとんど唯一の娯楽だったからです。

しかし、『君よ憤怒の河を渉れ』は、エンターテインメントとしての洗練度の高さと、高倉健のスター性によって、他の諸々の映画とは比べものにならないほどの絶大な人気を中国で獲得しました。たとえば、当時この映画を十回以上繰り返し観た人も少なくなかったのです。彼らは、どこかで『君よ憤怒の河を渉れ』が上映されるという噂を聞きつけると、四〜五キロを歩いてでも必ず駆けつけたものです。私は野外で上映された『君よ憤怒の河を渉れ』を観たことがありました。野外に巨大なスクリーンが張られ、正面の「一等席」に一万人が陣取ったばかりでなく、さらに八千人ほどの人々がスクリーンの裏側から裏返しの画面を観ていました。当時、高倉健がいわば中国における国民的スターだったのです。(1)

ここで張芸謀監督が述べているように、中国における高倉健ブームの背景には、文化大革命(一九六六〜一九七六)の終焉という歴史的な経緯があった。すなわち、一九七六年、文革は終焉を迎えると、国内での映画製作が再開され、さらに文革以前につくられた中国映画や輸入された外国映画も一挙に上映された。観客は猛烈な勢いで映画館に殺到した。その結果、一九七九年の中国における映画の観客動員数は、二九三億人(国民一人あたり二八回)という驚異的な数字に達した。(2)なかでも、一九七八年に初めて中国進出を果たした、『君よ憤怒の河を渉れ』をはじめとする日本映画は絶大な人気を博したのである。

いっぽう、一九七八年に「日中和平友好条約」が締結されたことに加えて、さらに鄧小平の改革開放路線への体制転換が追い風となり、日本映画ブームが起きたわけだ。そもそも日本映画がいち早く文革終焉直後の中国に輸入された直接のきっかけとなったのが、一九七八年一〇月の鄧小平の訪日であった。すなわち、「日中和平友好条約」の批准書交換式に出席するために来日した鄧は日本の産業発展の状況を視察し、大いに興味をもって日産製の自動車や、新幹線に試乗した。この時の新幹線の車内において「後ろからムチで打たれて追いかけられているような感じだ。(中略)私たちが今、必要としているのは、早く走らねばならないということだ」(3)とコメントした鄧は、さらに訪日中に次のように語った。「現在の国際間の進んだ、あらゆる技術、管理方式をとり入れて出発点にしたい。まず自分が遅れていることを認めることだ。（中略）正直に遅れを認めることによって希望が生まれる」[4]。

この鄧小平訪日の日程に合わせて、一九七八年一〇月に、日中交流を促進させるという趣旨で中国の八つの大都市で「日本映画祭」が開催されたが、これは「鄧小平副総理訪日記念」と銘打たれた。その直後に各分野において起きた日本文化のブームの背後には、日本を先進国のモデルとした経済改革を主眼とする鄧小平の改革開放路線への体制転換、というメッセージが多分に込められていた。たとえば、一九七八年に来日した鄧小平副総理に随伴した徐敦信《シュイ・トンシン》大使は、二〇一五年に著者の取材に対して「中国の人民、特に若い人たちは、日本映画をつうじて視野を広げ、外部の世界に接することによって、『思想解放』『経済発展』『改革開放』の必然性を実感できたのだと思います」[5]と証言している。

文革終焉以降の日本映画の中国への輸出は、主に一九七八年から一九九一年に至るまで継続していた「日本映画祭」を媒介としていた。このイヴェントの主催者は、中国側が国内の映画配給網のピラミッドの頂点に君臨し、また映画の輸出入事業を統括する「中国電影公司」であるのに対して、日本側は「日本映画製作者連盟」が正式な主催者となっているとはいえ、その中核的役割を果たしたのは、中国関連事業を専門とする徳間書店の子会社、東光徳間であった。

出版・音楽・映画に跨る徳間グループを一代で築き上げた徳間康快（一九二一～二〇〇〇年）は、一九六〇年代に『中国の思想』シリーズを刊行するなど、すでに出版活動において中国と接点をもっていた。さらに、彼は文革中に三回も訪中した。すなわち、一九六六年九月に日本出版代表団、一九七一年一〇月に日中文化交流協会代表団、そして一九七四年五月に日本出版編集者友好訪中団に加わり、中国を訪問したのである。そして、その際に、徳間康快は廖承志《リャオ・チェンジー》と会見し、日中映画交流について話し合ったのである。

しかし、日本と中国のあいだで実質的な映画交流が開始されるのは、文革終焉後だった。すなわち、一九七七年三月に第一回中国映画祭が日本で開催されたのに続いて、一九七八年一〇月に北京や上海といった八つの主要都市で「日本映画祭」が開かれた。これが文革後の日本映画の中国進出の発端となった。

その後「日本映画祭」は定例行事として、成都、蘇州、ハルビン、瀋陽、大連、昆明、蘭州、西安、ウルムチ、フフホトなど、中国各地でほぼ毎年開催され、そこで毎年、七~八本の日本映画が上映された。「日本映画祭」で上映された作品は、その後、中国の各都市へ配給されるというルートが確立された。

そして、この「日本映画祭」の期間中に、日本から監督や俳優など、著名な映画人をメンバーとする代表団が訪中することによって、中国の観客との交流や日中両国の映画人の交流が図られた。一九七九年に周恩来夫人であり政治家の鄧穎超《テン・インチャオ》は、訪中した中野良子、栗原小巻、吉永小百合と接見し、そのときの模様が中国のメディアによって大きく報道された。こうしたことからみても、日中国交正常化以降の日中映画人の交流は、まさに日中友好のシンボルをなすものであったといっても過言ではないだろう。

当時、大映の専務取締役を務めていた山本洋氏は、著者とのインタヴューのなかで次のように証言している。

「日本映画祭」での上映作品のラインナップにかんしては、中国側の要望も考慮に入れつつ、日本の各映画会社から推薦された作品のなかから、選考をおこなった。ライセンス料（放映権料）は一本当たり百万円という低価格となっており、徳間氏が「中国側はせいぜい一万米ドルしか出せないので、百万円で勘弁してくれ」と各映画会社を説得した結果であった。(6)

一九七〇年代後半から九〇年代前半にかけて中国側は、年に三〇本ほどの各国の映画を、一〇〇万米ドルの予算で買い付けており、一本あたり、平均三万米ドルの予算しかなかった。(7) そのような状況のなかで、徳間康快は採算を度外視してまで日本映画の紹介につとめていた。たとえば、九〇年代前半に中国で公開されたアニメ『風の谷のナウシカ』（宮崎駿監督、一九八六年）、『となりのトトロ』（宮崎駿監督、一九八八年）は、彼が一九九一年に中国側に寄贈したものである。(8)

しかし、一九九二年に「日中双方の映画事情が変化したことにより映画祭の相互開催を見直し、新しい情勢に応じた交流をする必要性があることが双方で確認された」という理由から、中国側の代表者が直接来日して日本映画を買い付けるというかたちに変わり、「映連」主催の「日本映画祭」に事実上の終止符が打たれたのである（一九七八年から一九九一年にかけて中国で一般公開された日本映画について、巻末の総覧を参照）。

図63　1979年9月，中国で熱烈歓迎をうける日本映画代表団

文革が終焉を迎えると、ユーゴスラヴィアなどの社会主義国の映画のみならず、アメリカ、ヨーロッパ、インドなど諸外国の映画が解禁され、盛んに上映されるようになった。とはいえ、わずかな例外を除けば、そのほとんどが、チャップリン映画のような古典や、シェークスピア劇などを原作とするヨーロッパの文芸映画、第二次世界大戦のゲリラ戦を描いた東欧映画など、舞台となる時代設定が現代とかけ離れた作品ばかりであり、製作されてから中国で上映されるに至るまで、きわめて大きなタイムラグがあったのである。

そのような状況のもとで、一九七八年一〇月に開催された第一回「日本映画祭」において、『キタキツネ物語』、『君よ憤怒の河を渉れ』、『サンダカン八番娼館 望郷』という三本の日本映画が上映され、文革後に初公開された資本主義国の新作映画として、中国の観客に衝撃をもって受け入れられた。(9)

たとえば、雄と雌のキツネの出会い、子供の誕生、子育てから、子ギツネの自立に至るまでのプロセスを、擬人化したかたちでヒューマニスティックに描いた『キタキツネ物語』は、文革発動以来久しく中国人の心から遠ざけられていた家族愛というモティーフが観客の心をつかんでロングラン作品となり、テレビでも繰り返し放映されたのである。

しかし、『君よ憤怒の河を渉れ』と『サンダカン八番娼館 望郷』は、『キタキツネ物語』とは比較にならないほどの大きなインパクトを中国の人々に与えることとなった。すなわち、これら二つの日本映画は、改革開放時代の到来を表すシンボリックな作品として熱狂的に受容され、中国における外国映画史上、空前絶後の大ヒット作となったのである。なかでも、とりわけ風俗のレヴェルにおいて中国社会にもっとも影響を及ぼしたのが『君よ憤怒の河を渉れ』であった。

第一節 「日本電影熱」の火付け役——『君よ憤怒の河を渉れ』と『サンダカン八番娼館 望郷』

（一） 一〇億人のショック体験——『君よ憤怒の河を渉れ』

一九七六年に徳間書店傘下の大映が、西村寿行の同名小説を映画化した佐藤純彌監督作『君よ憤怒の河を渉れ』は、東映から離れて新機軸を打ち出そうとした高倉健の第一作であった。

東京地検検事である杜丘冬人（高倉健）は、強盗や強姦、殺人など、身に覚えのない容疑を次々とかけられ、矢村警部（原田芳雄）によって執拗な追跡を受ける。それは、朝倉という代議士が変死した事件をめぐって、政界の重鎮である長岡了介が自殺だと証言したにもかかわらず、他殺説を主張する杜丘が調査に踏み出したからであった。逃走中の北海道で杜丘は、牧場主の娘、真由美（中野良子）と出会い、彼女の助けを得て警察の追及から逃れ続ける。やがて杜丘は、朝倉代議士を死へと至らしめた黒幕が長岡にほかならないことを突き止め、長岡を射殺することによって、みずからの嫌疑を晴らす。

日本において『君よ憤怒の河を渉れ』は、公開当時からそれほど大きな反響を呼ぶことはなく、今日ではほとんど顧みられなくなった作品の一つであることは否めない。それに対して、一九七八年に『君よ憤怒の河を渉れ』が中国で公開されるや否や、社会現象になるほどの熱狂的な人気を巻き起こした。高倉健や原田芳雄、中野良子のヘアスタイルや衣装が流行の指標となり、ヒロインの役名にあやかった美容室や化粧品が数多く出現し、「私たちが上げた経済効果は何億になるかしら」と主演女優の中野良子に言わしめたほどであった。

また、この映画をネタにした漫才までもが作られた。その設定は、『君よ憤怒の河を渉れ』の熱烈なファンが日常生活のあらゆる場面でそのセリフを強引にもちいるというものであり、漫才師はシンセサイザーによるこの映画のテーマ音楽を鼻歌で真似たり、さまざまな役柄の声色を使って観客を大いに沸かせた(10)。このような漫才がヒットしたことは、オリジナルの映画作品が中国においていかに人気があったかを如実に物語っているといえるだろう。

一九七九年に北京でおこなわれた調査によると、「一九七八年に封切られた『君よ憤怒の河を渉れ』は北京市だけで二七〇〇万人以上の観客動員を達成したが、観客の要望に応じて、上映は一九七九年現在もまだ続いている(11)」というほどの大ヒットであった。また、一九九九年におこなわれた調査によると、『君よ憤怒の河を渉れ』は約八割の中国国民に親しまれていたという(12)。

都市のモダニティー体験の反復

スター俳優を軸に大量生産されたサスペンス映画の一つにすぎない娯楽作品である『君よ憤怒の河を渉れ』が、いったいなぜ中国においてかくも熱狂的に受容されたのであろうか。

おそらく、その第一の要因は、この映画で描き出される資本主義社会の物質的な豊かさにあったといえるだろう。新宿の高層ビル群、ホテルや豪邸での贅沢なライフスタイル、登場人物たちの洗練されたファッション。『君よ憤怒の河を渉れ』においては、こうした資本主義世界の華麗で豊かな光景が、素早いズームや斬新なカット、スペクタクル溢れる追跡シーン、さらには電子楽器によるＢＧＭをまじえて、きわめてモダンなものとして呈示されている。灰色の人民服を身にまとい、六一四元（一万円程度）程度の平均年収で、家と職場のあいだを自転車で往復する毎日を過ごしていた当時の中国の都市生活者にとって、このようなモダンな都市表象が、彼らの想像力をはるかに上回る新鮮な光景として映ったであろうことは想像に難くない。(13) いうなれば、『君よ憤怒の河を渉れ』は、文革終焉直後の中国の人民に対して、いまだ見知らぬ資本主義世界をスクリーン上で疑似体験するという機会を提供したのだ。そしてそれは、刺激に満ちたきわめて新鮮な体験であった。たとえば、映画研究者張頤武《チャン・イーウー》は、二〇〇五年の時点で次のように振り返る。

『君よ憤怒の河を渉れ』は、ある世代の中国人が共有している文化的記憶であり、異文化からの衝撃を再度うけた際に感じた極度の驚きの証ともなった。（中略）二十数年前に九インチの白黒テレビをとおして観たこの映画は、そのなかに現れたすべてが、我々が置かれた現実とは異なり、まるで異星人の世界のようだった。(14)

そしてジャーナリストの張志東《チャン・ジートン》は、二〇〇三年の時点で次のように述べている。

二十数年前に、映画に対する中国人の認識が、まだ演劇的なレヴェルにとどまっていたころに、『君よ憤怒の河を渉れ』は、モンタージュを様々にもちいてよどみない速いテンポを作りだすことによって、きわめて新鮮なかたちで中国人の視覚に訴えかけた。(15)

また、二〇〇四年に中国のテレビ局によって日本映画音楽の特集番組が放映され、青山八郎による『君よ憤怒の河を渉れ』の主題歌と音楽も取り上げられたが、そのなかで、一九八〇年代にデュエット曲で一世を風靡した歌手の牟《ムー》・玄甫《ショワンプー》は、次のように証言している。

> 『君よ憤怒の河を渉れ』を観たあと、みんな競って矢村刑事（原田芳雄）の格好を模倣してトレンチコートやサングラスを購入し、髪の毛を長く伸すようにしました。（中略）ヒロインの真由美はそれほど美人ではありませんが、ストレートの髪を肩まで伸し、洗練された洋服を身にまとう彼女の独特な雰囲気は、当時の観客を魅了しました。また、彼女が馬に乗り、高倉健を救いだす場面では、眩しい照明のなか、シンセサイザーによる緊迫感に溢れる音楽が、愛の高まりを引き立てていました。[16]

原田芳雄や中野良子のファッションを懸命に模倣する中国の若者たち。そうした欲望のうちには、『君よ憤怒の河を渉れ』によって掻き立てられた物質的豊かさに対する強い憧憬の念があったことは明らかであろう。彼らはスクリーン上で豊かな日本を疑似体験することを超えて、さらに、ヴィジュアルな次元での模倣をつうじて、みずからの身体を映画の登場人物と一体化させようとしたのだ。

だが、これらの証言から同時に窺えるのは、『君よ憤怒の河を渉れ』に対する熱狂的な反応が、ヴィジュアルな次元のみならず、聴覚的な次元によっても引き起こされたということである。斬新な映画技法によって映しだされた人物像が、視覚的な刺激となってスターへの風俗的レヴェルでの模倣という現象を生んだとすれば、青山八郎によるディスコ調のテーマ音楽は、サンヨーのテープレコーダーから流れる曲にあわせてディスコダンスを踊り狂うことが流行の最先端であった文革終焉直後の中国の解放的な時代風潮にぴったりとマッチしていた。「まるで鞭で叩かれているように、その速いテンポについていくうちに興奮を覚える」という当時の証言があるように、『君よ憤怒の河を渉れ』の刺激的なメロディーにも多くの若者が惹かれたのである。当時、多くの中国の観客が、この映画の挿入歌や音楽を口ずさみながら自転車を漕いで仕事に向かっていたことも、このような聴覚的な刺激の大きさを物語っているだろう。[17]

このような、『君よ憤怒の河を渉れ』が与えたショッキングな体験は、二〇世紀初頭における都市のモダニティー体験を連想せずにはいられない。日本と同じく、二〇世紀初頭から西洋化の波が押し寄せた中国では、上海を中心として、洋服やジャズ、ダンスホールなどに象徴される西洋文化を熱狂的に取り入れた。そして、上海の都市文化を研究している李欧梵《リー・オーファン》が指摘しているように、こうした西洋化の過程には、スピード、パワー、スペクタクル、センセーションと結びついたショック経験がともなっていた。注目すべきは、これらの近代を想起させる諸要素が、すべて中国における『君よ憤怒の河を渉れ』の受容のプロセスに凝縮されていたことである[18]。つまり、二〇世紀初頭の都市のモダニティー体験が、『君よ憤怒の河を渉れ』を媒介として、文革終焉直後に再び反復されたといえるのではないだろうか。

さらに、『君よ憤怒の河を渉れ』ブームの背景には、一九四九年以降の中国映画において、都市への欲望が厳しく抑圧されていたという経緯があったことを見逃してはならない。「革命の勝利を収めた農村が、取り残された都市を包囲する」という毛沢東による中国革命の戦略の反映として、農村が革命の担い手として称揚される一方、物質文明が進んだ都市は、革命の文脈においてむしろ立ち後れている存在と見なされた。新中国建国以後、都市を描いた映画がごくわずかしか製作されなくなったのは、その端的な表れである。さらに都市は、堕落した西欧のデカダンス文化の産物としても否定されるべきものであり、モダニズム的な諸要素がしばしば諷刺の対象とされた。

たとえば、ブルジョア的な登場人物を下から照明を当ててわざと不気味に映しだしたり、ジャズやネオンをパロディー的にもちいることで都市生活の軽薄さを批判することが、中国映画において頻繁におこなわれていたのである。このように、従来の中国社会の価値観においてブルジョワ腐敗文化としてネガティヴにとらえられていた都市が、『君よ憤怒の河を渉れ』において、初めてポジティヴなものとして登場したことによって、中国の観客がうけるカルチャーショックは計り知れないものとなったのである。

このような映画における疑似体験と並行して、現実においても、当時の中国は、先進国の日本をショックと羨望とともに体験していたといえる。すなわち、一九七八年一〇月の鄧小平の訪日に続いて、政府関係者、研究者、企業家をメンバーとした代表団が次々と日本を訪れ、日本社会の繁栄を身をもって実感したのである。たとえば、国家経済委員会考察団のメンバーとして一九七八年に訪日した鄧力群《テン・リーチュン》と馬洪《マー・ホン》は、その驚きを次のように述べている。「普通の工場労働者の家族は、一般的に四〇～五〇平方メートルの住居に住み、九五％以上の家族がテレビ、冷蔵庫、洗濯機、テープレコーダー、掃除機、電気炊飯器を所有している。（中略）日曜日ににぎやかな街に出ても、同じ洋服を着た女性の姿を目にすることはなく、我々の案内役の女性スタッフも、毎日違う洋服を着ていた」(19)。

こうした当時の中国人の証言は、たんなる物質的な豊かさに対する驚嘆にとどまらず、実際に日本を体験することをつうじて、これまで絶対的な悪と見なしつづけてきた資本主義国のイメージを、生々しい手触りとともに、豊かな実像へと書き換えたことを示しているといえるだろう。そして、このような価値観の変化のなかで、近代化路線へと転換した中国の、日本を含めた世界の先進諸国をモデルとし、経済発展を成就しようとするメンタリティーとエネルギーが育まれていったのである。

だが、文革終焉直後の中国における『君よ憤怒の河を渉れ』の大ヒットの要因は、その勧善懲悪的なストーリーも大いに与っていた。すなわち、当時の中国では、一九五七年の反右派闘争や文革で失脚した人々の名誉回復が進んでいたのであり、そのような時代状況において、無実の検察官杜丘（高倉健）が、警察の追手を逃れながら自らの身の潔白を証明していくという『君よ憤怒の河を渉れ』のストーリーに、多くの観客が共鳴したのである。冤罪事件や社会秩序の乱れといった文革期の負の遺産を早急に処理して、経済体制改革を推進することを目指す中国の新指導部は、国民に対して「つらい過去を忘れ、未来に向かえ（向前看）」と盛んに呼びかけた。そのため、文革中のプロパガンダ映画を特徴づけていた復讐というテーマが、一時的とはいえ抑制された。たとえば、一九八〇年製作の『原野』（凌子《リン・ツィ》監督）は、完成後も八年間にわたって上映禁止とされたが、「農民が地主に復讐するという仇討ちのテーマは文革終焉直後の社会秩序の再建に悪影響を及ぼす」というのがその主な理由であった。『君よ憤怒の河を渉れ』のシン

図64 『君よ憤怒の河を渉れ』の撮影現場で高倉健，中野良子に演技指導をおこなう佐藤純彌監督．写真提供：佐藤純彌

図65 『君よ憤怒の河を渉れ』のスタッフたち．写真提供：佐藤純彌

プルなストーリーは、文革期の暗い記憶がいまだに生々しく残る中国の人々にとって、現実においてはなおも解消されない鬱憤の捌け口となり、主人公が徹底的に悪を懲らしめる痛快さと、名誉回復のカタルシスに対して、彼らは共感し、大いに喝采したのである。

ヒロインに対する日中の対照的な評価

高倉健、中野良子、原田芳雄が演じるそれぞれのキャラクター像もまた、『君よ憤怒の河を渉れ』ブームの大きな要因の一つとなった。たとえば、中野良子が演じる、命を懸けて愛を貫こうとするヒロイン真由美の姿は、資本主義国の女性に対するステレオタイプを形成しただけではなく、強い意志を湛えた眼差しや機敏な仕草といった彼女の演技の特徴は、のちの中国人女優の劉暁慶《リュウ・シャオチン》やコン・リー（鞏俐）の演技にもある程度の影響を与えたのではないかと思われる。

さらに、中野良子自身が自伝において「革命（文革）の傷がまだ癒えていない時期に、真由美が現れたのである。実社会では、人を信じて素直に生きることの難しい状況が長らくつづいた。その後遺症の残る心に、人生の喜びを謳い上げた作品がタイミングよく現れ、しかも登場人物の行動線が、無実の罪から人を救いだすというものだった。それを見た中国の人々は、内に押さえつけられていた、さまざまな願望のようなものが、新鮮な刺激を受けて一気に吹き出てきて、新たな希望を感じたのかもしれない」と述べているように、『君よ憤怒の河を渉れ』の流行から中野良子は、このあと急激に近代化に向かう中国の潜在力を感知したのである。[20]

そして、文革終焉直後の中国において衝撃とともに受けとめられた中野良子のイメージは、その後も中国の映画観客を魅了しつづけた。『君よ憤怒の河を渉れ』が大ヒットした翌年の一九七九年に、同じ中野良子主演の『お吟さま』（熊井啓監督、一九七八年）が中国で公開されると、ファーストシーンにおいて彼女が着物姿で登場した瞬間に、映画館ではどよめきの声が上がるほどであった。また、『お吟さま』のキャンペーンのために七九年に訪中した中野良子は、中国の群衆の熱狂の渦に巻き込まれ、押し寄せる人波に押しつぶされるのではないかという恐怖のあまり、ついには食事も喉を通らなくなったという。そして今日の中国社会においても中野良子が相変わらず高い知名度と人気を維持していることは、彼女がなおも中国のテレビ・コマーシャルに登場していること、また二〇一四年六月に第一七回上海国際映画祭のレッドカーペットを歩く中野良子が、中国の観客の大歓声に迎えられたことからも窺える。

しかし、公開当時の日本側の映画批評では、このヒロイン像がまったく説得力のないキャラクターとして酷評されていた[21]。それまでの高倉健主演作における、彼に守られる受動的なヒロインとは異なり、窮地に追い詰められた彼を救いだしたのがこの真由美だった。くわえて高倉健と中野良子のラブシーンまで登場するなど、二人の男女関係が終始クローズアップされている点においても、「セックスアピールもなく、恋愛もしない」というストイックな健さんイメージから大きく逸脱している。やはり従来の高倉健のイメージを傷つけることに繋がったという点が酷評された一因だったのではないだろうか。

さらに、佐藤純彌監督は著者とのインタヴューのなかで『君よ憤怒の河を渉れ』のヒロイン像について次のように分析している。

僕は若いころに黒澤明監督の『わが青春に悔なし』（一九四六年）を観て、原節子が演じる知的で行動的なヒロインに深い感動を覚えました。いつしか自分の映画の中でもこういうヒロインを登場させたいなと思ったわけです。（中略）たぶん行動的な女性像は、日本人の目にはリアリティーの乏しいものにしか映らなかったのだと思います。逆に女性の社会進出が進んでいた中国の文脈においては、成立しやすかったのではないでしょうか。[22]

佐藤監督が指摘したように、ヒロイン像に対する日中の評価のギャップは、両国における女性の社会的地位の違いにも起因していたのである。

「人格者」と化した高倉健

中国語ヴァージョンの『君よ憤怒の河を渉れ』は、さまざまな箇所が検閲によってカットされた修正版であったことを忘れてはならない。たとえば、警察に追われる高倉健を中野良子が浴室に匿い、全裸になって警察官を追い払うというシーンでは、検閲の結果、彼女が服を脱ごうとする瞬間にカットが入り、次のシーンでは中野良子の姿は消え失せ、かわりに高倉健のみが立っているという奇妙なシーンとなってしまった。また、高倉健と中野良子のラブシーンも完全に削除された。さらに、倍賞美津子も、「特別出演」とクレジットに名前が載っているにもかかわらず、中国語ヴァージョンでは彼女の姿は一切登場しない。彼女の役は、中野良子と同じく、危機一髪のところで高倉健を助けるという女性であるが、街娼という設定に加えて、ビキニ姿で昏睡状態の高倉健の布団にもぐり込んだり、「私なんか法律を守ってたら生きていけないもん」という挑発的な台詞を述べたりするようなシーンが、中国の検閲の基準に抵触してしまったからであろう。

このように、女性との絡みがことごとく削除された結果として、中国語ヴァージョンの『君よ憤怒の河を渉れ』における高倉健は、きわめて禁欲的な存在となった。加えて、裸足で逃走する高倉健が法事中の寺で他人の靴を盗んだりするシーンなど、道徳的に問題のある箇所もすべてカットされることによって、高倉健は完全無欠な人格者へと変貌したのである。こうした検閲は、中国人民を資本主義的な悪影響から守るというイデオロギー的な配慮からおこなわれたものであるが、オリジナル作品の映画的な完成度を損なった反面、一種の理想像としての高倉健のイメージをつくりあげ、それが中国における熱狂的な高倉健ブームの下地となったのではないかと推測される。それについては、第六章で詳細に論じることとなる。

（二）　社会派映画に注ぐエロティックな視線——『サンダカン八番娼館　望郷』

このように、『君よ憤怒の河を渉れ』が、豊かな資本主義社会としての日本をショッキングな刺激のなかで疑似体験させるとともに、その勧善懲悪的なストーリーによって文革終焉直後の中国の観客を大いに魅了したとすれば、過去の悲惨な事実を伝えることに重きを置いた熊井啓監督の社会派映画『サンダカン八番娼館 望郷』が、やはり中国において『君よ憤怒の河を渉れ』にまったく劣らないほどの人気を博したのは、きわめて特異な現象であるといえるだろう。

『君よ憤怒の河を渉れ』は徳間康快が社長を務める新生大映の自社作品であるということでいち早く中国へ紹介さ

れたが、[23]『サンダカン八番娼館 望郷』が中国へ渡った経緯について、熊井啓監督は一九七八年の時点で次のように語っている。

日本を訪れた代表団などをつうじて『望郷』の評判は以前から中国につたわっていたようだ。昨年十月日本映画人代表団（著者註：一九七七年、木下惠介、小林正樹、熊井啓、吉永小百合らをメンバーとする日中文化交流協会の訪中団）で訪中した時、『望郷』を持ってきてほしいと中国側から要望があり、その時、中国の関係者が、「種々問題はあるが、基本的によい映画だ」と評価してくれた。帰国後、再び中国側から要望があって三五ミリを送り、『望郷』が日本映画週間で上映されることになった。[24]

山崎朋子の原作にもとづく『サンダカン八番娼館 望郷』は、アジア女性史の研究家である三谷圭子（栗原小巻）が、かつて「からゆきさん」であった老婆のおサキ（田中絹代）におこなったインタヴューを軸として、海外売春婦の実態を描いた映画である。戦前にボルネオのサンダカンへ連れて行かれた主人公の地獄のような生活や、売春宿の女将の助けによって日本へ帰国した彼女を待ち受けていた偏見や貧困生活を赤裸々に描写したこの作品は、一九七四年に日本で封切られたとき、真摯な製作姿勢が日本映画に一つの方向性を示したとして高く評価され、また海外売春婦をテーマとした異色作としても一般観客の注目を集めた。

とはいえ、『サンダカン八番娼館 望郷』に対する日本での反応は、中国におけるこの映画の絶大な影響力とはまったく比較にならなかったといえるだろう。たとえば、当時の中国の観客は、『サンダカン八番娼館 望郷』の公開時の様子について、次のように証言している。

当時私は映画館に勤務していました。『サンダカン八番娼館 望郷』が上映されたとき、映画館の支配人や切符売場の責任者は職場に行くことを恐れていました。というのも、あまりにも大盛況でチケットが入手困難なので、何とかしてほしいと頼んでくる親戚や友人が後を絶たず、困惑していたからです。私は、苦労の末に、無二の親友のために一枚の深夜一時半のチケットを一枚手に入れました。その友人は夜一〇時に就寝し、目覚まし時計で深夜一時に起きだして映画館に行きました。終映は午前三時過ぎ。帰宅して少し睡眠をとったあと、また出勤しました。(25)

私は首都映画館の近くに住んでいました。『サンダカン八番娼館 望郷』のチケットは定価の一角五分では手に入れることはできず、ダフ屋の値段はその一〇倍以上の二元にもなっていました。それでも四、五回も繰り返して観た人が少なくなく、観たあとに誇らしげに人に言い触らす者もいました。それを聞いた私は、どうしても観たいという気持ちを押さえきれなかったものの、三七元の月収ではとても手が出ませんでした。『サンダカン八番娼館 望郷』が公開されてから一ヵ月後、二番館に回されて初めて観ることができました。(26)

このように、『サンダカン八番娼館 望郷』は、一般観客の関心を強く惹きつけ、中国の各メディアに取り上げられたばかりではなく、きわめて異例なことに、政府の機関紙である『人民日報』においても映画評が掲載された。(27)しかしながら、はたしてなぜ『サンダカン八番娼館 望郷』は、文革終焉直後の中国において、これほど大きな反響を呼んだのであろうか。

階級抑圧という解釈

その第一の理由としては、『サンダカン八番娼館 望郷』の基調をなすセンチメンタルな語り口が、文革を経験した中国人にとって馴染みやすいものであったことが挙げられる。

一九二〇年代の農村革命時代から文革期に至るまで、共産党政府による思想教育の重要かつ有効な手段として、貧困や虐待といった封建社会・資本主義社会の罪を、人民が過去の苦い経験をもって告発する演説（訴苦、伸怨、憶苦思甜）がしばしばもちいられてきた。演説者に対する強い感情移入を介して、聴衆に一種のカタルシスをもたらすことを目的としたため、演説する側には、インパクトのあるエピソードや扇情的な話法に加えて、さらに、かつて着用していた襤褸や、虐待の証拠となる血痕の付いた服のような話に信憑性をもたらす物証が求められた。

このような現実における「告発」のパターンが映画にも反映され、次第にストーリーの重要な契機としてステレオタイプ化されていった。文革期に製作されたさまざまな映画作品において、演説者の扇情的な語り口と、それを聞いて涙ながらに拳を振り上げる聴衆の声とが相呼応して、会場が興奮の渦と化すという場面が頻繁に登場する。さらに、それはストーリー構成にまで影響を及ぼし、新旧社会を対比させ、かつての苦難を振り返り、新中国の素晴らしさを謳歌するという新たな映画ジャンルが形成されたのである。

こうした文革期中国のプロパガンダ映画に典型的なスタイルは、日本社会でもっとも抑圧された階級である娼婦の運命をセンチメンタルに描いた『サンダカン八番娼館 望郷』とも相通じるものがあった。たとえば、売春宿の女将が、死の床に売春婦たちを呼び集め、彼女の唯一の財産である一袋の指輪を持ってこさせて皆に配るというシーンでは、袋から勢いよく出された無数の指輪がアップで写され、感動的な音楽が流れるなかで、瀕死の女将の口から「この指輪の一つ一つはわしの血と涙のしるしばい」という台詞が述べられる。まさにこのシーンには、中国の思想教育における「告発」のパターンのすべてが凝縮されているといえるだろう。

また、この映画のなかで女性たちを搾取する悪役がきわめて戯画的に描かれていることも、また文革期のプロパガンダ映画のそれとまったく類似しているといってよい。

さらに、栗原小巻が扮したアジア女性史研究家が、かつての海外売春婦にインタヴューをおこなうという構造も、共産党政府が貧しい労働者の苦情を聞取調査するという「訪貧問苦」や「三同」と称された手法と一脈通ずるものであり、中国の観客たちがすでに馴染んだパターンであった(28)。

現在から見ると、『サンダカン八番娼館 望郷』には、センチメンタルな演出のみならず、重厚な演技やドラマティックな場面が随所に見られるが、当時の中国ではむしろ、リアリズムに徹したノンフィクション映画として受け止められた。というのも、当時の観客たちは、奴隷のような生活を強いられている資本主義諸国のプロレタリア階級を抑圧や搾取から救いださなくてはならない、という思想教育を文革終焉まで繰り返し受けつづけていたために、『サンダカン八番娼館 望郷』のなかに、そうした諸外国についてのネガティヴなイメージと完全に一致するものを認めたからであった。また、当の資本主義国家において製作された作品であったこともまた、この映画の描写により一層の信憑性をもたらした。たとえば、次のような当時の映画評がある。

今日に至るまで、日本といえば鉄兜、銃剣、ブーツといった軍人のイメージが湧いてくる。しかし、『サンダカン八番娼館 望郷』を観て初めて、日本の労働者階級が、我々の前の世代と同じく、旧社会のなかで苦しみに喘いでいたばかりでなく、日

図66　かつての「からゆきさん」サキにインタヴューするアジア女性史研究家・三谷圭子. 『サンダカン八番娼館　望郷』©1974 TOHO CO.,LTD

図67　中国の映画雑誌に取り上げられた『サンダカン八番娼館　望郷』(『人民電影』1978年12月号)

本軍国主義による侵略戦争の被害者であることが分かった。ここで私は「日本軍国主義者は、中国人民に災難をもたらしたばかりでなく、同時に日本人民にも災難をもたらした」という周恩来総理の言葉を不意に思いだした。それまでこの言葉を理解できなかったが、『サンダカン八番娼館 望郷』を観てようやくその真意を理解できるようになった。(29)

『君よ憤怒の河を渉れ』における物質的な豊かさは、ショッキングな刺激と羨望とともに近代化のモデルとしての日本のイメージの構築に寄与したといえるが、『サンダカン八番娼館 望郷』における労働者階級の苦難というテーマもまた、日本のイメージを好転させることに大きく貢献したといえる。すなわち、『サンダカン八番娼館 望郷』をつうじて、それまでほとんど知らされなかった軍国主義政策の被害者としての日本の庶民の姿を、ショッキングな映像として目のあたりにすることによって、文革後の中国の観客のなかで、かつての支配国家であった日本に対する親近感が芽生えたのである。

エロティックな眼差し

しかしながら、文革終焉直後の中国において、『サンダカン八番娼館 望郷』を観るために映画館に駆けつけた人々の心中には、エロティックな期待感が多分に隠されていたことを看過してはならない。売春婦の運命を正面から描いた『サンダカン八番娼館 望郷』は、その題材自体が、当時の中国の観客の好奇心を惹きつけるのに十分であった。というのも、文革中の中国映画において、セクシャルな表現は、どれほど軽微なものでも一切排除されていたからだ。この映画を通して初めて「娼婦」という言葉を耳にした観客や、あるいは初めて女性のヌードを見た若者も少なくなかったという。事実、多くの観客は、『サンダカン八番娼館 望郷』を、成人映画（少児不宜）やピンク映画（黄色電影）の一種として受容していたのである。

とはいえ、セクシャルなシーンに対する当局の検閲がなかったわけではない。当時の中国映画では、いかなる文脈であっても、ヌードシーンを登場させることは完全にタブーであった。それに対して、外国映画の上映にあたっては、イデオロギー上の理由から、際どい表現がある程度まで例外的に許されることもあった。

『サンダカン八番娼館 望郷』の場合、中国に輸出されるまえに、ヌードやセクシャルな描写が登場するシーンの一部を熊井啓監督自身がカットしたが、中国で公開される際には、さらに中国の検閲側によってカットされたという(30)。そのため、『サンダカン八番娼館 望郷』の中国語ヴァージョンでは、ストーリー展開の上で何が起きたかを観客が理解できるだけの最小限のシーンしか残されなかった。たとえば、ヒロインが現地人の男と初めて売春をおこなうシーンでは、オリジナルでは、客が彼女をベッドに荒々しく突き落とすショットのあとに、裸になった客がヒロインの上に覆い被さるというショットが続くが、中国語ヴァージョンでは、苦しみで顔を歪めたヒロインの表情のアップのみが映される。しかし、それだけでも、当時の中国の観客にとっては生々しくショッキングなものであったに違いない。ほかにも、ヒロインが半裸で大雨の降る庭に横たわるショット、浴槽に体を沈ませたヒロインの上半身を水中から撮ったショットも検閲の鋏を免れた。すなわち、外国映画における資本主義批判のテーマと、エロスや暴力の表現とは、そもそも表裏一体となってつくられていたため、それを剝離・抽出するのも困難であり、ある程度許容されたのである。それに対して、『君よ憤怒の河を渉れ』においてエロティックな場面がすべてカットされたのは、そこにはメッセージ性が欠如しており、女性のヌードを見せる必然性がないと当局が判断したためであろう。

思想解放への呼びかけ

そうした状況のなかで、『サンダカン八番娼館 望郷』が中国の厳しい映画検閲をパスしたことはまさに奇跡といえるが、それを可能にしたのが、この映画のなかで強烈に打ちだされている社会批判というテーマであることは言うまでもない。しかも、中国における『サンダカン八番娼館 望郷』の受容のプロセスのなかでは、階級抑圧というモティーフがさらに強調された。

たとえば、『サンダカン八番娼館 望郷』の最後に置かれた、田中絹代によって演じられるかつての「からゆきさん」が、栗原小巻の扮するジャーナリストと別れる際に大声で泣くというシーンに対して、当時の映画評論では、次のように解説されている。「おサキの悲劇は、彼女を性的対象として搾取してきた男たちに起因するだけではなく、日本の地主・資本家階級による圧迫や、彼らによる対外侵略の政策によってもたらされたものだった。（中略）おさきという、一生涯にわたって搾取され、抑圧されてきた労働者階級の女性は、今までの苦しみを、この泣き声とともに一挙に吐きだした」[31]。

また、ほかの『サンダカン八番娼館 望郷』評においても、「中国の青年は、おさきに代表された労働者階級の運命をとおして、階級抑圧を根絶しなくてはならないことを痛感することができた」と指摘された[32]。このように、オリジナル作品における女性解放というフェミニズム的なテーマが、中国側の受容のプロセスのなかで、むしろ資本主義社会における階級抑圧というテーマへと置き直されたのである。

さらに、『サンダカン八番娼館 望郷』における反戦というモティーフも、中国において大きく取り上げられた。当時の中国の映画評は、日本映画における歴史観、とりわけ第二次世界大戦に対する姿勢に注目していた。『サンダカン八番娼館 望郷』には、マレーシアでの日本軍による虐殺のスチール画面や、戦火に燃える町のシーン、そして日本軍の残虐行為に怒りをぶつける現地の老人のシーンが出てくる。いずれも、時代背景の呈示として短いショットで示され、一般観客が看過しがちなシーンであるが、映画評では、それを製作者が正しい歴史認識をもっていることの証左として取り上げ、絶賛したのである[33]。

しかし、『サンダカン八番娼館 望郷』におけるセクシャルな描写が、当時の中国においてある程度まで許容されたことは、資本主義社会批判というテーマのためばかりではなかった。脚本家の曹禺《ツァオ・ユィ》（一九一〇～一九九六）は次のように述べている。

『サンダカン八番娼館 望郷』を巡って大きな社会論争が起き、上映禁止の噂まで飛び交っていたため、急いで友人にチケットを手配してもらって観にいった。（中略）私の友人の息子が『サンダカン八番娼館 望郷』を観た後に、「弱肉強食の社会制度が何かがようやく分かった。我々がどんなに幸せなのかも実感できた」と感激したという。（中略）また、ある青年は「『サンダカン八番娼館 望郷』は社会に悪影響を与えるピンク映画だ。もともと我々は売春宿なんか全く知らなかったのに、この映画を通してたくさん醜悪なものを目にした」と言う。しかし、中国の若者は醜悪なものや暗黒面を知らなくてもいいのであろうか。我が国の人民も、かつての腐敗した社会の暗黒から立ち上がってきたのではないか。病気の存在を知らないままで、いつまでも健康を保つことができるであろうか。むしろ逆であろう。文革時代の害毒に犯された人々は、いまだに清潔で純粋な世界の存在を信じつづけ、そうした世界でしか安心して生きられない。だが、このような「浄化」を徹底的に追求するならば、外部の世界に対して見ざる聞かざるというようになってしまう。これは実際に、文革時代の愚民政策の反映にすぎなかった。(34)

資本主義の有害性が「病気」であるとすれば、「健康」な社会主義を保つためには、病気のメカニズムを熟知する必要がある。つまり、資本主義という「病気」から目を背けたり、文革のような究極の「浄化」を実行しようとするのではなく、その存在をしっかりと見据えたうえで、冷徹に批判的な分析をおこなわなくてはならない。それゆえ、『サンダカン八番娼館 望郷』に含まれるエロティックなシーンは、資本主義社会の害毒を正しく認識し、文革の愚民政策を打破するためには欠かせないものであると曹禺は主張しているのである。

このような発想の転換には、文革後の中国政府の「思想解放」政策が色濃く反映されているといえる。すなわち、文革終焉直後の中国において、毛沢東が生前指定した後継者である華国鋒が最高指導者として政治的実権を握ったため、「毛主席が決めたことであれば擁護すべきであり、毛主席の指示であれば終始一貫して遵守すべきである」という個人崇拝的な方針が相変わらず支配的であった。それに対して、鄧小平に代表される「脱文革派」は、毛沢東理論を相対的にとらえることを主張し、教条主義的で唯心論的な個人崇拝を痛烈に批判したうえで、「精神的束縛を打破し、思想を解放せよ」、「禁令を下すことと、タブーを作ることをやめよう」と呼びかけた。文革終焉直後の中国において、日本映画をはじめとする西側資本主義国の映画が積極的に上映されたのは、この「思想解放」キャンペーンの一環であったのである。

そして、『サンダカン八番娼館 望郷』という問題作の上映が許可されたことも、また資本主義社会の実像や、文革時代のさまざまな矛盾、晩年の毛沢東主席の誤謬など、それまで隠蔽しつづけたものを徐々に解禁し、国民の目に晒していくという「思想解放」政策をもっとも反映した出来事の一つであるといえるだろう。いうなれば、鄧小平ら「脱文革派」は、改革開放への路線転換のメッセージを、映画という娯楽メディアをつうじて、一般大衆に対してヴィジュアルなかたちで訴えかけたのだ。そしてそこには、外国映画がもたらす禁断の実を味わうような快楽と、文革期に制度化されたさまざまなタブーを打破するカタルシスを巧みに利用することで、改革開放路線に対する国民の支持を集めようという、周到な計算が窺える。要するに、『サンダカン八番娼館 望郷』を敢えて国民に見せることは、思想解放への呼びかけにほかならなかったのである。

したがって、『サンダカン八番娼館 望郷』の受容のプロセスにおいて強調された階級抑圧というテーマは、一種のフェイクであると考えるべきかもしれない。すなわち、改革開放路線へのスムーズな移行を遂げようとする中国政府が、急激なイデオロギー上の変化を国民に抵抗なく受け入れさせるために、文革時代の名残を色濃く湛えた階級抑圧というテーマを緩和措置として敢えて持ちだしたのだ、と。おそらく、当時の中国政府が日本映画を積極的に輸入・解禁したことの本当の狙いは、文革期に形成されたさまざまなコードを、外国映画を媒介として徐々に解体してくことで、世界を視野に入れた近代化の方向へと国民を誘導していくことにあったのではないだろうか。

第二節　ヒューマニズムの奪回――『愛と死』と『砂の器』

一九七八年の中国は『君よ憤怒の河を渉れ』と『サンダカン八番娼館 望郷』の話題で持ちきりだったが、その翌年からは、『愛と死』、『人間の証明』、『砂の器』、『華麗なる一族』（山本薩夫監督、一九七四年）、『金環蝕』（山本薩夫監督、一九七五年）、『絶唱』（西河克己監督、一九七四年）、『遙かなる山の呼び声』（山田洋次監督、一九八〇年）といった、よりヴァリエーションに富んだ日本映画が続々と中国に輸入され、さらなるセンセーションを巻き起こした。そして、これらの作品をつうじて、中国の観客たちの意識には、『君よ憤怒の河を渉れ』と『サンダカン八番娼館 望郷』によって喚起された、物質的に豊かでありながらも、階級抑圧のような諸問題を抱えた資本主義国というアンビヴァレントな日本のイメージが一層鮮明に焼きつくこととなった。

たとえば、大平正芳首相の訪中を記念して一九七九年一〇月から中国で初上映された角川映画『人間の証明』は、延々と続くファッションショーのシーン、コスモポリタンな都市風景、頻発するズーム・ショット、ディスコ調のBGMなど、『君よ憤怒の河を渉れ』以上のスペクタクルをもって「豊かな日本」のイメージを中国の観客に提供したのであり、とりわけジョー山中が歌う主題歌が一世を風靡した。

だが、それに対して、『人間の証明』とほぼ同時期に中国で公開された、山本薩夫監督による『金環蝕』、『華麗なる一族』のような作品は、『サンダカン八番娼館 望郷』における資本主義批判を踏襲する内容であったにもかかわらず、一部の映画人や知識人によって評価されたとはいえ、一般観客の注目をそれほど集めることはできなかった。当時の批評のなかで、「中国の一般観客にとって、『金環蝕』は難解であろう」[35]と指摘されたように、これらの社会派映画において主題とされた日本の政財界の複雑な権力闘争は、市場経済を知らない中国の観客にとっては馴染みにくいものであった。また、『華麗なる一族』に登場するベッド・シーンも、エロティックというよりは醜悪に描かれてい

図68　ジョー山中が歌う『人間の証明』主題歌の収録現場．写真提供：佐藤純彌

図69　『人間の証明』の撮影現場．岡田茉莉子，佐藤純彌，角川春樹．写真提供：佐藤純彌

図70　『アッシイたちの街』．写真提供：山本駿

るために、『サンダカン八番娼館 望郷』ほどの話題にならなかったのである。

事実、山本薩夫監督作品のなかで、中国の一般観客にもっともインパクトを与えたのは、工業地帯の板金工場で働く若い工員たちの姿を描いた『アッシイたちの街』である。しかし、その人気は、作品自体に対するものというよりも、ロック調の主題歌が中国の若者たちの心をつかんだということが大きかった。中国のロック・ミュージシャンの草分け的な存在である崔　健《ツィ・チエン》も、コンサートにおいてこの歌を好んで歌ったという。また、第五八回カンヌ国際映画祭審査委員賞を受賞した、中国第六世代監督王　小帥《ワン・シャオシュアイ》の作品『シャンハイ・ドリームズ』（原題『青紅』、二〇〇五年）では、『アッシイたちの街』に熱狂する当時の若者の姿がいきいきと描かれている。

その頃に、文革中に自由に使えなかったスローモーションやズーム、カラーとモノクロ映像の併用、映像と音声の対立といった技法が一気に解禁された。その行き過ぎの傾向に対して、一九八〇年に訪中した山本薩夫監督は「撮影テクニックばかり強調すると、技巧主義に陥ることを心配している。映画作品の根本はやはりその内容や精神性にあると思う」と警鐘を鳴らした。(36) だが、山本監督の批判に対して、若手監督の楊延晋《ヤン・イエンジエン》は反発し、「あなたの映画作法は時代遅れだ」と山本に嚙みついたという。

むしろ、『君よ憤怒の河を渉れ』と『サンダカン八番娼館 望郷』以降、中国で公開された日本映画のなかでもっとも人気を集めたのは、一九七九年に中国で一般公開された中村登監督の『愛と死』や、あるいは、一九八〇年に上映された野村芳太郎監督の『砂の器』のような、恋愛や親子愛をテーマにした映画であった。そして、このようなヒューマンな主題を扱った作品が、このあとに中国に輸入される日本映画の主流となるとともに、さらに、これらの日本の娯楽映画を支える演出・キャメラ・編集などの豊かで洗練された映画技法の数々が、文革体制下において支配的であったプロパガンダ映画のコードから脱出し、新たな中国映画の誕生に向けて模索を重ねていた当時の中国の映画人たちに、きわめて大きな影響を与えたのである。

（二）　抑圧されたセンチメンタリズム

一九四九年以降の中国映画の重要なテーマの一つが、新中国の素晴らしさを謳歌するべく、過去のさまざまな苦難を振り返ることであったが、にもかかわらず、新中国建国以降に製作された映画において、センチメンタルな描写にはさまざまな限界があった。すなわち、センチメンタリズムは、ブルジョア階級とプロレタリア階級の区別を不明瞭にしてしまうものとして、「地主資産階級人性論」（地主・ブルジョア階級的ヒューマニズム）の産物と見なされ、容赦のない批判の対象とされていたのである。

その典型例が、『兵臨城下』（林農《リン・ノン》監督、一九六四年）に対する批判であり、とりわけ、内戦時代の共産党軍が国民党軍を無血降伏させるために、捕虜となった国民党軍の将軍の息子を返還することによって、親子の絆に訴えるというシーンに激しい糾弾が浴びせられた(37)。そのため、センチメンタルな描写に対して、当時の映画人はきわめて神経質になっていた。たとえば、少数民族と漢民族との団結をテーマとした『達吉和她的父親(達吉とその父親)』(王甲乙《ワン・ジャイー》監督、一九五九年)では、娘が育ての父のもとから離れる際に、登場人物が唐突に観客に背を向け、顔を手で覆うことによって、泣いている表情を観客に隠してしまう。事実、王甲乙監督は、登場人物が涙を流すことが、ブルジョア的ヒューマニズムという批判を受けうることを強く危惧し、そのバランスを保つのは「まるで刃の上で馬を走らせるほど難しかった」と振り返っている(38)。

さらに、それに加えて、当時の中国映画には、プロレタリアの哀れさのみを強調してはならず、抑圧に対する反抗心を示さなくてはならないという要請が課されていた。そして、文革期になると、地主・ブルジョア階級の抑圧に対するプロレタリアートの抵抗というモティーフを登場させることが、さらに厳しく当局から求められるようになった。たとえば、一九六五年に初演、一九七一年に映画化されたバレエ『白毛女』では、従順な農民であるヒロインの父親が、地主の借金取り立ての激しさに耐えきれず自殺するという原作のストーリーが、地主に対して天秤棒で立ち向かい、懸命に闘った末に殺されるという設定に変えられた。これは登場人物のキャラクターとはまったく相容れない、きわめて不自然な変更だったが、当時の評論家たちは「いいぞ! 我々貧農の志気と威厳がよく表された!」と絶賛した。しかしながら、地主や資本家の抑圧に対するプロレタリア人民の抵抗というステレオタイプ化された場面をなかば強制的に受容しつづけた結果、観客たちのなかで、登場人物の哀れな姿に同情して涙を流すという回路が塞がれてしまったのである。

金日成《キム・イルソン》原作の北朝鮮映画

それに対して、文革期において、自国の映画では満たされない観客のセンチメンタリズムへの欲求の唯一の捌け口となったのが、他の社会主義国製作のメロドラマ映画であった。とりわけ、一九七二年九月から中国全土で上映された、金日成原作のミュージカルを映画化した北朝鮮映画『花を売る乙女（売花姑娘）』（パク・ハク、チェ・イッキュ監督、一九七二年）は大ヒットし、プリント数が需要に追いつかなかったために、上映直後に映写機から外したばかりのまだ熱いフィルムをバイクで次の上映館へと運んでいくほどの人気を呼んだ(39)。

ラストでヒロインが地主に反抗する場面が一応もうけられているとはいえ、『花を売る乙女』のほとんどは、重病の母と盲目の妹をもつ花売り娘が、厳しい貧困生活のなかで、はにかんだ表情を浮かべつつ、あらゆる不幸に従順に耐えつづけるというシーンで占められている。文革期の中国のプロパガンダ映画に頻繁に登場する、反抗心を剝きだしにしたとげとげしいプロレタリア女性の姿とは著しい対照をなすその可憐な姿は、久しく枯渇していた中国の観客たちの涙腺に触れ、「中国全土に泣き声が響き渡った」と言われるほどであった。ちなみに、『花を売る乙女』の主題歌は、一九八〇年代後半に、当時の中国の社交ダンスブームに乗って、緩やかなワルツに編曲されて再登場し、人々のノスタルジアを誘った。しかし、このようなセンチメンタルな表現は、文革期までの中国映画では絶対に許容されないものであったのである。

ヒューマニズムとセンチメンタリズムの復活

文革体制の崩壊とともに、長年の文化的抑圧に対する反動として、中国映画のなかでセンチメンタリズムが一気に復活した。建前として、従来の革命や政治闘争のテーマを提示しなければならないという政治的要請が相変わらず残存していたとはいえ、センチメンタルな描写の解禁によって新たなストーリーの可能性がもたらされたことは、当時の観客を大いに喜ばせた。革命のテーマにヒューマニズム的な要素を加味した作品や、あるいは文革期の苦い経験をセンチメンタルに描いた作品が数多く製作され、パターン化されたストーリーのもとで、これまで禁じられていた涙が存分に流されるようになった。前者のパターンとしては、死刑執行を間近に控えた共産党員の男女が刑場で結婚式を挙げるという一九二〇年代の実話から製作された『刑場上的婚礼（刑場での結婚式）』（広布道尓基《クワンブードーアルジー》監督、一九八〇年）がその代表である。また、一九七六年に天安門広場において、亡き周恩来総理を偲ぶ北京市民が江青ら「四人組」によって弾圧されるという政治事件を背景にした『生活的顫音（生活のビブラート）』（滕文驥《テン・ウェンジー》、呉天明《ウー・ティエンミン》監督、一九七九年）や『不是為了愛情（愛のためではない）』（向霖《シャン・リン》監督、一九八〇年）が後者のパターンにあたる。

また、このような、文革直後に製作された中国映画におけるセンチメンタリズムは、おおむねヒューマニズム的な愛情というかたちで表現されたが、なかでも親子や兄弟の絆の美しさを謳い上げる作品がスクリーンに氾濫した。にわかに血縁関係がストーリー上でもっとも重要な契機となり、二人の戦友が最後に生き別れとなった兄弟であると判明するといったプロットが執拗なまでに反復された。おそらく、それは、文革期においてすべての人間関係が階級という抽象概念にことごとく収斂されてしまったことにたいする反動として、ふたたび家族のあいだの愛情に満ちた繋がりを回復したいと願う、当時の中国人の心理状態を反映していると考えられるだろう。

さらに、文革後の中国映画においては、これまではタブーであった未婚の男女のあいだの恋愛の描写も許容されるようになった。たとえば、前述した『愛のためではない』では、キスや抱擁、婚前交渉、三角関係まで登場してくる。しかし、すでに当時から「しっかりと抱擁することもできず、思い切ってディープキスをすることもできない不自然な男女の姿を前にして、気持ちが悪くなるほどだ」[40]と指摘されていたように、恋愛描写の演出の不自然さは目に余るほどだ。たとえば、『愛のためではない』の主人公の男女が夜の公園のベンチで愛を語り合うシーンにおいて、女性は男性に抱き寄せられて胸元に顔を寄せているにもかかわらず、男性ははるか彼方を見つめたまま、ほほえみつづけるだけであり、横移動撮影で映し出される二人の姿は、まるで蝋人形のようである。ほかにも、当時の中国映画には、今日から見ると映画的にきわめて不自然な場面が散見される。たとえば、ショックのあまり心臓発作を起こして胸元を押さえるシーン、相手の脚に抱きついて涙ながらに詫びるシーン、平手打ちされて口から血を垂らすシーン、気がふれて高笑いするシーン、遺体を両手で胸元に捧げ持ち、朦朧とした表情でキャメラに向かって歩いてくるシーン、突然神妙な表情を浮かべるシーン、唐突に歌いだすシーンなどが、文革終焉直後に製作された作品によって幾度となく反復されることで、この時代の中国映画を特徴づける一種のステレオタイプとなったのである。

このような大袈裟で直截な表現は、映画的というよりも、むしろある種の演劇における演技に近いものがあるといえるが、それは、文革終焉直後という特殊な時期において、これまで抑圧されてきたさまざまなテーマが一挙に解禁されたにもかかわらず、それを表現するための演技や演出のコードが十分に開発されていなかった状況を物語っているだろう。つまり、完全に様式化されたプロレタリア映画のコードを脱して、複雑な人間感情を描きだす必要に迫られた中国の映画人たちは、なかば急場しのぎのかたちで、演劇にもとづく身振りや表現技法をもちいざるをえなかったのである。この時期の中国映画には、古典芸能である京劇や、日本の新劇の影響を強くうけた「話劇」、さらに文革期のプロパガンダ演劇からの雑多な影響が、入り交じったかたちで現れることとなった。

このような傾向は、演出や俳優たちの演技にとどまらず、キャメラワークや美術などの面にも及んでいた。すなわち、素早いズームや頻出するクローズアップといった、七〇年代の日本や香港映画の技法を模倣したものに加えて、非常に明るい照明、それに撮影される背景の一面だけを組み立てたセットといった、演劇を強く想起させる手法の数々が、文革終焉直後の中国映画を特徴づけていたのである。とはいえ、そうした傾向が中国映画において支配的であったのは一九八〇年代初頭までのことであり、第五世代監督の映画作品が登場するようになった一九八〇年代半ばに至ると、演劇的な表現はほとんど消え失せたといえる。一九八〇年代前半の中国の映画人にとって、演技や演出に対する意識の転換を促し、映画的な表現技法をあらためて学び直す機会を提供したのが、日本映画をはじめとする外国映画であり、なかでも一九七九年に一般公開された『愛と死』（中村登監督、一九七一年）は、映画人にきわめて大きな影響力を及ぼした。

（二）　純愛物語の政治的受容――『愛と死』

一九七八年の「日本映画週間」で初めて一般公開された『君よ憤怒の河を渉れ』や『サンダカン八番娼館 望郷』の場合とは異なり、一九七九年の中国における最大のヒット作の一つである松竹映画『愛と死』は、一九七六年にすでに輸入され、そのときに中国語吹き替えヴァージョンもつくられていた(41)。文革期には、ほかにも『あゝ海軍』や『激動の昭和史 軍閥』といった日本映画が内部上映されていたが、それらが主に軍国主義批判を目的とした上映であったのに対して、『愛と死』は、斬新なプロレタリア文芸を作りだそうとした江青が、技法面の参考にするために特別に中国に輸入したものであると思われる(42)。

そして、一九七九年に『愛と死』が中国で封切られると、それまで内部上映でしか観ることのできなかった待望の外国映画がようやく一般公開されたという評判も手伝って、人々のあいだで熱狂を巻き起こした。ダフ屋の売るチケットの値段は定価の数倍に跳ね上がり、どの映画館も栗原小巻のファッションを真似たラッパズボンを穿いた恋人同士で賑わった。また、ヒロインを見初めるシーンの舞台がテニスコートだったために、中国におけるテニス愛好家の数が急激に増えたという(43)。

『愛と死』の中国語タイトル『生死恋』にあやかって、『廬山恋』（一九八〇年）、『海之恋』（一九八〇年）、『苦恋』（一九八〇年）、『洪湖恋』（公開時『元帥之死』に変更、一九八〇年）、『舞恋』（一九八一年）など、タイトルに強引に「恋」という文字を使った模倣が続出した。さらに、『愛と死』のなかの愛の告白の場面や、ヒロインがラブレターを読み上げる場面を中国の俳優たちが舞台で再現した寸劇が、劇団の地方巡業においてレパートリーになった(44)。

なかでも、『愛と死』のヒロインを演じた栗原小巻は、中国において絶大な支持を得た。劇中の栗原小巻の衣装を模したラッパズボンや、トレンチコート、髪の毛を結い上げて頭上でクリップで留めるという彼女のヘアスタイルが流行したのみならず、やはり映画のなかで彼女が手に提げていたバッグもまた、役名にちなんで「夏子のバッグ」と名付けられ、人気商品となった。

そして、中国における栗原小巻の人気がその後も衰えることがなかったことは、映画公開から約二〇年後の二〇〇一年に「二〇世紀の一〇大セクシー女性」として彼女の名が中国のジャーナリストによって挙げられたこと、また二〇〇二年に日中国交正常化三〇周年記念のイヴェントとして、「栗原小巻映画回顧展」が北京で開催されたことからも窺える。

『愛と死』は、武者小路実篤の「友情」と「愛と死」を原作として、山田太一が脚本化した松竹作品であり、石原裕次郎主演の日活作品『世界を賭ける恋』（一九五九年）に続いて二度目の映画化にあたる。その内容は、まさに純愛

図71　『愛と死』の撮影風景．伴淳三郎，栗原小巻，東山千栄子，中村登．写真提供：中村好夫

図72　中国の映画雑誌の裏表紙を飾る『愛と死』．栗原が腕に提げるバッグは大流行（『大衆電影』1979年９月号）

メロドラマの王道と呼ぶに相応しいといえるだろう。恋人同士である野島進（横内正）と仲田夏子（栗原小巻）のもとに、野島の親友の大宮雄二（新克利）が現われる。夏子は大宮に心を奪われ、友情と愛情のはざまで苦悩する大宮は、最終的に夏子と結ばれる道を選ぶ。仕事の都合で二ヵ月間、東京を離れた大宮は、熱い思いを綴った手紙を夏子と交わすものの、ある日、大宮のもとに夏子の事故死を知らせる電報が届く……。

当時、ハリウッド映画『ある愛の詩』（アーサー・ヒラー監督、一九七〇年）は大ヒットし、フランシス・レイが作曲した主題歌も流行した。同作品のヒットに便乗して、松竹は『愛と死』を企画したようだ。フランシス・レイに『愛と死』のために作曲してもらおうとまで考え、交渉してみたが、実現できなかったため、服部克久に映画音楽を依頼したという経緯もあった(45)。

『キネマ旬報』（一九七一年六月下旬号）の「興行価値」の欄で、「『愛と死』にいささか古めかしさを感ずるのは、筆者だけだろうか。中村登演出で作品的には情緒もあり、かなりのものにまとまっているだろうが、惜しむらくは、この作品には一言で表現できる特徴がないことだ。（中略）結論からいえば、まぁ普通の興行の作品だろう」と指摘されていたように、日本でやや古風な恋愛劇として受容された『愛と死』がのちに中国で大ヒットするとは、当時の日本人は誰も予想しなかっただろう。

『冬のソナタ』との類似性

文革終焉直後の中国における『愛と死』の爆発的なブームは、おそらく、二〇〇四年の日本における韓国のＴＶドラマ『冬のソナタ』のそれと比較することができるだろう。男女の三角関係や、不慮の事故によって叶わぬ愛といったストーリー上の類似点のみならず、外国製の恋愛ドラマが一種の社会現象となるほどの人気を博したという点においても、両作品には共通する要素が多い。

しかしながら、一九七〇年代末の中国における『愛と死』ブームと、昨今の日本の「冬ソナ・ブーム」は、ストーリーやファッションの受容のされ方という点において大きく異なっている。すなわち、初恋や純愛をストレートに描いた『冬のソナタ』が、ノスタルジアを誘う古風なメロドラマとして日本の視聴者の涙腺に触れたのに対して、一九七一年に日本で製作され、一九七九年に初めて中国で一般公開された『愛と死』は、八年間のタイムラグにもかかわらず、文革終焉直後の中国人にとって、きわめて洗練された新しい恋愛映画と見なされたのである。『愛と死』のヒロインの衣装をとってみても、白いベルボトム・パンタロンや、いかり肩の上着、大粒のペンダントなど、七〇年代初頭の時代風俗を連想させずにはいられないが、そのような時代的なズレに中国の観客はまったく気付くことなく、むしろ、流行の最先端をいくモダンなファッションとして受容したのである。

たとえば、第四世代監督の沈耀庭《シェン・ヤウティン》は、『愛と死』における演出を絶賛し、さらに第五世代監督にあたる江海洋《ジャン・ハイヤン》も、一九八二年に北京電影学院に提出した卒業論文のなかで『愛と死』の車中のシークエンスを詳細に分析している。[46]その結果、『愛と死』のさまざまなシーンのなかでも、とりわけ野外で恋人同士が戯れるシーンが積極的に模倣された。すなわち、雪景色、梅林、森、海辺などを背景として、派手なスカーフを手に、はにかみながら走り去る恋人の女性を、後から男性が追いかける様子を、さらにスローモーションで撮影するといった、少々気恥ずかしくなるようなシーンが、当時の中国映画のなかに頻繁に出現するようになったのである。それに対して、映画理論家の于敏《ユィ・ミン》は、「大袈裟なセリフを口にし、背筋を伸ばし、拳を握って腕を振り挙げるといった文革時代の英雄のステレオタイプがようやく退場したと思いきや、今度は白いスカーフをもって走る女性を、男性が後ろから追いかけるという新たなステレオタイプが多く登場するようになった」と嘆息した。[47]

文革終焉直後の中国における『愛と死』ブームと模倣作の氾濫という事態は、はたして何を意味していたのであろうか。すでに述べたように、文革期においてセンチメンタルな描写はタブー視され、個々人の愛情や死もまた、革命という大義に比べて低次元のものとして否定された。そのあと、文革の終焉とともに、映画のなかで恋愛を扱うことが解禁されたとはいえ、つねに革命や政治闘争を背景とすることが要求されたために、純粋な恋愛映画といったものはまだ考えられなかった。それゆえ、男女の恋愛をストレートに描いた『愛と死』が絶大な人気を集めたのは、政治的な要請とは無縁の、まったく新しい恋愛映画として受け止められたからである。

さらに、当時の中国の映画人たちが、自身の作品のなかで『愛と死』の有名なシーンを繰り返しコピーしたことも、また、一過性の流行として片付けられない意義をもっていた。すなわち、文革期において恋愛を主題とすることを長年禁じられてきた彼らは、『愛と死』を模倣することをつうじて、失われた恋愛描写のコードをあらためて学び直すことによって、演劇的なものに頼ることのない映画的な表現言語を獲得していったのである。そして、このあと第五章でさらに詳しく検証するように、『愛と死』が中国映画に与えた影響は、たんなる恋愛描写というレヴェルにとどまることなく、とりわけ第四世代監督たちの作品において、撮影、編集、音響といった映画技法の面まで幅広く及んでいくこととなるのである。

また、『愛と死』は、このあと中国で公開される日本映画の方向性を決定付けたという点においても注目される。すなわち、『愛と死』以降、松竹製作のヒューマニズム的な人情映画が中国において受容される日本映画の主流になっていったのである。もっとも、それにはすでに下地があった。第三章で述べたように、一九五六年に木下惠介の『二十四の瞳』が中国で大ヒットを記録し、また一九六五年、中村登監督が訪中した際に携えていった松竹作品『古都』（中村登監督、一九六三年）も、一部の映画人のあいだで話題となったのである[48]。それゆえ、かつて中国人の心をつかんだセンチメンタルな大船調が、文革期における空白を経て、『愛と死』によってふたたび中国で復活したというべきであろう。そして、中村登が手掛けた映画『遺書 白い少女』（中国語題『白衣少女』）も、一九八〇年に中国のテレビで放映され、人気を博した。その後、『遥かなる山の呼び声』、『幸福の黄色いハンカチ』、『男はつらいよ』シリーズといった山田洋次監督の人情映画が、一九八〇年代前半の中国に輸入され、いわゆる松竹ヒューマニズム路線が文革後の中国でも確立されたが、『愛と死』はまさにその先鞭を付けた作品であったのである。

（三）　歴史的記憶の喚起――『砂の器』

一九七九年の中国の最大のヒット作の一つであった『愛と死』が、きわめてシンプルな純愛メロドラマであったのとは対照的に、翌一九八〇年に中国で公開され、『愛と死』に匹敵するほどの人気を博した松竹映画『砂の器』（野村芳太郎監督、一九七四年）は、親子愛というセンチメンタルなモティーフをストーリーの中心に据えながらも、宿命やトラウマといった複雑な要素を抱えた新しいタイプの人物描写によって、中国の観客に大きな衝撃を与えた。たとえば、現在においてもなお、ネットや雑誌において当時の感動を振り返った言葉が数多く見られる。

『砂の器』を観て覚えた戦慄は、いまだに忘れられない。理由の分からない不安は、少年だった私に取り憑いていたばかりでなく、時空間を超越して現在の私に迫ってくる。(49)

『人間の証明』と『砂の器』は、かつてともに中国で大ヒットし、またテーマや物語の設定においてもきわめて類似しているにもかかわらず、時間が経つにつれて『人間の証明』にたいして当時感じていた魅力は次第に色褪せてしまったのにたいして、『砂の器』は今でももっとも心に残った作品のひとつでありつづけている。(50)

一九七四年に製作された日本映画『砂の器』は、二〇一〇年現在の中国社会と通底しているように感じずにはいられない。近年、「富二代」（著者註：主に一九八〇年代以降生まれで、巨額の財産を相続した民営企業経営者の子弟を指す）、「官二代」（著者註：高級官僚の子弟を指す）が急増するなかで、貧しい人々の子供が貧しいままで、下層階級出身の子供がいつまで経っても社会の底辺に置かれているという中国社会の格差固定の構図は、『砂の器』の世界と一脈通ずるのではないか。(51)

松本清張のベストセラー推理小説を映画化した『砂の器』のストーリーは以下の通りである。国鉄蒲田操車場構内で他殺死体が発見され、元警察官の三木謙一（緒形拳）が被害者であることが判明する。警視庁刑事の今西（丹波哲郎）

と西蒲田署の吉村（森田健作）が懸命の捜査を進めていくなかで、二〇年前に三木警官によって保護された貧しい巡礼の親子の話から、著名なピアニストとして活躍する和賀英良（加藤剛）の名前が浮上してくる。じつは、和賀こそは、かつてハンセン病のために村八分となった父親とともに流浪の旅を重ねた少年であり、過去の暗い秘密を知る唯一の人物である三木を殺害した犯人であったのである。

脚本を担当した橋本忍と山田洋次は、松本清張の原作では強調されていなかった親子の絆というテーマを大きく膨らませ、野村芳太郎の演出と、川又昂の卓越したキャメラワークによって、屈指の名作として広く知られている。とりわけ、日本の四季の情景をバックにした親子の流浪の旅路を丹念にとらえた映像美は、日本映画史に残るものとして高い評価を受けた。

日本において、天才音楽家の過去に秘められた悲しい宿命を描いたサスペンス感動作として知られる『砂の器』だが、中国では前年度にヒットした『愛と死』のように、ヒューマンな感動を与える作品として一般観客に広く受け入れられた。たとえば、次のような当時の映画評がある。

砂で器が作れないのと同じように、親子の愛も血のつながりも永遠に変えられないものである。和賀英良は血のつながりを否定しようとしたために、破滅を招いた。とりわけ、ラストの字幕は、親子の情、ヒューマニズム、愛といったものの不滅をはっきり訴えている。すなわち、字幕において、ハンセン病患者にたいする差別と偏見を批判したのち、「旅の形はどのように変えても、父と子の〝宿命〟だけは永遠のものである」と明示されている。また、和賀英良は命の恩人を冷酷に殺害したあとも、音楽のなかで父親と会ったりしているように、親子の情は依然として存在している。これは、ヒューマニズムの根強さを示しているものにほかならない。(52)

このように、とりわけ『砂の器』における親子愛の描写が、センチメンタルな情感に訴えるものとして、当時の中国の観客の涙を誘ったことが分かる。しかし、その一方で、ハンセン病の父と子の遍路のシーンを、資本主義社会の繁栄の裏に隠された貧困と抑圧を象徴するものとして解釈するような映画評もまた数多くあらわれた。そのなかには、資本主義批判とセンチメンタリズムとを混淆させることに警戒心を抱くような見解も見られる。たとえば、当時のある映画評は、『砂の器』のなかで主人公が自身の作曲によるピアノ協奏曲『宿命』を演奏しながら過去を回想するというクライマックスの場面にたいして、資本主義社会がはらむ諸矛盾を、扇情的な演出によって意図的に糊塗しているという批判をおこなっている。

映画のなかで、和賀英良が『宿命』を演奏するコンサートのシーンと、彼が幼少時代の回想シーンとが交互に映しだされる。数多くの映像を使った回想シーンでは、悲惨な画面に悲愴な音楽を重ねている。コンサートのシーンに戻ると、和賀英良ははるか彼方を呆然と見つめたり、徐々に閉じる両眼から涙を滲ませたりする。（中略）さらに、令状をもった警察官までもが動揺し、和賀英良を逮捕することを躊躇してしまう。こうして、『砂の器』は、同情すべき、無実の人物の姿を観客に見せつける。『砂の器』は、資本主義社会におけるハンセン病患者にたいする差別や、貧しい民衆にたいする侮蔑をある程度まで暴いたとはいえ、和賀英良が罪を犯した内的原因や、彼自身が負うべき責任を十分描ききれてはいない。彼は決して無実ではなく、資本主義思想に染まった結果、極端な自己中心主義者と化し、ついに自らの恩人を殺害してしまったにすぎないのであって、同情には値しない。(53)

図73　「宿命」を演奏する和賀英良（加藤剛）．『砂の器』．野村芳太郎監督，1974年．写真提供：松竹

図74　中国語版『砂の器』のポスター

このような批判は、当時の新聞や雑誌に数多く掲載された『砂の器』評に広く認められるものである。しかし、映画評における低い評価とは裏腹に、『砂の器』は、『君よ憤怒の河を渉れ』や『人間の証明』に匹敵するほど、中国の一般観客によって熱狂的に支持された。たとえば、一九八〇年代初頭において、加藤剛のもみ上げの長い髪型や、サングラス、背広の襟からシャツを大きく引きだした恰好が多くの若者に模倣された。

また、小説家周《チョウ》励《リー》は、自らの人生体験にもとづいたベストセラー『曼哈頓的中国女人（マンハッタンの中国女）』（一九九一年）において、少女時代のヒロインが八〇年代初頭の上海で出会った男性の外見を「まるで映画『砂の器』の和賀英良のようだ」と描写している。つまり、彫りの深い顔立ちにサングラスをかけ、渋い表情でピアノを弾きながら、「宿命とは生まれること、生きていくことだ」と語る加藤剛が、当時の中国の観客の目には、殺人犯という設定を越えて、新鮮な魅力を湛える人物として映ったのである。

そして、加藤剛によって演じられる和賀英良のように、善・悪の二項対立図式に収まらない複雑なキャラクター造形もまた、当時の観客にとって衝撃的であった。というのも、長期にわたって中国映画において、善でも悪でもないキャラクター（中間人物）の描写はタブーとされていたからだ。とりわけ、文革期のプロパガンダ映画においては、善玉と悪玉の両極化が徹底的に押し進められた結果、すべてのキャラクターがあらかじめ完全に類型化されており、隈取りだけで役柄を当てることが可能な京劇を彷彿させるほどであった。そして、文革終焉後になっても、中国映画のなかには、哀れな被害者／悪しき加害者という構図がなおも根強く残存していた。公的なサイドからは批判された『砂の器』であるが、にもかかわらず一般観客の人気を集めたのは、和賀英良という善悪に還元されない新しいキャラクターが醸し出すアンビヴァレントな魅力が大きかったものと考えられる。たとえば、当時この映画の中国語吹き替えヴァージョンをつくったスタッフの一人は、加藤剛が演じた主人公に対して「原作を尊重するという観点からも、悲しみと愛惜の気持ちを抱きながら、セリフの翻訳と吹き替えの作業を進めた」と証言している[54]。

しかし、『砂の器』が文革終焉直後の中国の観客を魅了したのは、センチメンタルな感動や善悪に還元されない新しいキャラクターのためばかりでなく、おそらくそれ以上に、ハンセン病の父親をもつという和賀英良の「宿命」が、文革時代の悲痛な記憶を想起させたということが大きかったといえる。それは、次のような一九八〇年当時の『砂の器』評からも窺える。

青年音楽家の和賀英良が、ハンセン病患者の息子であるという不利な事実を隠蔽するために、人道に反して命の恩人である三木謙一を殺害してしまうというストーリーだが、じつは『砂の器』の矛先は血統論に向けられている。人類の歴史において最も完備し、成熟し、徹底した階級制度を有したのは、ほかならぬ封建社会である。（中略）日本という国は、歴史的に階級制度が根強く、それに資本主義化する際に、「維新」という道を歩んだために、封建主義的要素を徹底的に排除することは不可能だった。したがって、資本主義制度のもとで起きた犯罪は、必ずしも資本主義制度が産みだしたものとは限らない[55]。

この映画評において指摘されている「血統論」は、まさに文革イデオロギーの根幹の一つであった。「血統」、すなわち生まれる家庭によって本人の階級を決定し、社会的評価を下すという風潮が、文革期においては支配的であったのである。労働者階級の出身であることは出世のための必須の条件であり、逆にかつての有産階級や文革中に失脚した政治家、知識人の子弟たちは、とくに激しい排除と差別の対象とされ、文革の狂乱が頂点に達した一九六六年から六七年にかけては、親とともに吊し上げられ、激しい迫害を受けることもしばしばであった。それに対して、一九六八年から当局は、より大きな社会的混乱を避けるために、一部の非プロレタリア階級の子弟を「可以教育好的子女（教育を施されれば更生できる者）」と称し、「子」と「親」を区別して考えるよう呼びかけたが、それによってむしろ、子の世代と親の世代とのあいだに、絶縁や密告といったさまざまな葛藤を生じさせてしまったといえる。

もっとも、文革初期において教師や父親、ベテラン政治家などを「反革命分子」、「階級の敵」と名指しして、罵声や暴行を浴びせた紅衛兵世代の若者たちは、このあと、「下放」によって辺鄙な農村での貧困生活を強制されるようになるのだが、いわば故郷を離れて流浪の身となった彼らは、〈父親殺し〉というトラウマ的な宿命をつねに抱えつづけることとなった。

映画研究者の戴錦華《ダイ・ジンホワ》は次のように指摘している。「文革初期の紅衛兵は、毛沢東という唯一の聖なる父親像を絶対視する一方、世俗的な父親世代、すなわちベテラン政治家や各分野の権威や経験豊かな年長者を、従来の文化と秩序の象徴として徹底的に否定した。（中略）しかし、のちに毛沢東の指示により、農村や僻地へと下放された紅衛兵たちは、過酷な現実のなかで政治化された親と子の秩序の冷酷さを思い知ったばかりでなく、自分たちが文化的にも精神的にも父を失った孤児として、長期間にわたる精神的な放浪を強いられる宿命を背負うようになった」(56)。

おそらく、文革終焉直後に公開された『砂の器』が大ヒットしたことの背景には、この映画が、紅衛兵世代の観客に対して、センチメンタルな感動以上のより複雑な感情を喚起したということがあったのではないかと推測することもできるかもしれない。すなわち、文革期の〈父親殺し〉の記憶と、「下放」による苦しみを引きずりつつ、新たな父親像を模索していた精神的な「孤児」としての彼らは、とりわけ主人公の和賀英良が『宿命』を演奏しながら、貧しい親子が放浪の旅のなかで受けたさまざまな差別や迫害を振り返るクライマックスの場面に対して、みずからの「宿命」を想起しつつ共感したのではないだろうか。

戴錦華が『子の世代の芸術』のなかで、紅衛兵世代であった第五世代監督に対して、彼らが「〈父親殺し〉という歴史的体験をもつ〈文革の子〉である」(57)と指摘しているように、張芸謀は、元国民党の軍人であった父親をもつがゆえに文革中に差別の対象となり、陳凱歌は、文革中に父親が熱狂した群衆に吊し上げられた際に、魔が差したように父親を手で突き飛ばしてしまったことを自伝で誠実に語っている(58)。

このような文革体験は、第五世代監督の作品に繰り返し登場する、父と子というテーマのなかにも反映しているといえるだろう。たとえば、文革世代の息子と父親のあいだの断絶を淡々と描いた『絶響』（張澤鳴《チャン・ツァミン》監督、一九八六年）、あるいは紅衛兵の娘と「右派分子」の父親の確執を軸とした『妻への家路』（原題『帰来』、張芸謀監督、二〇一四年）はその典型である。

また、苦労を重ねながら子供をヴァイオリニストに育て上げていく父親の姿を描いた陳凱歌監督の『北京ヴァイオリン』（原題『和你在一起』、二〇〇二年）は現在の中国を舞台にしながらも、親子愛というテーマのみならず、クライマックスのコンサートのシーンにおいて、主人公の回想シーンが交錯するという演出が『砂の器』を模していることは、日中の映画評論家によって指摘されている通りである(59)。おそらく、これらの作品は、第五世代監督の文革体験の反映であると同時に、彼らが一九八〇年頃に出会った『砂の器』に対する密かなオマージュであったのかもしれない。

第五章　中国映画人にとっての日本映画

第一節　日本映画の模倣からのスタート——第四世代監督

文革イデオロギーの批判的解体と経済発展に主眼を置いた「思想解放」政策が推進されていくなかで、文革終焉直後の中国映画においては、ヒューマニズム的なテーマを扱った作品が復活するとともに、さらに、プロパガンダの手段として完全に画一化された表現技法も、ヴァリエーションに富んだものへと一新された。そして、すでに考察したように、その過程において、『君よ憤怒の河を渉れ』、『サンダカン八番娼館　望郷』、『愛と死』、『砂の器』といった日本映画が、中国の映画人に対して、題材のみならず、技法面においても多大な影響を与えたのである。しかしながら、文革以前の中国には、すでに高度に発達した映画文化が存在していたことを忘れてはならない。つまり、文革によって過去の中国の豊かな映画文化の伝統が全面的に否定され、強制的に断絶されたために、文革後の中国の映画人たちは、日本をはじめとする外国映画や、あるいは文革以前の中国映画からすべてを新たに学び直さなくてはならなかったのである。このような文脈を確認するために、文革期の中国映画の特徴について説明しておく。

文化大革命期の空白

文革期の中国の映画製作は、世界映画史の文脈においてもきわめて特異なものであった。まず、その際立った特徴として、製作状況の不安定さ、製作本数の少なさ、映画ジャンルの偏向といった点が挙げられる。文革による社会的混乱のなかで、ニュース映画を除いて、一九六六年から一九七〇年までのあいだほとんどストップした中国の映画製作は、一九七〇年にようやく再開されたが、そこで、とりわけ一九七三年までの三年間にわたって最大の情熱が注がれたのが、十数本のプロパガンダ演劇の映画化であった。すなわち、文革体制下において、バレエなどの西洋の表現手段や、中国の古典芸能である京劇のスタイルを用いて、国民党や日本軍と戦った輝かしい過去の歴史と、敵のスパイや資本家、修正主義者との闘争という革命後の現在を表現した舞台劇がプロレタリア芸術の最高の規範とされるなかで、それらを忠実に映画化することによって、全国への普及を図ることが試みられたのである。そして、プロパガンダ演劇映画とも呼ぶべきこの新しい映画ジャンルは、プロレタリア文芸の象徴として、文革期をつうじて絶対的な地位を誇った。

そうした状況にあって、文革期の中国で製作された映画作品では、きわめて特異な人物造型と映画言語が形成された。すなわち、スーパーマンのごとく活躍する共産党員と、卑しさが極端に誇張された悪役との葛藤がつねにストーリーの機軸に据えられるとともに、さらに、そのようなパターン化された人物造型を支えるものとして、「三突出」がプロレタリア文芸映画の鉄則となった。「三突出」とは、「登場人物の中で善玉を突出させ、そのなかで英雄的人物を突出させ、さらに際立って優れた何人かを突出させる」ことを意味しており、この「三突出」の原則にもとづいた、次のような映画言語が確立されたのである。

善玉は近景で撮り、悪玉は遠景で撮る。
善玉は明るい光を当てられ、悪玉は暗い光の中に沈む。

善玉を大きく、悪玉を小さく撮る。
善玉を仰角で、悪玉を俯瞰で映す。
善玉には暖色を用い、悪玉には寒色を用いる。

このような特殊な映画言語は、舞台劇を映画化するという目的のために案出されたものであり、文革プロパガンダ映画の徹底的に様式化された独自のスタイルの形成に貢献したといえよう。しかしながら、「三突出」を普通の劇映画へと応用することは、映画的なリアリズムを著しく損なってしまうことは容易に想像がつく。それゆえ、一九七三年から文革体制下の中国においても劇映画の製作が徐々に進められ、一九七六年の文革終焉までに五〇本もの作品がつくられたにもかかわらず、影響力において映画化された舞台劇の足下に及ばなかった。

文革後期になって、「三突出」の限界にようやく気づいた江青は、映画技法上の「革新」の必要性を積極的に訴えるようになった。彼女は、セリフに頼らずに映像で語ること、善玉にも逆光や斜光の照明を用いること、長回しや同時録音を使用することを映画人たちに要請するとともに、欧米やユーゴスラビア、メキシコなどの外国映画を参考にするよう命令を下した。そのため、文革後期の中国映画において、「三突出」の原則からはみ出るような新たな映像表現を模索する試みもおこなわれていた。しかし、このような局部的な革新は、すでに定着した「三突出」から完全には抜けだすことができず、両者が入り交じった雑種性を帯びた作品を生みだす結果となってしまった。

このように、「三突出」の原則によって様式的に極度に画一化されてしまった文革期の中国映画であるが、この時代において、政府の主導のもとに、フィルムや照明装置といった映画製作の技術面の整備が一挙に進められたことは注目に値する。

文革以前の中国映画が使用していた、東独製のカラーフィルムやソ連の技術をもちいた国産のカラーフィルムは、自然な色彩を出すことができず、どうしても映像が赤味を帯びてしまうために、世界の主流であったイーストマン・

コダック社のフィルムなどに比べて明らかに品質的に劣っていた。だが、冷戦構造における東西対立のなかで、中国が資本主義国のアメリカからフィルムを輸入することは考えられなかった。しかし、文革期になると、新たなプロレタリア文芸の実現を技術面においても支えなくてはならないというイデオロギー的な名目のもとで、アメリカ製のフィルムの輸入が解禁されたばかりでなく、中国におけるフィルム生産もコダック社の技術にもとづくかたちへと転換した。

また、一九七〇年代半ばには、ロケーションのための小型照明の開発にも成功した。(1) このように、文革期の中国では、すでに映画製作の環境が技術的には完備されていたにもかかわらず、依然として「三突出」の原則が支配的であったために、映画技法の革新を引き起こすには至らなかったのである。

文革が終焉を迎え、それまでタブーとされてきたセンチメンタルな題材が解禁されたものの、「三突出」に代表される文革時代のコードは、一九七六年から一九七八年にかけて製作された中国映画のなかにあいかわらず色濃く残存していた。たとえば、農業の機械化の是非をめぐる諍いを主題にしたコメディー『春歌』(一九七八年)のなかで、保守派を写すためにもちいられる俯瞰のキャメラアングルや暗い照明が「三突出」に由来するものであることは一目瞭然である。このように、文革終焉直後に製作された中国映画の多くは、文革批判をテーマとしながらも、実際に用いる表現手法は文革のコードそのものであるというアンビヴァレンツを孕むものであった。

しかしながら、映画表現に対する強い抑圧は、文革後に徐々に解除され、一九七〇年代末から八〇年代初頭までの中国では、外国映画を積極的に吸収し、模倣することをつうじて、文革コードを打ち破るような、新たな映画言語が形成されていった。その最初の成果は、一九七九年に開催された「建国三〇周年映画展」の上映作品において一気に現れ、改革開放ムードを映画において示すものとして、中国映画史に残った。そして、このような中国映画の革新の担い手となったのが、いわゆる「第四世代監督」であったのである。

一九八〇年代半ばに映画監督としてデビューし、中国ニューウェーヴ・シネマの担い手として世界的な注目を集めた陳凱歌《チェン・カイコー》、張芸謀《チャン・イーモウ》らは、日本でも「第五世代監督」として知られている。それに比べて、黄健中《ホアン・チェンチュン》、楊延晋《ヤン・イェンチン》、滕文驥《テン・ウェンジー》、呉天明《ウー・ティエンミン》、呉貽弓《ウー・イーゴン》、謝飛《シェ・フェイ》、鄭洞天《チョン・トンティエン》、張暖忻《チャン・ヌアンシン》、王好為《ワン・ホオウェイ》といったいわゆる「第四世代監督」は、いささか影の薄い存在であることは否めない。第四世代監督とは、一九四〇年前後に生まれ、文革勃発直前まで映画製作に携わったものの、文革の空白期のなかでほとんど才能を発揮できないままに中年に至ってしまった世代であり、さらに、第五世代の衝撃的なデビューによってその輝きがうち消されてしまったこともあって、「悲劇性的存在（悲劇的な存在）」とも言われている。しかし、一九七〇年代末から一九八〇年代前半にかけて文革時代のコードを打破し、映画技法の革新を試みることによって、次の第五世代監督を生みだす礎を築いたという意味において、彼らの中国映画史における功績を無視することはできない。

一九七〇年代末に、第四世代監督を代表する黄健中、楊延晋、滕文驥、呉天明は、それまで自由に使うことが許されなかった、フラッシュ・バック、スローモーション、ズーム、カラーとモノクロ映像の併用、映像と音声の対立といった技法を積極的にもちいることで、新しい映画表現を生みだすことを試みた。そして、その際に、彼らが大いに参考としたのが、『君よ憤怒の河を渉れ』、『サンダカン八番娼館』、『人間の証明』、『金環蝕』、『愛と死』、『華麗なる一族』、『砂の器』といった日本映画であった。

たとえば、一九七九年に張暖忻監督と映画理論家李陀《リー・トウ》は、「『サンダカン八番娼館　望郷』が我々に映画的な物語構成の一例を提供してくれた」と高く評価し、当時の代表的な映画理論家邵牧《シャオ・ムーチュン》君もまた、『人間の証明』の洗練されたエンターテインメント性やフラッシュ・バックといった多彩な映画技法を絶賛している[2]。さらに当時の映画雑誌には、『君よ憤怒の河を渉れ』におけるストップ・モーションや、悪役のキャラクター造形、『あゝ野麦峠』の音響効果、『砂の器』のコンサートのシーンにおけるモンタージュ技法を中国映画も参照すべきだといった主張が散見されるのである。

そして、これらの日本映画を模倣したシーンは、当時製作された中国映画のなかに数多く登場する。たとえば、サスペンス映画『神女峰的迷霧（神女峰の霧）』（郭宝昌《グオ・バオチャン》監督、一九八〇年）では、容疑者の女性（陳肖依《チェン・シャオイー》）が警察の取り調べのなかで犯行を自白するとき、その瞬間にシンセサイザーによる大袈裟な音楽が唐突に流れるというシーンがあるが、それが『人間の証明』のヒロイン（岡田茉莉子）が自らの犯行を告白してしまう場面を模したものであることは明白である。また、恋愛映画『遅到的春天（遅く訪れた春）』（馬紹恵《マー・ショウホイ》、太鋼《タイ・ガン》監督、一九八〇年）の主人公が紅衛兵に殴られる場面において、失神した彼の顔のアップが逆さまの状態で映しだされるショットも、『サンダカン八番娼館 望郷』における売春宿のシーンときわめて類似している。さらに、林彪《リン・ピョウ》事件の黒幕を描いた『瞬間』（趙心水《チャオ・シンシュイ》監督、一九八〇年）のラストで、ピアニストのヒロインがコンサートで演奏するシーンと、恋人のパイロットが殉職するシーンが交互に映し出されるシーンも、明らかに『砂の器』を意識している。

そして、第四世代監督にとって、彼らの映画製作の指針の一つとなった日本映画が『愛と死』であった。一九七九年の第四世代監督の映画革新のムーヴメントにおいて中核的な役割を果たした黄健中は、「映画は映画らしくなければならない」という論文のなかで、『愛と死』について次のように述べている。

> 日本映画『愛と死』では、主人公が化学実験で亡くなった恋人の訃報を知らされたとき、スローモーションで撮られた恋愛中の二人の回想シーンが挿入される。（中略）監督は、激しいテンポの変化をつうじて、登場人物の感情のみならず、「愛と死」というテーマをも遺憾なく表現した。（中略）すなわち、一般観客が日常生活でしばしば経験したことを、芸術的なイメージをつうじて、ふたたび観客に再現してみせるということである。日常生活のなかで、あるものからの刺激を機縁として、連想や回想が断片的な視覚的画面にともなって引き起こされてしまう経験は、誰にでもあるからである。(3)

その一方、この年に黄健中が助監督として携わった『戦場の花』(4)（原題『小花』、張铮《チャン・チョン》監督、一九七九年）は、革新的な映像表現によって中国映画史において画期的作品となった。この映画の製作にあたっては、黄健中監督自身が「登場人物の内面的感情の変化が視覚的映像や音声によって表出されるという点で、『二十四時間の情事』（アラン・レネ監督、一九五九年）と『愛と死』を参考とした」と語っているように、『戦場の花』には『愛と死』と類似した映像表現が随所に見られる。(5)この作品は、内戦の混乱のなかで離散した三人の兄妹がふたたび再会を果たすという、文革終焉直後に盛んに撮られたセンチメンタルな中国映画のパターンを踏襲するものでありながらも、フラッシュ・バック、スローモーション、エコーのかかった音声の多用、女性の身体に対するフェティッシュな撮り方といった特徴において、『愛と死』を強く意識して撮られたものであることは明らかである。つまり、『愛と死』をはじめとする外国映画のように、恋愛というテーマをストレートに表現することは、当時の中国映画においては依然タブーであったために、『戦場の花』において、男女の愛は兄妹愛へと意図的に擬装されたのだ。それゆえ、当時の批評のなかで、「兄妹の愛を描くはずの『戦場の花』には、遥かに兄妹愛を超えた表現が見られる」という指摘がなされたのも当然であった。(6)さらに、『戦場の花』の基調をなす、いささか甘ったるい場面の数々――たとえば、劉暁慶《リュウ・シャオチン》が演じるヒロインの笑顔のアップが抒情的な音楽を背景に、さまざまな角度から映されるという、作品のなかに頻出するショットも――おそらく『愛と死』から影響をうけたものと思われる。

ほかにも、一九八二年に江海洋監督が北京電影学院に提出した卒業論文のなかでも、ストーリーの展開よりもセンチメンタルなムードを重視する点において、『愛と死』と、第四世代監督楊延晋の代表作『小街』（一九八一年）とが類似していることが指摘されている。これらの事実から、第四世代監督たちに対して『愛と死』が与えたインパクトの大きさが窺えるだろう。このあと、キャメラワークやBGM、ショット繋ぎによってセンチメンタルなムードを醸しだすことが、第四世代監督のメロドラマ映画の常套的手段となったが、『愛と死』はまさにその出発点になった作品の一つであった。

しかしながら、映画研究者倪震《ニー・チェン》が指摘しているように、「これらの日本映画の技法は、改革開放時代の初期における中国の映画人の模倣の対象となったものであるが、実は外国では時代遅れになりつつあるものであった」。(7)たし

図75　『沙鷗』撮影中の張暖忻監督（中央）

図76　バレー選手・常姍姍が演じる『沙鷗』のヒロイン

かに、第四世代監督たちの初期作品を改めて見返すと、そのほとんどは過去の日本映画の――多分に陳腐な――技法の表層的な模倣というレヴェルにとどまっており、独自の映画言語を形成するまでには達していないと言わざるを得ない。そして、このような限界にいち早く気付いたのが、ほかならぬ第四世代監督たち自身であった。一九八一年になって、張暖忻監督が、「映画言語のモダニティーは、けっしてスローモーションやストップ・モーションといった表面的な模倣にとどまるものではなく、映画の内なる『骨髄』から発する根本的な斬新さでなくてはならない」[8]と主張したように、最初のうちは文革体制に対する反動として外国映画のショットや技法をそのまま反復していた第四世代監督は、次第に自分たち自身のオリジナリティーを追求するようになった。そして、その際に彼らが規範としたのが、アンドレ・バザンのワンショット＝ワンシークエンス理論に代表されるフランスのヌーヴェル・ヴァーグだった。たとえば、張暖忻監督は、自らとヌーヴェル・ヴァーグとのパラレルな関係について次のように語っている。「私が北京電影学院監督科に入学し、映画とかかわるようになった一九五八年に、ヌーヴェル・ヴァーグが出現し、映画メディアの発展に大きく寄与したために、この映画史上の出来事をつねに意識しつづけてきた。二〇年後の今日になってようやく監督デビューを果たした我々は、映画メディアの発展に遅れている現状を客観的に受け止めなくてはならず、今後も世界映画における自らの位置付けを念頭に置いていかねばならない」[9]。

そして彼らは、アンドレ・バザンのワンショット＝ワンシークエンス理論に倣い、映画から演劇的な要素を排除し、日常世界をそのままフィルムに収めることを目指すべきスタイルとして標榜するようになる。その結果、一九八一年から彼らは、ドラマティックなストーリー設定を捨て、文革後の一般庶民の日常生活に焦点を当てて、長廻しや移動撮影、ロングショット、即興演出、同時録音などの技法を多用した『沙鷗』、『隣居（隣人）』（鄭洞天、徐谷明《シュイ・グーミン》監督、一九八一年）、『見習律師（司法修習生）』（韓小磊《ハン・シャオライ》監督、一九八二年）、『我在他们中間（私は彼らの中にいる）』（从連文《ツォン・リエンウェン》、陸小雅《ルー・シャオヤー》監督、一九八二年）、『夕照街』（王好為監督、一九八二年）などを一気に世に送り、中国映画に新しい風を吹き込んだのである。たとえば、張暖忻監督は、中国女子バレーの活躍を描いた『沙鷗』において、女優としては素人のバレー選手常珊珊《チャン・シャンシャン》を主役に起用し、すべての撮影をロケでおこない、ロングショットの長回しを意識的に導入することを試みたが、そこには初期の第四世代監督に対する批判という意味も強く込められていた。すなわち、恋愛中の男女が追いかけっこをするという『愛と死』を模したシーンがスクリーンに氾濫したことを批判して、張暖忻は「走り去る女性を男性が後ろから追いかけるという場面はすでに嘲笑の対象と化したために、長回しで撮られた、人物がひたすら歩くシーンを敢えて八箇所に挿入した」と語っている[10]。とはいえ、『沙鷗』と『見習律師（司法修習生）』のキャメラを手がけた鮑肖然《バオ・シャオラン》が、ヌーヴェル・ヴァーグのいくつかの映画作品のフィルムを入手して入念に研究していたにもかかわらず[11]、現時点で第四世代監督の作品を改めて見返すと、『愛と死』と通底するようなセンチメンタリズムや、陳腐な演出が残存していると言わざるを得ない。結局のところ、第四世代監督は、アンドレ・バザンやヌーヴェル・ヴァーグの理念を実質的に継承したというよりも、箔付けのために利用した側面があるというのが正確なところであろう。

第二節　第五世代監督が観た日本映画

第四世代監督によって革新された映画言語を基盤として、独自の映像世界を築きあげ、中国映画の新しいムーヴメントを世界に強烈に印象づけたのは、陳凱歌、張芸謀、田壮壮《ティエン・チュワンチュワン》ら第五世代監督であった。第五世代監督がデビューした一九八〇年代半ばには、中国における日本映画ブームはすでに過ぎ去ろうとしていたものの、ブーム全盛期の一九七〇年代後半から八〇年代前半にかけて北京電影学院に在学中であった彼らが、そのころに相次いで公開された日本映画から強い感銘をうけたことは間違いない。たとえば、二〇〇五年、著者によるインタヴューのなかで張芸謀は、彼が北京電影学院に在学していた頃に学生のあいだで話題となった日本映画として、『君よ憤怒の河を渉れ』、『サンダカン八番娼館　望郷』、『キタキツネ物語』、『愛と死』、『人間の証明』、『砂の器』、『幸福の黄色いハンカチ』、『遙かなる山の呼び声』、『男はつらいよ　望郷篇』、『あゝ野麦峠』、『華麗なる一族』、『金環蝕』、『アッシイたちの街』といったタイトルを挙げている。

また、第五世代の映画人が一九八二年に北京電影学院に提出した卒業論文からも、当時の彼らに日本映画が与えたインパクトの大きさが分かる。すなわち、陳凱歌と監督科で同期であった江海洋《ワン・ハイヤン》は『遥かなる山の呼び声』と『愛と死』を、張芸謀の撮影科の同期生の梁明《リャン・ミン》は『風立ちぬ』を、美術科の張秉堅《チャン・ビンチェン》は『サンダカン八番娼館　望郷』、『天平の甍』、『遙かなる山の呼び声』、『未完の対局』を、俳優科の張豊毅《チャン・フォンイー》は『君よ憤怒の河を渉れ』、『幸福の黄色いハンカチ』、『遙かなる山の呼び声』における高倉健の演技をそれぞれ取り上げている。また、張芸謀は、著者とインタヴューのなかで、みずからがキャメラを手掛けた『黄色い大地』（原題『黄土地』、陳凱歌監督、一九八四年）におけるフィックスの長回しのキャメラワークが、『泥の河』（小栗康平監督、一九八一年）に影響されたものであると証言している。

さらに、著者とのインタヴューのなかで、張芸謀監督が、「当時の北京電影学院の学生のあいだで最も話題となった日本映画の一つが『砂の器』であり、二十数年後の今でもその卓越した作家性、とりわけ冒頭の子供が砂の器を作るシーンが印象に残っている」と振り返っているように、一九七九年から一九八〇年にかけて北京電影学院内で繰り返し上映された『砂の器』は、当時の若き映画人たちにとって特権的な作品の一つとなった。

『砂の器』の前半部分には、焼け付くような夏の日差しのなかで聞き込み調査を行う二人の刑事がひたすら街を歩く姿を、ロングショットで撮った印象的なシーンがあるが、それと類似したキャメラワークは、すでに取り上げた第四世代監督の諸作品――『沙鷗』、『我在他们中間（私は彼らの中にいる）』、『見習律師（司法修習生）』――に見いだすことができる。しかし、『砂の器』からより大きな影響をうけたのは、むしろ第五世代監督であったと思われる。

たとえば、『砂の器』では、屋根や大木の一部を故意に画面の前景に据えつつ、シネマスコープをもちいて画面奥の人物を撮るという独特の構図が数多く見られるが、[12] 初期の第五世代監督の作品である『一人と八人』（原題『一個和八個』、張軍釗《チャン・チュンチャオ》監督、一九八四年）や『黒砲事件』（黄建新《ホアン・チェンシン》監督、一九八五年）においても、そうした構図が多用されている。また、陳凱歌監督の『黄色い大地』や『子供たちの王様』（原題『孩子王』、一九八七年）に頻繁に登場する、橙色を背景にした登場人物のシルエットを写したショットは、『砂の器』の冒頭の、朝日が差す海岸で砂の器を作る子供のシルエット姿を強く想起させる。

図77　砂の器を作る子供のシルエット.『砂の器』. 野村芳太郎監督, 1974年. 写真提供：松竹

従来の中国映画においては、左右対称の端正な構図や、登場人物の顔がくっきりと見えるように配置された照明が基本とされていたが、第五世代監督は、そうした過去の中国映画

図78　中国映画『黄色い大地』

の言語体系を打破するために、意図的に大胆な視覚表現を盛んにもちいた。その際に、第五世代監督が暗に参照したと思われるのが『砂の器』である。おそらく彼らは、『砂の器』が含んでいたさまざまな可能性をさらに展開させることで、独自の映画表現を築き上げていったといえるかもしれない。これまで、第五世代監督の初期作品が論じられる際に、五〇～六〇年代のソ連映画との類似性や、同時代の中国美術との関連性がしばしば指摘されてきたが、しかし、構図やキャメラワークの面における日本映画からの影響についても視野に入れるべきであろう。

とはいえ、北京電影学院在学時代の第五世代監督は、一般公開作以外の日本映画にも接する機会があったことも看過してはならない。たとえば、一九八〇年に内部試写で上映された黒澤明の『羅生門』は、第五世代にきわめて大きな影響を与えた作品であった。『羅生門』の演出や心理描写に感嘆した李少紅《リー・シャオホン》は、彼女の監督デビュー作『銀蛇謀殺案』（一九八八年）や、のちの『血祭りの朝』（原題『血色清晨』、一九九〇年）において、黒澤作品の暴力性と緊張感を継承することを試みた。[13] 同じく、張芸謀監督の『紅いコーリャン』（原題『紅高粱』、一九八七年）におけるダイナミックなキャメラワークやバックミュージックが『羅生門』と類似していることも、日本や中国の映画評論家によってたびたび指摘されている。

このように、第五世代監督は、一九八〇年代半ばに突如として綺羅星のごとく出現したのではなく、中国映画の長い伝統の蓄積や、第四世代監督による試行錯誤、それに文革終焉直後に公開された日本映画からの影響といったさまざまな要素を下地としていたのだ。

いっぽう、日本では、中国の第五世代監督の作品が多くの映画ファンを魅了し、日本の映画人にも大きな衝撃を与えたのである。第五世代監督の作品が日本に上陸した経緯についても紹介してみよう。

表　第五世代映画人が北京電影学院在学中（1978年９月～82年７月），大学の試写室などで鑑賞した日本映画の一部[14]

北京電影学院での上映時間	作品名（製作年）	監督	備考
1978年			
11月	サンダカン八番娼館 望郷（1974）	熊井啓	
12月	キタキツネ物語（1978）	蔵原惟繕	
12月	君よ憤怒の河を渉れ（1976）	佐藤純彌	
1979年			
１月	早春（1956）	小津安二郎	
３月	幸福の黄色いハンカチ（1977）	山田洋次	
５月	絶唱（1975）	西河克己	
５月	砂の器（1974）	野村芳太郎	
６月	人間の証明（1978）	佐藤純彌	
10月	金環蝕（1975）	山本薩夫	
10月	先生のつうしんぼ（1977）	武田一成	
12月	戦争と人間　第１部～第３部（1970～73）	山本薩夫	
12月	愛と死（1971）	中村登	
1980年			
５月	人間の証明（1978）	佐藤純彌	再上映
５月	砂の器（1974）	野村芳太郎	再上映
６月	絶唱（1975）	西河克己	
11月	戦争と人間　第１部～第３部（1970～73）	山本薩夫	再上映
12月	動乱（1980）	森谷司朗	
1981年			
８月	霧の旗（1977）	西河克己	
８月	遙かなる山の呼び声（1980）	山田洋次	
９月	お母さんのつうしんぼ（1980）	武田一成	
10月	アッシイたちの街（1981）	山本薩夫	
10月	風立ちぬ（1976）	若杉光夫	
11月	羅生門（1950）	黒澤明	
11月	動乱（1980）	森谷司朗	再上映
11月	世界名作童話／白鳥の湖（1981）	矢吹公郎	
1982年			
５月	華麗なる一族（1974）	山本薩夫	

『黄色い大地』の衝撃

徳間康快は日本映画の中国への紹介に精力的に動く一方で、中国映画の日本での上映にも力を入れていた。徳間は一九七七年から一九九七年まで計二〇回中国映画祭を毎年開催し、東京、大阪、名古屋などの大都市に加え、地方都市でも映画祭を開いた。規模と影響において、中国での日本映画の上映にははるかに及ばなかったとはいえ、日本において中国映画に対する関心の薄い時代に、その地道な努力が一部の根強い中国映画ファンを生みだしたことは確かである（巻末「日中映画上映作品総覧（一九二六–二〇一六年）」を参照されたい）。

第五世代監督の作品のなかで、陳凱歌監督の『黄色い大地』はいち早く日本に紹介され、一九八五年一一月に東京・池袋にある文芸坐で開催された「'85中国映画新作フェスティバル」で上映された。文芸坐社長の三浦大四郎は、『黄色い大地』との出会いについて次のように語っている。

> 一九八五年五月。私は北京にある中国電影輸出輸入公司の試写室にいた。その年の十一月、私の経営する文芸坐で行なう「中国映画祭」の上映作品選択のため、主催者である東光徳間の森繁さんと一緒に、連日、朝から夕刻まで、試写室の暗闇にこもったまま、次から次へとスクリーンに映し出される新作中国映画を、眼をこらして見ていたのである。ほとんど、試写室とホテルを往復するだけの毎日だった。
>
> 連日の試写で、いささか疲労と倦怠を覚えるに至った最終日、電影公司の担当官が、「これは、中国では評価がなかなか難しい作品ですが、ご参考までに……」と断って一本の映画を見せてくれた。そして、その映画を見終わったときの衝撃を、私はいまだに忘れることができない。その映画は、「黄色い大地」（原題・黄土地）。監督陳凱歌。弱冠三十二歳。
>
> 従来の中国映画的表現を根底からくつがえした全く新しい映像感覚と、全編を貫く力強いエネルギーに私は圧倒された。「すごい作品ですね。この映画が一番良い」と私が言うと、電影公司の担当官は怪訝な顔をした。(15)

『黄色い大地』は日本映画界に強烈な印象を与え、吉村公三郎、大島渚、増村保造らは口をそろえて絶賛した。それを皮切りに、一九八〇年代なかばより、『芙蓉鎮』（謝晋《シェ・ジン》監督、一九八六年）、『古井戸』（原題『老井』、呉天明監督、一九八七年）、『紅いコーリャン』（一九八七年）、『晩鐘』（呉子牛《ウー・ツィニュ》監督、一九八八年）などが立て続けに日本で上映され、陳凱歌、張芸謀らは中国映画の巨匠として名を馳せた。

『紅いコーリャン』、『芙蓉鎮』を観た三國連太郎が「中国映画の水準はもう日本を超えている。中国は未来への展望を持っていて、次世代への期待が大きいですね。この点も今の日本と違うんじゃないかと思う」(16)と語ったように、その頃、日中映画の力関係の逆転さえ感じた日本映画人は少なくなかったのである。

日本での中国映画の好景気は、九〇年代前半の『紅夢』（原題『大紅灯籠高高掛』張芸謀監督、一九九一年）、『青い凧』（原題『藍風箏』、田壮壮監督、一九九二年）、『秋菊の物語』（原題『秋菊打官司』、張芸謀監督、一九九二年）、『香魂女――湖に生きる』（原題『香魂女』、謝飛《シェ・フェイ》監督、一九九二年）、『さらば、わが愛 覇王別姫』（原題『覇王別姫』、陳凱歌監督、一九九二年）、『活きる』（原題『活着』、張芸謀監督、一九九四年）あたりまで続いていた。

一九九〇年代後半以降、『山の郵便配達』（原題『那山那人那狗』、霍建起《フォ・ジェンチー》監督、一九九九年）や、『初恋のきた道』（原題『我的父親母親』、張芸謀監督、一九九九年）、『鬼が来た！』（原題『鬼子来了』、姜文《チアン・ウェン》監督、二〇〇〇年）、『ＨＥＲＯ』（原題『英雄』、張芸謀監督、二〇〇二年）、『ＬＯＶＥＲＳ』（原題『十面埋伏』、張芸謀監督、二〇〇四年）などのヒット作や、賈樟柯《ジャ・ジャンクー》や、婁燁《ロウ・イエ》、王兵《ワン・ビン》らが手掛けた話題作があったとはいえ、日本での中国映画ブームが下火になった感は否めない。

第三節　スクリーンから現場へ――日中合作映画というジャンル

日中関係蜜月期の時代的雰囲気のなかで、日中合作映画を製作することに至ったのは、ごく自然な話の流れであった。一九七九年に中国ロケを敢行した『天平の甍』（熊井啓監督）の撮影に中国の映画人が協力したというケースがあったとはいえ、本格的な合作映画の嚆矢となったのは、一九八二年に日中両国で同時公開された『未完の対局』（中国語題『一盤没有下完的棋』、佐藤純彌・段吉順《トアン・ジーシュン》共同監督、北京映画撮影所・東光徳間株式会社製作）であった。

（一）　初の日中合作映画『未完の対局』

戦争によって翻弄された日中の名棋士の友情を軸に、軍国主義政策が両国民に与えた多大な苦しみを描いたこの作品は、近年の商業目的の合作映画とは違って「日中国交正常化一〇周年記念」のイヴェントの一環として企画されたものであり、また、第二次大戦中に日本主導で盛んに製作された「日華合作映画」とは異なり、最初の話を持ちかけたのは中国側であった。

李洪洲《リー・ホンチョウ》と葛康同《グォ・カントン》によって一九七九年に完成された『未完の対局』の脚本の第一稿は、あくまでも中国国内向けのものであった。すなわち、碁の発展のために尽力したものの、文革によって失脚したベテラン政治家陳毅《チェン・イー》が、第一稿の脚本において重要な役割を演じていたことからも分かるように、陳毅の名誉回復を図るという政治的な意図が明らかであったのである。だが、中国映画界の重鎮であった夏衍《シャ・イエン》と、北京映画撮影所社長の汪洋《ワン・ヤン》は、この脚本を、数ある文革批判映画の一つとするのではなく、日中合作映画として製作するというアイディアに大きな可能性を見いだした。そこで彼らは、そのころ中国映画代表団の一人として訪日した男優趙丹《チャオ・ダン》を介して、以前から付き合いのあった徳間康快に共同製作を打診し、快諾を得たのである。

主演が最初趙丹に決まり、彼の要望により、高峰秀子、栗原小巻との共演が予定されていた。しかし、その矢先に趙丹はガンで亡くなったため、このキャストでの撮影は実現されなかった。末期ガンでひどく痩せた瀕死の趙丹は、自分の病状を知らずに、主人公のみならず、若い息子の役をも痩せた体で演じることができると喜び、高峰秀子、栗原小巻との共演を切に期待していたという。また、中国側の希望で、監督として当初、『愛と死』と『遺書 白い少女』でヒットした中村登が決まっていたが、彼も急死したため、『君よ憤怒の河を渉れ』、『人間の証明』で中国の観客にお馴染みの佐藤純彌に変えた(17)。

日本側で脚本の改稿作業が進められ、日中間での喧々諤々の議論を経て、一九八一年末に出来上がった最終稿をもとに、佐藤純彌・段吉順の共同監督作品として翌年一月に東京で撮影がスタート、横浜、鎌倉、横須賀、埼玉（江南村で六〇〇〇万円を投じて闇市のオープン・セットを建設）、丹後半島、そして三月から北京、蘇州、無錫、上海、角直《ジャオジー》、黎里《リリ》、震沢《チェンツォ》（外国人に未開放地だった古い街並みが含まれる）のロケーションを経て、同年五月下旬にクランク・アップし、八月から九月にかけて日中同時上映に至ることになる(18)。

だが、『未完の対局』が上映されたのは、ちょうど日中友好の機運に水を差した第一次歴史教科書検定問題が生じたころであった。すなわち、文部省検定の歴史教科書の日中戦争にかんする記述のなかで、中国への「侵略」という表現が「進出」へと変更されたことに対して、一九八二年七月に中国外務省が日本側に正式に抗議したのである。

このような状況のなかで上映された『未完の対局』の関連記事や映画評は、『人民日報』にほぼ連日掲載された（一九八二年八月から九月にかけて二十余りにも上る）。すなわち「日本軍国主義者は、中国人民に災難をもたらしたばかりでなく、同時に日本人民にも災難をもたらした」という中国側の公式の見解を具現化したものとして作品をきわめて高く評価するとともに、製作に携わった日本側のスタッフ、とりわけ日本軍の残虐行為をフィルムに取り入れようと積極的に提案した佐藤純彌や徳間康快を、右翼化に反対する日本人民の代表として賞賛した(19)。そこには、日本の映画人と、正しい歴史認識をもつ日本人民をオーヴァーラップさせることによって、歴史教科書検定問題が一般の日本人民の歴史観を代表するものではないと証明し、民間レヴェルでの反日感情を押さえ込もうとする中国政府の意図も窺える。政治の世界においては、結果的に日本政府が、中国側の意見を取り入れて検定済みの教科書の修正を確約したことで事態は収束に向かったが、文化の世界においても、『未完の対局』をとおして多くの中国の観客が右翼化に反対する日本人民の声を汲み取ったことによって、日本のイメージダウンに歯止めがかかったといえるだろう。

このように、日中友好の機運がピークとなった時期に日中の映画人が協力し合ってつくりあげたこの作品は、両国関係が再び緊迫した状況に置かれた際に一種の緩和剤の役割を果たしたという点において、日中映画交流史、ないし日中関係史においてきわめて大きな意義をもっている。そして、さらにそればかりでなく、以下に述べるように、中国の映画人が演劇にもとづく映画製作から脱出し、映画独自の言語を獲得していくプロセスにおいて、きわめて重要な役割を果たしたのである。

映画的表現の獲得

中国側が日本に合作映画の製作を呼びかけたことには、日本から最新の撮影機材を仕入れ、現場で日本映画の技術を学び、人材を育てたいという副次的な理由もあったものと考えられる。

たとえば、著者が特別に入手できた、一九八〇年五月頃に中村登監督が『未完の対局』の製作をめぐって中国側と交渉した際に書いたメモには、話し合いの詳細が次のように記されている。

> 主な機材・設備は日本から持ってきてほしい。新品なら仕事が終わってから中国が買い上げるが、その費用は製作費に含まない。車を使う場合、日本から持ってくるマイクロバス、ワゴン車を使用後払い下げてほしい。要するに、これを機会に北京撮影所は良い、新しい機材を安く買いたいので、上乗せしないでもらいたい。これを持ってくることで国が税金をかけないようにしてもらいたい。スタッフの編成については、キャメラ：日本側よりキャメラマン、助手二名。中国側よりもキャメラマンを出すが、これは日本の方法を学習するため。この作品を通して中国側のスタッフは日本の撮影方式を学びたいという意欲に燃えている。[20]

また、中村監督から演出の任を引き継ぐ佐藤純彌監督は著者とのインタヴューのなかで、当時の中国映画の技術的問題点について、次のように指摘している。

一つは録音の問題でした。中国はほとんどアフレコでやっていました。ですから、逆にシンクロナイズ（同時録音）の方法を教えてくれという要請がありましたね。当時、それは非常に大きなテーマでした。もう一つはやはり照明です。その頃、向こうで中国のＴＶや映画を観ると、言葉は分からないけれど、一番遅れているのは照明だと思いました。(21)

いっぽう、中国側が若手の段吉順を共同監督という大役に指名したのも、柔軟性と吸収力のある若い映画人の方が、合作というスタイルに適応しやすく、実践のなかで映画製作のノウハウを感得することができるという理由からであり、プロデューサーの汪洋は撮影中に「佐藤純彌監督、安藤庄平キャメラマンをはじめとする造詣深い日本のスタッフから謙虚に学ぶべきだ」と中国のスタッフに指示したという。(22)そのため、脚本のテーマをめぐって日中のあいだで激しい議論があったにもかかわらず、撮影の段階になると、配役から演出に至るまで日本側の監督である佐藤純彌がイニシアチヴを握っていたようだ。

一九八二年一月から五月にかけておこなわれた『未完の対局』の撮影や、その翌年に製作された中国映画『炎の女秋瑾《チューチェン》』（原題『秋瑾』、謝晋監督、一九八三年）の日本ロケに参加した中国側のスタッフは、懸命に仕事に打ち込む日本人スタッフの姿を、口を揃えて絶賛した。とはいえ、なかには「資本主義的な社会システムに身を置く日本のスタッフたちは、必死に働かないとすぐに解雇され、生活を維持することができなくなるため、余儀なく懸命に働いているのだ」(23)といった見解もあったように、中国の映画人たちのなかで、資本主義国としての日本と手を組むことに少なからぬ抵抗を感じていた者も少なくなかったことは事実である。とりわけ、改革開放時代初期の中国の映画人は、日本側のエンターテイメント性重視の製作姿勢に対して戸惑いを覚えた。すなわち、脚本の段階で、日本側が若年層の観客を意識し、テーマ性を弱めると同時に娯楽性を強調しようとしたことは、中国側からの反発を呼んだ。

その一方で、キャスティングにかんしては、日中双方のコミュニケーションはきわめて円滑におこなわれたといえる。たとえば、脚本家の大野靖子が、日本のスター女優の出演を想定して二人のヒロインをストーリーに付け加えたことに対して、「脚本の段階ですでにスター女優を意識するようなことは、中国映画では考えられなかったが、女性の役を追加することにより、二人の男性の友情という元の脚本の設定の単調さが見事に解消された」と中国側は評価した。またプロデューサーの汪洋は「日本側の配役は脇役を含めてオールスターで固めているので、北京映画撮影所に属する俳優も全力をあげてこの映画をサポートすべきであり、たとえ芝居が少ない脇役でも監督に選ばれたらぜひ出演してほしい」とスタッフに要請し、その結果、中国側の出演者もほぼ全員オールスターになったのである。(24)

さらに、『未完の対局』は、中国の映画人に「映画的な表現」について考え直す契機を与えたといえるだろう。この作品に対して、表情を外に出さない三國連太郎の控えめな演技とは対照的に、中国側の主演男優孫道臨《ソン・タオリン》が泣くシーンがあまりに多くて辟易させられたと批判する内容の映画評があったように、中国のベテラン俳優たちの演技は、日本人俳優の演技と並べると、いささか芝居がかった不自然なものとして受け止められたのである。(25)

そして、その一方で、それまで無名だった若手俳優の沈冠初《シェン・クアンチュー》の演技は、中国で注目を集めた。(26) 彼が演じたのは、囲碁を学ぶために日本に渡り、後に名人の座に上りつめる阿明役であり、ほとんどのセリフは日本語である。佐藤純彌が沈冠初を主役に抜擢したとき、中国側の関係者はみな驚愕した。日本で撮影が始まって一週間も経たないうちに、中国のスタッフはハラハラして見ていられなくなったという。あるシーンでは、内面の変化が十分に表されていない。あるシーンでの演技は変化に乏しい。あるセリフには感情がこもっていない……。だが、佐藤純彌は「みなさん、心配しないでください。スクリーン上では必ずいいシーンになりますから。沈冠初さんは演技の経験が浅く、反応もいささか鈍いのは確かです。しかし、阿明は誠実で気取らないというキャラクターなので、沈冠初さんはぴったりなのです」と主張した。佐藤監督の予想通り、演技力に欠けるように見えたシーンのそれぞれがつなげられると、あまり才能をひけらかさない素朴で控え目な中国青年の姿が自然に現れた。

すでに述べたように、文革終焉直後の中国映画のベースとなったのは演劇であり、俳優に求めた演技も、大袈裟な表情とアクションを特徴とする演劇の演技にほかならなかった。それゆえ、このような演技が染みついていなかった沈冠初が、逆に成功を収めたのである。しかし、このような成功は、俳優の演技の未熟さと演じられるキャラクターとの偶然の一致によるものではない。たとえば、沈冠初に対して佐藤監督は、激しい感情のこもったセリフを敢えて素っ気なく言うようにと控えめな演技を求めたという(27)。

『未完の対局』の助監督をつとめた張郁強《チャン・ユイチャン》は、次のように分析している。「日常生活において、人間の外面的な動作と表情は、思想や感情のようなおのれの内面を、意識的に外へ表そうとした結果ではなく、あくまでその人の内面が、何らかの外部の刺激により不意に滲み出たものにすぎない。したがって、一般的にいって、人間の表情と動作の強度は、つねに内面のそれよりも弱いはずである。もしも映画のなかで外面が内面よりも強烈に表された場合、それは不自然にちがいないし、両者が対等な場合でも、リアルとはいえない」(28)。今では当たり前の主張であるように聞こえるかもしれないが、この論文は、当時の中国映画界において反響を呼んだ。第四世代監督の呉貽弓は、この論文から大きな感銘をうけ、自らの作品『北京の思い出』（原題『城南旧事』、一九八二年）における演技指導の失敗の原因を悟り、大袈裟な演技は映画にとって禁物であると改めて認識したという(29)。

図79　撮影合間の万里の長城での三國連太郎，佐藤純彌．写真提供：佐藤純彌

すなわち、中国の映画人は、日本との合作映画という経験を通して、すでに一九七九年の時点で張暖忻監督によって指摘されていた「演劇にもとづいた演技が映画メディアに必ずしも適するものではない」(30)ことをふたたび痛感したのである。そして一九八〇年代なかばに、第五世代監督の衝撃的デビューにともない、『黄色い大地』や『一人と八人』における登場人物たちの無表情の顔や、『黒砲事件』の主演男優の

図80　沈冠初と紺野美沙子のスナップ（『大衆電影』1982年9月号）

劉子楓《リュウ・ツィフォン》の「模糊表演（曖昧な演技）」は大きな話題となった。それによって従来の演劇的なそれに代わり、映画的な演技は中国映画に定着するようになったのである。

（二）　井上靖原作の日中合作映画

日中合作映画のなかで、もっとも多かったのは井上靖の歴史小説を原作とした作品である。『天平の甍』（熊井啓監督、一九八〇年）、『敦煌』（佐藤純彌監督、一九八八年）、『ウォーリアー&ウルフ』（中国語題『狼災記』、田壮壮監督、二〇〇八年）、そしてテレビドラマ『蒼き狼　成吉思汗の生涯』（一九八〇年）がそれにあたる。ちなみに、徳間康快が長年温めていた、田壮壮監督・高倉健主演による『狼災記』は、徳間の死後、高倉ではなくオダギリジョーの主演で実現となった。

中国大陸の悠久な文化を憧憬の眼差しで描いた井上靖の世界は、日中戦争を挟む近代史から遠く離れ、日中間の政治的な問題や歴史問題を引き起こすリスクの少ない安全牌といえる。また井上靖自身、一九八〇年から一九九一年まで日本中国文化交流協会の会長を務め、中国側の絶大な信頼を得ていたことも、映画化を後押しした背景として看過してはならない。

『天平の甍』

映画『天平の甍』は、中国の全面的な協力を得て中国大陸でロケーションをおこなった、戦後初の日本の劇映画で

ある。(31)

井上靖が一九五七年に書き下ろした小説『天平の甍』は、唐の高僧・鑑真を戒師として日本に招聘する役目を負った若い遣唐留学僧が、五度に及ぶ渡航の失敗にもくじけず、一一年の年月をかけて平城京に到着するという壮大なロマンである。

同作品の主な舞台は益救島、秋妻屋浦にくわえ、揚州《ヤンチュウ》、明州《ミンチュウ》、そして南溟の地・海南島、広州、梧州《ウーチュウ》、桂州《クェイチュウ》など、中国の広漠たる自然である。したがってその映画化の成否は、中国ロケの有無にかかっていた。そのため、井上靖、脚本家の依田義賢、熊井啓監督らが一九七二年ごろから中国側と接触し始めたが、文化大革命のさなかということもあって、双方の協議は遅々として進まなかった。

文革終焉後の一九七七年から、日中文化交流協会は「中国人民対外友好協会」や「文化部電影局」など関係機関と協議を重ねた結果、翌年の春に中国側からロケに同意する旨の正式な回答を得た。

一九七九年五月一四日、同映画の製作発表が、東京・日比谷にある帝国ホテルでおこなわれた。

第一次ロケーションは同年七月一日から約二ヵ月にわたって中国でおこなわれた。その際に中国文化部、北京・上海の両撮影所の多大な協力を受けていた。たとえば、楊静《ヤン・ジン》をはじめとする四名の中国人スタッフは、それぞれ助監督、通訳、コーディネーターとして、撮影チームとともに行動していた。また、多くの中国人のエキストラが出演したばかりでなく、鑑真渡日の船も中国の美術スタッフの協力のもとで建造されたのである。

その後、奈良などでの日本国内ロケを経て、同年一〇月から西安、桂林、広州、海南島で第二次中国ロケがおこなわれていた。その期間は一ヵ月におよんだ。

『天平の甍』は一九八〇年一月二六日より、東京で先行ロードショーされ、二月九日から三月一四日まで全国各地の東宝系一二六館で一斉に公開された。さらに、観客の要望に応え、四月一二日から二週間にわたって、全国主要都市の東宝系映画館を中心にして、アンコール上映がおこなわれるなど、大ヒットを記録した。(32)

図81　中国の映画雑誌に取り上げられた『天平の甍』（『大衆電影』1980年８月号）

プロモーション・キャンペーンに合わせ、北京映画撮影所の汪洋所長、『天平の甍』の助監督をつとめた楊静、女優の劉暁慶《リュウ・シャオチン》も来日した。そして、同年、『天平の甍』は中国で公開された際に、日中友好の結晶として公式メディアから絶賛されたのである。

そして、「鑑真ブーム」は中国にも及んだ。一九七八年に訪日した鄧小平は、鑑真像が祭られている唐招提寺を訪れ、翌年に「国宝鑑真大師像中国展」が中国で開催されることとなり、中国の演出家による舞台劇（新劇）『鑑真東渡』も中国で上演された。さらに「中日友好映画」として製作された『玉色蝴蝶』（張風祥《チャン・フォンシャン》、楊濈森《ヤン・ガイセン》監督、一九八〇年）には、日本人と中国人のカップルが唐招提寺を訪れ、鑑真像に向かって幸福を祈願するというシーンが登場している。このように中国の仏教、建築、医学、絵画などを日本に持ち込んだ唐時代の鑑真は、日中文化交流の草分け的存在として日中両国で再び神話化されたのである。

『敦煌』の夢

一九五九年発表した歴史小説『敦煌』は、一一世紀宋時代、科挙殿試に失敗した主人公の趙行徳が西域へ赴き、大冒険するというストーリーで、井上靖の一連の「西域小説」の代表作とされている。『敦煌』の映画化にいち早く取りかかったのは小林正樹監督であった。一九七七年の時点で、小林監督は次のように自分の夢を語っている。

学生時代、そのように中国文化に非常に興味を持った関係から、映画をやり始めてからも井上靖さんの小説『敦煌』が出ました時、真っ先に読みまして強く引かれました。これはどうしても映画にしたいと思いましてね（著者註・小林正樹が井上靖から映画化の許諾を得たのは、一九六三年だった）。それからずっと今まで『敦煌』を映画化するということが私の夢になってるんです。井上さんも「小林さん、『敦煌』はいつまでも待ちますよ」と言ってくださっているんです。今も時間があると何となく『敦煌』のことをやっているんです。美術館などへ行って資料を集めたりして…。もうここ何年もそうしているんですよ。(33)

いっぽう、その頃、『坂の上の雲』と『敦煌』の映画化を熱望していた徳間康快は小林の企画を知って、一九七七年六月頃に彼と接触しはじめた。そして、徳間が率いる新生大映の企画として、小林正樹が脚本・演出を手掛ける『敦煌』が正式に動きだしたのは一九八三年ごろだった。(34)

しかし、綿密な時代考証にもとづいた「文化映画」という小林監督の構想と、ドラマティックな歴史大活劇をイメージしていた徳間プロデューサーの構想は相いれず、二人の連携は結局頓挫した。その背景には、ディレクター・システムや、スタジオ・システムの崩壊に続き、メディアミックス的宣伝戦略にもとづいた大作路線がしだいに幅を利かせるようになったという日本映画界の著しい変容があったように思われる。その後、徳間康快は井上靖、小林正樹側から映画化の権利を取得し、深作欣二監督に演出を依頼した。

だが、深作はスペクタクルな大作娯楽映画という徳間のヴィジョンに理解を示したとはいえ、脚本づくりの段階でつまずいた。すなわち、彼はストーリーをどうまとめて結末へもっていくべきか途方に暮れ、井上靖の小説を原作とする以上、徹底した娯楽性を追求するのはとうてい無理だと気づいたようだ。また当初、深作は、騎馬による砂漠のなかでの一〇万人に及ぶ大合戦を再現するために、五〇〇頭の鍛えられた軍馬を用意することを条件に監督の任を引き受けたが、ちょうどその頃、中国では鄧小平が軍縮政策を打ちだし、人民解放軍を一〇〇万人削減するとともに、軍馬も削減の対象としたため、映画撮影用に五〇〇頭を用意することがどうしても不可能となった。結局、深作欣二も監督を降りた(35)。

徳間康快は、佐藤純彌監督がメガホンを執るという新たな製作体制を整えるとともに、一九八五年七月に「中国人民解放軍八一電影制片廠（八一映画撮影所）」、「中国電影合作公司」、「中国電影進出口（輸入輸出）公司」との共同製作の調印式を北京でおこなった。人民解放軍の撮影所とコンビを組んだのは、徳間側が「軍の映画撮影所と一緒にやれば、軍隊がエキストラとして来てくれる」ことを見込んでいたからだ。案の定、内モンゴルの人民解放軍の一中隊が、エキストラとしてロケ撮影に参加し、蘭州軍区の人民解放軍も撮影を大いに支援した。それに加え、中国側は一〇〇人以上のスタッフを供出した。

『敦煌』の製作費用の総額は四五億円にのぼったが、日本精工、丸紅、電通、松下電器、東宝、ＩＭＡＧＩＣＡ、大映、徳間書店が主な出資先だった(36)。また「胡健《フー・チェン》が社長を務める中国電影輸出輸入公司は製作費の四分の一程度出資した(37)」と佐藤純彌監督が証言しているが、中国側の出資はおそらく現物出資だったように思われる。つまり、衣装や、大道具、馬など物資的な支援を一定の金額に換算するというスタイルである。たとえば、長期ロケに備えて、中国側はスタッフやキャスト専用のホテルを敦煌に建設した(38)。

『敦煌』製作始動記者発表会は一九八七年四月二七日に東京、そして五月一九日に北京でそれぞれ開かれた。同年五月二〇日に、北京の八一映画撮影所内に作られた宮廷のセットで、宋時代の科挙殿試のシーンを撮影し、これをもって、『敦煌』はクランクインした。続いて北京の故宮（紫禁城）のなかでも撮影をおこなった。同年六月よりロケ撮影は始まり、日中のスタッフは同年一〇月まで半年にわたって、酒泉《ジュチュアン》、嘉峪関《ジャユークワン》、敦煌一帯で行動を共にしていた。

双方のあいだのコミュニケーションの実態について、二〇一一年、著者とのインタヴューのなかで、佐藤監督は次のように振り返っている。

それは非常に楽しい撮影でした。撮影現場には、専用の通訳が演出部、製作部、技術、美術といっぱいいるわけです。しかし面白いのは、二週間ぐらい経つと、ほとんど現場の監督は通訳が必要なくなってくるのです。向こうとも仲良くなってきて、手真似などをまじえれば意味が通じるようになるので、ほとんど通訳が必要なくなってきました。[39]

しかし、撮影はまたもや大きな困難に直面した。それは「砂漠のなかの美術館」ともいわれる莫高窟《モウガオクー》での撮影のことだった。その頃、「世界の秘宝である莫高窟ではいっさい撮影をしてはならぬ」という決定が中国国務院から下された。撮影許可を得るために、日本側は窟内の美術品の色彩を退色させないような撮影方法を繰り返し実験する一方、

図82　『敦煌』のワンシーン．写真提供：佐藤純彌

図83　『敦煌』の撮影風景．写真提供：佐藤純彌

図84　建設中の敦煌城．写真提供：佐藤純彌

中国政府、莫高窟研究所、甘粛省政府と粘り強く交渉した結果、ようやく撮影を実現できたのである。(40)

また、敦煌城（沙州城）のオープン・セットは、現在の敦煌の町の西郊外で四億円を投じ、六ヵ月をかけて建設され、一九八七年の夏頃に完成した。四〇〇メートル四方の城壁に、高さ一八メートル、幅二八メートルの城門があり、四隅に閣楼がそびえている。城内には、仏廊、王侯の館、鐘楼、漢人やウイグル人の暮らす街並み、商店などが原寸通りに再現された。そこで敦煌城をめぐる攻防戦や、焼き討ちといったクライマックスのシーンの撮影がおこなわれた。(41)

『敦煌』は一九八八年四月に東京で、そして五月に北京で完成試写会がおこなわれた。とりわけ、二八〇〇人収容の「北京展覧館」で催された「首映式（完成試写会）」は盛大なものであった。同作品はその後、両国で大ヒットしたのである。

ここまで考察してきたように、紆余曲折を経て『敦煌』の企画を成立させる決め手となったのは、日中両国の文化人が長年にわたる草の根交流をつうじて築き上げた信頼関係にほかならない。さらに、製作過程において、日中のスタッフは、新たな人的交流のモデルや、コミュニケーションのスタイルを確立させるに至った。それらの点からみても、『敦煌』は日中映画交流史における画期的な作品といえるのである。

(三)　多様化する日中映画交流

一九七〇年代後半以降、一気に拡大した日中間の映画交流は、技術や脚本といったより専門的なレヴェルにまで及んだのである。

東洋現像所（ＩＭＡＧＩＣＡ）と中国

一九七七年一一月下旬から一二月にかけて中国電影公司の招きで日本映画技術訪中団（西部吉彰団長）の五名が一

〇日間ほど訪中した。一行は北京、上海の映画撮影所や現像所、映画機材製作所を見学し、同業者と交流した。西部吉彰は一九七七年の時点で次のように述べている。

各撮影所や現像所、解放軍の八一映画製作所の関係者も多数集まり、専門的な質疑が活発に展開された。日本のこの方面の映画製作状況についても調査研究が行き届いているように思われ、何よりもその熱心さに圧倒された。(42)

そして、西部や、彼と同じ頃に訪中した岡崎宏三キャメラマンが口を揃えて語っていたのは、撮影監督をはじめ、現場での中国人女性スタッフの活躍であった。(43)

それを皮切りに西部吉彰が専務取締役・映画本部長を務めていた東洋現像所（現ＩＭＡＧＩＣＡ）は、中国との交流を開始した。日本人の「残留孤児」を主人公とした中国映画『桜　サクラ』（詹相持《ジャン・シャンチー》、韓小磊《ハン・シャオライ》監督、一九八〇年）、歴史ドラマ『原野』（凌子《リン・ツィ》監督、一九八〇年）の現像などのポストプロダクションは東洋現像所でおこなわれた。さらに、同社は、初の日中合作映画『未完の対局』のために製作費を出資し、日中合作映画『敦煌』の現像処理も担当した。(44)それが土台となって、一九九〇年代における陳凱歌、張芸謀ら中国映画の巨匠は必ずと言っていいほど自らの作品を東洋現像所で最終的に仕上げていた。さらに中国の技術スタッフを定期的に受け入れ、現像所の現場で数ヵ月間にわたる研修を実施していたのである。(45)

いっぽう、一九八八年三月に、日本映画テレビ技術協会と中国電影電視技術学会（中国映画テレビ技術学会）とのあいだに「日中映画テレビ技術力覚書」が取り交わされ、それにもとづいて、一九八八年四月に中国から五名の若手技術者が研修に来日し、ＨＤＴＶを中心に日本の映像製作事情を四、五日かけて視察した。そして、一九八九年度の交流プログラムとして、映画『美・その融合』が日中合作のかたちで製作され、一九九〇年一一月に「日中ハイビジョン映画技術シンポジウム」が北京で開催されるなど、大きな成果があげられたのである。(46)

一九八〇年代半ばから九〇年代前半にかけて、中国映画は世界の檜舞台で脚光を浴びるようになったが、その華々しい世界進出の背後には日本映画界による技術的なバックアップがあったという事実を忘れてはならない。

新藤兼人らと中国の「成人映画」

いっぽう、日中の映画シナリオライターの交流も始まった。「中国電影家協会」の招きで、一九八二年一一月二日から二週間ほど訪中した日本シナリオ作家協会理事長・脚本家の八住利雄は、中国映画シナリオの現状に触れ、日中交流の必要性について次のように語っている。

> 私たちが見てきた中国映画には演出の技術やカメラの操作やシナリオのドラマトゥルギーなどの上で、私たちでも指摘できるような欠陥がいろいろとあった。その中には初歩的と思えるものもあった。しかし、そこには未来の国の建設に向かって統一された不動の意志があった。それはどの映画にも感じられ、私はそれを「内容」と言うのである。又、それを持っているからこそ中国映画は無限に「ガン張る」ことが出来るのである。一部の日本映画に見られるように、廃頽をその中に隠した意味のないカット捌き、奇をてらったアングルなどは、映画の形式や技術などとは呼ぶことも出来ないものである。(47)

そして、一九八四年一〇月に北京の香山ホテルで、第一回「日中シナリオ・シンポジウム」を開催したのを皮切りに、日中の映画シナリオライターの交流が活発におこなわれるようになった。日本側の参加者は新藤兼人、井手雅人、加藤泰、国広威雄、鈴木尚之、田坂啓、神山征二郎、八住利雄の八人であり、中国側の参加者は一四人だった。彼らは六本の中国映画の新作を鑑賞したうえ、中国側と意見交換をおこなった。

その際に日本の映画人たちが口を揃えて指摘したのは、これらの中国映画において性描写がまったく登場しないことだった。『寒夜』（闕文《チュエ・ウェン》、季文彦《ジー・ウェンイェン》監督、一九八四年）の妻と、病弱な夫、金持ちの愛人との性的関係がどうなっているのか、『人生』（呉天明《ウー・ティンミン》監督、一九八四年）の主人公と、彼にふられた女性のあいだで肉体関係があったかどうか、性的暴力をうけた『青春万歳』（黄蜀芹《ホアン・シュチン》監督、一九八三年）の少女が加害者の男性に対して、どのような感情や思いを抱いていたのかなどは、ストーリー展開のうえで肝心なところであるにもかかわらず、実際に画面に直接登場せず、手紙や第三者の語りによって軽く触れられるのみだったからだ。(48)

このような不自然さが、日本人という外からの眼差しによって浮き彫りにされた。日中関係が蜜月期にあり、中国における日本映画の影響力も絶大だった当時、文革の空白を経て再出発する中国映画には、日本側のノウハウや指導が必要であった。そのため、新藤らの批判的なアドバイスはたちまち製作側へフィードバックされ、中国の映画人に重視されることになった。一九八五年より女性の性的抑圧という問題を正面から扱う「女性映画」が数多く現れたり、八九年に『黒楼孤魂』（穆徳遠《ムー・ドゥユアン》、梁明《リャン・ミン》監督）など、中国初の「十六禁」の「成人映画」が出現したのは、新藤監督らの助言と無縁ではないように思われる。(49)

社団法人シナリオ作家協会ホームページによると、「日中シナリオ・シンポジウム（中日電影劇作研討会。または中日電影文学研討会）」は、一九八四年を皮切りに、両国で隔年ごとに交互に開催することとなり、二〇一一年に二六回を迎えた。(50)とりわけ一九八四年、八五年、八六年にそれぞれ北京、東京、大連で開催された三回目までの同シンポジウムは、中国の映画専門誌によって大きく取り上げられ、大きな反響を呼んだのである。

当時、中国の映画人と諸外国との交流は、それなりにおこなわれていたとはいえ、ほとんど公式的に企画された政治的な文化交流の枠を出ず、往々にして政治的状況に左右され長続きすることはなかった。それに対して新藤監督をはじめとする日本映画人は、こうした政治的な文脈、または社交辞令を抜きにして、中国映画の題材から表現方法に至るまで、中国側に忌憚のない意見を述べ続け、その後の中国映画製作の方向性に多大な影響を及ぼしたのである。(51)

第六章　健さん旋風と山口百恵ブーム

一九七〇年代後半までの中国映画における日本人のイメージとは、軍人のそれにほかならなかった。戦争を経験した中国人にとって、もっとも身近な日本人とは、満州事変が起こる一九三一年から終戦までの一四年間にわたる侵略と植民地支配をもたらした軍人たちであり、さまざまな生々しい体験とともに、軍人としての日本人というイメージが、彼らの記憶に深く刻まれていたのである。中国映画における日本兵の映画表象は、早くも満州事変の直後の一九三〇年代前半に見られるが、その後、日本兵を悪役とした「抗日映画」の製作は、いつの時代になっても絶えることがなかった(1)。

ところが、中国で文革体制が終焉を迎えた後、一九七八年に「日中平和友好条約」が締結されたことによって、日中関係は一気に改善し、中国において日本は、経済発展のモデルであり、隣接する友好国として、きわめてポジティヴにとらえられるようになった。

文革終焉直後は、中国が市場経済への道を模索し、試行錯誤を重ねていた時期であり、社会全体の雰囲気は和やかだった。また、周恩来と田中角栄によって築かれた日中友好の機運がピークに達していた時期でもあったために、この価値観の空白期のもとで、それまでネガティヴな記号として機能していた日本のイメージが、一気に高倉健や山口百恵に象徴されるようなポジティヴな記号へと変貌を遂げた。そのような劇的な変化は、高倉健という俳優の存在を抜きにしては語れない。彼の影響は、映画の世界にとどまらず、新しい男性イメージとして、深く中国社会に根を下ろしたのであり、日本人のイメージが残忍な軍人から人間としての存在へと変貌を遂げるのに決定的な役割を果たしたのである。

第一節　男らしさの喚起――中国における高倉健のイメージ

二〇一四年一一月、高倉健の訃報は中国のメディアによって大きく報じられ、各界から悲しむ声が相次いでおり、ファンによる追悼上映会も各地で自主的に催された。そして、訃報が発表された当日に、中国外交部洪磊《ホン・レイ》報道官は、記者会見において政府を代表して哀悼の意を表した。日中関係が領土問題や歴史問題によって冷え込んでいるだけに、中国側の反響に驚いた日本の読者は少なくないだろう。

三十数年前に「高倉健ブーム」が中国を席巻した。すなわち、一九七八年一〇月より、『君よ憤怒の河を渉れ』、『幸福の黄色いハンカチ』（山田洋次監督、一九七七年）、『遙かなる山の呼び声』（山田洋次監督、一九八〇年）、『海峡』（森谷司郎監督、一九八二年）、『居酒屋兆治』（降旗康男監督、一九八三年）などの高倉健主演作が中国で次々と上映され、大ヒットとなった(2)。高倉健の男性的な振る舞いがきっかけとなり、「本当の男らしさは何か」というテーマをさまざまなメディアが取り上げ、「尋找男子漢」（男らしい男を探す）というフレーズが一九八〇年代前半の流行語となった。当時の中国人女性にとって、高倉健が結婚相手の理想像となったばかりでなく、一九八三年に初めておこなわれた国内外の映画スターの人気投票では、アラン・ドロンなどの有名男優たちを押しのけて、高倉健がトップの座を占めた(3)。

斬新な男性美

高倉健の人気は、マッチョな身体性と寡黙さによるところが大きい。ヤクザ映画における高倉の肉体の露出を持ちだすまでもなく、マッチョな雰囲気が自然にその身体から滲み出るのだ。受容側の中国の観客にとっては、それはすでに文革期に軍国主義復活批判キャンペーンのために上映された『連合艦隊司令長官 山本五十六』、『あゝ海軍』、『激動の昭和史 軍閥』をとおして認知していたものでもあった。すなわち、これら映画に登場する日本軍人が、表象の次元で中国の男性イメージに欠けていたマッチョな男らしさを体現したために、当時の中国の観客たちは、かつての加害者に対する暗い記憶が喚起される一方、映画的な魅力をも感じてしまうというアンビヴァレントな感情を抱いていた。しかし、このような矛盾する思いは、軍人ではなく庶民であるという高倉健の役柄の設定のもとで解消したといえる。つまり高倉健は、かつての軍人役に見られる男らしさを漂わせながらも、孤独に耐える忍耐力と他人の苦痛を理解する優しさとを合わせもつ民間人であるという設定上の逆説のために、その男性美が、中国の観客のあいだで何の抵抗もなく受け入れられたのである。

図85　高倉健．撮影：今津勝幸

伝統的に中国映画では、女性優位の構図が見られる。一九三〇年代の上海映画界では女優を中心とした映画製作が一般的で、男優の最高の役割が女優を引き立てることであり、たとえ主役であってもポスターでは女優の名前の下に置かれるのが通例であった。文革後の中国でも男優は、観客の鑑賞対象になり得なかった。一九八二年五月号の映画雑誌『大衆電影』の表紙に、この年に「金鶏賞」最優秀男優賞を受賞した張雁《チャン・イエン》の顔写真が使われると、売り上げが落ちたというのは有名な話だった。また、それは、映画ジャンルにも投影されている。

たとえば、一九二〇年代より中国映画の主流の一つである、女性を中心としたメロドラマにおいては、二枚目が欠かせない存在であったが、ヒロインの引き立て役にとどまっている。その外見を形容して「唇は口紅をつけたかのごとく赤く、頬は白粉をつけたかのごとく白い」という常套句があるほどであり、恋が進展しないときに、ハンカチで目頭を押さえたり、胸元で両手を組んで「嗚呼、神様、なぜ私達をこんなに不幸にさせてしまったのですか?」と独白したり、あるいはベッドに潜り込み咳き込んで、ときにはハンカチを血で赤く染めるほど悲観的に苦悩してみせる。このような二枚目の役柄は、明らかに去勢された存在となっている。宦官は、封建時代の陋習として清朝の終焉とともに排除されたにもかかわらず、表象の次元においては、去勢された男性性がステレオタイプとして残存していたのである。そのために、中国映画においては、カンフー使いといった、もともと男性が演ずるべき立ち役を女性が演じるというように、女性がつねに男性の代替として機能している。

その理由としては、まず第一に、中国において伝統的に、マッチョな男性性を、低次元のものと見なす傾向が強かったことが挙げられる。中国において、文化の担い手となるのが文人であり、文人=権力者、肉体派=下層階級という図式が根深く存在していた。そのため、文人的要素を欠落させたマッチョな男性像は、刹那的で衝動的な言動と結びつきやすいネガティヴなものとしてとらえられてきたのである。

さらに、第二の理由として、これまでの中国映画において、マッチョな男性のイメージは、実社会における暴力や権力構造を否応なく喚起させてしまうために、むしろ、女性身体を媒介として暴力性を表象しようとしたことが挙げられる。すなわち、剝きだしの男性性を描写するかわりに、女性身体にマッチョな男性性の諸機能を担わせることによって、男性ではタブー視される暴力性の演出に緩和作用が加えられたのである。男性の身体性がほとんど抑圧されていた時代が長くつづくなかで、女性身体に対するフェティッシュな欲望と結びついたキャメラワークが男性にもちいられることは稀であった。そのため、『君よ憤怒の河を渉れ』や『遙かなる山の呼び声』における高倉健のマッチョな身体性は、きわめて新鮮なものとして衝撃をもって受け入れられたのである。

だが、七〇年代後半の中国における高倉健の人気は、マッチョな身体性のみならず、その寡黙なイメージに拠るところも大きかった。ヤクザ映画における高倉健が女性にやさしい態度をとることができなかったように、『遙かなる山の呼び声』、『幸福の黄色いハンカチ』、『海峡』の主人公も、きわめて寡黙な男であるという設定となっている。しかし、高倉健の言葉によらない愛情表現は、深い余韻を湛えた新鮮なものとして中国の観客の共感を得た。たとえば、第五世代監督の江海洋《ワン・ハイヤン》と俳優の張豊毅《チャン・フォンイー》は、一九八二年に北京電影学院に提出した卒業論文において、セリフをもちいずに仕草、表情、あるいは小道具などによって語らせるテクニックの例として、それぞれ『遙かなる山の呼び声』を取り上げている。

その理由も、また文革終焉直後の状況と関係している。文革中につくられた映画においては、主人公の政治的リーダーとしての使命は、しばしば説得という行為を通して果たされるからである。そのため、台詞のもつ比重が高く、それは映像以上に重要な役割を果たした。主人公たちは、教育の程度にかかわりなく、論理的で文才に溢れた長文の台詞を演説口調で滔々と語るのであり、その結果、まとまりのなかった群衆は説得され、改心した者は涙ながらにおのれの非を認め、一致団結して主人公に駆け寄り革命運動に加わる。文革後に輸入された高倉健のイメージは、このような文革期の中国映画のもつイデオロギー偏重の傾向に対する一種の反動となったため、中国の観客に熱狂的に受け入れられたのである。

抑制的な演技

中国の第五世代監督の陳凱歌《チェン・カイコー》、張芸謀《チャン・イーモウ》、田壮壮《ティエン・チュワンチュワン》は、高倉健とそれぞれ接点をもっていた。

一九九六年に、井上靖原作・高倉健主演の『狼災記』の企画を試みた田壮壮は、念願であった高倉との対談のなかで、次のように語っている。

高倉さんは、かなり長い間、中国では映画の帝王だったんです。役者の世界では天皇的存在。当時、中国にはあなたにとって代われるような男優っていなかった。（中略）高倉さんっていうと、非常に男っぽくて、剛直で……そんなイメージをもっていた。で、演じるのは、諸々の想いや感情を心の奥深くぐっと呑み込んで……そういう人物。(4)

二〇〇六年、高倉健主演の『単騎、千里を走る』を携えて来日した張芸謀は、著者の質問に次のように答えている。

著者：文化大革命終焉直後の中国では、高倉健が、一般観客にだけではなく、映画人にも影響を与えていたのでしょうか。

張芸謀：当時の中国映画では、京劇の隈取《くまど》りのように、一目でどのような役柄であるかすぐ分かるような大袈裟な演技が主流であり、映画的な演技はまだ確立されていませんでした。そのために、高倉健の控えめな演技は、「冷面表演（クールな演技）」と名付けられ、新たな演技の可能性を示すものとして、中国の映画人にきわめて大きな影響を与えました。

著者：第五世代監督の衝撃的デビューにともない、一九八〇年代なかばごろから、映画的な演技が中国映画に定着するようになりました。とりわけ、張芸謀監督がキャメラを手がけた『黄色い大地』（陳凱歌監督、一九八四年）や『一人と八人』（張軍釗《チャン・ジュンチョウ》監督、一九八四年）は、登場人物たちの無表情な顔の演技によって当時の中国では大きな話題となりましたが、そこには高倉健の影響があったでしょうか。

張芸謀：「高倉健の演技を目指せ」という指示を出したスタッフがいたわけではありませんが、『一人と八人』や『黄色い大地』の撮影がおこなわれていた一九八三年頃は、ちょうど高倉健が中国で絶大な影響力をもっていた時期だったので、俳優たちは意識的に、あるいは無意識のうちに、高倉健の演技を模倣していたのだと思います。(5)

そして、高倉健を尊敬し、一九八六年より二十数年におよぶ親交をもつ陳凱歌は、二〇一三年一〇月に東京国際映画祭審査委員長として来日した際に、著者とのインタヴューのなかで、次のように指摘している。

日本の男優は見栄えもよく、立ち振る舞いに中国の俳優にはない独特な雰囲気をもっている。だから、僕の作品に彼らを積極的に起用してきた。しかし、近頃の日本の男優の演技をみていると、表面的で大仰であるという印象をうけることが多い。かつての高倉健さんのようなきわめて抑制的で、深い余韻を湛える演技が消え失せつつあるように感じられる。

高倉健が一世を風靡した一九八〇年代当時、中国の映画俳優の演技は、ソヴィエト連邦から中国に導入されたスタニスラフスキー・システムの影響を強くうけていた。スタニスラフスキー・システムの精髄は以下の引用にその理念が凝縮されている。「パフォーマーは、可能なかぎり自分が演じるキャラクターを完全に『生きる』ようにすべきで、彼／彼女が内面でどう考えるかをパフォーマンスの基礎にすべきだ。（中略）内的感覚の適切な度合いを設定すれば、そこからパフォーマンスの行動が出てくる」(6)。

しかし、実際には中国の映画俳優の多くは、役柄の「内面」を観念的に表現しようとするあまり、一種の「透明な」演技に陥ってしまいがちであった。それに対して、喜怒哀楽といった激しい感情をあまり表に出さずに、心の機微をすべて「陰り」の表情で暗示する高倉健の演技は、中国の映画人にきわめて斬新な印象を与えたわけだ。そして、このような「高倉健的」（＝映画的）な演技は、第五世代監督の映像世界を支える重要な要素にもなっていったのである。

完全無欠な理想像

高倉健追悼TV番組には、『幸福の黄色いハンカチ』のラストシーンが頻繁に取り上げられていた。しかし、中国人の感覚として、高倉健の代表作を挙げるなら、同じ山田洋次・高倉健・倍賞千恵子のトリオによる『遙かなる山の呼び声』となるだろう。

北海道の根釧原野を舞台に、厳しい大自然に立ち向かう開拓農民の素朴さや勤勉さを描く『遙かなる山の呼び声』は、『君よ憤怒の河を渉れ』に次いでもっとも中国人に知られた高倉健出演作だ。一九八一年に中国で一般公開された『遥かなる山の呼び声』は作品自体がロングヒットとなったのみならず、映画の音声にもとづいてつくられたラジオドラマもまた繰り返し放送され、同映画のスチール写真にキャプションを付けた絵本（連環画）が数十万部も売りだされたことで、中国において人口に膾炙するものとなったのである。

『遥かなる山の呼び声』は『幸福の黄色いハンカチ』よりも、当時の中国人の感性に合致していたといえるかもしれない。『幸福の黄色いハンカチ』は現代日本の地方都市を舞台にしたロードムービーであり、それぞれの人物の身の上がフラッシュバックのかたちで提示されている。それに対して『遥かなる山の呼び声』は酪農家の限られた空間を舞台に、高倉健と倍賞千恵子親子との触れ合いがオーソドックスともいえる素朴な技法を用いて繊細に描かれている。前者に現れる軽快な都会風の日本よりも、後者の厳しい自然環境に置かれた主人公の過酷な運命に、文革の苦難を経験した中国人は容易に感情移入できたのではないだろうか。

『遥かなる山の呼び声』に続いて、一九八三年に中国で一般公開された『海峡』において、人格者として高倉健のイメージは完全に確立したといえる。というのは、一九八三年におこなわれた中国の一般観客を対象にしたアンケート調査によると、「国内外の映画のなかで、もっとも好きなキャラクター」という部門で第二位と第三位に輝いたのは、いずれも高倉健が演じる『海峡』の阿久津剛と『遥かなる山の呼び声』の田島耕作であったからだ。(7)

青函トンネルの建設に人生をささげた一途な国鉄技師という『海峡』の役柄の設定のもとでは、高倉健のマッチョな身体性は後退し、逆にクローズアップされたのはその卓越した知性だった。しかし、『海峡』の中国でのヒットは、必ずしも個性的で魅力的な高倉健像に拠るものではなかったように思われる。というよりは、それまでアウトローであり、社会の周縁をさまようはみだし者だった「高倉健」が、そこを抜けだし、ようやく確固たる社会的地位にのぼりつめたという「立身出世の物語」に対して、「善人がようやく報われた」という予定調和的な安堵感を、当時の中国の観客は強く抱いたからではないだろうか。

それに対して、完全無欠な人格者としての高倉健のイメージがすでに定着していた一九八五年頃の中国で公開された『幸福の黄色いハンカチ』では、「ムショ帰りの気弱な男」として描かれた高倉健の姿に、違和感を覚えた中国の健さんファンは少なくなかったのかもしれない。

中国の高倉健たち

高倉健の人気にあやかって、そのイメージも絶えず再生産されていく。たとえば、『君よ憤怒の河を渉れ』のストーリーは、殺人の容疑をかけられた無実の検察官杜丘（高倉健）が、警察の追手を逃れながら自らの潔白を証明していくというものであるが、中国の映画人たちは、この設定に文革中に迫害を受けた我が身になぞらえるようにして、『四〇五謀殺案』（沈耀庭《シェン・ヤオティン》監督、一九七九年）、『検察官』（徐偉傑《シュイ・ウェイジェ》監督、一九八一年）、『戴手銬的旅客（手錠をかけられた旅客）』（于洋《ユイ・ヤン》監督、一九八一年）といったアクション映画をつくった。なかでも、『戴手銬的旅客（手錠をかけられた旅客）』は、元警察官である主人公が、濡れ衣を着せられて追われる身となるというストーリーの設定が『君よ憤怒の河を渡れ』とまったく同じであり、『四〇五謀殺案』という作品は、音楽までも『君よ憤怒の河を渉れ』と酷似している。

さらに、張芸謀監督が著者とのインタヴューのなかで指摘したように、「当時の中国の男優たちは、競って高倉健を模倣した。襟を立ててクールな表情をして見せたり、セリフを言わずに顔の表情や仕草だけで語らせたり、あるいは顔を見せずに背中で演技したりする者が、後を絶たなかった」(8)。たとえば、張甲田《チャン・ジャティエン》（『赤橙黄緑青藍紫』）、許亜軍《シュイ・ヤーチュン》（ドラマ『尋找回来的世界』）、陳剣飛《チェン・チェンフェイ》（ドラマ『夜幕下的哈爾濱』）といった男優が演じた役柄は、過去に罪を犯した者、人間不信に陥っている者、あるいは、人間性に目覚めた日本軍人などである。このような設定のもとで、彼らは高倉健を熱心に模倣した。しかし、そのほとんどあまりにも稚拙で、「他不笑分子」、「玩深沈」（引きつったような顔）と酷評された(9)。

それに対して、『赤橙黄緑青藍紫』（姜樹森《ジャン・シュセン》監督、一九八二年）は高倉健のイメージを借用することによって、それ

図86　中国版の高倉健（張甲田，左）．『赤橙黄緑青藍紫』より

までのプロパガンダ映画のステレオタイプをパロディー化しているという点で注目に値する。この映画は、文革によって深い心の傷を被り、勤労意欲を失ってしまったトラック運転手たちが、文革後いかに過去の苦い経験から解放され、未来に向かっていくかを描いた作品である。この映画の主人公（張甲田）は外見のみならず、性格においても高倉健を模倣していることが一目瞭然である。五分刈りの髪型で、寡黙でクールで険しい表情をしているうえに、文革期の辛い体験のために人間不信に陥っている。しかし、どことなく反社会的な雰囲気が漂うこの高倉健風の男は、大火事の際に命を懸けて鎮火につとめたことによって、実は好人物であると判明し、皆の信頼を得ることとなる。

危機一髪のところで命がけで大勢の命を救うという設定は、それまでのプロパガンダ映画における英雄を際だたせるためのステレオタイプを踏襲している。たとえば、『青松嶺』（劉国権《リュウ・クオチュアン》監督、一九七二年）では、ヒーローが、制御の利かなくなって暴走する馬の轡を摑んで押しとどめ、大惨事を防ぐ。または、『車輪滾滾（勢いよく走る車輪）』（蘇里、尹一青《イン・イーチン》監督、一九七六年）では、炎に包まれている爆発寸前の爆薬を積んだ手押し車を、ヒーローが身の危険を顧みずに素早く谷底につき落とす。このような英雄的行動をした人物は、文革期のプロパガンダ映画においては、その場で大喝采をうけるのが常であったが、この『赤橙黄緑青藍紫』の主人公はその喝采を浴びるどころか、駆け寄ってくる群衆に「どけ」と一喝して、『君よ憤怒の河を渉れ』のラストの高倉健のようにサングラスをかけ、さり気なくその場から去っていく。

プロパガンダ映画のパロディー化、そして日本映画の模倣を両立させることができたのは、いくつかの歴史的要因によるものであるといえる。高倉健のヤクザ映画の最盛期は、ちょうど日本の学生運動がもっとも盛んであった時期と一致している。反政府運動とセクト間の抗争の中に生きていた当時の学生たちは、ヤクザ映画の「お前のためならおれは死ねる」という決意に支えられた男同士の友情に大いに共感を覚えたにちがいない。また、学生運動が終焉を迎えると同時に、高倉健も心に傷を負い、都会を離れ、僻地をさまよう役柄を演じるようになったのは偶然ではないだろう。このことは中国における高倉健の受容についても言える。高倉健主演のヤクザ映画は中国で上映されていないが、もし文革初期の中国で『昭和残侠伝』シリーズが上映されたならば、紅衛兵世代はそれを熱狂的に支持したにちがいない。また、高倉健の後期の映画が中国で上映されたのは、ちょうど中国人が文革によって心に深い傷を負った時期と重なる。毛沢東神話が崩れた当時の中国人は、頼るべき存在を失い、心の支えとなるものを探していた。

一九六三年から一九七四年にかけて日本映画最大の流行であった東映仁俠映画の作品群を鶴田浩二とともに支えていた高倉健も、ヤクザ映画流行の終結とスター・システムの崩壊とともに、それまでのパターン化された役柄を離れて、さまよわざるを得ない状況に置かれていた。そのため、高倉健ほど荒廃した文革後の中国人の心情を摑んだ俳優はおらず、また、当時の中国人ほど高倉健の演じた役柄をよく理解したものもいないだろう。偶然の一致ではあろうが、両者は異なった社会的状況に置かれていたにもかかわらず、たどってきた歴史的軌跡に類似性が存在しており、そこに共通の力学が働いていたからこそ、高倉健が広く模倣され、またそのイメージが利用されたのである。

日中間のシンボルとなった「高倉健」

二〇〇〇年以降、グローバル化の波に晒された中国映画界では、ハリウッド映画の進出に対抗すべく、市場原理にのっとり、スター俳優を軸にしつつ、CG技術を駆使したファンタスティックな大作映画の製作が主流となってきた。そうした流れのなかで、抜群の知名度とスター性をもつ高倉健は多くのプロデューサーや監督に目を付けられた。張芸謀監督は、『HERO』(二〇〇二年)の企画の段階で孤高の剣士という中国人の役を高倉健にオファーした。これは、中国の伝統的な男性美からの異質性が際立っていた高倉健の身体と、グローバル化が急速に進んでいた中国とのあいだで、一種の同質性が生まれていたことを意味するだろう。

しかし、高倉健はマッチョ・ヒーローとしての自己イメージの反復を拒み、あえて「気弱な男」というキャラクター設定のもとで、「人への思いやり」という美学を中国映画のなかで演じて見せようとした。それが、『単騎、千里を走る』(張芸謀監督、二〇〇六年)であった。この映画の企画段階は、小泉首相(当時)の靖国神社参拝によって日中関係が緊張化した時期と重なっていた。作品のストーリー設定をめぐって、高倉健と張芸謀監督は、若い中国人女性との淡い恋など、さまざまな試行錯誤を経たうえで、「他者とのコミュニケーション」というテーマにたどり着いた。健さんが演じる主人公は、自己表現が苦手で、他人とのコミュニケーションが不十分であり、また、問題が起きたときには積極的に解決しようとせずに逃げつづけ、その結果として生じてしまった親子の断絶を抱えている、という設定に立っている。そして、危篤状態に陥った息子との関係を修復するため、父親は息子の夢をかなえようと、言葉や文化の異なる中国を一人旅するというストーリーが練り上げられた。(10)

文革終焉直後に『君よ憤怒の河を渉れ』などによって、新しいヒーロー像として中国のスクリーンに登場した高倉健が、それから二〇年あまりを経て日中関係が再び冷え込んだ時期になると、両国の関係を立て直そうとしているかのように見えた。もはや中国において一つのシンボルと化していた「高倉健」が再び召喚され、日中間の緩和剤の役割を果たしたのも今からみれば偶然ではなかったように思われる。

近年の領土問題や歴史問題は中国における日本のイメージダウンに大きく影響しており、そのためか中国の抗日映画・ドラマにおける残虐で愚かで滑稽な日本人のイメージも消し難く残っている。しかし、高倉健はこうしたネガティヴな《日本》から切り離されたかたちで、中国における一つのスタンダードなキャラクターとして定着し、中国の人々に愛され続けているのである。

第二節　アイドルの衝撃――山口百恵ブーム

高倉健ブームとともに、栗原小巻や中野良子などの日本の女優も人気を博した。なかでも、特権的ともいうべき凄まじい人気を博したのが、『伊豆の踊子』（西河克己監督、一九七四年）、『絶唱』（西河克己監督、一九七五年）、『風立ちぬ』（若杉光夫監督、一九七六年）、『霧の旗』（西河克己監督、一九七六年）、テレビドラマ「赤いシリーズ」で大ヒットした山口百恵であった。[11]ネット記事に次のような記述がある。

一九八〇年代に山口百恵は、春のそよ風のごとく中国に吹き込んできた。彼女が不変の恋人の三浦友和と共演したテレビドラマは立て続けに放映され、中国人の心を掴んだ。『赤い疑惑』や『赤い運命』は我々の涙を誘い、ドラマの世界に浸らせた。そのときに、愛とはなにか、メロドラマとはなにか、美男美女のアイドルとはなにかを、はじめて思い知らされた。[12]

百恵イメージの複製

一九八〇年代の中国映画において、山口百恵のイメージがさまざまなかたちで再生されていた。たとえば、『絶唱』と『風立ちぬ』を強く意識した中国映画『等（待つ）』（王安達《ワン・アンダー》監督、一九八三年）がつくられた。オリジナルで百恵が演じているのは、戦場に行った恋人を待ちわびたあげく死んでいく哀れな少女である。そして、これを模倣した『等』においても、都会へ出ていった恋人をひたすら待ちつづける農村の少女が描かれている。一年間待ちつづけた少女のもとに、恋人から一通の手紙が届くが、それは白紙である。村の人々は「それ見たことか」とあざ笑うが、それでも少女は恋人を信じつづける。結局恋人は少女のもとに帰ってくる。白紙の手紙は自分の心が白紙のように潔白であることを示していたことが分かる。映画の題名は「待つ」であるが、観客はあまりのくだらなさに映画の終わりまで待

図87　山口百恵（『大衆電影』1981年11月号）

てなかったと酷評された。

とりわけ山口百恵の肖像の流通には、一種の過剰ささえ感じられる。コピーライトの整っていなかった中国では、無断で日本の雑誌から複製された百恵の写真が、雑誌の表紙、グラビア、カレンダー、シールといったかたちで巷に氾濫したのであり、当時の多くの女子学生が山口百恵のブロマイドを財布に入れて持ち歩き、寝室に飾った。『お早う、北京』（原題『北京你早』、張暖忻《チャン・ヌアンシン》監督、一九八五年）という中国映画において、女性主人公の枕元に山口百恵の写真が小道具としてさり気なく飾られていることは、そうした事情を如実に物語っている。また、『漫画』や『連環画報』といった当時の漫画雑誌に登場するヒロインの顔が、彼女をモデルにして描かれていることもたびたびだった。中国における山口百恵の写真の流通の猛烈な勢いは、文革期における毛沢東の肖像の流通を想起させる。毛沢東時代においては、古代から近代に至るまでの伝統的な美人画の廃止とともに、それに代わるかたちで毛沢東のアイコンが伝播された。しかし、文革終焉後、毛沢東の肖像がほとんど姿を消したとはいえ、流通ルートは残存しており、山口百恵の肖像がそのルートに乗って増殖していったのである。

しかし、一口にブロマイドといっても、山口百恵のブロマイドと文革終焉直後の中国人女優のブロマイドは、大いに異なっていた。当然のことながら、当時の中国の女優たちには、華やかな衣装で着飾る経済的余裕もなければ、スタイリストも付いていなかった。一九七九年に訪中した中野良子は、人民解放軍の軍服ズボンに二枚のハンカチをみずから縫い合わせたブラウスを身にまとった中国の女優の姿を見て驚いたという。[13]一方、中国人女優ジョアン・チェン（陳冲）は、一九七九年の日本訪問で目を開かれ、大きな衝撃を覚えたと述べており、女優劉暁慶《リュウ・シャオチン》もまた、同じ頃に栗原小巻や吉永小百合に会って、その華やかな生活ぶりに羨望したと自伝に書いている。[14]

しかし、そのわずか数年後に劉暁慶は、東南アジアできわめて高い知名度を獲得したばかりでなく、フランスやアメリカで主演作の特集がおこなわれたほど、世界に名を知られる初めての中国大陸出身の女優となった。ジョアン・チェンも、のちに活躍の舞台をハリウッドに移し、『ラストエンペラー』（ベルナルド・ベルトルッチ監督、一九八六年）の皇后役で世界の檜舞台に立ったのである。すなわち彼女たちは、日本の映画人との交流を通して、スターとはこういうものかと思い知ったのであり、そしてその体験こそが、彼女たちが世界進出を果たす原動力となったに違いない。現在、日本でもお馴染みの国際派大女優コン・リー（鞏俐）やチャン・ツィイー（章子怡）だが、その世界進出の原点は、文革終焉直後の日中映画交流にまでさかのぼるといえるかもしれない。

若さとスター性

山口百恵ブームは、これまでの中国の女優には欠けていた若さと初々しさを売り物にしてアイドルがつくり上げられたという点で画期的であった。文革終焉直後の中国映画では、女優の高齢化という問題があった。それは、中国映画界においてスター・システムが存在せず、年功序列が支配的であったというシステム上の問題にかかわっていた。ベテラン女優は、たとえ映画に出演しなくても厚遇され、逆に若手女優の能力が適切に評価されることは稀であり、スター扱いされることもほとんどなかったのである。その結果、文革終焉直後の中国映画では、五〇歳代のベテラン女優が厚化粧で老いを隠し、少女役を演ずることもしばしばだった。[15]それに対して、若手女優は、頭角を表したとしても、スターへの道はけっして平坦ではなかった。

たとえば、『廬山恋』（黄祖模《ホアン・ツウモオ》監督、一九八〇年）における垢抜けた華僑の娘役で一躍人気女優となった張瑜《チャン・ユイ》は、

図88　中国版の山口百恵＆三浦友和——張瑜と郭凱敏

主演作のなかでしばしば恋人役を演じた郭凱敏《グオ・カイミン》とともに、中国の山口百恵と三浦友和とも呼ばれた。しかし、彼女のキャリアは山口百恵とは対照的な道をたどった。というのも、このあと張瑜は、そのスター性ゆえに、政治的なメッセージ性の強い映画に次々と起用されることとなったのである。たとえば、辛亥革命七〇周年記念のために作られた『知音』（謝鉄驪《シェ・ティエリー》、陳懐皚《チェン・ホワアイ》、巴鴻《バー・ホン》監督、一九八一年）のヒロイン役、『小金魚』（李歇浦《リー・シェプー》、王潔《ワン・ジェ》監督、一九八二年）で演じた不良青年を指導する幹部の役、『明姑娘』（董克娜《ドン・クーナー》監督、一九八四年）の心の美しい障害者役、『清水湾、淡水湾』（謝鉄驪監督、一九八四年）のなかで遺産をすべて国家に寄付する模範的な女性役などはそれに当たる。しかしながら、これらの映画においては、張瑜の女優としての魅力を引きだすことよりも、それぞれの役柄によって体現されるイデオロギーを呈示することが重視されており、演技の幅を狭められた彼女は次第に人気がなくなった。このように、中国の女優たちが、年功序列や政治的要請といったさまざまな制約によって束縛されていたなかで、中国の映画システムの外部にいた山口百恵が人気を博し、その端境期を埋める存在となったのである。

さらに、山口百恵にそっくりだという理由で大成功した女優も少なくない。ヒット作『牧馬人』（謝晋《シェ・ジン》監督、一九八一年）の母親役に起用された一八歳の叢珊《ツォン・シャン》は若いだけではなく、顔も山口百恵にそっくりであった。映画でも「彼女は山口百恵とそっくりですね」というセリフがわざわざ挿入されているほどである。またコン・リーも、デビュー当初は中国の山口百恵として売りだされ、山口百恵のイメージを一時的に利用した。『テラコッタ・ウォリア 秦俑』

（原題『秦俑』、程小東《チエン・シャオドン》監督、一九八八年）では、芯が強いというコン・リーの役の性格付けやその笑顔は、山口百恵を連想させずにいられない。また、同映画のラストで、コン・リーはストーリーとは関係なく和服姿で登場し、山口百恵に対するオマージュを捧げている。しかし、コン・リーは、すぐそのイメージから脱却した。世界の檜舞台でさらに羽ばたこうとするコン・リーには、別のイメージが必要だったからだ。中国の第五世代監督の作品に多く主演してきたコン・リーは、山口百恵の模倣からスタートしたが、次第に独自の強烈なキャラクターを築くことができ、それを世界に認識させた。やがてスピルバーグがプロデュースする『ＳＡＹＵＲＩ』（ロブ・マーシャル監督、二〇〇五年）における三人の日本人女性役を、コン・リーをはじめとする中国系女優が代替して演じる事態となった。このことは、日本人女優と中国人女優とのあいだの力関係の逆転を物語っているといえるだろう。

「百恵的」なメディア戦略を反復した中国の女優

一九八〇年九月に、引退を控えるなかで、山口百恵は自叙伝『蒼い時』（集英社）を出版した。複雑な家庭環境、三浦友和との初体験を含めた私生活について赤裸々につづられたため、大ベストセラーになった。中国でもこの自伝は、即座に中国語訳が出された（安可《アンクー》訳『蒼茫的時刻』、漓江出版社、一九八二年）。そして、二〇一五年現在まで、少なくとも五つの出版社から、七つのヴァージョンの中国語版が上梓されている。そのなかで、「百恵的」なメディア戦略から強く影響をうけた中国の映画女優も現れてきた。それは、『西太后』（原題『火焼円明園』、『垂簾聴政』、李翰祥《リー・ハンシャン》監督、一九八三年）、『芙蓉鎮』（謝晋監督、一九八六年）などの主演作で日本でも知られている劉暁慶である。

一九八〇年代初頭の中国で、劉暁慶は国民的な人気を博すとともに、スキャンダラスな攻撃の標的ともなった。それが原因で彼女は自殺未遂事件を起こすまで追いつめられる(16)。そしてみずからのイメージを修正するために、一九八三年に私生活を綴った自伝『我的路（私の路）』を書きおろした。当時の中国では、ベテラン俳優が俳優人生を総括すべく、自伝を出版するケースがあったとはいえ、若手俳優が自伝を出版することは皆無だった。彼女はこの自叙伝で

「ヒューマニズムに満ちた内容を、それまで無かったような素朴で誠実な語り口で訴え、自らを社会的弱者かつ被害者であるかのように仕立て上げた」(17)ことで、多くの読者の支持を得られ、ベストセラーとなったのである。

一介のスキャンダル女優に落とされそうになっていた劉暁慶は、自伝を書き、自らプライベートな部分をさらけだし、世論を味方につけることで、自分のマイナスのイメージをプラスに転じた。勝手に一人歩きするスキャンダルに対して、女優が自伝を記し、内面を率直にさらけだすことで世論に衝撃をあたえる戦略――女優版「ショック・ドクトリン」とでもいうべき戦略――が日本で初めて実践されたのは、山口百恵の『蒼い時』が最初と見なされている。この劉暁慶の自伝による自己イメージの回復と反転の戦略は、時期を鑑みれば、『蒼い時』に範を得ている可能性も排除できないかもしれない。このように、山口百恵は中国映画界にさまざまなかたちで大きな足跡を残したのである。

第三節　中国が日本映画を愛した日

端境期における日本映画の役割

文革終焉直後という特殊な時期においては、外国映画であればそれだけで容易にヒットしたとはいえ、なかでも日本映画は特権的な存在であった。同時期に中国で上映された他の外国映画と比べて、日本映画は、題材的・ジャンル的な豊富さと新しさにおいて突出していた。アクション映画、恋愛映画、スポーツ映画、アニメ、山本薩夫の社会派映画、山田洋次の人情もの、角川春樹の超大作に至るまで、きわめてヴァリエーションに富んでおり、さらに日本で製作されてからほとんど間を置かずに中国で公開されたというタイムラグの少なさもまた、人気を集める要因となった。いうなれば日本映画は、同時代の資本主義諸国のいまの姿を鑑賞できるほとんど唯一の回路であったのであり、日本映画を受容することをつうじて、中国の人々のなかに、きわめて重層的な日本イメージが形成されていった。すなわち、近代的で豊かな経済先進国としての日本であり、またそれを築くプロセスにおける庶民の抑圧や、繁栄の裏に隠されたさまざまな矛盾をも同時に露呈する日本である。そして、このアンビヴァレントな魅力を湛えた日本のイメージに、文革終焉直後の中国の観客たちは、高倉健、山口百恵などの日本人スター俳優への熱狂というかたちで同一化しようとしたのである。

文革によって精神的な自閉状態を強いられてきた中国の国民に対して、新政府は、外国映画をつうじて世界への意識と関心をもつよう積極的に働きかけた。だが、そこにはつねに、たんに国外の様子を無条件に見せるのではなく、資本主義諸国の腐敗ぶりを強調することによって、社会主義の優位を証明するというイデオロギー的な含意が込められていた。たとえば、当時中国の各地において好んで上映されたのは、資本主義体制が抱える社会問題を暴きだす作品――『砂の器』（野村芳太郎監督、一九七四年）、『華麗なる一族』（山本薩夫監督、一九七四年）、『金環蝕』（山本薩夫監督、一九七五年）、『人間の証明』（佐藤純彌監督、一九七七年）――や、あるいは、一般庶民の苦難を描く作品――『サンダカン八番娼館 望郷』（熊井啓監督、一九七四年）、『あゝ野麦峠』（山本薩夫監督、一九七九年）――であった。

図89　『典子は，今』（『大衆電影』1983年６月号）

また、『鉄腕アトム』によって「科学を愛する少年」というイメージが導入されたのは、いわゆる中国の「科学の春」の時期にほぼ重なっており、一九八〇年代初頭に唱えられた「五講四美」という公衆道徳向上キャンペーンにおいては、心の美しさを強調するため、心の美しい障碍者を主人公とした一連の中国映画がつくられ、いわゆる「障害者ブーム」が起きたが、その先鞭をつけたのは、日本映画『典子は、今』（松山善三監督、一九八一年）であった。(18)

『典子は、今』は、サリドマイド薬害患者・辻典子の生涯を本人が演じるというセミ・ドキュメンタリーであり、両手の代わりに両足で日常生活や事務作業もすべてこなすヒロインの健気な姿勢が中国の観客の大きな共感を呼んだ。それば

図90　『男はつらいよ　望郷篇』（『電影画報』1980年第2号）

図92　『蒲田行進曲』（『上影画報』1983年5月号）

図91　『Wの悲劇』（『電影世界』1987年2月号）

かりでなく、典子の生活の自立や社会進出をサポートしつづける母親の姿をつうじて、家族愛とは何かを知ることができたといった内容の映画評があったように、中国の観客はスクリーンを介して等身大の日本人の日常生活や、家族関係を垣間見ることもできたのである[19]。さらに、日本映画の上映プログラムには、ほぼ毎年スポーツ青春ものや、親子や師弟の関係を温かく描く児童映画が組み込まれていた。これらの日本映画を通して、きわめてポジティヴな日本のイメージは中国社会へ深く浸透していった。

たとえば、中国第六世代監督の王超《ワン・チャオ》は一九八〇年代に出会った『遥かなる山の呼び声』、『幸福の黄色いハンカチ』、『蒲田行進曲』（深作欣二監督、一九八二年）、『Ｗの悲劇』（澤井信一郎監督、一九八四年）について、「これらの日本映画、とりわけ『Ｗの悲劇』におけるヒューマニスティックな人間描写からは大きな衝撃を受けた。日本映画は、欧米の古典文学と並んで少年時代の私にもっとも大きな影響を与えた。言ってみれば、一種の啓蒙であった[20]」と振り返っている。

いっぽう、日本映画の技法の面に着目した映画評も数多く見受けられる。『蒲田行進曲』、『Ｗの悲劇』の劇中劇の構成、『幸福の黄色いハンカチ』の「間」の取り方、『泥の河』（小栗康平監督、一九八一年）でのラストの別れのシーンの演出、『私は二歳』（市川崑監督、一九六二年）で幼児の心理を視覚的に提示する巧みな表現、『伊豆の踊子』（西河克己監督、一九六三年）で頻繁に挿入される、吉永小百合が走るシーンなどが中国の映画評論家たちに取り上げられ、絶賛されたのである。

日本映画ブームの衰退と終息

一九七八年から一九八〇年代前半までの五～六年間が、中国における日本映画ブームの最盛期であり、その後、徐々に衰退期に入ったといえるだろう。たとえば、一九八三年に上映された『蒲田行進曲』は、わずかな時間差により、影響力において『君よ憤怒の河を渉れ』や『サンダカン八番娼館』にまったく太刀打ちすることができず、また一九八六年より立てつづけに上映された『Wの悲劇』と『探偵物語』（根岸吉太郎監督、一九八三年）の主演女優の薬師丸ひろ子の中国での人気も、栗原小巻や中野良子の足下にも及ばなかった。また、一九八八年より『傷だらけの勲章』（斉藤光政監督、一九八六年）や『嵐の勇者たち』（舛田利雄監督、一九六九年）など、数本のアクション映画が輸入されたとはいえ、『君よ憤怒の河を渉れ』ほどのヒットにはならなかった。

このような変化は、中国側の文化政策の転換によるところが大きかったように思われる。すでに述べたように、一九七八年以降の中国においては、文革コードを打破することを目的とした「思想解放」政策の推進をつうじて文化大革命の負の遺産を清算するとともに、経済発展を目指していくという改革開放路線を、中国国民は圧倒的に支持した。しかし、改革開放政策の推進と社会主義体制の維持という二つの課題が、つねに中国の国家としての基本戦略であったため、一九八〇年代初頭から、経済面において資本主義的なシステムを積極的に導入しながらも、イデオロギーの次元においては資本主義的な要素を厳格に排除していくという政策が打ちだされるようになった。その結果、「思想解放」ムードのなかで、各メディアをつうじて一挙に噴出したリベラリズム的な風潮に対して、資本主義思想の過度の蔓延を防ぐための政治キャンペーンがおこなわれた。その一環として、いったん緩和されたメディアに対する規制がふたたび厳しくなった。

その結果、中国映画では一九八一年を境として、ストレートな娯楽作や、恋愛描写、文革批判などのテーマが抑制されることになった。そして、それに代わって称揚されたのが、伝統的な美徳と社会主義的な倫理を謳歌する家族愛のテーマや、公衆道徳の向上を目指す「心霊美」（心の美しさ）といったテーマであり、なかでも、農村の大家族の模様を描いたコメディー映画『喜盈門』（趙煥章《チャオ・ホワンチャン》監督、一九八一年）は、政府による強い推奨もあって、八ヵ月で三億を超える観客動員数を達成した[21]。こうして儒教的な価値観を全面的に打ちだした新たな路線が、しだいに中国映画の主流となっていった。

さらに一九八〇年代前半に、テレビの普及や他の娯楽の増加によって中国の映画産業自体が急激に下り坂を迎えた。

すなわち、八〇年代に入ると、映画の観客動員数が減少し始めた。七九年は二九三億人だったが[22]、八二年には一四四億人にまで減少し、八三年には一〇五億人にまで下落した。一九八五年の観客動員数は、前年度と比べて約五二億人も減少したことで、映画界に大きな衝撃を与えた[23]。

このような中国映画をとりまく状況の変化は、日本映画の上映にも大きな影響を及ぼしたと思われる。一九八二年以後、『サンダカン八番娼館 望郷』のようなエロティックなシーンを含んだ作品や、『君よ憤怒の河を渉れ』のように暴力シーンがある作品ばかりでなく、山本薩夫の社会派映画などもほとんど輸入されなくなり、そのかわりに松竹の『男はつらいよ』シリーズ、『幸福の黄色いハンカチ』、『蒲田行進曲』、そして東宝の『姉妹坂』（大林宣彦監督、一九八五年）に代表される人情映画が中国のスクリーンに数多く登場するようになった。話題作や異色作の減少や、中国人の映画離れの加速により、日本映画に対する関心が薄れてきたように思われる。

一九八七～一九八九年の三年間に上海で上映された二十数ヵ国の一〇〇本の外国映画を対象とした統計によると、二三本のアメリカ映画のほとんどは、一本あたり一〇〇万人以上の観客動員数に達したのに対して、一三本の日本映画のうち、九本の観客動員数は、一本あたり二〇万人前後にとどまっており、興行成績ベストテン入りを果たしたのは、石原裕次郎主演の『嵐の勇者たち』（第七位）のみであった。そのため、「かつて上海で驚異的な興行成績を収めた日本映画は、その魅力がすでに消え失せてしまい、観客動員数が減少する一方である」と評された[24]。

一九九二年に「映連」主催の「日本映画祭」が終焉を迎えたことは、中国における日本映画の衰退に追い討ちをかけた。このあと、中国で一般公開される日本映画の本数は著しく減少した。九〇年代後半以降、『Love Letter』（中国語題『情書』、岩井俊二監督、一九九五年）のような話題作があったとはいえ、ハリウッドの大作映画や中国産娯楽映画が牛耳るようになった中国映画市場は、日本映画が参入する余地はほとんどなくなっているというのが現状である。たとえば、二〇〇〇年から二〇一五年にかけて、中国で一般公開された日本映画はわずか二〇本にすぎなかったのである（巻末「日中映画上映作品総覧」を参照していただきたい）。

いっぽう、九〇年代後半から、メディア環境の変化にともなって、DVDなどの映像ソフトをつうじて、『失楽園』（森田芳光監督、一九九七年）、『リング』（中国語題『午夜凶鈴』、中田秀夫監督、一九九八年）などが中国市場で広く流通するようになった。一九九六年に「中央電視台（中央テレビ局）」によって映画専門チャンネルが開設されたことにともない、『七人の侍』（中国語題『七武士』、黒澤明監督、一九五八年）、『秋刀魚の味』（中国語題『秋刀魚之味』、小津安二郎監督、一九六二年）といった古典に加えて、『菊次郎の夏』（中国語題『菊次郎的夏天』、北野武監督、一九九九年）、『たそがれ清兵衛』（中国語題『黄昏清兵衛』、山田洋次監督、二〇〇四年）なども中国でテレビ放映されるようになったのである。

さらに、推定六億人以上のインターネットユーザーを有する二〇一六年現在の中国では、動画サイトをつうじて、日本映画の名作や新作が簡単に観られるようになった。それにフィールド自体もグローバルなかたちで拡大し、蒼井そらに代表されるセクシー女優やアダルト作品までも、海賊版などの非公式的なチャンネルをつうじて広く流通している。とはいえ、現在の日本映画は、中国映画や、ハリウッド映画、韓国映画とともに、あくまで数ある選択肢の一つにすぎず、そのファン層もほとんどホワイトカラーや、日本語学習者、大学生、都市部の若者に限定されている。かつて高倉健や山口百恵が中国社会に及ぼしたような圧倒的な影響力は、もはや持ちえず、再現不可能なものと化した感が否めない。

第七章　日本のテレビドラマと中国の高度経済成長

第一節　『赤い』シリーズ、『燃えろ！　アタック』、『おしん』の大ヒット

一九八〇年代半ばを境に日本映画の存在感が急速に弱まったとはいえ、日本の大衆文化が中国社会に与えた影響は消滅するどころか、テレビドラマというかたちでさらに中国人の日常生活にまで深く浸透していった。一九九九年の調査によると、山口百恵主演の『赤い疑惑』（中国語題『血疑』、一九八四年放映）、NHKの連続テレビ小説『おしん』（中国語題『阿信』、一九八五年放映）、スポ根ドラマ『燃えろ！　アタック』（中国語題『排球女将』、一九八二年放映）は中国における日本の人気ドラマ・ベスト3であり、それぞれ七五％、七二・六％、五七・二％の中国国民に親しまれていたのである。(1)

中国テレビドラマ製作と海外ドラマ受容

まず、中国におけるテレビドラマ製作と海外ドラマ受容について簡単に振り返ってみよう。一九五八年に中国初のテレビ局「北京電視台」が発足したとき、テレビの台数は中国全土で三〇台から五〇台しか存在しなかった。だが、

テレビという新しいメディアは、ニュースや政治的集会の中継、教育番組などをとおして、政治的メッセージを素早く国民に伝えることができるという利点から、政府側によって重視されたばかりではなく、古典芸能の舞台中継、コンサート、スポーツ中継、映画、ドラマなど、放映される番組も徐々に多彩になっていったことによって、テレビ受像器は短期間に急速に中国全土に普及し、一九六一年の時点で、北京だけで一万台にまで増加した。また、各地方でもテレビ局が次々と開設され、多いときには三〇局にものぼった。このように、文化大革命以前の中国には、ヴァリエーション豊かなテレビ文化が存在していたのである。

しかし、文革時代に入ると、全国ネットの「北京電視台」が過激な群衆によって占領され、一時的ではあるが放映停止を強いられ、また知識人の吊し上げにテレビ中継が悪用されるなど、テレビ界は大きな混乱に晒されることになった。さらに、旧来の伝統文化のみならず、新中国の文化もまた、修正主義路線の産物として否定されるようになり、テレビ番組に対しても、さまざまな規制が加えられるようになった。たとえば、毛沢東路線から逸脱した番組、主人公に欠点がある番組、善でも悪でもない「中間人物」を描いた番組、戦争の悲惨さを描いた番組、非プロレタリア階級を美化するような番組、ヒューマニズムやセンチメンタリズムを強調した番組、男女の恋愛を讃えるような番組、そして国内外の古典劇を題材にした番組を製作・放映することが禁止された(2)。

しかしながら、文革の終焉後、中国におけるテレビの普及率はふたたび急激に上昇し、一九七九年には全国で四八五万台に、一九八七年には一億二〇〇〇万台にまで達した。一九七八年には八〇〇〇万人だったテレビ視聴者の数は、一九八七年には六億人にまで伸び、人口全体の五六%を占めるようになった(3)。

それに対して、テレビドラマは、一九五八年にすでに中国産のドラマの製作が開始されていたにもかかわらず、一九七〇年代末までは、ごく少数の短編のみしか製作されなかった。それは、映画メディアが支配的であった時代において、テレビドラマというジャンルがあまり重視されていなかったためである。その後、中国のテレビ局による長編ドラマの製作本数は徐々に増えていったものの、急増する視聴者の需要に対して供給量が著しく不足していたため、一九九〇年代後半までは、香港や台湾、日本からの輸入に頼らざるを得なかった。『赤い疑惑』や『おしん』などの日本のドラマは、このような状況のなかで中国のテレビに登場したのである。

一九八〇年代の中国では、日本のテレビドラマだけでなく、アメリカ、メキシコ、ブラジルなどのドラマも盛んに放映されたが、それらの外国ドラマと比べてみても、日本のドラマは、テクニックの面においても、社会的なインパクトという点においても遥かに突出しており、きわめて特権的な存在であったといえる。たとえば、一九八〇年一〇月から中国で放映が開始されたアメリカの戦争ドラマ『特攻ギャリソン・ゴリラ（Garrison's Gorillas）』は、放映開始直後から、小型のナイフを投げて的に命中させるというドラマの一シーンを真似て、青少年が学校の机を傷つけることが各地で頻発したために、シリーズ途中で放映が打ち切られ、中国テレビ史上でもっとも悪名高いドラマとなった。それに対して、日本のテレビドラマは、むしろ高い教育的効果をもつものとして中国の政治家たちからも推奨され、日本の国会に相当する「政治協商会議」において「日本のテレビドラマの教育的効果を参考にすべきだ」といった議論がおこなわれたほどであった(4)。そのようにして、一九八〇年代に中国で続々と放映されることとなった日本のテレビドラマであるが、なかでも『赤い疑惑』は、当時絶大な反響を呼んだばかりでなく、現在においても、テレビドラマの古典的名作としてＤＶＤなどで流通し、たんなるノスタルジアの対象にとどまらない人気を博しつづけている。

『赤い疑惑』における家族のイメージ

一九八四年七月に『赤い疑惑』の放映が中央テレビで開始され、それを皮切りとして、『赤い絆』（中国語題『紅色鎖鏈』）、『赤い運命』（中国語題『命運』）といった『赤い』シリーズが次々と放映された。なかでも『赤い疑惑』は、ドラマの冒頭に流れる主題歌の前奏のトランペットが響き渡ると、街頭から人影が消えてしまったほど、きわめて高い視聴率を誇った。ドラマのなかの山口百恵のショートカットの髪型が大流行し、百恵と友和が着用したシャツもまた、それぞれの役名で「幸子のシャツ」と「光夫のシャツ」と名付けられ、ヒット商品となった。さらに、山口百恵が歌った主題歌『ありがとう あなた』は、上海の沈小岑《シェン・シャオツェン》によって北京語にカヴァーされ、人気を博したのである。

日本では一九七五年から一九七六年までTBS系列で放映された『赤い疑惑』は、白血病に冒された少女・幸子（山口百恵）の出生の秘密をめぐるファミリーサスペンスである。みずからが父親（宇津井健）の実の子ではなく、最愛の恋人（三浦友和）が異母兄であるという事実が次々と暴露されるなかで、幸子は愛と生の意味を思い知る。

ドラマのなかの山口百恵と三浦友和の役柄は、それぞれ高校生と大学生でありながらも、恋人同士として設定されている。しかし、当時の中国では、中高生の恋愛は「早恋《ツオリアン》」としてタブー視されていた。たとえば、一九八六年に製作され、中国社会の話題を集めた『失踪的女中学生（失踪した女子中学生）』（史蜀君《シーシューチュン》監督）という映画は、大学生に恋心を抱く中学生の少女という設定となっているものの、その中学生はあくまで不良少女として描かれている。それにもかかわらず、なぜ「早恋」という道徳的に問題のあるテーマを含んだ『赤い疑惑』が、検閲を潜り抜けてテレビをとおして人気を博すことが可能となったのだろうか。それは、ほかならぬこのドラマに現れる「家族」というもう一つのテーマによるものであった。

当時の中国において『赤い疑惑』は、山口百恵の恋愛メロドラマとしてよりも、宇津井健を軸とするホームドラマとして評価されたといっても過言ではないだろう。宇津井健が演じる父親は、経済的に家族を支えているとはいえ、けっして家父長制的な男性ではない。大学病院の助教授である彼は、娘の治療や手術をみずから施すばかりでなく、家庭においても娘の看護に長い時間をつぎ込み、優しい言葉をかけながら、愛情に満ちた理想の家族の姿を呈示していく。

一九八四年六月に中国の批評家によって「外国テレビドラマ最優秀主演男優」に選ばれた宇津井健は、その年の九月に三〇〇〇人からなる訪中団に加わって中国を訪れた際に、多くのファンに熱狂的に迎えられたばかりでなく、当時の国家主席の胡耀邦も宇津井健と接見し、「あなたが演じた大島茂は偉大なる人物だ」と絶賛した。[5] これらの事実は、『赤い疑惑』のなかで家族愛を体現する存在としての宇津井健の父親像が、当時の中国の視聴者にとっていかに衝撃的だったかを物語っているといえる。しかし、このような現象は、「家族」というものに対して抱く中国人のイメージの歴史的変遷なしには理解不可能であろう。

儒教文化圏に属する中国においては、親族関係を重視する伝統が根強いために、さまざまな政治的思惑のもとで、「家族」、「家族主義」を訴えかけるキャンペーンが盛んにおこなわれていた。毛沢東時代における「五十六の民族から成る大家族」、「共産党は母親のようだ」といった表現にあるように、国家・階級・政治組織への忠誠と奉仕を呼びかけるために、家族のイメージが盛んに利用されていたのである。とはいえ、その原型となる血縁にもとづく家族は、むしろ新中国においては低次元のものと見なされ、とりわけ文革期の中国映画のなかでは、解体されるべき家族にかわって、国家、階級、革命といった理念を称揚することが規範化された。

そして、これまでの中国映画においても、両親や兄妹が実の家族ではないという出生の秘密がストーリー上の重要な契機とされることもしばしばであったが、そこでの家族は、あくまでネガティヴなものとしてとらえられることが多かった。たとえば、文革期のプロパガンダ演劇の代表格である『紅灯記』（成蔭《チェン・イン》監督、一九七〇年）では、祖母、父、娘の仲むつまじい共産党員の一家が、実はまったく血の繋がりのない赤の他人であるという事実が、日本軍に逮捕される間際の祖母の口から娘にうち明けられ、血縁関係よりも、階級や革命思想にもとづいた同志関係の方が尊いという大義が滔々と説かれる。また、文革終焉直後の中国でヒットしたサスペンス映画『黒三角』（陳方千《チェン・ファンチェン》、劉春霖《リュウ・チュンリン》監督、一九七八年）では、長年にわたって母親としてヒロインを育ててくれた女性が、実は国民党のスパイであったという設定となっている。人のよさそうな顔つきでアイスキャンディーを売り歩く、どこにもいる下町のお母さんとして登場するこの女性は、幼いヒロインの両親を殺害して彼女の母になりすまし、行商人に身をやつしてスパイ活動をおこなっていたのである。このおぞましい秘密が警察によって暴露されるや否や、仰天するヒロインの顔のクローズアップに続いて、夜空に稲妻が閃く。表面的には平凡で平和な日常生活のなかにも、厳しい政治闘争が潜んでいるというメッセージが強烈なかたちで伝わってくる。

図93 『赤い疑惑』の中国版 DVD のカヴァー

このように、文革期において、政治共同体に完全に従属するものとして否定されてしまった「家族」であるが、一九八〇年代初頭になると一転して、政府によってその重要性が強調されるようになった。それは、経済発展の前提となる社会的な安定を維持するうえで、「社会的細胞（社会を成す細胞）」である家族が果たす役割がきわめて大きいと見なされたからであり、さらに、このころ経済活性化のための重要な手段として政府によって推奨された農家の単独経営および家族労働による自営業も、いずれも家族という単位を基盤としているからである。おそらく、一九八四年に『赤い疑惑』が、宇津井健を軸とするホームドラマとして人気を博したのも、そのような社会的風潮の変化が背景にあったのではないだろうか。

『赤い疑惑』で描かれている家族は、人間的な愛情に満ちあふれており、血が繋がっていようがいまいが、その堅い絆はけっして崩れることはない。あと数ヵ月の余命しか残されていない娘のために自分の網膜を移植することを申し出る実母。出生にまつわる秘密を隠して、あくまで恋人として彼女に接する兄。また、ヒロインが人生の最後を迎えるまでのあいだ、懸命の看病を怠らない育ての親たち。家族という共同体を支えるのは、このような自己犠牲の精神にもとづく愛情である。『赤い疑惑』における、最愛の父母が産みの親ではなく、愛し合った恋人が実の兄であったというもつれた血縁関係が、逆に理想的な家族のイメージを表象するうえで大きな役割を果たしたといえよう。

また、すでに言及した『喜盈門』（一九八一年）をはじめとする当時の中国の映画やドラマにおいて、農村的家族共同体のイメージが支配的であったのとは異なり、『赤い疑惑』はより洗練された近代的な家族の姿を中国の視聴者に提示したということも人気の理由の一つであった。すなわち、父の車で登校する娘を母が玄関先まで見送るシーン、フランスへの家族旅行のシーン、三浦友和と山口百恵が鐘の音を合図にヨットで出航するシーンなど、先進社会におけるモダンな家族の姿を、市場経済の初期段階にあった中国の視聴者に対して、きわめて新鮮なかたちで提示したのである。

もっとも、一九八四年の『赤い疑惑』ブームは、それ以前に中国に輸入されていた数多くの日本映画やテレビドラマによって、すでにその下地が作られていたことを忘れてはならない。たとえば、恋人の不慮の死というセンチメンタルな結末は、すでに触れた『愛と死』や、一九八〇年にテレビで放映され、話題となった中村登監督・桜田淳子主演の映画『遺書 白い少女』を通して中国の視聴者にとってお馴染みのものであり、また、家族愛というテーマも、『砂の器』だけでなく、一九八二年から放映され、爆発的な人気を集めたスポーツドラマ『燃えろ！　アタック』とも通底するものであった。しかし、『燃えろ！　アタック』のなかに登場するヒロインが家族に対して抱く愛情は、あくまで彼女を国際競争の道へと導いていく原動力という性格を帯びたものであった。そして、文革期の空白を埋めるべく、懸命に経済発展を遂げようとした当時の中国の人々は、ヒューマニズムのみならず、スポーツにおける競争と勝利というイメージに対しても、大いに共鳴したのである。

『燃えろ！　アタック』と中国のスポーツ振興キャンペーン

石ノ森章太郎のマンガを原作とした実写ドラマであり、日本ではテレビ朝日系列で一九七九年から一九八〇年にかけて放映された『燃えろ！　アタック』は、北海道出身の小鹿ジュン（荒木由美子）という一人の少女のバレーボール人生を描いたものである。一五歳になったジュンは、父（小林昭二）のすすめで上京し、亡き母（河内桃子）の母校「白富士学園」に入る。そこで、かつて母が学園のエースアタッカーであったことを初めて知ったジュンは、バレーボール部への入部を決心する。先輩からのいじめや、ライバルとなる天才アタッカーのユカ（中原歩）の存在にもかかわらず、彼女は挫けることなく、モスクワ・オリンピックの出場を目指して努力していく。

現在の日本では、『アタック№1』や『サインはV』といった他のスポ根アニメやドラマと比べてやや影の薄い感のある『燃えろ！　アタック』であるが、一九八二年に『排球女将』という題名で中国で放映されると、中国の視聴者のあいだで大きな反響を呼び、いわば国民的ドラマとして、今日においてもなお中国の人々に記憶されるドラマとなった。たとえば、放映から二〇年近くが経った二〇〇一年に、中国の某動物園が子鹿の名前を公募したところ、一般市民の投票によって、「小鹿純子」と名付けられた。さらに、二〇〇二年には、『燃えろ！　アタック』の主演女優の荒木由美子が中国のテレビ番組に特別ゲストとして出演し、当時のドラマの撮影風景を語った。荒木由美子著『覚悟の介護――介護20年 愛と感動の家族物語』（ぶんか社、二〇〇四年）も中国語に翻訳され、話題を呼んだ。

『燃えろ！　アタック』がテレビ放映されたころ、中国映画のなかにも、スポーツを主題としたいくつかの作品が存在していたが、スポーツそのものというよりも、その背景にある政治的・歴史的な変遷に重点を置くものがほとんどであった。たとえば、『排球之花』（陸建華《ルー・チェンホワ》監督、一九八〇年）、『剣魂』（曾未之《ツン・ウェイジー》監督、一九八〇年）、『元帥与士兵（元帥と兵士）』（張輝《チャン・ホイ》監督、一九八一年）といった当時のスポーツ映画のいずれもが、周恩来や賀龍といった政治家の支援をうけたバレー、剣道、卓球などのスポーツが、文革後にふたたび復興していくというプロセスを描いたものである。

それに対して、『燃えろ！　アタック』は、スポーツ競技を純粋なエンターテインメントとして扱っていたために、当時の中国の視聴者にとって新鮮に受け止められた。荒木由美子をはじめとする美少女たちが、そのころの中国ドラマではまだ珍しかった特撮シーンを交えつつ、必死の特訓を重ねたり、迫力あふれる試合を繰り広げたりする光景に、数多くの中国人が熱狂した。とりわけ、相手チームをうち負かす必殺技の数々が中国語に訳され、人々に親しまれたのである。晴空霹靂（ひぐま落し）、旋転日月（ジャンプサーブ）、幻影旋風（ハリケーンアタック）、流星赶月（ＵＦＯサーブ）、流星火球（パールドリーム）、幻影游動（ミラクルアタック）、遊動掩護（バーミューダ・スクランブル）、螺旋飛球（スクリューサーブ）、飛燕展翅（ハンマーアタック）、魚躍接球（フライングレシーブ）といったように。

一九八二年に『燃えろ！　アタック』が中国のテレビで大ヒットを記録したことは、一九八〇年代初頭の中国における国家レヴェルでのスポーツ振興キャンペーンと密接に連動していた。すなわち、一九八一年一一月に大阪で開催されたバレーボールのワールドカップにおいて、中国女子チームが日本をうち負かし、世界チャンピオンとなるという快挙を遂げたのである。それは中国にとって、まさに歴史的な出来事であった。すなわち、諸外国に追いつき追い越せという、夢にまで見た経済発展の目標を、いちはやくスポーツというかたちで疑似体験することを可能にしたからである。言うまでもなく、当時の中国にとって、数ある諸外国のなかでも、隣国である日本こそが、ライバルとしてもっとも意識される存在であった。中国と地理的に隣接しており、かつての侵略者として中国人の脳裡に深く刻まれていた日本であるが、戦後の三〇年間で急速な経済成長を遂げ、文革によって混乱に陥った中国を尻目に、いつのまにか世界第二位の経済大国となっていた。それに対して、文革期の空白を埋め、経済的に優位に立つ日本に早く追いつかなくてはならないという強い焦りが、八〇年代の中国社会において支配的であったが、まさにそれは、経済発展へと向かう巨大なエネルギーへと転化していったといえるだろう。

そして、このような当時の焦燥感に満ちた雰囲気を反映しているのが、映画『潜影』（郭宝昌《グオ・ボウチャン》、黄玲《ホアン・リン》監督、一九八〇年）に登場する「科学怪人」である。日本語をはじめとする複数の外国語を独学で習得し、外国文献を参考としながら科学実験に没頭する彼は、腕時計を買うだけの経済力さえないにもかかわらず、誰よりも時間のことを気にしており、一分一秒をも節約するよう心がけている。実験の合間のジョギングの途中で赤信号に阻まれた彼は、「前進の途中で赤信号に遭遇することがもっとも恐ろしい。もう一〇年（文革を指す）も無駄にしてしまったのだから……」とつぶやく。努力を重ねることによって経済的な遅れを取り戻そうとする文革終焉直後の中国人が共有した心情が、まさにこの登場人物によって体現されているといえるだろう。

図94 『燃えろ！ アタック』中国語版 DVDのカヴァー

そのような状況において、中国女子バレーチームが、強豪国の日本を打ち負かし、世界の頂点に立ったことは、経済発展を目指して奮闘する中国人を大いに勇気づけた。さらに、このあと、中国政府の主導のもとで「女子バレーチームに学び、中国を振興させよう」というキャンペーンが一九八〇年代初頭にかけて全国的に繰り広げられることで、努力によって国際競争で勝利するサクセス・ストーリーの体現者としてのスポーツ選手のイメージも不動のものとなった。

なかでも注目すべきは、当時の中国において国家規模でおこなわれたスポーツ振興キャンペーンにおいて、映画メディアが果たした役割である。一九八二年当時、女子バレーチームと映画人との懇親会の話題が各メディアによって好んで取り上げられ、「女子バレーから学ぼう」をテーマとした映画女優たちの文章も『大衆電影』などの映画雑誌に頻繁に掲載された。すなわちスポーツ振興キャンペーンに映画人を登場させ、ともに時代の寵児であったスポーツ選手と映画スターを組み合わせることにより、キャンペーンの素晴らしさを強烈なかたちで国民に訴えかけようとしたのである。

さらに、世界を舞台に活躍する女子バレー選手の姿は、第四世代の中国の映画監督たちにも大きな刺激を与えた。たとえば、まさに中国女子バレーチームの奮闘を描いた劇映画『沙鷗』を撮った張暖忻《チャン・ヌアンシン》監督は、「カンヌのような国際映画祭でグランプリをとることは、現時点でまだ漠然とした夢にすぎないが、我々は女子バレーチームを手本に、抱負、勇気、自信をもって世界映画の最高峰に向かって努力していけば、中国映画が世界の檜舞台に立つ日は必ず訪れるだろう」(6)と語っている。

この時期を境として、中国の映画人たちは、国際的な舞台での受賞が国威発揚に寄与すると考え、積極的に映画祭のコンペティションに参加するようになり、その結果として、一九八二年にアニメ『三人の和尚』（原題『三個和尚』、阿達《アーダー》監督、一九八二年）が第三二回ベルリン国際映画祭で銀熊賞（短編部門）を獲得したのに続いて、一九八三年に『北京の思い出』（原題『城南旧事』、呉貽弓《ウー・イーゴン》監督、一九八二年）が第二回マニラ国際映画祭でグランプリ（金鷹賞）となった。

このように、当時の中国政府は、スポーツや映画による国威発揚というイデオロギー的な表象作用をつうじて、経済発展のために不可欠である努力の精神と競争意識を国民のあいだに植え付けようとした。『燃えろ！　アタック』の大ヒットを呼んだ国家レヴェルでのスポーツ振興キャンペーンは、まさにその象徴ともいえるが、しかし、日本のテレビドラマのなかで、『燃えろ！　アタック』以上に近代化路線を進む中国のメンタリティーの形成に貢献したのが、一九八五年に中国でテレビ放映され、きわめて大きな反響を呼んだ『おしん』であった。

『おしん』と「おしん精神」

全二九七話のＮＨＫ連続テレビ小説『おしん』（一九八三年四月から八四年三月にかけて放映）には、『燃えろ！　アタック』のエンターテインメント性もなければ、『赤い疑惑』の山口百恵&三浦友和のスター性もない。しかしながら、一九八五年三月より週二回のペースで中国においてテレビ放映された『おしん』は、試験的に実施した視聴率調査によれば、北京市平均で七五・九％、高い地区では八九・九％に達するほどの驚異的な数字を記録した(7)。

おそらく、中国における『おしん』ブームは、その立身出世物語によるところが大きかった。すなわち、明治時代に小作の貧農の家に生まれた、大正、昭和を生きたおしんが、貧困という逆境に負けずに強く生き抜いていき、やがてスーパーマーケット経営者となるというサクセス・ストーリーが、文革の苦難から立ち直り、経済発展を遂げていこうとする中国の視聴者の圧倒的な支持を得たのである。とりわけ、「今は苦しいけど、頑張ろう」という「おしん精神」（阿信精神）は、経済高度成長期の中国人のメンタリティーの形成にも大きな影響を与えたといえる。たとえば、社会学者の李　徳　純《リー・ドウチュン》は、一九九一年の時点で次のように指摘している。

日本がどうしてあの無惨な廃墟から今日の経済大国になったのか。中国の経済学者、日本問題研究家はいろいろ研究しておりました。しかし、おしんの、まさにその生き生きとした人物のイメージの性格の現れを通して日本がどうして経済大国になったか、ということが分かりました。（中略）私は日本で講演するときには、日本の明治生まれ、あるいは大正生まれの人間が、戦後にスイトンを食べながら本当によく働いたと申し上げております。それがまさに『おしん』精神であると私は思います。(8)

そして、このような「おしん精神」の中核となるのが、努力というものにほかならない。膨大な人口を抱え、文革による経済的な遅れを取り戻すという困難な課題のまえに立たされていた当時の中国人にとって、努力の精神は何より不可欠なものであった。一九八〇年代初頭より「物質文明」（経済発展）と並んで、「精神文明」の必要性も政府によって提唱されるようになったが、その柱の一つとされたのが、「堅苦奮闘」（厳しい物質的状況のもとで、辛抱・努力していく）というメンタリティーであった。とりもなおさず、「おしん精神」は、文革後の中国政府が国民のあいだで涵養したい精神と合致するものであった。そのため、中国の政府要人も「おしんに見習い、おしんのように服務せよ」と呼びかけたのである。(9)

また、このような「おしん精神」には、「努力は絶対に裏切らない」という信念が内包されている。たとえば、一九九一年におしん役の田中裕子は、次のように回想している。

毎日日々の小さなものごとの一つ一つを、悪いように受け取るのではなくて、いいように受け取ることのできる愛らしさであったり、いとおしさであったと思います。それを『おしん』という作品の中ではなにか素直に、ちょっとした笑顔の中に、そして作品全体の中に、そういうものが流れていたのではないか。[10]

確かに、幼少時代の惨めなシーンにおける、リアリズムを無視した明るい暖色系の照明や、整然としたセット、美しく穏やかなバックミュージックや田中裕子のさわやかな微笑みは、いずれも過酷なストーリーに一種の緩和作用をもたらしたばかりでなく、今は苦しくても、努力を積み重ねていけば必ず明るい未来が待っているという予定調和的なメッセージを伝達する機能も果たしている。

さらに、『おしん』が中国の視聴者の関心を強く引きつけたもう一つの理由として、行商の自営業者から複数のスーパーマーケットを所有する企業家になるまでのおしんの歩みが、ちょうど一九八〇年代における中国の自営業や私営企業の発展のプロセスに呼応するものであったことが挙げられる。中国の社会経済構成体は、国有セクターと非国有セクターに大きく分けられる。家族の労働に頼る自営業、そして生産手段の私的所有と資本・賃労働関係を前提とした私営企業は、後者に属する。一九四九年の中華人民共和国成立以後の過渡期において、自営業や私営企業は、一時的に許容されたとはいえ、一九五〇年代に国による買い取りというかたちで急速に国有化され、文革に至ると完全に消滅した。しかし、文革終焉後、都会の失業者の救済措置として、自営業が再び政府によって認められるようになり、さらに一九八三年に自営業を奨励する政策が打ち出され、八〇年代半ばには、企業に近い規模や形態にまで発展した自営業者が数多く現れた。そして、八〇年代後半に私営企業の存在が政府によって正式に承認されたことによって、その後の中国経済の高度成長に大いに寄与した。

しかし、八〇年代半ばに自営業や私営企業に対する社会の偏見はまだ根強く、国営企業の職を放棄して自営業や私営企業の道を選ぶのに相当な勇気が必要となる。そのため、一九八五年頃に放映された『おしん』によって大いに勇気づけられた自営業者や私営企業家の証言は数多く存在する。

図95 『おしん』の三人の主演（乙羽信子，小林綾子，田中裕子．『大衆電影』1985年6月号）

ところで、このドラマの脚本を手掛けた橋田寿賀子が指摘しているように、晩年のおしんによる回想という構成をとった『おしん』には、「昔は貧乏したものの、それに比べれば今はいい暮らしをしている」というような豊かさの実感や、金銭では換算できないメンタルな要素を、バブル期の日本人に喚起するという含意が込められていた(11)。

しかし、逆に中国において、『おしん』は人々に市場経済に対する強い関心を沸き起こさせたといえる。実際、中国においてこのドラマは、経営の近代化の典型的なモデルとして受容されたという側面ももっていた。ヒロインが魚を売り歩いたり、家族総出でセルフサービスの店を出したりするシーンは、市場経済が発足したばかりの頃の中国人にとってまだ見慣れないものでありながらも、みずから実践し得るものであった。すなわち、『おしん』は、当時の中国人に対して、『君よ憤怒の河を渉れ』や『人間の証明』で表象されるモダンな日本よりもはるかに身近な、自らの境遇と重ね合わせることのできる世界を呈示したのである。そのため、ドラマの前半における子役の小林綾子の可憐な姿が、日本の視聴者の視線をとらえて離さない要因であったのに対して、中国の視聴者はむしろ、田中裕子と乙羽信子が登場した後半部分にとくに共鳴したのである。

さらに、日本の侵略戦争の被害に晒された中国にとって、『おしん』のなかで描きだされる、戦争の被害に苦しむ日本の庶民の姿は、軍国主義国としての日本というイメージを書き換えるという役割を果たしたことも指摘しておかなければならない。ＮＨＫの調査において、中国側の主な反響として、次のような証言が取り上げられている。「日中戦争の扱いでも、番組は日本人の願いを反映しているといえよう。日本の大多数の人々は当時のおしんと同じ気持ちだったのだ。日中友好の基礎は他でもなく、こうした気持ちの上に築かれるものである」。さらに李徳純も次のように指摘している。「『おしん』の戦争に対する描き方に私も胸をうたれました。特におしんの小さいときですね。脱走兵が与謝野晶子の『君死たまふこと勿れ』を繰り返し繰り返し読んで、日本にも本当に戦争に反対した人たちがいました。彼らも軍国主義に反対したのです。そのため彼らも圧迫されました。その戦争の扱い方もまさにリアリズムで表現されていました」。映画評論家の佐藤忠男が訪中した際にも、中国の映画批評家協会の会長から「戦争中に日本人も苦しんでいたことが分かったということがこの『おしん』の非常に有意義な点であり、これは非常に重大なドラマなのであるというふうに改めて考え直しました」と言われた(12)。

そして、二〇〇六年に『おしん』が中国の衛星放送によって再放映された際にも、同じ理由で戦後世代の視聴者の共感を呼んだ。すでに取り上げた『サンダカン八番娼館 望郷』や『未完の対局』と同様に、第二次世界大戦と向き合う製作者の姿勢が評価され、世界規模の「おしん現象」にまで発展した『おしん』は、日本がアジア周辺諸国との関係を考えるうえで大きな意義をもっているのではないだろうか。

第二節　初の日中合作テレビドラマ『望郷の星 長谷川テルの青春』

『大地の子』（一九九六年）や、『蒼穹の昴』（二〇一〇年）をはじめ、数多くの日中合作テレビドラマが、両国のあいだできわめて大きな話題を呼んだが、日中合作テレビドラマのルーツは、『望郷の星 長谷川テルの青春』（森開逞次、福本義人監督、一九八〇年。以下は『望郷の星』とする）に遡ることができる。

このドラマはテレパック、TBS、そして中華人民共和国の「中央広播事業局」によって製作され、一九八〇年五月二六日（月曜日）、TBSテレビ「サントリードラマスペシャル」（二一時二分〜二三時二五分）として放映された。中国においても、同作品は中国中央テレビ（CCTV）によって放映され、きわめて大きな反響を呼んだ。

本節は、『望郷の星』を扱う対象とし、企画・製作の段階から放映、そして受容に至るまでの過程を、当時の一次的文字資料、製作に携わるスタッフ、キャスト、関係者への取材をつうじて実証的に検証し、知られざる日中テレビ交流史の幕開けを明らかにすることを試みる。なお執筆するにあたって、著者はコーディネーターを務めた林得一氏、中山和記プロデューサー（テレパック）、古賀伸雄プロデューサー（俳優座）、福本義人監督、主演女優の栗原小巻氏、長谷川テルの長女にあたる長谷川暁子（劉暁蘭《リュウ・シャオラン》）氏にそれぞれ取材をおこなった。

澤地久枝のルポルタージュ

『望郷の星』は、日中戦争を背景に、歴史上実在の人物である長谷川テル（栗原小巻）の生涯にもとづく物語である。反戦活動家、エスペランティスト、作家といった顔をあわせ持つ長谷川テルは、一九一二年に山梨県に生まれた。奈良女子高等師範学校在学中にエスペラントに出会うが、左翼組織員の疑いをかけられて拘留されたため、学校を自主退学することを余儀なくされる。[13]その後、満州国からの留学生、劉仁《リュウ・レン》（高飛《ガオ・フェイ》）と結婚し、一九三七年に夫の後を追って上海へ渡り、反戦・抗日運動に加わる。彼女はエスペラントをもちいて執筆活動をおこなう一方で、蔣介石国民党政府（国共合作体）による対日本軍ラジオ放送において日本語で「日本兵の皆さん、いくさをやめて家族の待つ郷里に帰って下さい」と日本兵たちに呼びかける。そのため、日本の都新聞（現在の東京新聞）により「嬌声売国奴」としてバッシングされる。終戦後、テルは中国にとどまり、中国共産党東北行政委員会編審委員会に勤務したのち、一九四七年に妊娠中絶手術を受ける際に、感染症で死亡している。死後、長谷川テルは中国共産党政府によって「革命烈士」と認定された。[14]しかし、日中国交が正常化する以前の時代にあって、長谷川テルは次第に忘れ去られてしまったのである。

だが、一九七〇年代後半になると、状況は一変した。長谷川テルは「再発見」されるに至り、彼女の伝記ドラマが日中合作のかたちで製作される運びとなった。無論、それを可能にしたのは日中関係や中国国内の政治的状況の変化にほかならない。しかし、その直接の契機は、中国に残された彼女の遺児である劉星《リュウ・シン》、劉暁蘭《リュウ・シャオラン》の兄妹が亡き母の肉親を探すために東京・世田谷区長宛てに出した一通の手紙であった。

一九七七年七月一五日に中国から投函されたこの手紙は、八月一日の消印で宛先の世田谷区役所に配達された。そして区の迅速な対応により、テルの身元特定と肉親探しにはそう時間はかからなかった。二週間後の八月一五日にテルの遺児が生存しているとの知らせが、テルの実姉の西村ユキ、実弟の長谷川弘のもとへ届けられたのである。(15)

翌一九七八年八月一八日に西村ユキは、妹の遺児たちとの対面を果たすべく、「日本中国報道之友訪華団」（団長・徳田六郎）の一員として、北京へ向かった。メンバーにはノンフィクション作家の澤地久枝もいた。(16) 中国に滞在していた二週間、彼女は綿密な取材をおこない、それにもとづいてルポルタージュ「長谷川テルへの旅――『売国奴』と呼ばれた反戦エスペランティスト」（『文藝春秋』一九七八年一一月号）を執筆した。そして、この記事こそが、長谷川テルの生涯がドラマ化されるきっかけとなった。

テレパックのプロデューサー・中山和記氏は二〇一三年三月二六日におこなった著者とのインタヴューのなかで次のように振り返っている。

> 一九七八年秋のある日、私は急な仕事で大阪の朝日放送に駆けつけるために、東京駅で新幹線に乗った。車内で『文藝春秋』最新号を何気なく開いたら、「長谷川テルへの旅」のタイトルが目に飛び込んできた。読み始めると、長谷川テルという日本人女性の生き方に目を奪われ、戦慄を覚えた。企画としてやるべしと即座に判断し、大阪から戻ったらすぐ企画書の作成に取り掛かった。
>
> 企画はテレパックの石川甫社長に支持され、さっそく実現に向かって動きだした。ドラマ化の可能性と製作資金の調達について、広告代理店「大広《だいこう》」の松永英プロデューサーに相談したところ、ぜひ推進したいというポジティヴな回答を得た。その時点で「大広」はすでに俳優座映画放送部のプロデューサーの古賀伸雄氏に話を通し、次の企画を栗原小巻さんが主演ということで合意していたようだ。(17)
>
> ちょうどその頃、サントリー株式会社が、テレビ番組製作への助成事業をやっていて、企画を募集していた。「大広」もぜ

ひテレビのスペシャル番組を代理店として扱ってみたいということで、この企画をもって応募した。サントリーの企画コンペには、テレパックのほかに、製作会社の各社も応募していた。競争が激しかったにもかかわらず助成は無事下りた。その頃、サントリーは中国市場への参入に意欲的だったため、多くの応募作品のなかでも中国を舞台とした『望郷の星』の企画に興味を示したのではないかと推察される。

『望郷の星』の主な舞台が中国である以上、その製作にあたっては中国ロケ、そして中国側の撮影協力が必要不可欠だとテレパック側は判断した。しかし、それまでテレパックと中国のテレビ界との接点はまったくなかった。というのも、当時の日本のテレビ界において、ドラマの外国ロケ、とりわけ共産圏の国でのロケはきわめて稀であったからである。

いち早く中国ロケを実現させた先駆は、日本テレビの『西遊記Ⅰ』（一九七八年一〇月〜一九七九年四月に放映）と『西遊記Ⅱ』（一九七九年一一月〜一九八〇年五月に放映）であった。同ドラマのプロモーションでは「中国ロケの快挙を成し遂げた」というような謳い文句を用いることで、抜群の宣伝効果を得た。しかし、蓋を開けてみると、中国ロケのシーンは本編にまったく使用されておらず、オープニングとエンディングの映像にわずかに挿入されるのみだった。

林家の中国パイプ

そのような状況のなかで、石川社長は、中国と太いパイプをもつ「日本景徳鎮株式会社」の林得一社長に相談してみた。石川氏はＴＢＳの報道局長を務めていた頃から林氏と親交があったようだ。

林家と中国との深いかかわりは、林得一の父である林広吉（一八九八〜一九七一年）に遡ることができる。林広吉は一九四〇年代、上海で「中日文化協会上海分会」の代表を務めていた人物で、日本占領下の上海を舞台とした武田泰淳の小説『上海の螢』（中央公論新社、一九七六年）に登場する「小田先生」のモデルでもある。(18)

林得一は、一九六七年に東京・赤坂で「日本景徳鎮株式会社」を設立し、中国から陶磁器、鉱産品などの輸入、鉄鋼の輸出などの貿易活動をつうじて、中国の政界、経済界との間に太いパイプをもつようになった。彼の妻は中国の著名な画家・陳抱一《チェン・ボウイー》の長女にあたる陳緑妮《チェン・リュウニー》であり、夫妻のあいだに生まれた長男の林道紀は、北京舞踊学校へ留学した経験をもち、中国語が堪能で、俳優志望の青年であった。そのため、彼は『望郷の星』の撮影の際に通訳をつとめるかたわら、主人公・劉仁の弟の劉介庸《リュウ・ジェヨン》役で出演している。[19]

中国と強い絆で結ばれている林得一は、長谷川テルの生き方に強く共鳴し、コーディネーターの任を快く引き受けた。彼は『望郷の星』の企画書を携えて北京へ渡り、「中日友好協会」、「中央電視台（ＣＣＴＶ）」などの関係部門に何度も足を運んだ。さらに、彼は親しい関係にある「中央広播事業局」副局長李連渓《リー・リアンシー》氏をつうじて、撮影協力の可能性について同局に打診した。

ファンタジックな娯楽作品の『西遊記』と違って、日中戦争を正面から描いたセミドキュメンタリータッチの歴史ドラマである『望郷の星』の製作に対して、中国側はきわめて慎重な態度をとっていた。だが、幸運なことに、その李連渓氏の上司である張香山《チャン・シャンシャン》局長は、長谷川テルの夫・劉仁が日本留学をした東京高等師範学校の同門というよしみで、上海時代の劉仁・テル夫妻の家を何度か訪れたこともあるという人物だった。この張局長との縁もあって、中国側は撮影への協力を快諾したのである。[20] 岩間芳樹は著書『望郷の星 長谷川テル の青春』において、次のように語っている。

> 日中国交正常化になったいま、両国が最も不幸な関係にあった日中戦争を舞台にすることは、互いに避けたいところである。が、避けることなく直視するにふさわしい内容をもったものだと認めたときから、中国側の意欲的な参加がはじまったのだった。[21]

要するに「日本軍国主義者は、中国人民に災難をもたらしたばかりでなく、同時に日本人民にも災難をもたらした」という公式の見解をもつ中国側にとって、長谷川テルは「日本軍国主義者」の対極に位置付けられる「日本人民」の理想像そのものであった。それこそが、中国側が撮影協力を快諾した根本的な理由ではないだろうか。

製作体制と中国でのロケハン

いっぽう、テレパックでは、岩間芳樹が脚本を手がけ、森開逞次監督が演出を担当し、福本義人監督がアシスタントディレクターとして脇を固めるという製作体制が整った。実際には共同監督のかたちで、森開監督が長谷川テル夫妻にかんするドラマの部分の演出を、福本監督がテルの遺子である兄妹にかんするドキュメントの部分の演出をそれぞれ手がけた。そして、ポストプロダクションの作業は福本監督主導で進められたという(22)。

一九七九年八月、スタッフたちが撮影の準備作業に追われている最中に、劉星、劉暁蘭兄妹が緊急来日することとなった。それを受けて、台本がまだ出来上がっていない状態で撮影は急遽スタートした。ちなみに、シナリオの第一稿を完成したのは、同年一〇月二〇日であった。福本義人が率いる撮影チームは、母の足跡を追う遺児たちとともに、山梨県大月市で撮影をおこなった。それらのシーンはドラマの冒頭のドキュメント部分として使用された。

そして、森開逞次監督が率いるロケハンチームは、一九七九年一〇月二六日に北京に入り、ロケハンの詳細について「中央広播事業局」の鐘崙《チョン・ルン》、劉振《リュウ・ジェンツォ》作両氏と打ち合わせをおこなった。その後、両氏の付き添いのもとで一一月一〇日まで、テルの足跡を追って上海、武漢、重慶でロケハンをおこなった。

上海では、テル・劉仁夫婦が生活していた雁蕩路《イエンダンルー》六九番地のアパート、二人が上海での心の拠り所としたエスペラント協会本部の建物。武漢では、テルが反戦放送にあたった国民党軍事委員会第三庁の建物。重慶では、日本軍による絨毯爆撃が始まるまで夫妻が生活したアパート、疎開先の重慶郊外で住んでいた農家、テルがしばしば訪れていた日本兵捕虜収容所。これらの場所が次々と特定できた。のちにこれらのテルとゆかりのある場所でロケーションをおこなうことで、同ドラマにリアリティーと信憑性を与えたのである。

いっぽう、上海においてスタッフたちは「上海広播事業局」の宋丹《ソン・ダン》、陳慶根《チェン・チンゲン》、劉冠龍《リュウ・クワンロン》らの協力を得て中国側の美術スタッフを交えて打ち合わせをし、北京でキャスティング・オーディションをおこなった。この結果、主演男優の高飛をはじめ、「中央広播電視芸術劇団」所属の俳優たちが全面的に協力することとなった(23)。だが、ロケハンの段階では日中のコラボレーションは、あくまで日本側の持ち込んだ企画に中国側が撮影協力するというレヴェルにとどまり、日中合作という製作スタイルはまったく想定されていなかったという。

合作の必然性

中国から帰国したスタッフたちは、機材の準備や衣装合わせなどに追われた。脚本担当の岩間芳樹は、ロケハンで得た新たな素材にもとづいてシナリオ直しに着手していた。ちょうどその頃、中国側が共同製作の話を日本側に持ちかけたという。

日中合作という製作スタイルをとることは、製作に中国側が全面的に参加し、作品のなかに中国側の視点を取り入れるということだけでなく、完成した作品が日本だけでなく中国でも放映されることをも意味する。

一九七九年秋のロケハンに同行した岩間芳樹は、著書『望郷の星 長谷川テルの青春』において当時の事情を次のように語っている。

> 実のところ、劉仁および長谷川テルに関する中国側の予備知識はほとんどなかったと思われる。が、企画が届けられ、未定稿の脚本に接して、担当者は関係各地へ調査照会したと思われる。そこではじめて夫妻像が生き返った。夫妻についての証言者の存在や、夫妻の事蹟に関係する建物や、さらには夫妻がおかれた状況も明らかにされたにちがいない。そして、夫妻が、日中の架け橋となった事実が確かめられて、初めて取材許可を出したのである。

劉仁と長谷川テルの足跡を追って、上海から武漢、重慶と長江沿岸各地を回った第一次取材の時点では、中国側はこちらの様子をじっくりと観察していたようである。各地の関係組織を総動員して、夫妻の埋もれていた事蹟を掘り起こしてくれていたのは驚きだったし、感動的だったが、「一緒に作りましょう」という言葉は中国側からは出なかったのである。一次取材を終え、ロケーションの申し入れをし、その回答が日本に届けられる段階で合作の意志を固めたのである。(24)

また、中山和記プロデューサーは著者とのインタヴューのなかで当時の様子について次のように語っている。

中国の脚本家の方に日本に来てもらって、脚本について日本側と打ち合わせをおこなっていた。基本的には日本側の台本に合わせつつ、中国側が中国におけるここのシーンだけを向こうで書くというようになった。

日中双方の脚本家のコラボレーションをつうじて、『中日合作 三時間ドラマスペシャル 望郷の星』を題とするシナリオの決定稿は出来上がった。(25)

いっぽう、その頃、中国側にとって、日本のテレビドラマの技法や視点は見習うべきものであった。現場で日本のドラマ作りの技術を学び、人材を育てることは、中国側が『望郷の星』の共同製作を提案した狙いの一つであったに違いない。ちなみに、『望郷の星』は初の日中合作テレビドラマだけではなく、中国のテレビ界と外国との初のコラボレーションでもあった。(26) 中国のスタッフたちは、現場で日本側の最新の撮影機材や、製作スタイルなどを目の当たりにして目を見張っていたようである。(27)

さらに、日中合作が決まった直後に、鄧小平副総理が『望郷の星』の題字を揮毫するという画期的な出来事が起きた。従来、中国の政治指導者が映画やドラマのために題字を揮毫することはごく稀なことであり、外国との共同作品に至っては皆無だったからだ。そのこと一つだけを取ってみても、『望郷の星』がすでにテレビドラマという大衆娯楽の次元から、日中関係にかかわる重大な政治的イヴェントの次元にまで格上げされたことがわかるだろう。鄧小平による題字は、「中日友好協会」会長の孫平化《ソン・ピンホワ》氏の働きかけによって実現できたようだ。中国最高位にある政治指導者のお墨付きを得たということで、その後、『望郷の星』の中国ロケは順調そのものであった。

現場でのコラボレーション

一九七九年一二月一二日、撮影チームは上海に入り、永嘉路《ヨンジャルー》、建国西路《ジェンクオシールー》、雁蕩路などで撮影をおこなった。一二月二二日から重慶でのロケが始まり民生路《ミンシュンルー》、頼家橋《ライジャチャオ》、桜花花園《インホワホワユアン》、長江などで撮影をおこなった。一二月二七日に中国ロケは終了した。その後、「実景班」だけは残り、翌年一月四日まで上海に滞在していた。その際に、森開監督は歴史的出来事が実際に起きた場所でのロケにこだわっていた。たとえば、重慶でロケした際に、長谷川テルが実際に反戦運動をおこなっていた場所が現存するとの情報を聞きつけると、車で片道で二時間かかる不便なところだったにもかかわらず、森開監督はそこに行ってロケをおこなったという(28)。

図96　歴史上の長谷川テル，劉仁夫妻

図97　栗原小巻，高飛が扮したテル夫妻

ロケ撮影の様子について、福本義人監督はつぎのように振り返っている。

第二次上海事件で日本軍の爆撃によって、焼け野原と化した上海の街を再現するために、上海放送局は敷地内で巨大なオープン・セットをつくった。日本では絶対に考えられないことだった。たいへん強力な協力体制だったと思う。

また、主演女優の栗原小巻氏は著者とのインタヴューのなかで次のように振り返っている。

撮影現場には、協調の精神が溢れ、お互いが尊敬しあうという関係で撮影が進みました。日中の悲劇と反戦という大きなテーマですが、お互いに心の機微を表現することに留意しました。大勢の人々が出演する場面があり、中国の皆様が夜を徹して衣装製作して下さったことは、感動と感謝の思いです。また、長谷川テル、劉仁夫妻が実際に住まわれた上海のアパートでの撮影も実現しました。(29)

図98　中国ロケ中の岩間芳樹（左），福本義人．写真提供：福本義人

さらに、日中合作の実態について、中山和記は「製作資金は基本的に日本側が負担し、中国側は現物出資のかたちで全面的協力という形がとられたと記憶している」と証言している。

中国ロケから帰国した森開逞次監督は、テル夫妻が国共内戦期に滞在していた東北地区〔旧満州〕を舞台とした場面を、中国ロケの代わりに北海道で撮影した。いっぽう、福本義人監督は、劉星と劉暁蘭兄妹のドキュメント部分を撮影するために、一九八〇年三月一日から一二日にかけて、再び中国へ渡り、北京、そしてチャムス〔佳木斯〕で撮影をおこなった。帰国した福本監督は編集に取り掛かり、さらに字幕テロップを入れて、五月二六日の放映に間に合わせたという(30)。

中国での評価

中国において『望郷の星』は、日中関係の蜜月期を謳歌するシンボリックな作品として、撮影の段階からも注目を集めていた。撮影の進展やエピソードが『大衆電影』、『電影故事』などの雑誌や、『人民日報』をはじめとする各新聞によって大々的に報道され、世間の関心をいっそう掻き立てた。そして同ドラマが中央テレビによって放映されるやいなや、中国の視聴者は、戦争に苦しみながら軍国主義に反対した長谷川テルの姿に大いに共感した。また、日中戦争と向き合う製作者の姿勢も各メディアから高く評価された。

だが、もう一方で、中国において『望郷の星』が、日本の人気女優を軸にした一種の「アイドルドラマ」として受容されたという側面を看過してはならない。

すでに第四章で述べたように、『望郷の星』の放映に先んじて、主演女優の栗原小巻が過去に主演した『サンダカン八番娼館 望郷』（熊井啓監督、一九七四年）と『愛と死』（中村登監督、一九七一年）が中国で上映され、空前絶後の大ヒットを記録したのである。この二本の作品によって、栗原小巻は中国でもっとも知名度の高い日本人女優となったのである。

栗原小巻が演じる長谷川テルは、『サンダカン八番娼館 望郷』での主人公、ヒューマニズムと正義感をあわせもつ女性史研究家を強く想起させるし、また、大胆に自分の恋を貫く『愛と死』のヒロインとも一脈通ずる。さらに『望郷の星』の中国語題『望郷之星』を見るだけで、『サンダカン八番娼館 望郷』の続編ではないかと考えた中国の視聴者も少なくなかった。なぜなら、『サンダカン八番娼館 望郷』の中国語題は『望郷』であるからだ。つまり、それまでの栗原小巻という女優イメージの延長線上にある『望郷の星』は、「小巻フィーバー」に乗って中国の視聴者によって熱狂的に受け入れられたのである。

一九八〇年当時の中国では視聴率調査がまだ始まっていなかったとはいえ、『望郷の星』はきわめて高い視聴率を獲得したに違いない。

日本での反応

初の日中合作テレビドラマということで、日本でも『望郷の星』はそれなりに話題を呼んだ。だが、中国の視聴者の熱烈な反応とのあいだに、大きなギャップがあったように見受けられる。

福本義人監督は次のように証言している。

当時の日本のテレビ界では、『望郷の星』のような大型ドラマの製作が始まって一～二年ほどが経ち、ブームになりつつあった。私たちは『望郷の星』の視聴率も二〇％を超えるに違いないと確信していた。あるいは、二〇％を超える視聴率はあらかじめ課された任務のようだった。しかし、実際にはその目標を達成することができなかったので、つらい立場に立たされた。

見込んでいた高視聴率を獲得できなかった原因について、中山和記プロデューサーは次のように分析している。

企画の段階から、日本と中国の狭間に置かれた長谷川テルという女性の苦しみを描いてほしかった。劉仁とのラブストーリーにおいても、最初は二人がぶつかり合い、対立しながら生き抜いた関係で、最後に理解しあうというような方向へ持っていきたかった。そして、その過程に男女の色が滲み出てくるというように。

台本の最終稿には私がかかわり合わなかったが、完成した作品を試写で観て、少し残念に思った。テルの複雑な思いは描き切れていないし、夫婦の関係もあくまでも「国対国」というように非常に政治的になった感は否めない。

このように完成した作品が当初の製作意図から大きく乖離した原因として、まず日本側の物理的な要因が挙げられなければならないだろう。

当初、三時間スペシャルドラマとして企画された『望郷の星』は、実際には二時間二三分の枠で放映された。また、スポンサー・視聴率・コマーシャルを重んじる、いわゆるクライアント制の製作体制がゆえに、放映中にサントリー商品のコマーシャルが計五回一五分も挿入された結果、ドラマの正味は二時間八分の尺数になった。そのため、登場人物の心の機微を、ヒューマンドラマとして描き切ることが難しくなったのではないだろうか。

しかし、尺の短縮は予算の問題によるものではなかったようだ。福本義人監督は次のように証言している。

『望郷の星』はサントリー株式会社が提供した二億円の製作費のおかげで、中国ロケが実現できた。企画の立ち上げとしては、三時間スペシャルドラマということだったが、撮影終了時点では二時間半に決まっていたと記憶している。あの頃、三時間ドラマが人気を博していたから、二時間半ドラマというのも変だし、あれだけの大きなドラマだと、私たち現場の人間は、三時間も二時間半もそう変わりがない。事実、撮影分数は三〇分以上もオーヴァーしていたから、やはりテレビ局の編成上の問題ではないだろうか。

他方、製作サイドの当初の思いを阻む要因は中国側にもあった。それは日本側の事情とは異なり、主に政治的な要因に起因した。市場経済がまだ展開されていなかった当時の中国において、各テレビ局は国から割り当てられた資金によって運営されており、番組の製作も視聴率を完全に度外視しておこなわれていた。経済的損得よりも、むしろ作品のもつメッセージ性や、イデオロギー性が重んじられた。当時はまだそんな時代だった。

そのため、『望郷の星』を日本との共同製作でつくることを提案した際に、中国側は「日本軍国主義批判」と「蒋介石国民党批判」という二つの視点をより鮮明に打ちだすよう、日本側に働きかけたという。

中山和記氏の証言によると、「日本側の脚本家と中国側の脚本家がそれぞれ執筆した原案を、最終的に岩間芳樹氏が判断して最終稿とすることに、双方が合意していたが、実際には両国の脚本家の意見が平行線を辿り、折り合いがつかなかったため、中国側の脚本家が執筆した部分は、最終稿にそのまま取り入れられた」という。

ヒロインが反戦活動家である以上、旧日本軍の残虐行為と戦争犯罪にまつわる描写は避けられないだろう。だが、実際にドラマに登場する国民党の軍人や特務機関員は、日本兵以上に、残忍極まりない存在として戯画的に描かれている。たとえば、国民党によるテル夫妻への迫害、その息子の誘拐、劉仁の両親の惨殺、といった衝撃的なシーンが画面に次々と登場するのだ。ちなみに、歴史上においては、劉仁の父親を殺害したのは国民党軍ではなく、日本の憲兵であった(31)。

初の日中合作による歴史ドラマのなかで、そこまで国民党批判をおこなわなければならない必然性があったのだろうか。それらの描写は、単なる過去の歴史にとどまることなく、「現在」とも密接に連動していたことを見逃してはならない。つまり中国側は、一九四〇年代後半の国共内戦時代の国民党のネガティヴなイメージを、一九八〇年頃の台湾国民党政権のそれと重ね合せて、日本の視聴者に提示しようとしていたのではないかと思われる。

一九七二年に日中国交正常化が実現したことにともなって、日本政府は中華人民共和国政府を「中国の唯一の合法政府」と承認し、台湾（中華民国）との関係を絶った。それ以降、中国側は「一つの中国」の原則を、日中関係を支える柱と見なしていた。そして、「日中平和友好条約」の締結（一九七八年）をきっかけに、「一つの中国」という原則を、合作ドラマの製作をつうじて再確認しようと意図したのではないだろうか。

しかし、このような中国の対日外交の投影・反映とも見なすことができる諸々の描写は、一方でストーリーの展開と有機的に結びついておらず、また他方で当時の日本の視聴者にとって容易に理解される内容ではなかった。それが裏目に出て、彼らのドラマへの感情移入を妨げた一因となったのではないかと思われる。

ここまで、初の日中合作テレビドラマの背後にあった日中の人的交流の実態や、双方の複雑な政治的、あるいは経済的思惑を浮き彫りにした。当時、中国のテレビ界は、文化大革命による技術的な遅れを取り戻すべく、日本との共同製作をつうじて、現場でドラマ製作のノウハウを体得しようとしたのである。いっぽう、一九七〇年代末に解禁された中国大陸へのロケーションは、日本のテレビ界にとって、新天地を切り開くような大きな転機であった。中国ロケでしか得られないようなスペクタクルは、日本のテレビ番組の製作に新たな可能性と商機をもたらすのみならず、視聴率を上げるうえでも、きわめて大きな意味をもっていたからだ。また中国市場への参入というスポンサー側（＝サントリー）の企業戦略も、日中合作ドラマの企画に対しては結果的に貢献した。このように日中双方のニーズが一致した結果、『望郷の星』は産み落とされたのである。

第八章　クールジャパン――トレンディードラマとアニメの人気

すでに述べてきたように、一九八〇年代の中国では熱狂的な日本文化ブームが巻き起こった。そして、九〇年代後半において、かつての中国での日本ブームを受け継ぐかのように人気を博したのが日本のトレンディードラマやアニメであり、それらは、中国の若者たちを「酷文化（クールなカルチャー）」として魅了したのである。ちなみに、「酷」というのは「cool」の当て字であるが、ここではもとの意味に加えて、個性、自由、流行の代名詞となっている。

第一節　「日劇」の流行と中国のホワイトカラーの出現

社会現象となった『東京ラブストーリー』

一九九五年に『東京愛情故事』を中国語題とする日本の民放ドラマ『東京ラブストーリー』（フジテレビ、一九九一年放映）が中国で放映を開始すると、都市部を中心に大ヒットし、まさに近年の日本の「冬ソナ」ブームのように、「東愛現象」と呼ばれる社会現象を引き起こすまでになった。そして、『東京ラブストーリー』のヒットにつづいて、『101回目のプロポーズ』（フジテレビ、一九九一年放映）、『一つ屋根の下』（フジテレビ、一九九三年放映）、『ロングバケーション』（フジテレビ、一九九六年放映）、『ラブジェネレーション』（フジテレビ・関西テレビ、一九九七年放映）、『G

TO』（フジテレビ、一九九八年放映）、『Beautiful Life』（TBS、二〇〇〇年放映）、『HERO』（フジテレビ、二〇〇一年放映）も、それぞれ多くの中国の視聴者を惹きつけ、日本のトレンディードラマは、「日劇」と呼ばれて広く流行した。

このような「日劇」のヒットには、中国の急速な高度経済成長にともない、新興中産階級であるホワイトカラー（白領）が出現したという時代背景があった。一口に中産階級といっても、一九八〇年代の中国で頭角を表した個人経営者や企業家が、つねに「金の亡者」や「成金趣味」といったネガティヴなイメージと結びついていたのとは異なり、一九九〇年代後半から現れた「白領」は、四〇歳以下の若さで高学歴・高収入、金融会社や外資系企業の管理職につき、洗練された趣味の持ち主というポジティヴなイメージが強い。九〇年代半ばに「日劇」が中国で熱狂的に受け入れられたのも、中国の新興ホワイトカラー層に対して、日本人俳優たちの「トレンディー」な姿が、仕事、恋愛、ファッションやインテリアに至るまで、新たなライフスタイルのモデルをタイムリーなかたちで提示したということが大きかったと思われる。

「日劇」は、都会の若者たちに視聴者層が限定されていたにもかかわらず、さまざまな社会的な影響を及ぼしたといえる。たとえば、『ロングバケーション』をはじめとする「日劇」の主人公が冷蔵庫から缶ビールを取り出すシーンに憧れて、中国の若者たちは一人暮らしの部屋にも必ず大型の冷蔵庫を置くようになったという。また、「日劇」のなかでしばしば描かれる、主人公が勤める整然としたオフィスの光景や、経済的に豊かで自由な生活スタイル、『ラブジェネレーション』の男女が気軽にホテルに行ったりするような性に対するオープンな姿勢、さらには水道水を煮沸消毒なしに飲むシーンさえも、彼らの目にはきわめて新鮮に映ったのである[1]。

さらに、中国では「日劇」の模倣作までが登場した。すなわち、二〇〇〇年頃から中国では、「都市情感劇」と称される、大都会の若い男女を主人公とする恋愛ドラマが数多くつくられるようになったのである。たとえば、『将愛情進行到底（あくまで愛を貫こう）』と『新聞小姐（ニュースのお嬢さん）』が、それぞれ『あすなろ白書』（フジテレビ、一九九三年放映）と『ニュースの女』（フジテレビ、一九九八年放映）を翻案したものであることは明らかであるが、ある論者が指摘しているように「これらの二番煎じの作品は、東京を北京に、北海道をハルビンに、刺身を〝火鍋（中国風の鍋料理）〟に変更するだけで、ほとんどオリジナルをそのままコピーしている」にすぎない。(2)

「日劇」の衰退

しかし、二一世紀に入ると、「日劇」の地位を脅かすライバルが現れる。すなわち、「韓流」ドラマである。二〇〇一年ごろより韓国製のテレビドラマが、まさにかつての「日劇」のように、凄まじい勢いで中国進出を果たした。二〇〇四年に放映された海外ドラマの視聴率ランキングのうち、上位一〇本中七本が韓国のドラマであった。(3)つまり、韓流ドラマは、日本のトレンディードラマを凌ぐほどの人気を博すようになったのである。

このように「日劇」が急速に衰退した原因としてしばしば挙げられるのが、ストーリーや題材、配役におけるパターン化の傾向である。つまり、ちょうど中国の視聴者が「日劇」のお定まりのパターンに飽き始めたときに、「韓流」ドラマが入り込んできたのである。さらに、「日劇」の衰退の理由として、製作コストの高い「日劇」の放映権を購入する際に、「韓流」ドラマに比べて倍以上の費用がかかるということも挙げられる。

二〇〇六年に『白い巨塔』（フジテレビ、二〇〇三年）が中国の中央テレビによって放映され、高い視聴率を獲得し、久々に「日劇」の魅力を中国の視聴者に見せ付けたという事例があったとはいえ、上映本数においても、「日劇」は「韓流」ドラマに遥かに及ばない。二〇〇五年から二〇〇九年にかけて、一〇五本の「韓流」ドラマが中国のテレビ局によって放映されたのに対して、「日劇」はわずか三二本であった。(4)ここ数年、日中関係悪化の影響で「日劇（トレンディードラマ）」の放映本数がさらに激減した。

その一方、多くの中国人がネットの動画サイトをつうじて「日劇」を鑑賞しているという事実を看過してはならない。たとえば、『半沢直樹』（TBS、二〇一三年）、『昼顔〜平日午後3時の恋人たち〜』（フジテレビ、二〇一四年）は日本で放映されてから間もなく中国のネットユーザのあいだでも話題となり、「『日劇』は社会問題にメスを入れ、人間

図99　『東京ラブストーリー』中国語版 DVD のカヴァー

図100　中国版『101回目のプロポーズ』のポスター

性の奥深いところまで掘り下げているので、韓流ドラマと比べ、骨太く見ごたえがある」といったコメントが数多く見うけられる。

日本のテレビで放映された人気ドラマは、最短二四時間以内に中国の動画サイトにアップされてしまうと言われている。無論、そのほとんどは違法アップロードにあたる。それを可能にしたのが、「字幕組」と呼ばれる、字幕作成チームのボランティアの存在である。その主体は、日本語と日本文化に通じる中国の大学生であり、彼らが四五分の尺の「日劇」の中国語字幕を作成するのに、八時間もかからないという。「日劇在線網」という「日劇」専門動画サイトは、二〇一〇年の時点で、五〇〇以上のドラマを配信していたという(5)。だが、近年、版権意識の向上に加え、日中関係悪化の影響により、このような動画サイトが次々と閉鎖され、インターネットでの「日劇」配信は減少する傾向にある。

そのような状況のなかで、二〇一三年二月に『101回目のプロポーズ』（浅野温子、武田鉄矢主演）のリメイク版にあたる中国映画『101回目のプロポーズ～SAY YES～』（中国語題『101次求婚』、陳正道《チェン・チュンダオ》監督、二〇一三年）

は中国で公開されたのである。

中国版『101回目のプロポーズ』の大ヒット

林志玲《リン・チーリン》、黄渤《ホアン・ボー》主演の中国版『101回目のプロポーズ』には武田鉄矢が特別出演し、オリジナルと同じ「SAY YES」が主題歌に使われるなど、日中合作の製作スタイルをとっている。ヴァレンタインデーにあわせて中国各地で封切られるやいなや、中国の恋愛映画ジャンルにおける歴代の興行成績の第一位を獲得した。(6)

オリジナルドラマは、九〇年代後半の中国で放映され、『東京ラブストーリー』とともに、日本のトレンディードラマのレパートリーとしてある世代の中国人に熱狂的に支持されていた。その感動はいまだ色あせておらず、リメイク映画のヒットの下地となったように思われる。おそらく「リメイク映画が、オリジナルドラマとどれだけ似ているかをこの目で確かめてみたい」という類の欲望が、彼らのあいだに存在しており、その願望の達成ゆえの熱狂がヒットにあらわれたのではないだろうか。

尖閣諸島（中国名釣魚島）国有化（二〇一二年九月）によって冷え込んだ日中関係のなかで、中国版『101回目のプロポーズ』のヒットは、中国の観客が映画館まで足を運んでくれるのかという製作側の不安を払拭したばかりでなく、停滞していた日中文化交流にとっても、希望の光が差し込む朗報であった。「日劇」ブームの再来を期待したいところである。

第二節　鉄腕アトムからドラえもんへ――日本のアニメの人気

中国で初めてポピュラーとなった日本のアニメは、一九七九年から「中央電視台」で放映された『鉄腕アトム』であった。それに続いて、一九八〇年代前半の中国では、『一休さん』、『ジャングル大帝』、『花の子ルンルン』、『母をたずねて三千里』、『ニルスのふしぎな旅』が子供を中心に人気を集めた。そして、一九八〇年代後半から九〇年代にかけては、『聖闘士星矢』、『ドラゴンボール』、『スラムダンク』、『キャプテン翼』、『ドラえもん』、『クレヨンしんちゃん』、『ちびまるこちゃん』など、日本の人気アニメが続々と中国のテレビで放映され、九〇年代後半になると、DVDなどの映像ソフトとして広く流通していた。その一部は海賊版であるために、深刻な著作権問題が生じていることは事実だが、日本のアニメは、それまでなかった規模で深く中国社会に浸透していった。二〇〇一年に中国の青少年を対象におこなったアンケートによると、欧米のマンガ・アニメが好きであると答えたのが二九％、中国語圏のマンガ・アニメが好きだと答えたのが一一％であったのに対して、日本のマンガやアニメのファンは六〇％という結果が出ている(7)。

日本のアニメは、エンターテインメントとしてのレヴェルの高さや、魅力的なキャラクターデザイン、無国籍な雰囲気、ダイナミックな暴力描写、女性身体に対するフェティシュな描き方、作品の根底に流れるヒロイズムによって、中国で人気を博したのである。たとえば、『聖闘士星矢』、『キャプテン翼』の主人公に憧れてスポーツ選手になった人や、アニメがきっかけで日本語を習い始めた人は後を絶たない。また、現在の中国のアニメの担い手となっているアニメーターの多くは、日本のテレビアニメを観ながら育った世代であり、そのため、彼らの作品は、ストーリー展開からキャラクターデザインに至るまで、日本のセルアニメからの影響を強くうけている。さらに近年、中国国内のみならず、日本でもアニメーターや声優を目指す中国人の若者が増えている。彼らの多くは優れた日本語力や、日本文化への深い理解力と創造力を兼ね備えており、中国アニメ製作の技術指導者としても将来を嘱望されている(8)。

しかし、二〇〇四年頃から、中国当局によるアニメ産業振興が本格化するとともに、国産アニメを保護すべく、海外アニメのテレビ放映（そのおよそ七割は日本アニメだった）が制限されるようになった。たとえば、二〇〇六年九月に中国当局は午後の五時から八時までの時間帯において外国製の子ども向けアニメ番組の放送を禁止し、二〇〇八年五月になると放送禁止時間は午後九時までに延長されるとともに、中国産アニメが放送番組の七〇％以上の比率を占め

図　日中のテレビアニメの比較（2011年）

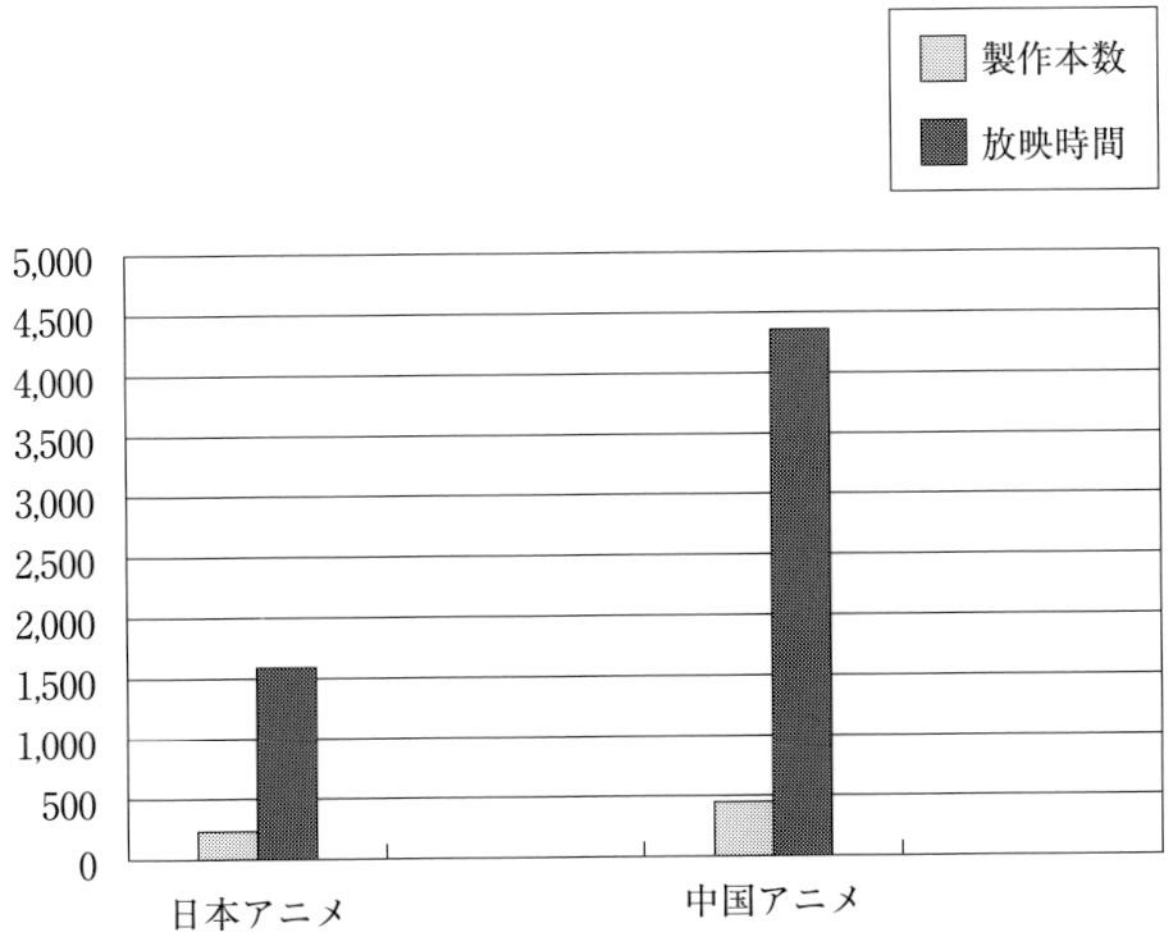

ることが義務付けられた(9)。

競争力のあるクオリティーの高い日本アニメを排除するとともに、国内のアニメ産業を育成していくという保護主義的な政策がもたらした結果として、二〇一一年に中国産のテレビアニメは四三五作品で、放映時間は四三五三時間四四分となり、二二〇作品で一五七七時間四八分という日本国内での日本産アニメのそれをはるかに上回り、アニメ生産量世界一の目標を達成した(10)。

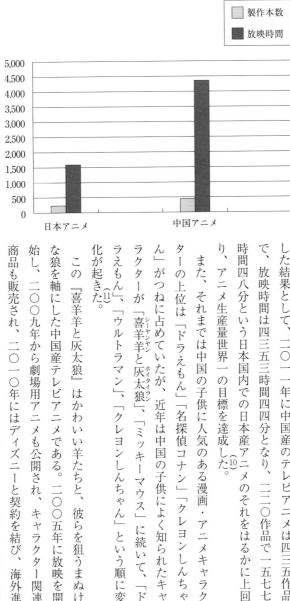

また、それまでは中国の子供に人気のある漫画・アニメキャラクターの上位は「ドラえもん」「名探偵コナン」「クレヨンしんちゃん」がつねに占めていたが、近年は中国の子供によく知られたキャラクターが「喜羊羊《シーヤンヤン》と灰太狼《ホイタイラン》」、「ミッキーマウス」に続いて、「ドラえもん」、「ウルトラマン」、「クレヨンしんちゃん」という順に変化が起きた(11)。

この『喜羊羊と灰太狼』はかわいい羊たちと、彼らを狙うまぬけな狼を軸にした中国産テレビアニメである。二〇〇五年に放映を開始し、二〇〇九年から劇場用アニメも公開され、キャラクター関連商品も販売され、二〇一〇年にはディズニーと契約を結び、海外進出を試みるほどになった。それと人気を二分する形で、二〇一二年に放映が始まった、森に住む熊と森林を破壊する悪徳開発業者との戦いを描く『熊出没』は、同じようにテレビアニメから劇場映画化へという道をたどっている。しかし、いずれの作品も、日本アニメと比べるならば、クオリティーが劣っていることは一目瞭然である。にもかかわらず、なぜヒットしたのだろうか。その理由は政府のバックアップを得て、複数のテレビ局のゴールデンタイムにおいて、ほぼ毎日放映されつづけているなかで、両作品は地方都市や、広範な農村部にまで広く浸透していったからである。

さらに、その背景には、政府からの補助金を目当てにした製作会社が乱立しているという現実がある。そもそもアニメは漫画、児童文学、映画、テレビドラマとの相互作用のなかにあり、アニメ『ドラゴンボール』が漫画雑誌「少年ジャンプ」を土壌としているように、日本アニメは漫画文化との結びつきが非常に強い。アニメを振興させるには、国の補助金が必要不可欠だが、アニメを取り巻く文化的環境を整え、アニメ産業を「内側」から育てることこそ重要ではないだろうか。

二〇一五年八月二七日に「亜太動漫協会（アジア太平洋アニメーション協会）」事務局長の王六一《ワン・リュイー》氏は著者とのインタヴューのなかで次のように指摘している。「従来の子供向けのアニメーションに加えて、青少年向けのジュブナイル、成人向けのライトノベルに相当するアニメーションを創出し、幅広い年齢層の観客を育てること、そして手塚治虫や宮崎駿のようなアニメーション界を牽引する文化的リーダーを生みだすことこそ中国アニメ界の急務である」。

かつて日本アニメも、ディズニーアニメにまったく太刀打ちできなかった時代が長く続いていたが、これに追い付き追い越せの精神で独自のアニメ文化を築いてきた。つまり外国の文化を排除するのではなく、思い切って取り入れることによって、その優れたところを吸収し、そこから換骨脱胎していくことこそ健全な発展の道ではないだろうか。

事実、日本アニメがテレビのゴールデンタイムというオフィシャルなかたちで放映されなくても、中国の日本アニメファンがインターネットをつうじて、それを共有している。たとえば、現在、『ＯＮＥ ＰＩＥＣＥ』、『ＮＡＲＵＴＯ』が幅広い年齢層のファンに愛されている。だが、海賊版や、違法アップロードに対する法的規制は徐々に厳しくなってきており、国際水準に合わせざるを得ないなかで、海賊版だからこそ成り立っていた《文化》も変わりつつある。二〇一六年現在、中国の動画サイト・愛奇芸（アイチーイー）、騰訊（テンセント）、小米（シャオミー）は次々と日本アニメの著作権を取得し、正規版の配信を模索している。

そして、二〇一五年五月より、映画『STAND BY ME ドラえもん』（中国語題『哆啦A夢：伴我同行』、八木竜一、山崎貴監督、二〇一四年）は中国各地で劇場公開され、わずか一一日間で同映画の日本での興行収入を抜いて八六億円を達成し、日本アニメの根強い人気をあらためて示した。それまでに、すでに数本の『ドラえもん』映画は中国で一般公開されたが、大ヒットに至らなかった。映画公開に先んじて海賊版の横行が影響していたからである。それに対して、映画館でしか鑑賞できない、３D仕立てのアトラクション的効果は『STAND BY ME ドラえもん』のヒットに寄与したのであり、加えてここ数年「ドラえもんのひみつ道具１００」展などのイヴェントが中国各地で頻繁におこなわれていることもヒットの下地となったように思われる。

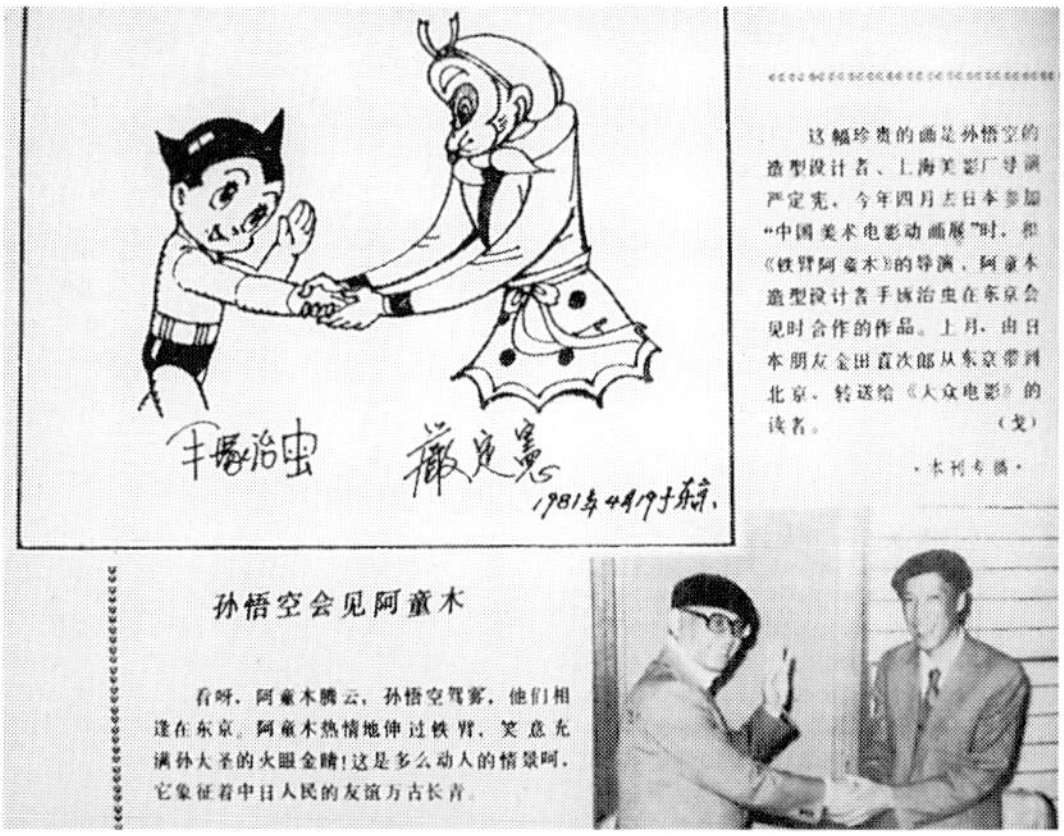

図101　鉄腕アトムと孫悟空――手塚治虫と厳定憲（中国アニメ『孫悟空，天界を大いに騒がす』のキャラクター・デザイナー）（『大衆電影』1981年９月号）

図102　『STAND BY ME ドラえもん』中国語版ポスター

おわりに

本書は、日中文化交流の歴史において映像メディアが果たした役割を考察してきた。

戦時中の日本映画の対中輸出は、あくまでも中国人を「大東亜共栄圏」のイデオロギーに取り込んでいくための文化工作や、同化戦略の一環であった。また同時代における中国映画の日本への輸入も、既成の中国イメージ、すなわち欧米列強の搾取に喘ぎ日本の救済を求める「哀れな中国人」というイメージを確認する、増強するという目的によるものだった。

そして、冷戦時代になると、中国共産党政府が日本の独立プロ作品を積極的に輸入し、反戦・反米・反体制を貫く日本人民の姿を中国国民に提示しようとした。いっぽう、日本では日本共産党の外郭団体や、日中友好団体が公会堂などで中国映画を自主上映し、毛沢東の平等社会の理念を広めようとした。国交さえなかった当時の日中両国を繋ぐ貴重な絆となったとはいえ、やはりこの時代の映画交流は、公式に企画された政治的な文化交流イヴェントの枠から抜けだすことができなかったのである。

それに対して、一九七〇年代後半から九〇年代後半にかけて、徳間康快がおこなっていた日本映画と中国映画の上映活動は、日中両国の国民双方に対して政治的状況に左右されない等身大の相手国のイメージを提示することにより、それまでに両国で流布していた、相互のステレオタイプ的な相手国イメージを大きく転換させたのである。とりわけ、このころ中国で巻き起こった熱狂的な日本文化ブームが、端境期にある中国社会に対して与えたインパクトは、計り知れないものであった。すなわち当時の日本の映画やドラマは、エンターテインメントの次元を遥かに超えて、文革による精神的な自閉状態からの脱出、喪失してしまったヒューマニズム的な家族愛や男女愛の奪回、倫理観とモラルの再建、さらに近代化路線を推進する中国のメンタリティーの形成にまで、絶大な影響を及ぼした。そのなかで、中国における日本のイメージは一気にポジティヴなものへと転換したのである。

だが、このような一過性のブームによって形成されたポジティヴなイメージが、ふたたびネガティヴなものへ回帰しないという保証はどこにもない。大衆文化における〈他者〉のイメージは、歴史的な記憶によって、また政治的・社会的状況によってその都度影響され、変化しつづけている。そして、そのような〈他者〉のイメージは、熱狂と嫌悪、憧憬と不信、親密さと疎ましさとが、ある一つの出来事を機縁として、極端から極端へと一挙にシフトするという可変性と脆弱さをつねに孕んでいるのだ。おそらく、いま日中両国にとって何よりも必要なのは、安易なイメージに頼らないかたちでの〈他者〉とのコミュニケーションのあり方を模索することであろう。すなわち、表象を媒介とするのではなく、〈他者〉そのものと真摯に向き合い、理解しあうような新たな異文化受容の次元へと移行するということである。そして、そのためには、政治家やメディアによって誘導されたものではない、〈他者〉に対する冷静な眼差しを涵養することが、今こそ求められているのではないだろうか。

いっぽう、日中合作映画やテレビドラマの製作は、本書が重要に扱う対象となっている。合作作品における歴史表象の可能性、あるいは製作過程そのものは日中関係のあり方を示唆するものであるからだ。日中戦争を舞台としたで、すれ違いや誤解に翻弄されつつ共に対話しながら和解の可能性を探ろうとした。こうしたコミュニケーションのあり方は、民間レヴェルのそれも、国家レヴェルのそれも大差ないようだ。とすれば、そこから国家レヴェルにせよ民間レヴェルにせよ良好な日中関係を築くためのモデル、あるいは萌芽のようなものを見いだすことができるかもしれない。現在両国間の関係が領土問題や、歴史問題を契機として《危機的》とも呼べる状態へと移行しつつあるなか、本書もまたその一助となれば幸甚である。

あとがき

二〇一五年六月に、私は上海国際映画祭の招待を受け、敬愛する高倉健さんの追悼特集上映へ参加してきました。「上海影城」という上海一大きい映画館の巨大なスクリーンを前にして、一〇〇〇人を超える観客の熱気に包まれるなかで『鉄道員（ぽっぽや）』を観た時、健さんの偉大さを再確認できて感無量でした。

上海では映画祭に参加した日本映画を八本観ました。『ビリギャル』の観賞はとくに面白い体験でした。一部「下ネタ」を含むコミカルなセリフは、中国語字幕版で当り障りのない中国語にすり替えられていたのです。直訳となると、性的表現に厳しい中国側の映画検閲にひっかかるだろうという考慮にもとづいた確信犯的な「誤訳」といえるでしょう。それにもかかわらず、客席のあちこちから聞こえてくる大きな笑い声に私は驚きました。観客の多くは日本語を分かっていて、中国語字幕を介さずに日本語のセリフに反応したからです。

また、中国の若者のあいだで人気の高い、渋谷すばる主演の『味園ユニバース』のチケットは入手困難なため、ファンのあいだで高値で取引されていたようです。原田眞人監督が演出を手掛けた『駆け込み女と駆け出し男』は、日本的ローカルカラーの強い時代劇にもかかわらず、かなりの客入りとなりました。中国のファンのあいだに「日本映画なら、はずれはないだろう」という信頼感があり、安定した人気を博していることを肌で感じていました。そして、上海の旅で得た、これらの実体験にもとづいて、私は本書の最終章の執筆に取り組んでいました。

本書は、戦前から現在に至るまでの日中映画交流の一〇〇年に及ぶ歴史を検証する、本邦初の日中映画交流通史です。執筆の動機は、私が日本の大学でアジア映画論の講義を担当しているなかで、日中映画交流史の全体像を明瞭にとらえた教材にあたる書籍の必要性を痛感したところにありました。そこで、本研究テーマに取り組んで以来、十数年間の自分の研究成果をまとめつつ、戦前・戦中の上海と満州や、中華人民共和国建国初期、文化大革命期、そして近年までの日中映画交流の歴史的変遷について新たに書き下ろした内容を取り入れ、本書ができあがったのです。

日中の貴重な一次資料に加え、高倉健、山田洋次、佐藤純彌、呉宇森、張芸謀、陳凱歌ら多くの映画人へのインタヴューをつうじて、これまで知られていなかった多くの映画史的事実が本書によって明らかになったものと考えます。また、実証的なアプローチだけでなく、映像分析にもとづいた表象の歴史分析のアプローチも本書の特色の一つです。さらに映画学に限定することなく、より幅広く映像文化史的あるいは社会学的なアプローチをとることで、当該研究分野に学際的な貢献を果たすことができたのではないかと思います。

執筆するにあたって、もっとも心掛けたのは、記述の客観性とデータ資料の正確さです。客観的な歴史記述というものは、みずからが歴史の過程のなかに内在しているゆえに、個人の恣意的な解釈を許すものではないからです。歴史に対する高慢な態度とは、世の歴史修正主義がすべてそうであるように、客観的な歴史を主観的な表象にしたがって物語化・一面化する態度であると解せるでしょう。そして客観的な歴史記述のみが、様々な矛盾、軋轢、不道徳を含んだ歴史に対する謙虚な態度といえるでしょう。なぜなら、みずからの利害にとらわれた見解を捨てて、歴史的事象そのものにしたがう態度こそ、歴史に対して「品位」ある態度であるといえるからです。そうした思いから、自戒を込めて、謙虚な姿勢で日中映画交流史の再構築を試みたつもりです。

本書は、一介の外国人研究者が、異国における厳しい生活・研究環境の下で完成したものです。そのなかで、私の研究環境を整えてくださった中島隆博先生、竹峰義和先生、そして本書出版のきっかけを作ってくださった野崎歓先生に心より御礼申し上げます。また、執筆の過程でご協力くださった多くの方々、とりわけ、本書の構成について懇切丁寧に相談に乗ってくださった東京大学出版会の山本徹さん、斉藤美潮さんに深く感謝申し上げます。なお本研究については日本学術振興会科学研究費（基盤研究C）をうけており、合わせて御礼申し上げます。

二〇一六年四月

劉 文兵

著者略歴

劉 文兵（りゅう ぶんぺい） Liu Wenbing

1967年中国山東省生まれ．2004年東京大学大学院総合文化研究科超域文化科学専攻表象文化論コース博士課程修了．博士（学術）．日本学術振興会外国人特別研究員を経て，現在，東京大学学術研究員．早稲田大学ほか非常勤講師．2015年度日本映画ペンクラブ賞・奨励賞を受賞．

主要著書

『映画のなかの上海』（慶應義塾大学出版会，2004年），『中国10億人の日本映画熱愛史』（集英社新書，2006年），『証言　日中映画人交流』（集英社新書，2011年），『中国映画の熱狂的黄金期』（岩波書店，2012年），『中国抗日映画・ドラマの世界』（祥伝社新書，2013年）ほか多数．

日中映画交流史

2016年6月24日　初　版

［検印廃止］

著　者　劉《りゅう》　文《ぶん》兵《ぺい》

発行所　一般財団法人　東京大学出版会

代表者　古田元夫

153-0041 東京都目黒区駒場 4-5-29

http://www.utp.or.jp/

電話 03-6407-1069　Fax 03-6407-1991

振替 00160-6-59964

印刷所　株式会社平文社

製本所　牧製本印刷株式会社

ISBN 978-4-13-083069-0　Printed in Japan

人名索引

あ 行

た　行

な　行

は　行

ま　行

や　行

ら　行

わ　行

主要参考文献（註で出所を明記したものは省略した）

陳公美『電影発達史』，商務印書館，1938年.
『満州映画協会案内』，（新京）満州映画協会，1938年.
市川彩『アジア映画の創造及建設』，国際映画通信・大陸文化協会，1941年.
筈見恒夫『映画と民族』，映画日本社，1942年.
今村太平『戦争と映画』，第一文芸社，1942年.
津村英夫『映画戦』，朝日新聞社，1944年.
北川冬彦「中国，朝鮮の映画界瞥見記」，『キネマ旬報』，1957年新年特別号，１月下旬号，２月下旬号，３月下旬号.
永田雅一『映画自我経』，平凡出版，1957年.
程季華主編『中国電影発展史』（一，二巻），中国電影出版社，1963年.
牛原虚彦『虚彦映画譜50年』，鏡浦書房，1968年.
内田吐夢『映画監督五十年』，三一書房，1968年.
岩崎昶『根岸寛一』，三一書房，1969年.
杜雲之『中国電影史』，台湾商務印書館，1972年.
佐藤忠男『日本記録映像史』，評論社，1977年.
佐藤純彌「『未完の対局』創作ノート・決定稿までのプロセス」，『シナリオ』1982年11月号.
杜雲之『中国電影七十年――1904～1972』，中華民国電影図書館，1986年.
佐藤純彌『キネマ遁走曲』，青土社，1986年.
山口淑子，藤原作弥『李香蘭 私の半生』，新潮社，1987年.
李偉梁「『孤島』電影探微」，『電影新視野』，中国電影出版社，1991年.
譚仲夏『一夜皇后――陳雲裳伝』，電影双週刊出版有限公司（香港），1995年.
顧也魯『影壇芸友悲歓录』，中国電影出版社，1996年.
上原昭一・王勇編『日中文化交流史叢書（七）・芸術』，大修館書店，1997年.
陸弘石，舒暁鳴『中国電影史』，文化芸術出版社，1998年.
『彷書月刊 満洲映画協会特集』，弘隆社，1998年６月号.
『上海電影誌』編纂委員会編『上海電影誌』，上海社会科学院出版社，1999年.
山田洋次『対話 山田洋次（１）人生はつらいか』，旬報社，1999年.
山田洋次『対話 山田洋次（２）映画は面白いか』，旬報社，1999年.
Yingjin Zhang, *Cinema and Urban Culture in Shanghai, 1922-1943*, Stanford University Press, 1999.
郭静寧『香港影人口述歴史叢書之一　南来香港』，香港電影資料館，2000年.
山口猛『哀愁の満州映画――満州国に咲いた活動屋たちの世界』，三天書房，2000年.
左桂芬，姚立群『童月娟回憶録曁図文資料彙編』，（台北）電影資料館，2001年.
劉文兵「高倉健の神話――『中国のルネサンス』と日本の映画スター」，雑誌『中国語』，2001年６月号，内山書店.
萩原信一郎『龍になった男――小説・徳間康快』，文芸社，2001年.
四方田犬彦編『李香蘭と東アジア』，東京大学出版会，2001年.
李天鐸編『日本流行文化在台湾与亚洲（一）』，遠流出版公司，2002年.
石麗珍，王志民主編『中国文献珍本叢書 偽満州国史料』（第一巻～第三三巻），全国図書館文献縮微複製中心，2002年.
汪朝光「抗戦时期淪陷区的電影審査」，『抗日戦争研究』2002年第１期.
趙士薈『影自浮沈――劉瓊的影劇生涯』，学林出版社，2002年.

栗原小巻「海外ロケ 厳しさと歓び」,『読売新聞』2003年7月6日.
栗原小巻「日中交流 映画が懸け橋」,『読売新聞』2003年7月27日.
Poshek Fu, *Between Shanghai and Hong Kong: The Politics of Chinese Cinemas*, Stanford University Press, 2003.
李文『日本文化在中国的伝播与影響, 1972～2002』, 中国社会科学出版社, 2004年.
山口淑子『「李香蘭」を生きて——私の履歴書』, 日本経済新聞社, 2004年.
蓮實重彥『映画への不実なる誘い——国籍・演出・歴史』, NTT 出版, 2004年.
胡昶編『東影的日本人』, 長春市政協文史資料委員会, 2005年.
李奕著『満映始末』, 長春市政協文史資料委員会, 2005年.
李道新「淪陥時期的上海電影与中国電影的歴史叙述」,『北京電影学院学報』2005年第2期.
川村湊「大衆オリエンタリズムとアジア認識」『岩波講座 近代日本と植民地7 文化のなかの植民地』, 岩波書店, 2005年.
曹雷『遠去的回響』, 上海辞書出版社, 2006年.
李道新『中国電影史研究専題』, 北京大学出版社, 2006年.
李少白主編『中国電影史』, 高等教育出版社, 2006年.
上海電影訳制廠編著『魅力人声』, 上海辞書出版社, 2007年.
池川玲子「『満州映画協会』研究史の整理と今後の展望」,『イメージ&ジェンダー』第7号, 2007年.
満州事情案内所編『満州国の習俗』, 慧文社, 2007年（初版：1933年）.
森川忍『森川和代が生きた旧「満州」, その時代——革命と戦火を駆け抜けた青春期』, 新風舎, 2007年.
邱淑婷『香港・日本映画交流史——アジア映画ネットワークのルーツを探る』, 東京大学出版会, 2007年.
石子順「中国映画・日本上映史（1953～1966）」,『季刊中国』2008年春季号.
佐野眞一『甘粕正彦 乱心の曠野』, 新潮社, 2008年.
中島隆博「舌のない人間の様に　撫順炭砿での沈黙」, 土屋昌明編著『目撃！　文化大革命『夜明けの国』を読み解く』, 太田出版, 2008年.
谷川建司, 呉咏梅, 王向華『越境するポピュラーカルチャー——リコウランからタッキーまで』青弓社, 2009年.
「特集：人間／動物の分割線」,『現代思想』2009年7月号, 青土社.
劉茜『鏡頭里的風雲変幻　薛伯清伝』, 中国電影出版社, 2010年.
劉文兵「歴史を映す歪んだ鏡のように——『啓民映画』に見る満州国の表象」, 黒沢清・吉見俊哉・四方田犬彦・李鳳宇編『日本映画は生きている第7巻 踏み越えるドキュメンタリー』, 岩波書店, 2010年.
岸富美子『はばたく映画人生——満映・東影・日本映画《岸富美子インタビュー》』, せらび書房, 2010年.
三澤真美恵『「帝国」と「祖国」のはざま——植民地期台湾映画人の交渉と越境』, 岩波書店, 2010年.
晏妮著『戦時日中映画交渉史』, 岩波書店, 2010年.
遠藤正敬『近代日本の植民地統治における国籍と戸籍——満洲・朝鮮・台湾』, 明石書店, 2010年.
陳剛『上海南京路電影文化消費史 1896～1937』, 中国電影出版社, 2011年.
池川玲子『「帝国」の映画監督 坂根田鶴子——『開拓の花嫁』・1943年・満映』, 吉川弘文館, 2011年.
田中益三『絵筆とペンと明日——小野沢亘と仲間たちの日本／中国』, せらび書房, 2011年.
劉文兵「文革終焉直後の中国における日本アニメのブーム」, 一般社団法人日本動画協会編『アニメ産業レポート 2011』, 2011年.
袁池, 陳撫生『呂玉堃伝』, 江西人民出版社, 2012年.

石坂健治，市山尚三，野崎歓，松岡環，門間貴志（監修）夏目深雪，佐野亨（編集）『アジア映画の森 新世紀の映画地図』，作品社，2012年.
劉文兵，王成「海を渡った『砂の器』——中国における映画『砂の器』の影響」，北九州市松本清張記念館『松本清張研究』第13号，2012年.
劉文兵「新藤兼人と中国映画界」，『毎日新聞』2012年6月26日（夕刊）.
劉文兵『中国映画の熱狂的黄金期——改革開放時代における大衆文化のうねり』，岩波書店，2012年.
植草信和，坂口英明，玉腰辰己編著『証言 日中映画興亡史』，蒼蒼社，2013年.
劉文兵『映画のなかの『満州国』——『啓民映画』における植民地的眼差し」，『日本植民地研究』第25号，2013年.
劉文兵「中国映画におけるグローバル化の軌跡」，地域研究コンソーシアム『地域研究』編集委員会『地域研究〈Vol.13 No.2〉総特集 混成アジア映画の海——時代と世界を映す鏡』，昭和堂，2013年.
吉村公三郎著，竹内重弘ほか編『映画監督吉村公三郎 書く，語る』，ワイズ出版，2014年.
劉文兵「中国におけるハリウッド映画の受容史」，鈴木健郎・根岸徹郎・厳基珠編『学芸の還流——東－西をめぐる翻訳・映像・思想』，専修大学出版局，2014年.
劉文兵「日中文化交流と李香蘭」，『毎日新聞』2014年10月23日（夕刊）.
劉文兵「中国における『高倉健《ガオツァン・ジェン》』イメージの形成と受容」，『ユリイカ』平成27年2月号，青土社，2015年.
劉文兵「高倉健はなぜ中国で『熱烈歓迎』されるのか」，文藝春秋臨時増刊『高倉健』，文藝春秋，2015年.
劉文兵「共鳴と共闘——冷戦時代の日中映画交流」，『和光大学表現学部紀要』第15号，2015年.
岸富美子，石井妙子『満映とわたし』，文藝春秋，2015年.
劉文兵「満州映画史研究に新しい光を——“満州国”における日本映画上映と受容の実態」，『専修大学社会科学研究所月報』2015年9月号.
劉文兵「special interview 世界の呉宇森（ジョン・ウー），原点に立ち戻る（前篇）」，『キネマ旬報』2015年12月1日号.
劉文兵「special interview 世界の呉宇森（ジョン・ウー），原点に立ち戻る（後篇）」，『キネマ旬報』2015年12月20日号.

註

はじめに

（1） 大陸映画とは戦時中に製作された，中国を舞台とした日本の国策ものであり，李香蘭が主演をつとめた大陸三部作は『白蘭の歌』（渡辺邦男監督，1939年），『支那の夜』（伏水修監督，1940年），『熱砂の誓ひ』（渡辺邦男監督，1940年）となる．
（2） 梅文「周璇歌唱会」，『上海影壇』1945年5月号，32頁．
（3） 羅浮「『万世流芳』開拍花絮」，『新影壇』創刊号，1942年11月，36頁．
（4） 呂萍「李香蘭的歌唱事業・恋愛和結婚」，『上海影壇』1944年9月号，25頁．
（5） 呂萍「李香蘭的歌唱事業・恋愛和結婚（続）」，『上海影壇』1944年10月号，34-35頁．
（6） 前掲呂萍「李香蘭的歌唱事業恋愛和結婚（続）」，35頁．
（7） 朱天緯「日本侵略者蓄意製造李香蘭謊言」，『電影芸術』1994年第4号，75頁．
（8） 『撃砕美日反動派的迷夢』，人民出版社，1971年，13頁．
（9） 王蒙「人・歴史・李香蘭」，『読書』1992年11月号，9頁．
（10） 同上，11頁．

第1章　日中映画前史――上海編

（1） 汪朝光「民国年間美国電影在華市場研究」，『電影芸術』1998年第1号，57頁．
（2） 汪朝光「20世紀上半叶的美国電影与上海」，『電影芸術』2006年第5号，60頁．
（3） 前掲汪朝光「民国年間美国電影在華市場研究」，57-64頁．
（4） 1931年3月にレコード発声式の中国初のトーキー映画『歌女紅牡丹』が上海で公開されたのに続いて，同年6月頃より，フィルム発声式の本格的トーキー映画として『雨過天青』，『歌場春色』（李萍倩監督）は封切られた．
（5） 川谷庄平著，山口猛構成『魔都を駆け抜けた男』，三一書房，1995年，321頁／『日本映画事業総覧』昭和5年版，国際映画通信社，1930年，330頁．また，『断腸花』の演出を手掛けたのが中国人の秦錚如であり，製作年が1927年だった等の説もある．
（6） 前掲『日本映画事業総覧』昭和5年版，330-331頁．
（7） 黄耐霜「銀幕生活憶語」，『感慨話当年』，中国電影出版社，1961年，86-88頁．
（8） 前掲『日本映画事業総覧』昭和5年版，601頁，340頁／「日本電影零訊」，『電影画報』第40期，良友図書公司（上海），1937年4月，9頁．
（9） 前掲『日本映画事業総覧』昭和5年版，340頁．
（10） 「電影院変遷史」，『上海影壇』1944年6月号，32-33頁／清水晶『上海租界映画私史』，新潮社，1995年，124頁．
（11） 「英鬼　撃ちて撃ちて撃ちてし止まむ：『万世流芳』特輯・解説」，『新映画』1944年6月号，9頁．
（12） 前掲清水晶『上海租界映画私史』，124頁．
（13） 岩崎昶『日本映画私史』，朝日新聞社，1977年，147頁．
（14） 八住利雄「訪中寸感」，『日中文化交流』333号，1983年1月5日，6頁．また，程樹仁主編『民国十六年中華影業年鑑』（中華影業年鑑社，1927年）によると，1927年の時点で中国の映画人には，欧陽予倩（脚本家・監督），徐卓呆（映画理論家・脚本家），任克予（監督），夏伯銘（美術），袁樹徳（プロデューサー）などの日本留学経験者がいた．
（15） マツタ映画社（監修），無声映画鑑賞会（編集）『活動弁士――無声映画と珠玉の話芸』（アーバンコネクションズ，2002年）を参照．

(16) 無声映画の字幕ショットは中国語と英語が併記されたかたちになっていることが多い．金海娜『中国無声電影翻訳研究（1905－1949）』，北京大学出版社，2013年，42–69頁．
(17) 前掲『日本映画事業総覧』昭和5年版，333頁．
(18) 王為一『難忘的歳月』，中国電影出版社，2006年，1–2頁．
(19) 譚慧『中国訳製電影史』，中国電影出版社，2014年，15頁．原文：塵雄「電影所受近代科学之影響」，『新銀星』1928年9月号．
(20) 前掲マツタ映画社（監修），無声映画鑑賞会（編集）『活動弁士——無声映画と珠玉の話芸』を参照．
(21) 王暁天「日本的影片」，『聯華画報』第1巻第11期，1933年12月，9頁．
(22) 許鈺文「日本的電影」，『電影画報』第38期2月号，良友図書公司（上海），1937年2月，14頁．
(23) 吉雲「日本的電影事業」，『電影画報』第39期3月号，良友図書公司（上海），1937年3月，14頁．
(24) 日本映画の海外輸出を主な業務とする国際映画協会は，外務省の外郭団体として1935年9月に発足し，38年4月に解散した．「国産映画『荒城の月』堂々国際コンクールに入選　日，独，伊文化映画協定成る」（『大阪時事新報』1937年12月5日）を参照．
(25) 封禾子「従日本電影談到日本人的明星狂」，『電声』週刊959号，1937年7月23日，1242頁．
(26) 熊本史雄『大戦期間の対中国文化外交　外務省記録にみる政策決定過程』，吉川弘文館，2013年，280–312頁．
(27) 辻久一『中華電影史話——一兵卒の日中映画回想記 1939～1945』，凱風社，1987年，91–93頁／前掲清水晶『上海租界映画私史』，54–55頁．
(28) 「中華聯合製片公司の設立と現状」，『映画旬報』1942年8月11日号，22頁．
(29) 「華北電影公司」の前身は，「満州映画協会」が1938年2月に北京に設置した出張所にあたる「新民映画協会」である．前掲清水晶『上海租界映画私史』，62–63頁．
(30) 東宝東和株式会社編『東和の半世紀』（非売品），1978年，288頁．
(31) 「華北電影特輯」（『映画旬報』1942年11月1日号），雑誌『華北電影』，張新民「『淪陥時期』における華北映画と華北電影股份有限公司について」（『野草』2008年第2号），張新民「新民映画協会の設立とその活動状況について」（『中国学志』頤号，2012年）などを参照．
(32) 鐘瑾『民国電影検査研究』，中国電影出版社，2012年，159–160頁／田野，梅川「日本帝国主義在侵華期間的電影文化侵略」，『当代電影』1996年第1号，91頁．
(33) 前掲東宝東和株式会社編『東和の半世紀』，288頁．
(34) 「見たか戦果　知ったか底力！」，『映画旬報』1942年新年特別号．
(35) 佐々木千策「日本映画の中国進出」，『新映画』1944年6月号，14–15頁．
(36) 同上，14–15頁．
(37) 清水晶「日本映画の租界進出」，『映画旬報』1942年8月11日号，24頁．
(38) 中華電影研究所編『大華大戲院報告書——中国人を対照としたる日本映画専門館』，1944年，12–13頁．
(39) 前掲譚慧『中国訳製電影史』，18頁．
(40) 厳寄洲『往事如煙　厳寄洲自伝』，中国電影出版社，2005年，4–5頁／周夏編『海上影蹤：上海巻』，民族出版社，2011年，64–65頁．
(41) ダイヤモンド社編『産業フロンティア物語　フィルムプロセッシング〈東洋現像所〉』，ダイヤモンド社，1970年，31頁
(42) 同上，31頁／清水俊二『映画字幕五十年』，早川書房，1985年，157頁．
(43) 日本映画テレビ技術協会編『日本映画技術史』，日本映画テレビ技術協会発行，1997年，50–56頁／北田理恵「トーキー時代の弁士——外国映画の日本語字幕あるいは『日本版』生成を巡る考察」，『映画学研究』4号，2009年，4–21頁．
(44) 前掲中華電影研究所編『大華大戲院報告書——中国人を対照としたる日本映画専門館』，12–

13頁／「上海映画通信」,『映画旬報』1942年11月1日号，47頁／「華語版『馬来戦記』来月中旬大光明で公開」,『中華電影通信』第3号，1942年11月2日号／大華大戯院編『大華』第1，3，6，10，11号（1943年）．
(45)「大華大戯院上映日本映画の反響調査」,『中華電影通信』第9・10合併号，1943年2月21日．
(46) 前掲佐々木千策「日本映画の中国進出」，15頁．
(47)『新華画報』1937年7月号，25頁．
(48) 前掲佐々木千策「日本映画の中国進出」，14頁．
(49)「戦ふ中国映画について」,『新映画』1944年6月号，11頁．
(50) 前掲佐々木千策「日本映画の中国進出」，15頁．
(51) 同上．
(52)「新映画評“暖流”前・後編」,「朝日新聞」1939年12月5日．
(53) 吉村公三郎『映画は枠（フレーム）だ！　吉村公三郎 人と作品』，同朋舎，2001年，157頁．
(54) 小野田寛郎『わがルバング島30年戦争』（講談社，1974年）を参照．
(55)『南海の花束』は1942年9月に，『マレー戦記』は同年11月に上海で公開されたのである．
(56) 前掲辻久一『中華電影史話』，92-93頁．
(57) 広中一成ほか著『日中和平工作の記録――今井武夫と汪兆銘・蒋介石』（彩流社，2013年）／前掲清水晶『上海租界映画私史』を参照．
(58) 前掲鐘瑾『民国電影検査研究』，163頁．原文：『宣伝部電影検査旬報和月報』，全宗2040，巻宗9，2档．
(59) 方敬東「典雅的国泰大戯院」,『電影故事』1997年3月号，57頁．
(60) 郭柏霖「大華――日本影片的殿堂」,『新影壇』第4期，1943年2月，25頁．
(61) 前掲中華電影研究所編『大華大戯院報告書』，21-24頁．表のすべてのデータは，該資料にもとづいている．
(62) 1943年4月の大華大戯院の観客動員数のうち，日本人は2,356人で，中国人は1万5,366人であるのに対して，同年12月の観客動員数のうち，日本人は3,174人で，中国人は4万4,739人である．前掲中華電影研究所編『大華大戯院報告書』，25頁．
(63) 前掲中華電影研究所編『大華大戯院報告書』，29-38頁／前掲清水晶『上海租界映画私史』，225-228頁．
(64) 前掲清水晶『上海租界映画私史』，225-228頁／「上海租界最初の邦画常備館 大華大戯院反響調査報告」,『映画旬報』1943年4月21日号，46-47頁．
(65) 前掲清水晶『上海租界映画私史』，255頁／前掲方敬東「典雅的国泰大戯院」，57頁．
(66)「ニュース専門上映館文化電影院　三月二五日開館」,『中華電影通信』第13号，1943年4月1日．
(67)「見よこの輝く成果 巡写班の擁護国府参戦巡映」（前掲『中華電影通信』第9・10合併号）より．
(68) 前掲「上海映画通信」，47頁／王騰飛，石川「政治，商業的交匯与糾纏――“華影”制片，発行，放映研究」,『当代電影』2012年第9号，53頁．
(69) 前掲清水晶『上海租界映画私史』，237頁．
(70) 前掲程樹仁主編『民国十六年中華影業年鑑』によると，1927年の時点で，179社の中国の映画製作会社のうち，142社が上海に集中していた．また，黄天始「中国映画史の忘れられた部分――亡き川喜多長政に捧ぐ」（『映画史研究』第23号，1990年，75頁）によると，第二次上海事変が起きた1937年8月の時点で，上海の映画製作会社の数は30〜40社ほどだったが，1942年に至ると11社にまで減少し，さらに，同年4月に「中聯」に吸収された結果，1社のみとなってしまったのである．
(71) 俊生「張善琨発表談話」『新影壇』第4期，1943年2月，16頁．
(72) 屈善照「短言：解決之鍵」,『新影壇』第6期，1943年4月，15頁．
(73)「銀海千秋在滬公映 一張票到三千元」,『華北映画』1944年8月中旬号，1944年8月20日，12

頁．なお，ここでの三千元は，華北の通貨単位（聯銀券）に換算したものと思われる．

(74) 文熊「『漁家女』的攝制経過――与卜万蒼一席談」，『新影壇』第2巻第1期，1943年10月，28頁．

(75) 龔稼農『龔稼農従影回憶録・一』，伝記文学出版社，1980年，47頁．

(76) 前掲文熊「『漁家女』的攝制経過」，28-29頁．

(77) 前掲王騰飛，石川「政治，商業的交匯与糾纏」，48-53頁．

(78) 前掲東宝東和株式会社編『東和の半世紀』，292頁．

(79) 前掲黄天始「中国映画史の忘れられた部分」，92頁．

(80) 前掲「戦ふ中国映画について」，10頁．

(81) 日本占領下の上海には，ドイツや，イタリア，満州国など，「枢軸国」の映画も上映された．

(82) 前掲「戦ふ中国映画について」，9頁．

(83) 方沛霖監督は，『万紫千紅』の前作にあたるミュージカル映画『凌波仙子』（1943年）の一場面にも，東宝舞踊隊のショーを取り入れている．方沛霖，厳俊，顧也魯等「『凌波仙子』工作人員座談」，『新影壇』第5期，1943年3月，31-34頁．

(84) 前掲清水晶『上海租界映画私史』，40-41頁．

(85) マキノ雅弘『マキノ雅弘自伝 映画渡世・地の巻』，平凡社，1977年，128頁．

(86) 星野幸代「日中戦争期上海で踊る――交錯する身体メディア・プロパガンダ」，大橋毅彦，関根真保，藤田拓之編『上海租界の劇場文化――混淆・雑居する多言語空間』，勉誠出版，2015年．63-72頁を参照．

(87) 東宝舞踊隊の中国公演が，雑誌『新影壇』や，『中華電影通信』，『大陸新報』などのメディアによって複数回にわたって報道された．

(88) 呉易生「略談中国電影的画面」，『新影壇』第2巻第1期，1943年10月，31頁．

(89) 「与李麗華閑談」，『新影壇』第2期，1942年12月，34-35頁．

(90) 大華大戲院編『大華』1943年第6号「問答欄」．

(91) 筈見恒夫「中日合作影片的理想」，『新影壇』第2巻第3期，1944年1月，23頁．

(92) 同上，23頁．

(93) 「製作雑記」における永田雅一の発言，『新映画』1944年10月号，25頁．

(94) 張善琨「関於春江遺恨」，『新影壇』第3巻第4期，1944年11月，27頁．

(95) 岳楓「導演的話」，『新影壇』第3巻第4期，1944年11月，28頁．

(96) 前掲「製作雑記」における稲垣浩の発言，24頁．

(97) 『狼火は上海に揚る』の製作過程については，稲垣浩「日華合作映画製作前記――『狼火は上海に揚る』覚書」，『映画評論』，1944年1月号／清水晶「合作映画の基礎――『狼火は上海に揚る』撮影開始に際して」，『大陸新聞』，1944年2月27日／稲垣浩「日華合作映画撮影日記」，『映画評論』，1944年7月号などを参照．

(98) 『狼火は上海に揚る』のフィルムが発掘された2001年以降，映像分析にもとづいた論考がいくつかあり，拙著『映画のなかの上海――表象としての都市・女性・プロパガンダ』（慶應義塾大学出版会，2004年，193-208頁）を参照していただきたい．

(99) 1947年3月に辞任した菊池寛の後任として大映社長に就任した永田雅一は，同年11月に公職追放指定を受けた．1948年1月に公職追放に伴い，大映社長を辞任．同年5月に追放解除となり，6月に大映社長に復帰．鈴木晰也『ラッパと呼ばれた男――映画プロデューサー永田雅一』，キネマ旬報社，1990年，240頁．

(100) 前掲黄天始「中国映画史の忘れられた部分」，92頁．

(101) 鷹賁「略談日本電影」，『新影壇』第2巻第1期，1944年1月，36頁／馬博良「日本片的我観」，『新影壇』第3巻第3期，1944年10月，15頁．

(102) 前掲鷹賁「略談日本電影」，35-36頁．

(103) 前掲馬博良「日本片的我観」，13-15頁．

(104) 同上，14頁．

(105)　同上，15頁.
(106)　前掲「戦ふ中国映画について」，8頁.
(107)　同上，9頁.
(108)　同上，8頁.
(109)　卜万蒼「一時想到的意見」，『新影壇』第2巻第3期，1944年1月，36頁.
(110)　前掲辻久一『中華電影史話』，149頁.
(111)「女優黎莉莉 上海映画を語る」，日本国際交流基金編『上海映画特集』，1987年，7頁.
(112)　作品のテンポという点に着目した日中映画の比較という視点は，拙稿「メロドラマの作法——上海時代の卜万蒼」（東京近代美術館フイルムセンター『NFC ニューズレター』（第36号），2001年3月，6-7頁）によって初めて提示されたと考える.
(113)　前掲卜万蒼「一時想到的意見」，36頁.
(114)　筈見恒夫「馬徐維邦論——中国映画とその民族性」，前掲辻久一『中華電影史話』，398-399頁．原文：筈見恒夫「馬徐維邦論——中国映画とその民族性」，1944年10月.
(115)　佐藤忠男『キネマと砲声——日中映画前史』，リブロポート，1985年，148頁.
(116)『元禄忠臣蔵 前編・後編』DVD に付録された同作品の建築監督を務めた新藤兼人インタヴューによる．松竹ホームビデオ，2006年.
(117)「一年来研究所工作概況」，『新影壇』1944年5月号，21頁.
(118)　前掲「戦ふ中国映画について」，9頁.
(119)　筈見恒夫「中国電影与日本電影」，『新影壇』第3期，1943年1月，26頁.
(120)　岩崎昶「何をなすべきか——日本映画の再出発に際して」，『映画評論』1946年1・2月号，4頁.
(121)　胡蝶口述，劉慧琴整理『胡蝶回憶録』，世和印刷廠（台北），1986年，233-238頁.
(122)　前掲辻久一著『中華電影史話』，132-135頁.
(123)　藍為潔「動乱年代里的王丹鳳」，『大衆電影』2000年第1号，46-47頁／劉澍「絶代佳人王丹鳳」，『大衆電影』2003年第8号，54頁．なお王丹鳳が1963年に主演した時代劇『桃花扇』が当時，反革命的「毒草」として糾弾されたこともその一因であったように思われる.
(124)　前掲清水晶『上海租界映画私史』，91頁／前掲佐藤忠男『キネマと砲声』，136-137頁．なお『生死劫』は警察の追跡をうけながら，逃避行を続ける犯罪者を主人公とするサスペンス・ヒューマンドラマである（陶秦「生死劫」（電影小説），『新影壇』第七期，1944年5月，46-48頁）.
(125)　前掲辻久一『中華電影史話』，87頁.
(126)　前掲清水晶『上海租界映画私史』，92頁.
(127)　同上，89-90頁／前掲東宝東和株式会社編『東和の半世紀』（非売品），292頁.
(128)　前掲清水晶『上海租界映画私史』，91-92頁.
(129)　同上，49頁.
(130)　同上，263-264頁.
(131)　程季華，朱天緯「病中再答客問——有関『中国電影発展史』」，『当代電影』2012年第10号，7頁．なお程氏は，「中聯」社長の張善琨が中国国民党の極秘指令をうけ，上海の映画産業を存続させるために川喜多長政と手を携えたという一説をも一蹴した．程氏の映画史観が一面的である，という批判的な声が一部で上がっているとはいえ，中国の映画史研究において程氏が相変わらず大きな影響力をもっているのは確かである.
(132)　程季華，劉小磊「病中答客問——有関『中国電影発展史』及其他」，『電影芸術』2009年第5号.
(133)　黄宗英「黄宗英回憶録 上」，『人物』2012年3月号，75頁.
(134)　朱天緯「『新土』『东洋和平之道』——電影文化侵略的鉄証」，『電影芸術』1993年第5期／朱天緯「“友好”還是侵略——川喜多长政的電影文化侵略罪行」，『当代電影』1995年第4期.
(135)　大華大戯院編『大華』という日本映画紹介誌には，懸賞公募で集めた中国人読者の投稿がしばしば掲載されたが，「大東亜共栄圏における新秩序建設に寄与した『支那の夜』のような映画

をもっと作るべきだ」(『大華』1943年第６号),「日本映画は，日本の政治・軍事・経済・文化と同様に，英米のそれに勝っている」(『大華』1943年第５号）といった占領側の視点に沿ったものがほとんどであった．現時点において，当時の情報統制・プロパガンダの実態を調べること無くして，それらの言説を，日本映画に対する一般の中国民衆の反響を示す一次資料として無批判的に前提するなら，批判的・歴史的な映画研究として問題含みといわざるを得ない．

第２章　満州映画の光と影

（１） 1994年にロシアで300巻にものぼる満映，満鉄映画のフィルムが発見され，そのうち，作品数がもっとも多かったのが啓民映画である．

（２） 胡昶・古泉『満映 国策映画の諸相』，横地剛・間ふさ子訳，パンドラ，1999年，85頁．なお同書では，「日系館」と「満系館」がそれぞれ日本人と「満人」によって経営されていたことが明確に記述されているものの，両者における上映作品と観客層の違いが曖昧模糊にされているように思われる．

（３） 本章の第一節は，中国語の拙著『日本映画在中国』（2015年２月）の第１章，そして日本語の拙稿「満州映画史研究に新しい光を――“満州国”における日本映画上映と受容の実態」（『専修大学社会科学研究所月報』2015年９月号）にもとづいている．

（４）「満州映画抄史」，『映画旬報・満州映画特号』，1942年８月１日，56頁．

（５） 前掲胡昶・古泉『満映 国策映画の諸相』，10-11頁．

（６）『日本映画事業総覧』昭和５年版，国際映画通信社，1930年，601頁．同書では，天津日本租界の寿街にあった「浪花館」が間違って満州に分類されたように思われる．なお『日本映画事業総覧』昭和３，４年版（304頁）によると，1929年の時点で大連に４館，奉天に３館，安東に２館，営口，旅順，長春に１館ずつ，計12の日本映画専門館があった．

（７） 外務省亜細亜局編『支那在留本邦人及外国人人口統計表．第24回（昭和６年12月末日現在)』．

（８） 桑野桃華「満州の映画事業概観」，『映画旬報・満州映画特輯号』，1942年８月１日，29頁．

（９） 外務省亜細亜局編『満洲国及中華民国在留本邦人及外国人人口統計表．第25回（昭和７年12月末日現在)』／石原巌「満州国将来人口の予想」『調査』第１巻第３号，1941年12月，７頁．

(10) 前掲胡昶・古泉『満映 国策映画の諸相』，７頁／1943年刊『映画年鑑』の統計／坪井興「満州映画協会の回想」，『映画史研究』19号，1984年，51頁．

(11) 前掲坪井興「満州映画協会の回想」，51頁．

(12) 同上．

(13) 上映禁止の処分に加え，一部のシーンをカットされた日本映画は151本，上映館限定となったのは18本だった．「満州映画検閲諸統計表」，『映画旬報』1942年８月号，78頁．

(14) 前掲桑野桃華「満州の映画事業概観」，29頁．

(15) 前掲胡昶・古泉『満映　国策映画の諸相』，241頁を参照（原文：『満州帝国年鑑』康徳11年創刊号，578頁)．

(16) 1939年度前期に封切られた日本の劇映画の本数は１月に59本，３月に38本，４月に36本，５月に40本，６月に36本となっている（２月のデータは欠落)．『満州映画・日本語版』に掲載された「満映業務概況」による．

(17) 王孫公子「日系映画館的印象随想」，『満州映画・日文版』1939年７月号，58頁．

(18) 老漢「日本映画の満系館上映問題の検討」，『満州映画』1938年11月号，32-33頁．

(19) 安城輝夫「満系電影院未完成交響曲」，『満州映画・日文版』1939年７月号，59頁．

(20) 前掲老漢「日本映画の満系館上映問題の検討」，32頁．

(21) 前掲桑野桃華「満州の映画事業概観」，29頁．

(22) 日宣「所望於我国之映画」，『満州映画・満文版』1937年創刊号，７頁．

(23) 前掲王孫公子「日系映画館的印象随想」，58-59頁．

(24) 孫建偉編著『黒龍江電影百年』，黒龍江大学出版社，2012年，31頁．

(25) 前掲桑野桃華「満州の映画事業概観」，30頁．

（26）「奉天文化人電影漫談会」,『満州映画』1940年５月号，28頁.
（27）周国慶「満州映画の諸問題」,『満州映画』1941年７月号，73頁.
（28）前掲王孫公子「日系映画館的印象随想」，58頁.
（29）同上.
（30）同上.
（31）矢間晃「北支の映画界を観る」,『満州映画・日文版』1938年２月号，９頁.
（32）『満州映画』1938年12月号，23頁／前掲老漢「日本映画の満系館上映問題の検討」，33頁.
（33）「満系電影院の巻」,『満州映画』1938年12月号，25頁.
（34）「満映業務概況」,『満州映画・日文版』1939年新年号，108頁.
（35）石井典夫「満州における巡回映写」,『映画旬報・満州映画輯号』，1942年８月１日，54頁.
（36）同上.
（37）「満州映画を鳥瞰する」,『映画旬報・満州映画特号』，1942年８月１日，22頁.
（38）時実象平「満州の映画館」,『映画旬報』1942年10月21日号，40頁.
（39）山口猛『幻のキネマ満映――甘粕正彦と活動屋群像』，平凡社，1996年，201頁.
（40）前掲王孫公子「日系映画館的印象随想」，58頁.
（41）前掲「満州映画を鳥瞰する」，22頁.
（42）亀谷利一「満州映画の製作態度に就て」,『満州映画・日文版』1938年４月号，22頁.
（43）「奉天文化人電影漫談会」,『満州映画』1940年５月号，28‒29頁.
（44）前掲坪井興「満州映画協会の回想」，35頁.
（45）同上，23‒24頁.
（46）製作本数については，前掲胡昶・古泉『満映　国策映画の諸相』／前掲坪井興「満州映画協会の回想」／高原冨次郎「時局下の啓発映画（一）」,『宣撫月報』第69号，1944年／高原冨次郎「時局下の啓発映画（二）」『宣撫月報』第70号，1944年を参照．ただし，現時点で満映作品の全容が明らかになったというわけではないため，製作本数は今後の新しい研究や映画史的発見により，さらに変動することも考えられる.
（47）2015年10月31日に開催された「第一届台湾及亜洲電影史国際研討会（第１回台湾・アジア映画史にかんする国際シンポジウム）」における張泉氏の口頭発表より（原文：逄増玉「植民語境与“満映”娯民片的評価問題」,『文芸研究』2015年第４号).
（48）張奕「我所知道的“満映”」，孫邦主編『偽満文化』，吉林人民出版社，1993年，158頁.
（49）本章が扱った主なフィルムは以下の通りである．1937年「楽土は輝く」「黎明の華北」「軍夫慰労表彰式」「協和青年」／1938年「防共の契」／1939年「興亜国民動員大会」「勤労奉仕隊」「三河」「黎明の宝庫東辺道」／1940年「全国聯合協議会」「我門的全聯」「国兵法」「康徳七年度全聯記録」／1941年「紀元二千六百年慶祝記録」「満州建国史前編」／1942年「雪の国境　北の護り　第二輯」「勝利の響き　北の護り　第四輯」／1943年「虱はこわい」「煤坑英雄」／1944年「穀倉満州」「開拓の花嫁」.
（50）夏目金之助「満韓ところどころ」，春陽堂，1915年，12頁.
（51）同上，59‒60頁.
（52）森繁久彌「遠い満州夜話」,『満州の記録 満映フィルムに映された満州』，集英社，1995年，72頁.
（53）「支那式衛生法」,『北京日報・日本語版』265号，1927年７月24日.
（54）前掲山口猛『幻のキネマ満映』，205頁.
（55）同上，139‒142頁.
（56）前掲高原冨次郎「時局下の啓発映画（一)，31頁／滕利貴「流浪漢到百万富翁――星原稔発跡史」，孫邦ほか主編『偽満社会』，吉林人民出版社，1993年，403頁.
（57）内海愛子・村井吉敬『シネアスト許泳の「昭和」――殖民地下で映画づくりに奔走した一朝鮮人の軌跡』，凱風社，1987年，151‒152頁.
（58）クラウス・クライマイアー『ウーファ物語――ある映画コンツェルンの歴史』，平田達治・

山本佳樹訳，鳥影社，2005年，581-582頁.

(59) 武藤富男「満州は世界一の映画国家になる！」，『映画旬報』1942年8月1日号グラフ.

(60) 日宣「所望於我国之映画（続）」，『満州映画・満文版』第2巻第1号，康徳5年1月1日，10頁.

(61) 山室信一『キメラ——満州国の肖像』，中公新書，1993年／塚瀬進『満州国——民族協和の実像』，吉川弘文館，1998年を参照.

(62) 「全聯傍聴席熱烈情況収入満映鏡頭　孟虹等七明星亦列席傍聴」，『盛京時報』康徳7年（1940年）9月25日第2面，盛京時報社（奉天）.

(63) 前掲坪井興「満州映画協会の回想」，14頁／甘粕正彦「満人のために映画を作る」，『映画旬報』1942年8月1日号グラフ.

(64) 前掲「全聯傍聴席熱烈情況収入満映鏡頭　孟虹等七明星亦列席傍聴」.

(65) 協和語については，岡田英樹『文学にみる「満州国」の位相』（研文出版，2000年），孫邦ほか主編『偽満文化』（吉林人民出版社，1993年）を参照.

(66) 新京特別市社会事業聯合会編「新京社会事業」，1940年，4頁.

(67) 劉述先「偽満教師的非人生活」，孫邦ほか主編『偽満文化』，吉林人民出版社，1993年，481頁.

(68) 前掲張奕「我所知道的“満映”」，179頁.

(69) 中共阜新市党史辦公室「平安監獄大暴動」，何天義ほか編著『日軍槍刺下的中国労工　偽満労工血涙史』，新華出版社，62頁／高嵩峯「日本侵華期間阜新煤鉱的特殊工人」（http://www.warslave.net/lw04.htm）.（最終確認日2015年12月1日）

(70) 姜念東『偽満州国史』，大連出版社，1991年，200頁.

(71) 前掲坪井興「満州映画協会の回想」，98頁.

第3章　冷戦時代の日中映画交流

(1) 銭筱璋「延安総政治部電影団編年紀事」，『当代電影』1998年第6号，88-95頁.

(2) 鐘大豊「袁牧之同志与新中国電影事業的初設与実施」，『当代電影』1999年第4号，32-38頁／汪洋（口述），汪林立（整理）「我的回憶」，『当代電影』1999年第4号，74頁／狄翟「風雨十七年——訪徐桑楚」，『当代電影』1999年第4号，78頁.

(3) 「中国電影博物館」内にある「新中国の映画事業に貢献した日本人」ブース／蘇叔陽編著『燃焼的汪洋』（中国電影出版社，2000年）／「座談会：私たちは新中国で映画をつくってきた」（参加者：内田吐夢・木村荘十二・菊池周子・岸富美子・勢満雄・高島小二郎・福島宏，司会：岩崎昶），『中央公論』，1954年2月号などの資料を参照.

(4) 饒曙光，邵奇「新中国電影的第一個運動：清除好萊塢電影」，『当代電影』2006年第5号，121頁.

(5) 同上，123-124頁.

(6) 李亦中「電影国門滄桑録——中外電影交流世紀回望」，『当代電影』2008年第11号，36頁．また，1950年代後半から60年代前半にかけて中ソ関係は対立を深め，ソ連映画もほとんど輸入されることがなくなったのである.

(7) 前掲饒曙光，邵奇「新中国電影的第一個運動」，124頁.

(8) 1990年代後半以降，中国語字幕スーパーは外国映画上映スタイルの主流となってきた.

(9) 夏衍「『不，我們要活下去』観感」，『人民日報』，1954年8月11日.

(10) 田漢「談戦後日本的一些優秀影片——歓迎“日本電影周”在中国的挙行」，『大衆電影』1956年第10号，5頁．ただし，水谷八重子が『混血児』に出演したことは確認できていない．田漢の事実誤認の可能性が高い.

(11) 前掲「座談会：私たちは新中国で映画をつくってきた」，148頁.

(12) 新藤兼人，吉村公三郎は，商業主義に徹する会社側の製作姿勢に反発してみずから松竹をやめたため，例外であった．佐藤忠男『日本映画史・二』（岩波書店，1995年）を参照.

（13）　2010年8月2日に放映された『逆境を力に変えた熱血監督――山本薩夫生誕100年』（NHK BS2）における佐藤忠男の発言を要約したものである．
（14）　前掲「座談会：私たちは新中国で映画をつくってきた」，148頁．また1952年から53年にかけて，『母なれば女なれば』（亀井文夫監督，1952年），『箱根風雲録』，『女ひとり大地を行く』など，数本の日本映画はすでに内部試写のかたちで上映され，多くの中国の映画人が鑑賞した．
（15）　「和平的礼物――中日両国人民団体互贈影片」，『大衆電影』1953年第4号，19頁．
（16）　前掲「座談会：私たちは新中国で映画をつくってきた」145頁．
（17）　「協会日誌」，『日中文化交流』1号，1956年9月1日，4頁．
（18）　「報告 アジア映画週間参加日本代表作品『米』に決まる」，『日中文化交流』10号，1957年8月1日，2頁．
（19）　「戦後中国に輸出した日本映画目録」，『日中文化交流』60号，1962年5月1日，5頁．
（20）　「松川事件関係者訪中」，『日中文化交流』29号，1959年6月1日，2頁．
（21）　旬報社デジタルライブラリー・松川運動史編纂委員会編『松川運動全史』第5章．http://www.junposha.com/library/pdf/60004_17.pdf（最終確認日2015年12月1日）
（22）　山本薩夫『私の映画人生』，新日本出版社，1984年，209頁．
（23）　「中国観客熱烈支持日本人民的正義闘争――観客対日本進歩影片『松川事件』的反映」，『大衆電影』1962年第1号，10頁．
（24）　『日中文化交流』13号，1957年11月1日，5頁．
（25）　袁文殊「友情は海のごとく――日本映画界見聞記のひとこま」，『日中文化交流』63号，1962年9月1日，12頁．なお現在，一般に流通しているのはヒロインが死ぬというオリジナル・ヴァージョンである．
（26）　2006年12月16日におこなわれた著者による謝晋監督インタヴュー．
（27）　徐峰·吴丹「昨日之我 今日之我：王好為訪談録」，『北京電影学院学報』，1997年第2号．
（28）　同上／倪震『北京電影学院故事――第五代電影前史』，作家出版社，2002年，103頁．
（29）　謝逢松「労働的賛歌――介紹日本影片『米』」，『文匯報』，1957年9月9日．
（30）　「記録　日本映画人代表団訪中経過」，『日中文化交流』9号，1957年7月1日，5頁．
（31）　前掲著者による謝晋監督インタヴュー／謝晋「『羅馬，十一点鐘』学習札記」，『中国電影年鑑 一九八五』，619–635頁．
（32）　岩崎昶「日中映画交流の基礎」，『日中文化交流』62号，1962年8月6日，10頁．
（33）　2016年2月23日，東京有楽町日中文化交流協会にて著者は佐藤純子氏にインタヴューをおこなった．
（34）　前掲「記録 日本映画人代表団訪中経過」，5頁．
（35）　伊藤雄之助「中国を旅して」，『日中文化交流』8号，1957年4月1日，2頁．
（36）　乙羽信子「中国の印象」，『日中文化交流』1号，1957年9月1日，1頁．
（37）　前掲「記録　日本映画人代表団訪中経過」，5頁．
（38）　高峰秀子『いっぴきの虫』，角川文庫，1983年，26頁．
（39）　「日本優秀導演牛原虚彦与我国電影工作者挙行座談」，『大衆電影』1956年第1号，35頁．
（40）　「中国より日本映画フィルム大量寄贈申し出」，『日中文化交流』4号，1956年12月1日，2頁．
（41）　牛原虚彦「中国の友情」，『日中文化交流』6号，1957年2月1日，2頁．
（42）　前掲佐藤純子氏へのインタヴューによる．
（43）　前掲「記録 日本映画人代表団訪中経過」，4頁．
（44）　古川万太郎『日中戦後関係史』，原書房，1981年，138頁．
（45）　1957年以降，大型映画人代表団の訪中は中止したが，中国側は友好人士と見なされる日本映画人を個別に招待することがしばしばあった．たとえば，1963年10月に松山善三，高峰秀子夫妻が招待され，1ヵ月ほど中国に滞在し，北京，上海，広州，杭州，蘇州の各地で撮影所を見学し，映画関係者と懇談し，また陳毅副総理の接見を受けた．だが，その受け入れ先は，映画俳優趙丹，

張瑞芳，秦怡ら個人名義となっていた．

(46)　中村登「中国の撮影所を訪ねて」，『日中文化交流』95号，1965年7月1日，8頁．

(47)　岩崎昶「中国での体験」，『日中文化交流』95号，1965年7月1日，7頁．

(48)　中村登「歓迎中国映画代表団」，『日中文化交流』102号，1966年3月1日，1頁．

(49)　「戦ふ中国映画について」，『新映画』1944年6月号，9頁．

(50)　「高峰三枝子来京参加稷園音楽大会」，『華北映画』1944年9月30日号，11頁．

(51)　高峰三枝子「触れたい新中国のいぶき」，『日中文化交流』186号，1972年10月1日，14頁．

(52)　高峰三枝子「映画『天平の甍』に出演して」，『日中文化交流』282号，1980年2月28日，7頁．

(53)　木下惠介「私の履歴書・ロケ地の中国戦線へ」，『日本経済新聞』コラム，1987年9月20日／木下惠介「私の履歴書・『肺浸潤』で内地送還」，『日本経済新聞』コラム，昭和62年9月22日．

(54)　吉村公三郎『キネマの時代　監督修業物語』，株式会社共同通信社，1985年，279-280頁．

(55)　前掲木下惠介「私の履歴書・『肺浸潤』で内地送還」．

(56)　前掲吉村公三郎『キネマの時代』，280頁．

(57)　木下惠介「私の見て来た中国とソ連」，『キネマ旬報』1956年9月上旬号，36頁．

(58)　同上，35頁．

(59)　同上，36頁．

(60)　同上，37頁．

(61)　横堀幸司『木下惠介の遺言』，朝日出版，1999年，142頁．

(62)　北川冬彦「中国，朝鮮の映画界瞥見記」，『キネマ旬報』，1957年新年特別号，1月下旬号，2月下旬号，3月下旬号／井手雅人「中華人民共和国の旅」，『シナリオ』，1965年8，9，11，12月号／岩崎昶「中国映画の旅」，『映画評論』，1966年2月号－7月号．

(63)　1944年に，木下惠介がシナリオを手がけた『間諜未だ死せず』（吉村公三郎監督）には，英米の搾取に喘いでいる中国人が登場している．

(64)　木下惠介「私の履歴書・『肺浸潤』で内地送還」．

(65)　2010年2月12日におこなわれた，山田太一氏と著者のインタヴューによる．

(66)　拙著『証言 日中映画人交流』（集英社新書，2011年）における脇田茂氏のインタヴューを参照されたい．

(67)　終戦直後の中国山西省を舞台に，八路軍の兵士と終戦を知らずに山中にこもっていた33人の日本軍の敗残兵が織り成すヒューマンドラマである中国映画『晩鐘』（呉子牛監督，1988年）は，ベルリン国際映画祭で銀熊賞を受賞し，大きな反響を呼んだ．それを観た木下惠介監督が「『晩鐘』は私が表現したかったことをすべて描いており，これ以上の作品はもはやつくれないだろう」と語り，『戦場の固き約束』の製作中止を決めたという中国側の一説も存する．李爾葳「黙黙拉織的電影人——記導演呉子牛」，『中国銀幕』1989年第4号，9頁．

(68)　拙著『証言 日中映画人交流』における脇田茂氏のインタヴューを参照されたい．

(69)　1965年，木下監督は松竹から離れ，テレビ界に入り，「木下惠介アワー」「木下惠介劇場」の番組のなかでテレビドラマを手掛けるようになった．

(70)　「批判日本反動影片文集『撃砕美日反動派的迷夢』出版」，『人民日報』，1971年8月14日／李冠宇「昔日影票，今日資料（二）」，『大衆電影』，2005年第6号，45頁．

(71)　蘇秀『世界最動聴的声音：我的配音生涯』，文匯出版社，2005年／前掲「対十七年上海訳制片的一種観察」などを参照．

(72)　朱安平「波譎雲詭“内参片”」，『大衆電影』2013年第5号，40-41頁．

(73)　同上．

(74)　尾崎秀樹「文革後の中国を旅して　下」，『毎日新聞』1971年7月9日夕刊．

(75)　同上．

(76)　熊井啓「中国・新しい世界 映画への旅　特別論文その一」，『キネマ旬報』1972年3月上旬号，74頁．

(77)　前掲山本薩夫『私の映画人生』，292頁．
(78)　前掲李冠宗「昔日影票，今日資料（二）」，45頁．
(79)　戴錦華「情結，傷口与鏡中之像：新時期中国文化中的日本想像」，1998年に開催された第二回中日知識共同体会議における発表．
(80)　楊金洲「林彪反革命政変破産記」『歴史的審判 上』，群衆出版社，1981年，415頁．
(81)　呉若増「関於『男子漢』的一点想法」，『大衆電影』，1988年1月号，6頁．
(82)　『鬼が来た！』の原作は，尤風偉の小説『生存』（中国戯曲出版社，2002年）である．
(83)　「魔法の絵筆」，『キネマ旬報』184号グラビア，1957年8月／「日・中・朝ピンポンの熱戦など　中国が撮影した記録映画公開に」，『読売新聞』1973年5月25日．
(84)　川喜多長政，川喜多かしこ「ぜひやりたい　中国映画の日本公開」，『日中文化交流』214号，1975年2月1日，16頁．
(85)　大島渚「中国映画のいっそうの発展に期待」，『日中文化交流』318号，1982年4月5日，8頁．
(86)　吉村公三郎「毛沢東思想と私」，『日中文化交流』144号，1969年8月1日，7頁．
(87)　徳間康快「批林批孔運動の活力」，『日中文化交流』206号，1974年6月10日，11頁．
(88)　篠山紀信「レンズから見た中国」，『日中文化交流』196号，1973年8月1日，20頁．

第4章　「改革開放」と日本映画

(1)　劉文兵「チャン・イーモウ監督にとっての高倉健という存在」，『月刊 PLAYBOY』2006年2月号，集英社，66頁．
(2)　梅沈「1949～1989・中国電影発行放映」，『中国銀幕』1990年第3号，26頁．
(3)　「『追いかけられているよう』新幹線の鄧副首相　スピードに驚く」，『朝日新聞』1978年10月27日（日刊）．
(4)　「談論風発　大きく見えた　記者会見の発言要旨」，『朝日新聞』1978年10月26日（日刊）．
(5)　文藝春秋臨時増刊『高倉健』企画のために，2015年1月12日に著者は徐敦信大使に電話インタヴューをおこなった．
(6)　2014年5月21日におこなわれた著者による山本洋氏インタヴュー／佐高信『飲水思源――メディアの仕掛人，徳間康快』，金曜日，2012年，196頁．
(7)　李亦中「中国電影滄桑録」，『当代電影』2008年第11号，51–52頁．
(8)　「徳間公司贈送動画片」，『中国銀幕』1992年第4号，30頁．
(9)　1978年以降，中国での日本映画上映のイヴェントは「日本電影週（日本映画週間）」，「日本電影首映式（日本映画特別試写会）」，「日本電影節（日本映画祭）」といった名称で呼ばれていたが，本書においては「日本映画祭」に統一する．
(10)　漫才師の楊振華による『下象棋』（1979年）．
(11)　徐峰「電影語言裂変：積聚与発生」，陸弘石編著『中国電影：描述与闡述』，中国電影出版社，2002年，371頁．
(12)　原由美子，塩田雄太「相手国イメージとメディア――日本・韓国・中国世論調査から」，NHK 放送文化研究所編『放送研究と調査』，2000年3月号，8頁．
(13)　1978年，中国の都市生活者の平均年収は614元であった．国家統計局編『中国統計年鑑一九八一年・海外中文版』．
(14)　張頤武「汽笛如訴」，『電影記憶』，文化芸術出版社，2005年，116頁．
(15)　「『追捕』情緒」，http://www.thechinapress.com/20040424/fukan/200404240125.htm（最終確認日2015年12月1日）
(16)　「重温日本電影音楽」，http://ent.sina.com.cn/p/i/2004-04-22/1508372439.html（最終確認日2015年12月1日）
(17)　中野良子『星の詩――国際交流への芽生え』，日本放送出版協会，2000年，9頁．
(18)　李欧梵『上海摩登』，牛津大学出版社，2000年，4頁，96頁．

(19) 鄧力群，馬洪『訪日帰来的思索』，中国社会科学出版社，1979年，65頁.
(20) 前掲中野良子『星の詩』，9頁.
(21) 山根貞男「追跡としての逃亡の旅 映画『君よ憤怒の河を渉れ』論」，『シナリオ』1976年3月号，26頁.
(22) 劉文兵『証言 日中映画人交流』，集英社新書，2011年，82頁.
(23) 前掲著者による山本洋氏インタヴュー.
(24) 「『望郷』に議論沸騰 熊井啓監督は『自由な討論，近代化の姿』」，『日本と中国』，1978年12月5日．また，1977年に映画人代表団に加わった佐藤純子氏へのインタヴューによると，「『サンダカン八番娼館 望郷』のほか，『楢山節考』（木下惠介監督，1958年），『切腹』（小林正樹監督，1962年），『化石』（小林正樹監督，1975年），『泣きながら笑う日』（松山善三監督，1976年）も持参した．出発するまでに『無為替輸出』の煩瑣な手続きを済ませたうえ，すべての作品のフィルムを，台本とともに中国側に送った．また，訪中の際にもっとも反響を呼んだ作品は『サンダカン八番娼館 望郷』であり，中国側がその場で同映画の輸入を検討し始めた」という.
(25) 「『芸術人生』今晩首播外国明星／懐旧風吹栗原小巻」，http://ent.sina.com.cn/s/j/2002-05-24/84900.html（最終確認日2015年12月1日）
(26) 同上.
(27) 「評『望郷』」，『人民日報』，1978年10月15日.
(28) 巴金「談談『望郷』」，『鴨緑江』，1979年第6号.
(29) 「人民的災難——従『望郷』談起」における叶林林の発言，『大衆電影』，1979年1月号.
(30) 前掲巴金「談談『望郷』」.
(31) 李芒「血涙的控訴」，『人民電影』，1978年12月号，8–9頁.
(32) 趙越勝，厳家其「『望郷』的倫理学」，『光明日報』，1978年11月10日.
(33) 前掲李芒「血涙的控訴」，8頁.
(34) 「大胆地開眼睛——従『望郷』談起」における曹禺の発言，『大衆電影』，1979年1月号，10–11頁.
(35) 袁文殊「銀幕綻開友誼花」，『人民日報』，1979年9月2日.
(36) 「日本導演看中国電影——山本薩夫，山田洋次談『帰心似箭』『瞧這一家子』」，『文匯報』1980年8月2日.
(37) 高炬「影片『兵臨城下』是一棵宣揚修正主義思想的毒草」，『批判毒草電影集・一』，上海人民出版社，1970年，20頁.
(38) 高歌今「人情小議」，『電影芸術』，1979年第2号，31頁.
(39) 何雁鳴「我与『売花姑娘』」，『大衆電影』1998年第1号，30–31頁／「朝鮮寛銀幕故事片『売花姑娘』九日起在全国各地陸続上映」，『人民日報』，1972年9月8日／「電影『売花姑娘』訳制内幕」，http://www.hangzhou.com.cn/20020127/ca160072.htm（最終確認日2015年12月1日）
(40) 于敏「求真」，『中国電影年鑑一九八一年』，中国電影出版社，1982年，333頁.
(41) 呂曉明「対十七年上海訳制片的一種観察」，酈蘇元，胡克，楊遠嬰編著『新中国電影五十年』，北京広播学院出版社，2000年，287–288頁.
(42) 同上，288頁.
(43) 「唯美的精神唯美的愛」，http://club.yule.sohu.com/r-banshan-27935-0-8-0.html（最終確認日2015年12月1日).
／「女人一様思考，男人一様生活」，http://www.hebei.com.cn/node2/node27/rw/userobject1ai409268.html（最終確認日2015年12月1日）
(44) 陳国軍『我和劉曉慶：不得不説的故事』，広州人民出版社，1997年，11頁.
(45) 『愛と死』の製作過程について，著者は山田太一（脚本），松本隆司（調音），横山豊（美術），服部克久（音楽），田中康義（助監督）にそれぞれインタヴューをおこなった.
(46) 「『生死恋』声響的妙用」，『大衆電影』，1979年9月号，25頁.
(47) 前掲于敏「求真」，333頁.

(48) 前掲袁文殊「銀幕綻開友誼花」.
(49) 「殺泣」, http://i.mtime.com/bluepis/blog/1486568/（最終確認日2015年12月１日）
(50) 丘霖「『砂の器』・宿命・菊花与剣」,『地平線月刊』, 2005年11月号.
(51) 「小人物的奮闘史――『砂の器』」, http://i.mtime.com/1718273/blog/4054162/（最終確認日2015年12月１日）
(52) 秋実「『砂器』題解――怎様看『砂器』」『大衆電影』, 1980年10月号, ６頁.
(53) 柏年「日本影片『砂器』小議」,『大衆電影』, 1980年７月号, 34頁.
(54) 蘇秀「該怎様看待『砂器』男主人公」,『世界最動聴的声音：我的配音生涯』, 文匯出版社, 2005年, 134-137頁.
(55) 金鐘国「『砂器』主題小議――怎様看『砂器』」,『大衆電影』, 1980年10月号, ６頁.
(56) 戴錦華「断橋・子一代的芸術」,『斜塔瞭望』, 遠流出版公司, 1999年, 36-38頁.
(57) 同上, 38-39頁.
(58) 陳凱歌（著）；刈間文俊（訳）『私の紅衛兵時代／ある映画監督の青春』, 講談社, 1990年, 91頁.
(59) 坂和章平「二〇〇四年も中国映画に注目――中国映画あれこれ」,『法苑』34号, 2004年１月５日, 23頁／青羊「評『和你在一起』」,『香港商報』2003年５月２日.

第５章　中国映画人にとっての日本映画

(１) 徐峰「文革電影的語言系統」, 陸弘石編著『中国電影：描述与闡述』, 中国電影出版社, 2002年, 371頁.
(２) 張暖忻, 李陀「談電影芸術的現代化」,『電影芸術』, 1979年第３号, 45頁／邵牧君「在文明世界的里層」,『大衆電影』, 1980年２月号, 17頁.
(３) 黄健中「電影応該電影化」,『電影芸術』, 1979年第５号, 45頁.
(４) 『戦場の花』の製作にあたっては, 黄健中が中心的な役割を果たしていたにもかかわらず, 年功序列が支配的だった当時, 映画のクレジットにおいて彼の名前は助監督としてしか示されなかった（前掲徐峰, 呉丹「昨日之我／今日の我：王好為訪談録」).
(５) 前掲黄健中「電影応該電影化」, 46頁.
(６) 「『大河奔流』『小花』『廬山恋』『今夜星光燦爛』的討論情況」, 中国電影家協会編纂『中国電影年鑑一九八一』, 中国電影出版社, 456-457頁.
(７) 倪震『北京電影学院故事――第五代電影前史』, 作家出版社, 2002年, 98頁.
(８) 張暖忻「我怎么拍『沙鷗』」, 中国電影家協会編纂『中国電影年鑑 一九八二』, 中国電影出版社, 400頁.
(９) 前掲張暖忻「我怎么拍『沙鷗』」, 400頁.
(10) 同上, 403頁.
(11) 鄭国恩「八十年代初期電影撮影探索描述」, 劉書亮主編『電影芸術与技術』, 北京広播学院出版社, 2000年, 90頁.
(12) 2005年３月12日, 著者とのインタヴューのなかで,『砂の器』のキャメラマン川又昂氏は, 撮影にあたっては, 広角レンズをもちいず, シネマスコープを使用したと証言している.
(13) 前掲倪震『北京電影学院故事』, 105頁.
(14) 張会軍『北京電影学院78班回憶録』, 中国社会科学出版社, 2008年, 95-103頁.
(15) 三浦大四郎「中国映画に学ぶ」,『日中文化交流』570号, 1996年２月１日, ９頁.
(16) 「この人と中国」,『日中文化交流』513号, 1993年１月１日, ５頁.
(17) 「日本電影界人士痛惜趙丹逝世」,『人民日報』, 1980年10月26日／前掲蘇叔陽編著『燃焼的汪洋』, 400頁.
(18) 「日中国交正常化10周年を記念する初の日中合作映画『未完の対局』製作発表」,『日中文化交流』313号, 1982年２月１日, 14頁.
(19) 汪洋, 段吉順「未了棋局未了情」,『人民日報』, 1982年９月１日／荒煤「歴史見証, 棋局未

終」,『人民日報』,1982年9月1日.

(20) 2013年5月に中村登監督の長男にあたる中村好夫氏が提供してくださった中村登監督の手帳による.

(21) 劉文兵『証言 日中映画人交流』,集英社新書,2011年,92頁.

(22) 2012年1月25日におこなわれた著者による段吉順監督インタヴュー/前掲蘇叔陽編著『燃焼的汪洋』,410頁.

(23) 「秋瑾日本行」,『大衆電影』1983年2月号,24頁.

(24) 『未完の対局』の製作過程についての記述は,李洪洲・葛康同「『一盤没有下完的棋』劇本創作始末」,『電影芸術』1982年11月号/前掲蘇叔陽編著『燃焼的汪洋』を参照.また,著者は佐藤純彌監督,段吉順監督,脚本家の安倍徹郎氏,プロデューサーの佐藤正大氏,紺野美沙子さんにそれぞれ取材をおこなった.

(25) 徐如中「一九八五年電影表演点評」,『電影芸術』,1986年第4号,48-51頁.

(26) 「十人談『一盤没有下完的棋』」,『大衆電影』,1982年9月号,4頁.

(27) 郁強「従『一盤没有下完的棋』看佐藤風格」,『電影芸術』1982年第11号,29頁.

(28) 同上,29-30頁.

(29) 呉貽弓「『城南旧事』導演総結」,中国電影家協会編纂『中国電影年鑑 一九八二』,中国電影出版社,378頁.

(30) 前掲張暖忻,李陀「談電影芸術的現代化」,44頁.

(31) 岩波映画『夜明けの国』(時枝俊江監督,1967年)などの記録映画は,すでに中国での撮影をおこなっていた.

(32) 「劇映画『天平の甍』初の中国ロケが決定 日中映画交流の新たな成果」,『日中文化交流』259号,1978年7月5日,4頁/「中国側の絶大な協力により,『天平の甍』撮影極めて順調」,『日中文化交流』276号,1979年10月15日,2頁/熊井啓「中国側の協力に深く感謝する」,『日中文化交流』276号,1979年10月15日,6頁/博泉,酈之「中日友好源遠流長——影片『天平之甍』摂制追記」,『大衆電影』1980年8月号,3-4頁/「映画『天平の甍』大好評 三月十四日まで全国東宝系で」,『日中文化交流』282号,1980年2月28日,6頁/「四月十二日から二週間アンコール上映 映画『天平の甍』大好評」,『日中文化交流』284号,1980年3月31日,12頁.なお,著者は2016年5月5日,北京映画撮影所にて『天平の甍』の助監督を務めた楊静氏にインタヴューをおこなった.

(33) 「映画界の友好を深め」,『日中文化交流』241号,1977年1月1日,12頁.

(34) 小笠原清「『樽中』出身の親友と盟友」,「東京裁判」小樽上映実行委員会編『鋼鉄の映画人——小林正樹』.

(35) 著者による山本洋氏(『敦煌』製作補)インタヴュー,そして2016年1月12日におこなわれた著者による佐藤正大氏(『敦煌』プロデューサー)インタヴュー.

(36) 徳間康快「長年の夢が実現——映画『敦煌』を完成して」,『日中文化交流』435号,1988年4月10日,3頁.

(37) 前掲劉文兵『証言 日中映画人交流』,94頁.

(38) 前掲徳間康快「長年の夢が実現」,3頁.

(39) 前掲劉文兵『証言 日中映画人交流』,93-94頁.

(40) 山本洋「『敦煌』と森さん」,『徳間グループニュース』1997年7月号,1頁.

(41) 同上.

(42) 西部吉章「映画技術の友好交流をはたして」,『日中文化交流』255号,1978年8月1日,13頁.

(43) 岡崎宏三「中国の映画キャメラマンたち」,『日中文化交流』254号,1978年2月1日,20頁.

(44) 西部吉章「日中合作映画『未完の対局』訪中団に参加して」,『日中文化交流』322号,1982年7月10日,36頁/長瀬彰造「現像処理で『敦煌』を再現」,『日中文化交流』435号,1988年4月10日,7頁.

(45)　2014年5月17日におこなわれた，著者によるIMAGICAの元技術スタッフの新井靖久氏，川又武久氏インタヴュー．

(46)　2014年5月25日におこなわれた，著者による日本映画テレビ技術協会理事山名泉氏インタヴュー．

(47)　八住利雄「訪中寸感」，『日中文化交流』333号，1983年1月5日，2頁．

(48)　「中日第一届電影劇作研討会発言摘編・関於六部中国影片的評論」，中国電影家協会編『電影芸術参考資料』1984年第14号，18-19頁（『寒夜』についての八住利雄の発言），34頁（『人生』についての国弘威雄の発言），40頁（『青春万歳』についての新藤兼人の発言）．

(49)　中国において「成人映画」の合法性を正式に認めたのは，1989年5月1日から実施された「関於対部分影片実行審査，放映分級制度的通知（一部の映画に対する審査及び上映におけるレーティング・システムの導入にかんする通知）」であった．しかし，その直後に起きた「天安門事件」（同年6月）によって，同条例が失効するとともに，「成人映画」という名称も中国映画界から消え去ったのである．

(50)　「第26回『日中シナリオシンポジウム』開催のご案内」，http://www.scenario.or.jp/china.html（最終確認日2015年12月1日）

(51)　1984年3月31日から4月8日にかけて「中国電影家協会」主催の「国際電影研討会（国際映画シンポジウム）」が北京政協礼堂にて開催され，今村昌平監督は自作『楢山節考』（1983年）を携えて参加した．同作品における大胆な性描写は，中国の映画関係者のあいだで大きな話題となった（2012年1月5日におこなわれた，著者と女優・翻訳家于黛琴氏とのインタヴューによる．于氏はシンポジウムの際に今村昌平監督の通訳をつとめた）．

第6章　健さん旋風と山口百恵ブーム

(1)　中国映画における日本人イメージの変遷について，拙著『中国抗日映画・ドラマの世界』（祥伝社新書，2013年）を参照されたい．

(2)　高倉健主演の『新幹線大爆破』（佐藤純彌監督，1975年），『夜叉』（降旗康男監督，1985年）も1990年代前半の中国で一般公開された．そして，『最後の特攻隊』（佐藤純彌監督，1970年），『動乱』（森谷司朗監督，1980年）は内部試写のかたちで，『ブラック・レイン』（リドリー・スコット監督，1989年）はビデオ上映のかたちで中国で広く流通していた．

(3)　周擁平「大学生与電影（調査報告）」，中国電影家協会編纂『中国電影年鑑 一九八四年』，中国電影出版社，1985年，188頁．

(4)　高倉健・田壮壮「ハリウッド映画とアジア」，『サンサーラ』1997年1月号，149頁．

(5)　劉文兵「チャン・イーモウ監督にとっての高倉健という存在」，『月刊PLAYBOY』2006年2月号，集英社，57-58頁．

(6)　リチャード・ダイアー著『映画スターの〈リアリティ〉　拡散する「自己」』，浅見克彦訳，青弓社，2006年，215頁．

(7)　前掲周擁平「大学生与電影（調査報告）」，188頁．

(8)　前掲劉文兵「チャン・イーモウ監督にとっての高倉健という存在」，67頁．

(9)　小谷「"冷面形象"及其他」，『電影芸術』，1985年第3号／光華「"雄化"和"雌化"」，『大衆電影』，1984年4月号，2頁．

(10)　2010年6月15日，著者による高倉健インタヴュー．

(11)　『霧の旗』は，1979年にフィルムが輸入されたものの，一般公開は見送られ，1985年からビデオ上映のかたちで流通した．

(12)　任嫣「看懐旧影視回味八十年代青春時光」，http://ent.163.com/edit/021011/021011_136820.html

(13)　「中野良子，劉曉慶：在『譲世界了解你』中対話」，http://ent.sina.com.cn/v/2002-04-08/78831.html（最終確認日2015年12月1日）

(14)　厳歌苓『本色陳冲』，春風文芸出版社，1999年，76頁／劉曉慶『我的自白録――従電影明星

到億万富姐児』，上海文芸出版社，1995年，55頁．

(15)　文革後にベテラン女優たちは，華僑などの華やかな娘役で復帰を果たした．たとえば，王丹鳳の『玉色蝴蝶』（1980年），秦怡の『海外赤子』（1980年），謝芳の『第二次握手』（1980年），陶玉玲の『帰宿』（1981年），王暁棠の『翔』（1982年），金迪の『大雁北飛』（1985年）などが挙げられる．

(16)　1981年頃，夫と別居し，「北京建委招待所（北京建設委員会付属宿泊施設）」に泊まっていた劉暁慶は２回にわたって自殺未遂をおこしたという（董杉「劉暁慶『我的路』風波始末」，『戯劇与電影』1985年７月号，22頁）．

(17)　陳国軍『我和劉暁慶：不得不説的故事』，広東人民出版社，1998年，120頁．

(18)　『石榴花』（湯仕達監督，1982年），『西子姑娘』（陸建華，于中效監督，1983年），『明姑娘』（董克娜監督，1984年）など，障碍者を主人公とした中国映画は次々と製作された．

(19)　秦痩鴎「従典子談到母愛」，『解放日報』，1983年６月９日．

(20)　程青松，黄鷗『我的撮影機不撒謊』中国友誼出版公司，2002年，151頁．

(21)　「電影『喜盈門』上映後受到歓迎」，『中国電影図史1905～2005』，中国伝媒大学出版社，2007年，567頁．

(22)　方松「我国毎天電影観客近八千万　農村放映隊已逾十万個」『大衆電影』1983年１月号，７頁．

(23)　「一九八五年中国電影界十大新聞」，『大衆電影』1986年１月号，２頁．

(24)　梅江平「上海電影市場中的外国電影」，『中国銀幕』1991年第２号，30頁．

第７章　日本のテレビドラマと中国の高度経済成長

(１)　原田美子，塩田雄大「相手国イメージとメディア——日本・韓国・中国世論調査から」，NHK 放送文化研究所編『放送研究と調査』，2000年３月号，８頁．また，竹脇無我主演の『姿三四郎』（1970年），あおい輝彦主演の『犬笛 娘よ，生命の笛を吹け』（1978年）なども1980年代の中国で人気を博した．

(２)　鐘芸兵，黄望南『中国電視芸術発展史』，浙江人民出版社，1994年／前掲郭鎮之『中国電視史』を参照．

(３)　前掲鐘芸兵，黄望南『中国電視芸術発展史』，153頁．

(４)　「政協委員紛紛砲轟濫劇」，http://ent.enorth.com.cn/system/2002/03/19/000293682.shtml（最終確認日2015年12月１日）．

(５)　李徳純「天下誰人不識君——訪日本著名演員宇津井健」，『大衆電影』，1986年３月号，27頁／「大島茂的願望」，『人民日報』，1984年10月１日．

(６)　張暖忻「中国人不応該站在地板上」，『大衆電影』1982年１月号，６頁．

(７)　NHK インターナショナル国際シンポジウム実行委員会編『国際シンポジウム 世界は「おしん」をどうみたか　日本のテレビ番組の国際性』，NHK インターナショナル，1991年，84頁．

(８)　同上，62頁．

(９)　同上，84頁．

(10)　同上．

(11)　「我為什么写『阿信』——訪日本著名女劇作家橋田寿賀子」，『光明日報』，1986年６月18日／「いま蘇れ“おしん”精神」，『雲霓』平成６年陽春号，15頁．

(12)　前掲 NHK インターナショナル国際シンポジウム実行委員会編『国際シンポジウム 世界は「おしん」をどうみたか』，56頁．

(13)　エスペラントは，言語の違う諸民族の相互理解を目的として，平和共存を願いポーランドのユダヤ人医師ラザロ・ザメンホフによってつくられた人工言語である．

(14)　日本では長谷川テルの活動が，1949年に中国から帰国したエスペランティストの由比忠之進によって紹介され，1969年に利根光一は『テルの生涯』（要文社）を出版した．

(15)　澤地久枝「長谷川テルへの旅——“売国奴”と呼ばれた反戦エスペランティスト」，『文藝春

秋』1978年11月号，36-37頁．

(16)　同上，335頁．

(17)　2014年２月７日におこなわれた古賀伸雄氏への著者のインタヴューによると，松永英氏は当時，俳優座に籍を置きながら，大広へ出向中だったという．

(18)　大橋毅彦ほか編著・注釈『上海1944～1945――武田泰淳『上海の螢』注釈』，双文社，2008年，18-19頁．

(19)　林道紀『ぼくの北京留学――バレエと文革と青春』，講談社，1972年．

(20)　2014年４月27日，神奈川平塚にて著者は林得一氏にインタヴューをおこなった．なお林氏は2016年１月17日に逝去．

(21)　岩間芳樹『望郷の星 長谷川テルの青春』，TBS ブリタニカ，1980年，189頁．

(22)　2012年３月28日におこなわれた福本義人，中山和記両氏へのインタヴューによる．

(23)　陳鐸「盛開吧 友誼之花――参加電視劇『望郷之星』見聞」，『電影評介』1980年７月号，24-25頁／張戈「『望郷之星』友誼之花――随日本『望郷之星』」電視攝影隊工作散記」，『上海戲劇』1980年第１号．

(24)　前掲岩間芳樹『望郷の星 長谷川テルの青春』，189-190頁．

(25)　決定稿を中国語に翻訳した中国語版シナリオは，岩間芳樹の寄贈により，現在，早稲田大学坪内博士記念演劇博物館に所蔵されている．

(26)　何暁燕，楊軍「中国電視劇海外伝播的歴程及発展啓示」，『当代電視』2012年第８号．

(27)　白水「喜相逢――記栗原小巻在上海」，『大衆電影』1980年３月号，28-29頁／王瑞勇，唐理文「座談：『望郷之星』和其它」，『電影故事』1980年２月号，10-11頁／高飛「譜写友誼之歌」，『電影故事』1980年２月号，17頁．

(28)　前掲福本義人監督へのインタヴューによる．

(29)　劉文兵『証言 日中映画人交流』，集英社新書，2011年，135-138頁．

(30)　撮影スケジュールの詳細は，福本義人監督が製作中に付けていた日記や手帳などの一次資料にもとづいている．

(31)　長谷川暁子『二つの祖国の狭間に生きる――長谷川テルの遺児暁子の半生』，同時代社，2012年，106-109頁．

第８章　クールジャパン――トレンディードラマとアニメの人気

(１)　呉咏梅「プチブル気分と日本のテレビドラマ」，王敏編『〈意〉の文化と〈情〉の文化』，中央公論新社，2004年，36-40頁．

(２)　呉徳玉「導演馬進曝内地偶像劇“全面剽窃”日劇内幕」，http://culture.163.com/edit/010828/010828_52985.html（最終確認日2015年12月１日）

(３)　馬凡「韓劇真有那么紅？」『大衆電影』，2006年第４号，14頁．

(４)　周沖，郝起「日本電視劇通過互聯合網在中国大陸伝播現状」，『影視芸術』2011年第４期，74頁．

(５)　同上，75頁．

(６)　中国版『101回目のプロポーズ』は23日間の観客動員数が648万人となり，興行収入が29億円に達した．「『101回目』中国で熱烈ヒット」，『朝日新聞』2013年３月９日夕刊．

(７)　楊長征編著『中国青少年流行文化現象報告』，中国青年出版社，2003年．

(８)「優しかった『ジャイアン』　若手育成に情熱注ぐ　劉セイラさんに聞く」，『毎日新聞』2016年２月16日朝刊．

(９)　山田賢一「日中アニメ産業の市場争奪」，NHK 放送文化研究所編『放送研究と調査』，2012年４月号，59-60頁．

(10)　同上，60頁．

(11)　伊藤直史「ビジネス視点での中国アニメ関連」，日本動画協会『アニメ産業レポート　2011』，68-72頁．

日中映画上映作品総覧（1926～2015年）

表1　日中戦争中（1937～1945年），日本占領下の上海，華北で中国人を対象に上映された日本映画の一部

原題	中国語題	製作会社	監督	製作年
荒城の月	荒城月	松竹	佐々木啓祐	1937
○愛染かつら	愛染情絲	松竹	野村浩将	1938
残菊物語	暁星夜月	松竹	溝口健二	1939
暖流	暖流	松竹	吉村公三郎	1939
兄とその妹	兄妹之間	松竹	島津保次郎	1939
水鳥の生活	水鳥的生活	理研科学映画	＊記録映画	1939
○君を呼ぶ歌	鶯歌儷影	東宝	伏水修	1939
○子供の四季	小孩的四季	松竹	清水宏	1939
暢気眼鏡	窮開心	日活	島耕二	1940
国姓爺合戦	明末遺恨	新興キネマ（京都）	木村恵吾	1940
エノケンの誉れの土俵入	老鼠大力士	東宝	中川信夫	1940
◎二人の世界	連理鴛鴦（別名）歓喜冤家	東宝	島津保次郎	1940
○熱砂の誓ひ	砂地鴛鴦	東宝	渡辺邦男	1940
○浪花女	浪花女	松竹	溝口健二	1940
秀子の車掌さん	伶俐野貓	南旺映画	成瀬巳喜男	1941
阿波の踊り子	舞城秘史	東宝	マキノ正博	1941
女学生記	処女群像	東宝	村田武雄	1941
男の花道	劇場趣史	東宝	マキノ正博	1941
電撃二重奏	癡漢艶史	日活	島耕二	1941
支那の夜	春之夢（別名）上海之夜	松竹	伏水修	1941
右門捕物帖 幽霊水芸師	水魔怪異	日活	菅沼完二	1941
決戦奇兵隊	決戦奇兵隊	日活	丸根賛太郎	1941
富士山麓の鳥	富士山麓之鳥	理研科学映画	＊記録映画	1941
○みかへりの塔	孩子的楽園	松竹	清水宏	1941
○蘇州の夜	蘇州的夜	松竹	野村浩将	1941
戸田家の兄妹	慈母心	松竹	小津安二郎	1942

新たなる幸福	新的幸福	松竹	中村登	1942
間諜未だ死せず	未死的間諜	松竹	吉村公三郎	1942
父ありき	父	松竹	小津安二郎	1942
水滸伝	水滸伝	東宝	岡田敬	1942
歌ふ狸御殿	狸宮歌声	大映	木村恵吾	1942
東洋の凱歌	東亜的凱歌	日本映画社	＊記録映画	1942
宮本武蔵 一乗寺決闘	一乗寺决斗	日活	稲垣浩	1942
伊賀の水月	伊賀的水月	大映	池田富保	1942
母子草	母子草	松竹	田坂具隆	1942
世紀は笑ふ	分道揚鑣	日活	マキノ正博	1942
希望の青空	希望之青空	東宝	山本嘉次郎	1942
南の風	南風	松竹	吉村公三郎	1942
新雪	新雪	大映	五所平之助	1942
南方発展史 海の豪族	瀛海豪宗	日活	荒井良平	1942
富士に立つ影	虎狼之争	大映	池田富保	1942
磯川兵助功名噺	香扇秘聞	東宝	斎藤寅次郎	1942
帝国海軍勝利の記録	勝利的記録	日本映画社	＊記録映画	1942
翼の凱歌	空軍双雄	東宝	山本薩夫	1942
微笑の国	幸福楽隊	日活	古賀聖人	1942
伊那の勘太郎	風塵奇侠	東宝	滝沢英輔	1942
豪傑系図	豪傑世家	大映	岡田敬	1942
鞍馬天狗	老鼠大侠	大映	伊藤大輔	1942
小春狂言	小春狂言	東宝	青柳信雄	1942
すみだ川	萱花涙	松竹	井上金太郎	1942
◎南海の花束	南海征空	東宝	阿部豊	1942
◎香港攻略 英国崩るゝの日	英国崩潰之日	大映	田中重雄	1942
◎ハワイ・マレー沖海戦	夏威夷馬來大海戦,（別名）重溟鉄翼	東宝	山本嘉次郎	1942
◎空の神兵	天空神兵	日本映画社	＊記録映画	1942
◎マレー戦記 進撃の記録	馬来戦記	日本映画社	＊記録映画	1942
○ビルマ戦記	緬甸戦記	日本映画社	＊記録映画	1942
兵六夢物語	夢里妖怪	東宝	青柳信雄	1943
二刀流開眼	無敵二刀流	大映	伊藤大輔	1943

虚無僧系図	剣底鴛鴦	大映	押本七之輔	1943
成吉思汗	成吉思汗	大映	牛原虚彦	1943
若き日の歓び	青春楽	東宝	佐藤武	1943
ハナ子さん	花姑娘	東宝	マキノ正博	1943
青空交響楽	青空交響楽	大映	千葉泰樹	1943
海軍	怒海雷動	松竹	田坂具隆	1943
華やかなる幻想	万華幻想曲	大映	佐伯幸三	1943
逞しき愛情	堅固的愛情	新興キネマ	沼波功雄	1943
花咲く港	大巫小巫	松竹	木下惠介	1943
サヨンの鐘	蛮女情歌	松竹	清水宏	1943
無法松の一生	蓋世匹夫	大映	稲垣浩	1943
姿三四郎	龍虎斗	東宝	黒澤明	1943
家に三男二女あり	美満的家庭	松竹	瑞穂春海	1943
結婚命令	結婚命令	大映	沼波功雄	1943
風雪の春	風雪之春	大映	落合吉人	1943
シンガポール総攻撃	新加坡総攻撃	大映	島耕二	1943
歌行燈	柳暗花明	東宝	成瀬巳喜男	1943
愛機南へ飛ぶ	愛機向南飛	松竹	佐々木康	1943
桃太郎の海鷲	飛太子空襲珍珠港	映画芸術社	瀬尾光世	1943
望楼の決死隊	国境決死隊	東宝	今井正	1943
決闘般若坂	飛天剣客	大映	伊藤大輔	1943
男	鉄漢	東宝	渡辺邦男	1943
北方に鐘が鳴る	風雪恩仇記	松竹	大曾根辰夫	1943
◎熱風	熱風	東宝	山本薩夫	1943
◎マリア・ルーズ号事件 奴隷船	奴隷船（別名）怪船大血案	大映	丸根賛太郎	1943
◎私の鶯	北国歌后（別名）哈爾濱歌女	東宝，満映	島津保次郎	1943
爆風と弾片	爆風与弾片	理研科学映画	＊記録映画	1944
おばあさん	恋愛課本	松竹	原研吉	1944
怒りの海	怒海雄艟	東宝	今井正	1944
◎狼火は上海に揚る	春江遺恨	華影，大映	稲垣浩，岳楓	1944
◎あの旗を撃て コレヒドールの最後	花旗的末日	東宝	阿部豊	1944
◎加藤隼戦闘隊	神鷹	東宝	山本嘉次郎	1944
◎菊池千本槍 シドニー特別攻撃隊	南溟忠魂	大映	池田富保，白井戦太郎	1944

○決戦	生産闘士	松竹	吉村公三郎，萩山輝男	1944
○不沈艦撃沈	増産戦之凱歌	松竹	マキノ正博（牧野正博）	1944
○女性航路	新女性之道	松竹	佐々木啓祐	1944
○血の爪文字	科学的勝利	大映	千葉泰樹	1944
○轟沈	轟沈	日本映画社	渡辺義美，北村道沖	1944

備考：原題に○を付けたのは華北のみで上映された作品で，◎を付けたのは華北と上海の両方で上映された作品である．

表2　1954年から1966年にかけて，中国で一般公開された日本映画

原題	中国語題	製作会社	監督	製作年	中国公開年
どっこい生きてる	不，我們要活下去	前進座，新星映画	今井正	1951	1954
箱根風雲録	箱根風雲録	前進座，新星映画	山本薩夫	1952	1954
女ひとり大地を行く	一個女鉱工	キヌタプロ	亀井文夫	1953	1954
混血児	混血兒	八木プロ	関川秀雄	1953	1954
二十四の瞳	二十四隻眼睛	松竹	木下恵介	1954	1956
太陽のない街	沒有太陽的街	新星映画	山本薩夫	1954	1956
最後の女たち	戦火中的婦女	社会党	楠田清	1954	1956
愛すればこそ	只是為了愛	独立映画	吉村公三郎，今井正，山本薩夫	1955	1956
ここに泉あり	這里有泉水	中央映画	今井正	1955	1956
米	米	東映	今井正	1957	1957
狼	狼	近代映画協会	新藤兼人	1955	1957
縮図	縮影	近代映画協会	新藤兼人	1953	1957
真昼の暗黒	暗無天日	現代ぷろだくしょん	今井正	1956	1957
蟹工船	蟹工船	現代ぷろだくしょん	山村聡	1953	1958
浮草日記	浮草日记	山本プロ，俳優座	山本薩夫	1955	1958
姉妹	姐妹	独立映画	家城巳代治	1955	1958
ひろしま	広島	日教組プロ	関川秀雄	1953	1958
女の一生	女人的一生	松竹	中村登	1955	1958

松川事件	松川事件	松川映画製作委員会	山本薩夫	1961	1961
裸の島	裸島	近代映画協会	新藤兼人	1961	1962

表3　東光徳間と中国電影公司が共催した「日本映画祭」（1978～1991年）をつうじて一般公開された日本映画

原題	中国語題	製作／配給	監督	製作年	中国公開年
君よ憤怒の河を渉れ	追捕	製作＝永田プロ＝大映映画　配給＝松竹	佐藤純彌	1976	1978
サンダカン八番娼館 望郷	望郷	製作＝東宝＝俳優座映画放送	熊井啓	1974	1978
キタキツネ物語	狐狸的故事	製作＝サンリオ・フィルム　配給＝東宝東和	蔵原惟繕	1978	1978
愛と死	生死恋	製作＝松竹（大船撮影所）	中村登	1971	1979
お吟さま	吟公主	製作＝宝塚映画製作所　配給＝東宝	熊井啓	1978	1979
金環蝕	金環蝕	製作＝大映映画　配給＝東宝	山本薩夫	1975	1979
先生のつうしんぼ	我的老師	にっかつ児童映画	武田一成	1977	1979
龍の子太郎	龍子太郎	製作＝東映動画	浦山桐郎	1979	1979
人間の証明	人証	製作＝角川春樹事務所　配給＝東映	佐藤純彌	1978	1979
天平の甍	天平之甍	製作＝「天平の甍」製作委員会　配給＝東宝	熊井啓	1980	1980
砂の器	砂器	製作＝松竹＝橋本プロ	野村芳太郎	1974	1980
絶唱	絶唱	製作＝ホリ企画制作　配給＝東宝	西河克己	1975	1980
華麗なる一族	華麗的家族	製作＝芸苑社　配給＝東宝	山本薩夫	1974	1980
あゝ野麦峠	啊，野麦嶺	製作＝新日本映画　配給＝東宝	山本薩夫	1979	1980
遙かなる山の呼び声	遠山的呼喚	製作＝松竹	山田洋次	1980	1981
アッシイたちの街	阿西們的街	製作＝大映映像　配給＝共同映画全国系列会議	山本薩夫	1980	1981
風立ちぬ	風雪黄昏	製作＝ホリ企画制作　配給＝東宝	若杉光夫	1976	1981

お母さんのつうしんぼ	媽媽的生日	製作＝にっかつ児童映画	武田一成	1980	1981
世界名作童話 白鳥の湖	天鵝湖	製作＝東映動画	矢吹公郎	1981	1981
男はつらいよ 望郷篇	寅次郎的故事・望郷篇	製作＝松竹（大船撮影所）	山田洋次	1970	1982
＊未完の対局	一盤没有下完的棋	製作＝「未完の対局」製作委員会＝東光徳間＝北京電影制片廠 配給＝東宝	佐藤純彌・段吉順	1982	1982
私は二歳	我両歳	製作＝大映（東京撮影所）	市川崑	1962	1982
泥の河	泥之河	製作＝木村プロダクション	小栗康平	1981	1982
あゝ野麦峠 新緑編	啊，野麦嶺 新緑篇	製作＝東宝映画 配給＝東宝	山本薩夫	1981	1982
日本フィルハーモニー物語 炎の第五楽章	火紅的第五楽章	製作＝エヌ・アール企画 配給＝にっかつ	神山征二郎	1981	1982
典子は，今	典子	製作＝キネマ東京 配給＝東宝	松山善三	1981	1983
マタギ	猟人	製作＝青銅プロダクション　配給＝大映	後藤俊夫	1982	1983
蒲田行進曲	蒲田進行曲	製作＝松竹＝角川春樹事務所	深作欣二	1982	1983
海峡	海峡	製作＝東宝映画 配給＝東宝	森谷司郎	1982	1983
誘拐報道	誘拐報道	製作＝東映＝日本テレビ	伊藤俊也	1982	1983
四年三組のはた	四年級三班的旗幟	製作＝にっかつ児童映画	藤井克彦	1976	1983
ボクのおやじとぼく	我和我的爸爸	製作＝にっかつ児童映画	中原俊	1983	1984
居酒屋兆治	兆治的酒館	製作＝田中プロモーション　配給＝東宝	降旗康男	1983	1984
鉄騎兵，跳んだ	鉄騎兵	製作＝にっかつ	小澤啓一	1980	1984
ひらめきの季節	閃光的時刻	製作＝共同映画＝青銅プロダクション 配給＝松竹	吉田憲二	1980	1984
男はつらいよ 浪花の恋の寅次郎	寅次郎的故事 浪花之恋	製作＝松竹（大船撮影所）	山田洋次	1981	1984

こんにちはハーネス	導盲犬——哈斯蒂	製作＝こぶしプロダクション 配給＝映画センター	後藤俊夫	1983	1985
男はつらいよ 口笛を吹く寅次郎	寅次郎的故事 吹口哨的寅次郎	製作＝松竹	山田洋次	1983	1985
日本沈没	日本沈没	製作＝東宝映画＝東宝映像　配給＝東宝	森谷司郎	1973	1985
幸福の黄色いハンカチ	幸福的黄手帕	製作＝松竹	山田洋次	1977	1985
ウィンディー	難忘的假日	製作＝東和プロモーション＝マンフレッド・ドゥルニオクプロ＝CCJ 配給＝東宝東和	原田眞人	1984	1985
男はつらいよ 柴又より愛を込めて	寅次郎的故事 柴又的愛	製作＝松竹	山田洋次	1985	1986
Wの悲劇	W的悲劇	製作＝角川春樹事務所 配給＝東映	澤井信一郎	1984	1986
まってました転校生！	転校生	製作＝にっかつ児童映画	藤井克彦	1985	1986
姉妹坂	姉妹坡	製作＝東宝映画 配給＝東宝	大林宣彦	1985	1986
伊豆の踊子	伊豆舞女	製作＝東宝＝ホリ企画制作	西河克己	1963	1987
キネマの天地	電影天地	製作＝松竹	山田洋次	1986	1987
おら東京さ行くだ	夏日旅行	製作＝松竹	栗山富夫	1985	1987
花いちもんめ	一片花	製作＝東映（京都撮影所）	伊藤俊也	1985	1987
こむぎいろの天使 雀と少年	栗色的小天使	製作＝青銅プロダクション 配給＝大映	後藤俊夫	1978	1988
刑事物語3 潮騒の詩	片山刑警在海島	製作＝東宝＝キネマ旬報社	杉村六郎	1984	1988
首都消失	首都消失	製作＝関西テレビ＝徳間書店＝大映映画 配給＝東宝	舛田利雄	1987	1988
モスクワわが愛	莫斯科之恋	製作＝東宝映画＝モス・フィルム 配給＝東宝	吉田憲二, アレクサンダ・ミッタ	1974	1988

傷だらけの勲章	傷痕累累的勳章	製作＝ファインズ・コーポレーション＝東宝企画　配給＝東宝	斉藤光政	1986	1988
愛しのチイパッパ	少女的征途	製作＝松竹	栗山富夫	1986	1988
二十四の瞳	二十四隻眼睛	製作＝松竹＝東北新社＝電通＝東京放送	朝間義隆	1987	1988
パンダ物語	熊猫的故事	製作＝学習研究社＝田中プロモーション＝四季会＝パンダスタンプ＝IMAGICA　配給＝東宝	新田卓	1988	1988
＊敦煌	敦煌	製作＝映画「敦煌」委員会　配給＝東宝	佐藤純彌	1988	1989
探偵物語	偵探的故事	製作＝角川春樹事務所　配給＝東映	根岸吉太郎	1983	1989
嵐の勇者たち	暴風勇士	製作＝日活	舛田利雄	1969	1989
早射ち犬	快槍手	製作＝大映（東京撮影所）	村野鐵太郎	1967	1989
刑事物語5　やまびこの詩	片山刑警在山城	製作＝東宝＝キネマ旬報社	杉村六郎	1987	1990
男はつらいよ　寅次郎物語	寅次郎的故事　尋母奇遇記	製作＝松竹映像　配給＝松竹	山田洋次	1987	1990
＊舞姫	柏林之恋	製作＝ヘラルド・エース＝テレビ朝日＝マンフレッド・ルニオードクプロ　配給＝東宝	篠田正浩	1989	1990
釣りバカ日誌	釣魚迷的巧遇	製作＝松竹	栗山富夫	1988	1990
将軍家光の乱心　激突	幕府風雲	製作＝東映（京都撮影所）	降旗康男	1989	1990
優駿　ORACION	優駿	製作＝フジテレビジョン＝仕事　配給＝東宝	杉田成道	1988	1990
天空の城ラピュタ	天空之城	製作＝徳間書店　配給＝東映	宮崎駿	1986	1990
刑事物語4　くろしおの詩	片山刑警在酒巴	製作＝東宝＝キネマ旬報社	渡辺祐介	1985	1990
男はつらいよ　寅次郎心の旅路	寅次郎的故事　維也納之恋	製作＝松竹	山田洋次	1989	1990
吼えろ鉄拳	復讐的鉄拳	製作＝東映（京都撮影所）	鈴木則文	1981	1990
黄金の犬	黄金犬	製作＝大映映画　配給＝松竹	山根成之	1979	1990

砂の上のロビンソン	沙屋之夢	製作＝ビックバン＝ウルトラ企画＝ジャパンホームビデオ　配給＝ ATG	すずきじゅんいち	1989	1991
この愛の物語	情系鉄騎	製作＝松竹富士＝日本テレビ	舛田利雄	1987	1991
スパイゲーム	女歌星与「間諜」	製作＝フィルムワークショップ＝スカイプランニング　配給＝東宝	デビット・ウー	1990	1991
社葬	社葬	製作＝東映（京都撮影所）	舛田利雄	1989	1991

備考：原題に＊印の付いた映画は「日本映画祭」出品作でないもの.

表４　1992年から2015年にかけて，中国で一般公開された日本映画

原題	中国語題	製作／配給	監督	製作年	中国公開年
新幹線大爆破	新幹線爆炸案	東映	佐藤純彌	1975	1992
となりのトトロ	隣居託託羅，（別名）龍猫	徳間書店／東宝	宮崎駿	1988	1992
風の谷のナウシカ	風谷少女，（別名）風之谷	徳間書店，博報堂／東映	宮崎駿	1984	1993
夜叉	夜叉	東宝，グループ・エンカウンター	降旗康男	1985	1993
香港パラダイス	香港之夢	東宝，サンダンスー・カンパニー	金子修介	1990	1993
おろしや国酔夢譚	俄羅斯漂流夢	大映，電通／東宝	佐藤純彌	1992	1993
曼荼羅 若き日の弘法大師・空海	曼荼羅	コムネット，フィルム・クレッセント，中国電影合作制片公司／東宝東和	滕文驥	1991	1993
天国の駅	天国車站	東映	出目昌伸	1984	1994
行き止まりの挽歌ブレイクアウト	搏命擒賊	にっかつ／シネ・ロッポニカ	村川透	1988	1994
もっともあぶない刑事	玩命警察	東映，日本テレビ放送網，セントラル・アーツ，キティ・フィルム	村川透	1989	1994
黄金の犬	抗命追撃 ＊改題のうえ，再上映	大映映画／松竹	山根成之	1979	1995

必殺4 恨みはらします	必死無疑	松竹，朝日放送，京都映画	深作欣二	1987	1995
花園の迷宮	花園迷宮	東映	伊藤俊也	1988	1995
天国の大罪	天国大罪	東映，テレビ朝日	舛田利雄	1992	1995
グッバイ・ママ	再見了，媽媽	ケイエスエス，松竹第1興行／松竹	秋元康	1991	1996
私を抱いてそしてキスして	愛的権利	東映	佐藤純彌	1992	1997
眠らない街 新宿鮫	新宿鯊魚	フジテレビ／東映	滝田洋二郎	1993	1997
シコふんじゃった	大相撲	大映，キャビン／東宝	周防正行	1992	1998
Love Letter	情书	フジテレビジョン／日本ヘラルド映画，ヘラルド・エース	岩井俊二	1995	1998
メロドラマ	衝出牢籠	にっかつ／シネ・ロッポニカ	小沢啓一	1988	2000
L.A.マフィア戦争 大殺戮	背靠背	東映	ロジャー・ナイガード	1996	2000
ホワイトアウト	暴風雪	日本ヘラルド映画，フジテレビジョン，東宝，日本ビクター，電通，アイ・エヌ・ビー＝デスティニー／東宝	若松節朗	2000	2001
クイール	導盲犬小Q	松竹，テレビ東京，テレビ大阪，衛星劇場，日販／松竹	崔洋一	2004	2005
いぬのえいが	狗狗心事	「いぬのえいが」製作委員会／日活	犬童一心，黒田昌郎，祢津哲久，黒田秀樹，佐藤信介，永井聡，真田敦	2005	2006
日本沈没	日本沈没	映画「日本沈没」製作委員会／東宝	樋口真嗣	2006	2007
映画ドラえもん のび太の恐竜	哆啦A夢：大雄的恐龍	「映画ドラえもん」製作委員会／東宝	渡辺歩	2006	2007

映画ドラえもん のび太の新魔界大冒険 ～7人の魔法使い～	哆啦A夢之大雄的冒険	「映画ドラえもん」製作委員会／東宝	寺本幸代	2007	2008
映画ドラえもん のび太と緑の巨人伝	哆啦A夢与緑巨人	「映画ドラえもん」製作委員会／東宝	渡辺歩	2008	2009
犬と私の10の約束	我和狗狗的十個約定	「犬と私の10の約束」フィルムパートナーズ／松竹	本木克英	2008	2009
僕の彼女はサイボーグ	我的機器人女友	「僕の彼女はサイボーグ」フィルムパートナーズ／ギャガ	郭在容	2008	2009
感染列島	感染列島	映画「感染列島」製作委員会／東宝	瀬々敬久	2009	2010
名探偵コナン 漆黒の追跡者	名偵探柯南：漆黒的追踪者	「名探偵コナン」製作委員会／東宝	山本泰一郎	2009	2010
K-20怪人二十面相・伝	変相黒侠 K-20	「K-20」製作委員会／東宝	佐藤嗣麻子	2008	2010
大怪獣バトル ウルトラ銀河伝説 THE MOVIE	宇宙英雄之超銀河伝説	円谷プロダクション／ワーナーブラザース	坂本浩一	2009	2011
チベット犬物語～金色のドージェ～	藏獒多吉	「チベット犬物語～金色のドージェ～」製作委員会（日中合作）	小島正幸	2011	2011
ノルウェイの森	挪威的森林	「ノルウェイの森」パートナーズ／東宝	陳英雄	2010	2011
名探偵コナン 沈黙の15分	名偵探柯南：沈默的15分鐘	「名探偵コナン」製作委員会／東宝	静野孔文	2010	2011
ウルトラマンゼロ THE MOVIE 超決戦！ベリアル銀河帝国	超決戦！貝利亜銀河帝国	円谷プロダクション／松竹	阿倍雄一	2010	2012
STAND BY ME ドラえもん	哆啦A夢：伴我同行	2014「STAND BY ME ドラえもん」製作委員会／東宝	八木竜一，山崎貴	2014	2015

表5　1926年から1944年にかけて，日本で公開された上海映画

日本語題	原題	監督／製作会社	製作年	日本公開年
紅情怨	忠孝節義	邵醉翁／天一	1926	1926.5
人面桃花	人面桃花	陳寿蔭／新華	1925	1926.9
椿姫	新茶花	邵醉翁／天一	1927	1927.10
雨過天青	雨過天青	夏赤鳳／大中国・曁南・日本発声映画社	1931	1931.5
椿姫	茶花女	李萍倩／光明	1938	1938.12
木蘭従軍	木蘭従军	ト万蒼／華成	1939	1942.7
西遊記 鉄扇公主の巻	鉄扇公主	万古蟾，万籟鳴／国聯	1941	1942.9
萬世流芳	萬世流芳	ト万蒼，朱石麟，馬徐維邦，楊小仲／中聯，満映	1943	1944.8

表6　1952年から1976年にかけて，日本で上映された中国映画

上映作品（邦題・原題）	日本放映年	上映形態	主催者	配給ほか
白毛女，翠崗の紅旗（翠崗紅旗），鋼鉄の戦士（鋼鉄戦士），祝福，青春の歌（青春之歌），阿片戦争（林則徐），五人の娘（五朵金花），ニエ・アル 人民作曲家の生涯（聶耳），梁山伯と祝英台（梁山伯与祝英台）	1952～1960	自主上映	日中友好協会，日中文化交流協会，各華僑団体，学生組織	
白毛女	1955	ロードショー		独立映画株式会社
魔法の絵筆（神筆）＊人形アニメーション	1957	ロードショー		東和映画
東洋画への誘い（画家斉白石）＊記録映画	1961	ロードショー		東和映画
暴風驟雨，燃え上がる大地（紅旗譜），上海解放物語（戦上海），美しきめぐり逢い（達吉和她的父親），記録映画4本	1961	第1回中国映画祭	中国映画祭実行委員会（日中友好協会，日中文化交流協会，日中貿易促進会等70以上の団体）	
女将軍（楊門女將），荒野にいどむ（北大荒人），水と恋と若者たち（我們村里的年軽人），女性第二中隊長（紅色娘子軍），新中国の子供たち（祖国的花朵），大暴れ孫悟空（大鬧天宮）	1962	第2回中国映画祭	中国映画祭実行委員会	

燎原の火（燎原），劉三姐，亭主と女房と人民公社（李双双）	1963	第3回中国映画祭	中国映画祭実行委員会	
えんじゅ村の人びと（槐樹庄），ゴビに咲く花（阿娜爾罕），夜明け前の戦い（五更寒）	1964.3	春季中国映画祭	日中友好協会東京都連ブロック	
農奴，青春の灯はともる（我們村里的年軽人・続集），記録映画3本	1964.11	秋季中国映画祭	日中友好協会東京都連合会	
真紅の太陽（紅日）	1964	ロードショー		共同映画株式会社
農奴	1965	ロードショー		共同映画株式会社
青春の歌（青春之歌）	1965	ロードショー		共同映画株式会社
不屈の人びと（烈火中永生）	1966.1	ロードショー		共同映画株式会社
東方紅	1966.4	ロードショー		共同映画株式会社
戦火の中の青春（戦火中的青春），家庭問題ほか	1961～1966	自主上映	日中友好協会	
南征北戦	1968	自主上映	日中友好協会（正統）	
鋼琴伴唱紅灯記	1969	自主上映	日中友好協会（正統），日中文化交流協会	
智取威虎山	1971	テレビ放映		名古屋テレビ，日本テレビ
紅色娘子軍＊バレエ，南京長江大橋	1971	ロードショー		「紅色娘子军」全国上映委員会
智取威虎山，紅色娘子軍＊バレエ，紅灯記，英雄兒女，記録映画5本	1972	中国映画祭	日中友好協会（正統）	
ピンポンは国境を越えて　友情開花（友誼花開）＊記録映画	1973	ロードショー		東和映画
燃える世代（火紅的年代），小八路＊アニメ，海河戦歌＊記録映画	1974	自主上映	日中友好協会（正統）	
うららかな日（艶陽天）	1975	ロードショー		「艶陽天」全国上映委員会

備考：日中友好協会は1966年に分裂し，親中派の「日中友好協会（正統）」は独立した．

表7　東光徳間が主催する「中国映画祭」（1977～1997年）で上映された中国映画

映画祭名称	上映作品（邦題・原題）	日本上映年
第1回中国映画祭	東方紅，天山の赤い花（天山的紅花），渡江偵察記，南征北戦，偉大な指導者・毛沢東主席は永遠に不滅である（偉大的領袖和導師毛主席永垂不朽），敬愛する周恩来総理は永遠に不滅である（敬愛的周総理永垂不朽），江陵漢墓，タケノコ（長在屋里的竹笋）	1977
第2回中国映画祭	祝福，農奴，阿片戦争（林則徐），氷山からの客（冰山上的来客），上海の戦い（戦上海），毛沢東主席記念堂（毛主席紀念堂），カエルを守る（青蛙），蘇州の刺繍（蘇州刺繍），世界の屋根（世界屋脊），曲芸と奇術（雑技与魔術）	1978
第3回中国映画祭	将軍（従奴隷到将軍），戦場の花（小花），双子の兄弟（他倆和她倆），保密局の銃声（保密局的槍声），舞台姉妹（舞台姐妹），敦煌の芸術（敦煌芸術）	1979
第4回中国映画祭	舞台姉妹（舞台姐妹），喜劇　ピンボケ家族（瞧這一家子），不滅の星（今夜星光燦爛），秦のはにわ（秦俑），雲崗の石窟（雲崗石窟），美しき中国（中国風貌） ＊ロードショー：桜 サクラ	1980
中国映画ロードショー	薬，天雲山物語（天雲山伝奇），魯迅伝，ミイラの謎（新疆古屍）	1981
第5回中国映画祭	阿Q正伝，牧馬人，駱駝の祥子（駱駝祥子），遊女・杜十娘（杜十娘）	1982
83中国映画新作フェスティバル	北京の思い出（城南旧事），茶館，炎の女・秋瑾（秋瑾），武林志，逆光，人，中年に到る（人到中年）	1983
第6回中国映画祭	三国外史・華佗と曹操（華佗与曹操），さすらいの果て（漂泊奇遇），上海にかかる橋（大橋下面），郷音，寒夜，雷雨，夕照街	1984
85中国映画新作フェスティバル	紅い服の少女（紅衣少女），黄色い大地（黄土地），阿混新伝，人生，戦場に捧げる花（高山下的花環），三峡必殺拳（三峡疑影）	1985
中国映画祭86	青春祭，少年犯，絶響，野山，トンヤンシー　夫は六歳（良家婦女），女優殺人事件（一個女演員的夢），太平天国伝　少年拳士の復讐（天国恩仇），未亡人（秋天里的春天） ＊ロードショー：黄色い大地	1986
中国映画祭87	黒砲事件（黒炮事件），大閲兵，恋愛季節，最後の冬（最后一個冬日），スタンド・イン　続黒砲事件（錯位），死者の訪問（一個死者対生者的訪問），古井戸（老井），盗馬賊	1987
中国映画祭88	追跡者（最后的瘋狂），北京物語（鴛鴦楼），舞台女優（人鬼情），戦争を遠く離れて（遠離戦争的年代），太陽雨，晩鐘 ＊ロードショー：芙蓉鎮	1988

中国映画祭89	失われた青春（大喘気），輪廻，ハイジャック・台湾海峡緊急指令（代号美洲豹），狂気の代償（瘋狂的代価），一人と八人（一個和八個），胡同模様（小巷名流） ＊ロードショー：紅いコーリャン（紅高粱），子供たちの王様（孩子王），孫文（孫中山）	1989
中国映画祭90	標識のない河の流れ（沒有航標的河流），瀟瀟・シャオシャオ（湘女瀟瀟），熱恋・海南島（熱恋），賭博漢（賭命漢），興安嶺娼館故事（山林中的頭一個女人），ひとりっ子（失去的夢） ＊ロードショー：菊豆（チュイトウ），最後の貴族（最後的貴族）	1990
中国映画祭91	おはよう北京（北京，你早），双旗鎮刀客，老店，街角の騎士（馬路騎士），清朝最後の宦官・李蓮英　（大太監李蓮英），女人故事　女のものがたり（女人的故事）	1991
中国映画祭92	心の香り（心香），血祭りの朝（血色清晨），さよなら上海（留守女士），少女香雪（哦，香雪），太陽山 ＊ロードショー：紅夢（大紅灯籠高高掛）	1992
中国映画祭93	北京好日（找楽），香魂女―湖に生きる（香魂女），青島アパートの夏（站直啰別趴下），四十不惑，再見のあとで（大撒把），孔家の人々（闕里人家） ＊ロードショー：乳泉村の子（清涼寺的鐘声），秋菊の物語（秋菊打官司）	1993
中国映画祭94	息子の告発（天国逆子），春桃・チュンタオ（春桃），吉祥村の日々（雑嘴子），青春の約束（青春有約），少年兵三毛大活躍（三毛従軍記） ＊ロードショー：さらば，わが愛 覇王別姫（覇王別姫），青い凧（藍風箏）	1994
中国映画祭95	レッドチェリー（紅櫻桃），麻花売りの女（二嫫），王さんの憂鬱な秋（背靠背，臉對臉），北京四重奏（無人喝彩），デッド・エンド　最後の恋人（周末情人）	1995
中国映画祭96	項羽と劉邦―その愛と興亡（西楚霸王），新北京物語（混在北京），正義の行方（被告山槓爺），宝物の椅子（椅子），硯・すずり（硯床），草原の愛―モンゴリアン・テール（黒駿馬） ＊ロードショー：上海ルージュ（揺啊揺，揺到外婆橋），花の影（風月）	1996
中国映画祭97	遥か，西夏へ（西夏路迢迢），離婚のあとに（離了婚就別再来找我），張り込み（埋伏），朱家の悲劇（家醜），火の鳥（太陽鳥），ロンドンの月（月滿英倫） ＊ロードショー：太陽の少年（陽光燦爛的日子），阿片戦争（鴉片戦争）	1997

表8　東京国立近代美術館フィルムセンター・国際交流基金・中国電影資料館が主催する中国映画特集上映（1984〜2001年）

上映時間	上映作品（邦題，原題）
1984.7.20〜9.29	中国映画の回顧（1922〜1952） 女神（神女），スポーツの女王（体育皇后），大いなる路（大路），十字路（十字街頭），おもちゃ（小玩意），八百屋の恋（労工之愛情，擲果縁），薔薇色の夢（粉紅色的夢），化粧品売り場（脂粉市場），春はるご蚕（春蚕），夜明け（天明），新女性（新女性），若者の不運（桃李劫），女児経（女児経），嵐の中の若者（風雲児女），壮志凌雲，上海，昨日今日（新旧上海），孤島の二人（浪淘沙），青年行進曲（青年進行曲），お年玉（圧歳銭），深夜の歌声（夜半歌声），慈母曲（慈母曲），街角の天使（馬路天使），芸海風光（芸海風光），麻瘋女，若奥様の扇（少奶奶的扇子），木蘭従軍，松花江のほとり（松花江上），夜の宿（夜店），家々の灯（万家灯火），からすとすずめ（烏鴉与麻雀），奥様万歳（太太万歳），遥かなる愛（遥遠的愛），春の河，東へ流る（一江春水向東流），夢みる天国（天堂春夢），巷の人々（街頭巷尾），輝ける日（艶陽天），田舎町の春（小城之春），三毛の放浪記（三毛流浪記），私の一生（我這一輩子），時計（錶），六号門（六号門），北京のドブ（龍鬚溝）
1988.10.17〜12.20	中国映画の回顧（1932〜1964） 火山での決闘（火山情血），情天血涙，深夜の歌声（夜半歌声），続・深夜の歌声（夜半歌声・続集），帰郷日記（還郷日記），希望（希望在人間），三人の女（麗人行），白毛女，太平春，腐蝕，われら夫婦の間（我們夫婦之間），関《クアン》中隊長（関連長），女たちは起き上る（姐姐妹妹站起来），紅楼の姉妹（紅楼二尤），小さな密使（鶏毛信），宋景詩，新局長就任の前（新局長到来之前），鉄道遊撃隊，間諜209号（羊城暗哨），戦艦鼓浪号の叛乱（海魂），林冲，魯班の伝説（魯班的伝説），喬旦那のお嫁入り（喬老爺上轎），あらし（風暴），今日は私の休息日（今天我休息），劉三姐，母（革命家庭），紅色娘子軍，北大荒の人（北大荒人），李双双，女理髪師，三人の李さん（大李，小李和老李），崑崙山の一本の草（崑崙山上一顆草），錦上添花，わんぱく兵張《チャン》（小兵張嘎），後につづく者（自有后来人），雑居アパート大騒動（七十二家房客），城下に迫る兵（兵臨城下），阿詩瑪
1991.10.17〜1992.2.6	孫瑜監督と上海映画の仲間たち：中国映画の回顧 火山での決闘，夜明け，おもちゃ，スポーツの女王，大いなる路，魯班の伝説（魯班的伝説），八百屋の恋，西廂記，真珠の首飾り（一串珍珠），桃花泣血記，梅の一枝（一剪梅），春はるご蚕，化粧品売り場，姉妹花，漁光曲，若者の不運，女神，新女性，上海，昨日今日，生死同心，孤島の二人，壮志凌雲，深夜の歌声，慈母曲，十字路，芸海風光，鉄扇公主，松花江のほとり，奥様万歳，輝ける日，田舎町の春，巷の人々，三人の女，中年の哀楽（哀楽中年），私の一生 【特別上映】武訓伝

2001. 4 . 2 ～ 5 .30	中国映画史の流れ：無声後期からトーキーへ 真珠の輝き（夜明珠），紅い剣士（紅侠），怪奇猿男（空谷猿声），桃花泣血記，梅の一枝，火山での決闘，野ばら（野玫瑰），夜明け，おもちゃ，母性の光，女児経，スポーツの女王，女神，大いなる路，新女性，国風，上海，昨日今日，生死同心，孤島の二人，壮志凌雲，深夜の歌声，慈母曲，十字路，街角の天使，春きたる（春到人間），情天血涙，麻瘋女，木蘭従軍，続・深夜の歌声（夜半歌声・続集），家

表 9　「中国映画の全貌」（1990～2012年）で上映された中国映画（初出作品のみ）

上映時間	上映作品（邦題・原題）
1990. 4 . 7 ～ 5 .27	中国映画の全貌 黒い雪の年（本命年），開国大典，ほか60作品
1992. 7 .18 ～ 9 .15	中国映画の全貌92 五人少女天国行（出嫁女），女スパイ・川島芳子（川島芳子），周恩来，胡蝶泉，ナーザの大暴れ（哪吒鬧海），鹿鈴，不射の射（不射之射），ほか54作品
1995. 4 . 1 ～ 5 .28	中国映画の全貌95『戦後50年―移りゆく「中国の貌（かお）」』 べにおしろい 紅粉（紅粉），ほか62作品
1999.12.26～ 2000. 2 .13	中国映画の全貌2000 榕樹《ガジュマル》の丘へ（安居），始皇帝暗殺（刺秦），スケッチ・オブ・Peking（民警故事），變臉《へんめん》 この櫂に手をそえて，太陽に暴かれて（太陽有耳），沈む街（巫山雲雨），君さえいれば／金枝玉葉（金枝玉葉），女人，四十（女人四十），ラヴソング（甜蜜蜜），上海グランド（上海灘），世界の涯てに（天涯海角），冒険王，初恋（初纏恋后的２人世界），メイド・イン・ホンコン（香港製造），ワンス・アポン・ア・タイム・イン・チャイナ＆アメリカ天地風雲（黄飛鴻之西域雄獅），アンナ・マデリーナ（安娜瑪徳蓮娜），いますぐ抱きしめたい（旺角），欲望の翼（阿飛正伝），恋する惑星（重慶森林），楽園の瑕（東邪西毒），天使の涙（堕落天使），ブエノスアイレス（春光乍洩），ほか42作品
2002. 7 . 6 ～ 9 . 6	中国映画の全貌2002 イチかバチか――上海新事情（横豎横），栄光のフォワード No. 9 ――女子サッカーに捧げる（女足九号），リトル・チュン（細路祥），あの子を探して（一個都不能少），初恋のきた道（我的父親母親），宋家の三姉妹（宋家皇朝），山の郵便配達（那山那人那狗），こころの湯（洗澡），しあわせの場所（没事偸着楽），スパイシー・ラブスープ（愛情麻辣湯），ただいま（過年回家），一瞬の夢（小武），プラットホーム（站台），クレイジー・イングリッシュ（瘋狂英語），ふたりの人魚（蘇州河），ルアンの歌（扁担姑娘），シュウシュウの季節（天浴），メイド・イン・ホンコン，花火降る夏（去年煙花特別多），玻璃の城（玻璃之城），追憶の上海（紅色恋人），流星（流星語），恋戦．OKINAWA Rendez-vous（恋戦沖縄），琴と少年（山水情），猿と満月（猴子撈月），ほか76作品

2004.4.26～6.13	中国映画の全貌2004 愛にかける橋（芬妮的微笑），思い出の夏（王首先的夏天），北京の天使（天堂回信），活きる（活着），きれいなおかあさん（漂亮媽媽），キープ・クール（有話好好説），草ぶきの学校（草房子），ザ・ミッション　非情の掟（鎗火），チベットの女 イシの生涯（益西卓瑪），西洋鏡，鬼が来た！（鬼子来了），華の愛 遊園驚夢（遊園驚夢），グリーン・デスティニー（臥虎藏龍），ミッシング・ガン（尋槍），再見～ツァイチェン　また逢う日まで（我的兄弟姐妹），王様の漢方（漢方道），小さな中国のお針子（巴爾扎克与小裁縫），インファナル・アフェア（無間道），春の惑い（小城之春），英雄　HERO（英雄），至福のとき（幸福時光），青の稲妻（任逍遥），北京ヴァイオリン（和你在一起），たまゆらの女（周漁的火車），ションヤンの酒家（生活秀），カルマ（異度空間），ルオマは十七歳（仮題）（婼瑪的十七歳），危情少女，ほか41作品
2006.8.19～9.10	中国映画の全貌2006 ようこそ，羊さま．（好大一対羊），ニーハオ　鄧小平（小平，您好），ほか33作品
2007.7.21～9.7	中国映画の全貌2007 クレイジー・ストーン～翡翠狂騒曲～（瘋狂的石頭），鄧小平，ウォ・アイ・ニー（我愛你），ココシリ（可可西里），緑茶，わが家の犬は世界一（卡拉是條狗），エレクション（黒社会），ドリアンドリアン（榴槤飄飄），ブレイキング・ニュース（大事件），マッスルモンク（大隻佬），PTU，孔雀　我が家の風景（孔雀），世界，ジャスミンの花開く（茉莉花開），胡同のひまわり（向日葵），上海家族（假装没感覚），パープル・バタフライ（紫蝴蝶），ほか57作品
2008.10.18～12.19	中国映画の全貌2008 パティシエの恋（後備甜心），草原の女（珠拉的故事），単騎，千里を走る（千里走単騎），呉清源　極みの棋譜（呉清源），1978年，冬．（西幹道），鳳凰　わが愛（鳳凰），ラスト，コーション　色｜戒（色｜戒），トゥヤーの結婚（図雅的婚事），雲南の少女　ルオマの初恋（婼瑪的十七歳），雲南の花嫁（花腰新娘），白い馬の季節（季風中的馬），紅い鞄――チベット，秘境モォトゥオへ――（心跳墨脱），モンゴリアン・ピンポン（緑草地），北京の恋――四朗探母―（秋雨），胡同愛歌（看車人的七月），幸せの絆（暖春），故郷の香り（暖），中国の植物学者の娘たち（植物学家的中国女孩），玲玲の電影日記（夢影童年），カンフーハッスル（功夫），頭文字D THE MOVIE（頭文字Ｄ），剣客之恋（老鼠愛上猫），少林サッカー（少林足球），早熟，フルタイムキラー（全職殺手），失われた龍の系譜～トレース・オブ・ア・ドラゴン～（龍的深処 失落的拼図），ワンナイト・イン・モンコック（旺角黒夜），ほか37作品
2010.7.24～8.27	中国映画の全貌2010 北京の自転車（十七歳的単車），シャングリラ（這児是香格里拉），女人本色，長江に生きる　秉愛の物語（秉愛），胡同の理髪師（剃頭匠），ドキュメンタリー　胡同の理髪師，ドキュメンタリー　胡同の精神病院，ドキュメンタリー　胡同のモツ鍋店，長江哀歌（三峡好人），四川のうた（二十四城記），戦場のレクイエム（集結号），孫文～100年先を見た男～（夜明），花の生涯～梅蘭芳～（梅蘭芳），ボクらはいつも恋してる！金枝玉葉２（金枝玉葉２），キラーウルフ　白髪魔女伝（白髪魔女伝），ほか45作品

2012.10.6 ～ 11.16	中国映画の全貌2012 ロスト・イン・北京（蘋果），私の少女時代（我的少女時代），鉄西区，無言歌（夾邊溝），孔子の教え（孔子），三国志英傑伝　関羽（関雲長），ウォーロード　男たちの誓い（投名状），孫文の義士団（十月囲城），運命の子（趙氏孤児），サンザシの樹の下で（山楂樹之恋），海洋天堂，再会の食卓（団円），女工哀歌《エレジー》（China Blue），再生の朝に　ある裁判官の選択（死刑執行命令），ジャライノール（扎賚諾爾），我らが愛にゆれる時（左右），狙った恋の落とし方（非誠勿擾），ソフィーの復讐（非常完美），初恋の想い出（情人結），スプリング・フィーバー（春風沈酔的夜晩），ほか27作品

備考：企画＆上映館　1990～2002年，東光徳間が企画・配給.
2004年，シネマウッズ，ワコーが主催，ワコーが配給.
2006年，オフィスサンマルサンが企画，ワコー，グアパグアポが配給.
2007年，ワコー企画制作，オフィスサンマルサンが企画協力.
2008年，2010年，ワコー，グアパグアポが企画.
2012年，オリオフィルムズが企画.
上映館は2006年まで三百人劇場で，2007年以降はK's cinemaとなる.

＊　一覧表を作成するにあたっては，『新影壇』，『大華』，『華北電影』，『大衆電影』，『電影故事』，『中国電影年鑑』，『映画年鑑』，『映画旬報』，『キネマ旬報』，『日中文化交流』，『日中友好新聞』，日本映画データベース（http://www.jmdb.ne.jp/）等を参照．また鈴木一氏，山崎泉氏から資料提供をうけた．

なお，日本国際交流基金主催の「1930年代中国映画特集上映」（1999年）や，東京テアトル主催の「中国上海映画祭」（2006年），「彩の国さいたま中国映画祭」，「横浜中国映画祭」，「現代中国映画上映会」，東京国際映画祭提携企画・「東京・中国映画週間」等の中国映画上映活動については，頁数に限りがあるため，割愛することにした．